C. J. Tudor

Survivor

GOLDMANN

Buch

Als Hannah erwacht, findet sie sich in einem komplett zerstörten Autobus wieder, der in der Abgeschiedenheit der Wälder verunglückt ist. Die Ausgänge sind blockiert, sie und einige andere Überlebende sind in den Trümmern gefangen. Aber die Zeit läuft, denn in Kälte und Eis ist ihnen der Tod sicher.
Als Meg wieder zu sich kommt, befindet sie sich in einer Gondel, hoch oben über verschneiten Bergen, und hat keinerlei Erinnerung, wie sie dorthin kam. Begleitet wird sie von fünf Fremden – und einem Toten.
Carter blickt zum Fenster eines einsam gelegenen Retreats hinaus, in dem er und seine Begleiter sich verschanzt haben. Als ihr Generator im Schneesturm zusammenzubrechen droht, zieht Unheil herauf.
In jeder der Gruppen lauert ein Mörder. Aber wer ist es? Und wer wird entkommen?

Weitere Informationen zu C.J. Tudor und zu lieferbaren Titeln der Autorin finden Sie am Ende des Buches.

C. J. Tudor

SURVIVOR

Thriller

Deutsch von Marcus Ingendaay

GOLDMANN

Die Originalausgabe erschien 2023 unter dem Titel »The Drift«
bei Michael Joseph, Penguin Random House UK, London.

MIX
Papier | Fördert gute Waldnutzung
FSC® C014496

Penguin Random House Verlagsgruppe FSC® N001967

1. Auflage
Deutsche Erstveröffentlichung Februar 2024

Umschlaggestaltung: UNO Werbeagentur, München,
nach einer Vorlage von Lee Motley/MJ
Umschlagfoto: Trevillion Images/Yolande de Kort
CN · Herstellung: ik
Satz: Uhl + Massopust, Aalen
Druck und Bindung: GGP Media GmbH, Pößneck
Printed in Germany
ISBN: 978-3-442-20652-0

www.goldmann-verlag.de

Für meine Familie

Nach und nach zogen sie immer engere Kreise um den Kadaver. Aasfresser. Sie hatten bereits diejenigen Teile im Blick, die sie sich als Erstes herausreißen würden.

Die gefrorene Leiche lag halb begraben in einer Schneewehe. Mit ihren ausgestreckten Armen sah sie aus wie der perfekte Schneeengel. Die eisblauen Augen unter den gefrosteten Wimpern starrten hoch in einen ähnlich blauen Himmel. Der Blizzard war vorbei.

Irgendwann wurde die erste Krähe mutiger, landete auf der Brust des menschlichen Körpers und pickte probeweise an Lippen und Nase. Schließlich stieß sie ihren Schnabel in eines der eisblauen Augen. Zog daran. Zog heftiger. Bis das Auge mit einem nassen Geräusch abriss.

Hochzufrieden hüpfte die Krähe davon und flatterte mit ihrer Beute auf eine nahe Kiefer.

Jetzt gab es auch für die anderen kein Halten mehr. Schon im nächsten Moment fiel ein schwarzes Geschwader flügelschlagend über das gefundene Fressen her.

Binnen Minuten hatte der Tote kein Gesicht mehr, keine Identität.

In der Nacht kamen größere Räuber, und am Morgen war von dem Körper nicht mehr übrig als eine zerfetzte Karkasse.

Eine Woche später erlegte ein Jäger einen streunenden Wolf. Ein entkräftetes, abgemagertes Tier, aber sein Fleisch war trotzdem willkommen. Alles, womit er seine Familie ernähren konnte, war willkommen.

Bald darauf erkrankte der Jäger schwer und starb. Dasselbe geschah mit seiner Familie. Und allen, die sie kannten.

Die Krähen fielen tot vom Himmel.

DIE ERDE IST VOLL
DER TOTEN ANSTÄNDIGEN KERLE

Hannah

Irgendwo piepste die Alarmfunktion einer Armbanduhr. Jemand übergab sich, lautstark und ganz in ihrer Nähe. Mehrere Fahrgäste hingen in aberwitzigen Positionen über den Sitzen, die überwiegend aus der Verankerung gerissen worden waren. Blut sammelte sich in Augenhöhlen oder tropfte aus weit aufgeklappten Mündern.

Hannah registrierte die neue Situation mit klinischer Sachlichkeit. Da schlug ihr Vater durch, hätte ihre Mutter jetzt gesagt. Ihr Vater konnte das auch, sachlich bleiben. Der Umgang mit dieser Kaltschnäuzigkeit war nicht immer einfach. Aber es gab Situationen, in denen nur das weiterhalf.

Sie löste den Sicherheitsgurt und rutschte von ihrem Sitz. Der Gurt hatte ihr vermutlich das Leben gerettet. Als der Bus umkippte und sich auf dem steilen Abhang zweimal überschlug, wirkten Kräfte auf die im Bus befindlichen Körper ein, die durch einfaches Festhalten nicht mehr beherrschbar waren. Die vielen Verletzten gingen hauptsächlich auf diesen – letzten – Akt des Unfallgeschehens zurück. Jetzt lag der Bus still und in einem Winkel von annähernd fünfundvierzig Grad in einer Schneewehe und rührte sich nicht mehr.

Auch sie, Hannah, hatte ein paar Blessuren davongetragen, jedoch nichts Ernstes. Zum Beispiel war nichts gebrochen, nichts blutete. Damit waren innere Verletzungen zwar nicht ausgeschlossen, aber ihrem ersten Eindruck nach war sie wohlauf.

Jetzt regten sich auch andere. Hannah hörte Leute stöhnen, andere schreien. Das Heulen war verstummt, vorerst jedenfalls. Sie blickte umher, um den Schaden aufzunehmen. Der Bus war mit insgesamt zwölf Studenten kaum ausgelastet, aber er war halt das Transportmittel, das die Academy für sie bereitgestellt hatte. Schätzungsweise die Hälfte der Studenten hatte den Unfall nicht überlebt, vornehmlich die, die nicht angeschnallt waren.

Aber da war noch etwas anderes, etwas, das mehr Ahnung war als Gedanke, aber noch Folgen haben könnte. Draußen tobte ein Blizzard, und sie steckten in einem Bus fest, der bereits zur Hälfte in einer Schneewehe versunken war. Was bedeutete das? Was folgte daraus? Der Gedanke trat jedoch gleich wieder in den Hintergrund, weil im selben Moment eine Stimme an ihr Ohr drang.

»Hey! HEY! Kann mir jemand helfen? Meine Schwester ist eingeklemmt.«

Hannah blickte durch den Mittelgang nach hinten. Im Heck des Wagens kauerte ein übergewichtiger Typ mit schwarzer Lockenmähne neben einem verletzten Mädchen und hatte ihren Kopf in seinen Schoß gebettet.

Hannah zögerte. Sie war selbst noch ganz benommen und musste ihre Gedanken erst sortieren. Zwar gehörte sie nicht zu denjenigen, die unangenehme Aufgaben lieber auf andere abwälzten, jedoch ertrug sie die physische und emotionale Nähe nicht, die mit dem sich abzeichnenden Drama unweigerlich verbunden war. Da sich aber offenbar niemand zur Hilfeleistung in der Lage sah und sie außerdem über medizinische Kenntnisse verfügte, war es wohl ihre Pflicht. Unsicher und leicht desorientiert aufgrund der Schlagseite stolperte sie durch den Gang in den rückwärtigen Teil des Busses.

Hinten angelangt, sah sie sofort, dass das Mädchen es wohl nicht »schaffen« würde, wie es in Katastrophenfilmen immer hieß. Die Diagnose kam nicht aus ihrem Sachverstand, sondern war reines Bauchgefühl. Dieses Mädchen lag im Sterben, und auch ihr Bruder wusste das, klammerte sich aber an eine letzte absurde Hoffnung. Weil es alles war, das ihm jetzt noch blieb.

Das Mädchen war sehr hübsch mit ihrem blassen weißen Teint und den langen dunklen Locken. Solche Haare, so einen schwarzen Wasserfall, hätte Hannah auch gern gehabt statt dieser trostlosen strähnigen Matte, die man nur nach hinten binden konnte, damit es nicht so auffiel. Hannah registrierte genau, wie viel Neid in ihrer Bewunderung lag, selbst jetzt, im Angesicht des Todes. Offenbar *war* der Mensch so.

Das Mädchen hatte bereits diesen weit entfernten Blick und bekam offenbar nur noch schwer Luft. Hannah sah, dass ihr linkes Bein unter zwei Sitzen klemmte, die durch den Crash nahezu vollständig zusammengedrückt worden waren. Multiple Frakturen an Ober- und Unterschenkel war allerdings eine unzureichende Diagnose, denn Schrottteile und menschliches Gewebe bildeten hier eine ununterscheidbare Masse, sodass der Blutverlust wohl das eigentliche Problem darstellte. Das heißt, wenn die rasselnden Atemgeräusche nicht gewesen wären – Atem*neben*geräusche, wie es korrekt hieß. Diese nämlich wiesen auf weitere, weniger sichtbare Verheerungen hin und würden die Schöne wohl das Leben kosten. So ähnlich wie bei dieser englischen Prinzessin damals – Diana. Sie verblutete am Ende an einer winzigen Ruptur der linken oberen Lungenvene. Die Rettungskräfte hatten keine Chance, so etwas rechtzeitig zu erkennen.

»Wir müssen ihr Bein freikriegen«, sagte der junge Mann. »Kannst du mir helfen, den Sitz anzuheben?«

Hannah besah sich die Situation. Sollte sie ihm wirklich sagen, dass es darauf nicht mehr ankam? Dass er nicht mehr viel tun konnte, als bei ihr zu bleiben – in der wenigen Zeit, die sie noch hatte? Aber dann erinnerte sie sich, wie ihr Vater ihr einmal gesagt hatte: *»In Extremsituationen hilft es psychologisch schon weiter, wenn* *man wenigstens so tut, als könne man etwas ausrichten, obwohl das objektiv gar nicht der Fall ist.«*

Sie schüttelte den Kopf. »Noch nicht.«

»Warum nicht?«

»Wenn wir jetzt den Fremdkörper aus der Wunde entfernen, fängt es erst richtig an zu bluten.«

»Was schlägst du stattdessen vor?«

»Trägst du einen Gürtel?«

»Ja, wieso?«

»Zieh ihn aus, dann binden wir erst einmal ihren Unterschenkel ab. Danach können wir meinetwegen versuchen, sie von diesem Sitz zu befreien.«

»Okay.« Er sah nicht so aus, als hätte er verstanden, was sie meinte, und hantierte länger an der Schnalle, ehe der Gürtel aus den Schlaufen glitt. Sein Bauch quoll über den Bund seiner Jeans. Seine Schwester blieb währenddessen auffallend still. Sie hatte genug damit zu tun, trotz der Schmerzen genug Luft in ihre Lunge zu bringen, und atmete nur in winzigen Zügen.

»Für eine Ärztin bist du aber ziemlich jung«, sagte der Mann, als er ihr den Gürtel reichte.

»Ich studiere noch.«

»Ach so«, sagte er und nickte. »Dann gehörst du zu der Grant-Truppe.«

Die Academy war nicht gerade bekannt für ihre Medizinerausbildung. Der ganze Sinn dieser Einrichtung bestand überhaupt nur darin, den Sprösslingen wohlhabender Eltern für horrendes Geld irgendeine Art Uni-Abschluss zu verschaffen. Trotzdem war man einige Jahre zuvor im Department auf die Idee gekommen, ausgerechnet in der hintersten Provinz ein ultramodernes Forschungsinstitut zu errichten, mit einem der weltweit führenden Virologen an der Spitze, ebenjenem Professor Grant. Seitdem zog es einen völlig neuen Typ Student an das entlegene Bergcollege: weniger reich, dafür handverlesen und hochbegabt.

»Und jetzt wickle den Gürtel oberhalb des Knies um ihren Oberschenkel, zieh so stramm an, wie du kannst, und halt ihn fest. Prima, das machst du gut.«

Das Mädchen stöhnte leise, was jedoch kein ganz schlechtes Zeichen war. Solange es noch auf Schmerzreize reagierte, lag es zumindest nicht im Koma.

Unterdessen redete der Mann auf seine Schwester ein. »Ist schon gut«, raunte er ihr ins Ohr, wobei er sich die lange Mähne aus dem Gesicht wischte. »Das wird wieder.«

»Okay«, sagte Hannah. »Dann wollen wir mal.«

Behutsam legte der Mann den Kopf seiner Schwester ab und tat sein Möglichstes, Hannah mit der freien Hand zu unterstützen – ohne Erfolg. Metall knirschte auf Metall, und der Sitz gab ein wenig nach, aber nicht mehr. Sie brauchten mindestens einen weiteren Helfer. Also insgesamt zwei, die mit vereinten Kräften den Sitz anhoben, während der dritte das Mädchen unter dem Sitz hervorzog.

An mehreren Stellen hörte Hannah Stimmen. Die Überlebenden versuchten herauszufinden, ob ihre Reisebegleiter noch existierten.

Laut rief sie in den Bus: »Hey, wir brauchen hier Leute, die mal mit anpacken können. Hört mich jemand?«

»Sorry, aber das passt gerade ganz schlecht«, sagte ein Witzbold aus dem vorderen Teil.

Doch dann erhob sich eine hochgewachsene Gestalt und bewegte sich auf sie zu. Schmaler Junge, blond, eine Gesichtshälfte blutüberströmt. Was, wie Hannah wusste, nicht viel bedeuten musste. Selbst oberflächliche Kopfverletzungen bluteten oft höchst eindrucksvoll.

»Du hast um Hilfe gerufen?«, fragte er förmlich und mit leicht deutschem Akzent.

»Wir brauchen jemanden, der den Sitz mit anhebt, damit wir ihr Bein rausholen können«, sagte Hannah.

Der Blonde warf einen Blick auf das eingeklemmte Mädchen und schien sich ebenfalls keine Illusionen über ihre Überlebenschance zu machen. Aber er bemerkte auch Hannahs Körpersprache und nickte nur.

»Also gut, auf drei: eins, zwei ...«

Es brauchte mehrere Versuche, bis es Hannah gelang, das Bein unter dem Sitz herauszuziehen.

Der Bruder rollte seine Jacke zusammen und schob sie dem Mädchen unter den Nacken. Er trug ein ausgeleiertes Sweatshirt mit einem Spruch: *Darüber muss ich erst mal nachdenken.* Krass, welche nebensächlichen Sachen einem manchmal auffallen, dachte Hannah.

Sie spürte eine Hand an ihrem Arm und drehte sich wieder dem großen Blonden zu. Ein Typ wie aus der Image-Broschüre eines alpenländischen Fremdenverkehrsvereins, fehlten eigentlich nur Lederhose und Gamsbart.

»Wie viele Tote haben wir?«, fragte er.

»Vier? Fünf? Keine Ahnung. Sicher sind auch einige verletzt.«

Er blickte auf das Mädchen und nickte abermals. »Hast *du* mitgekriegt, wie das passiert ist?«

Hannah versuchte sich zu erinnern. Auch sie hatte nur gedöst, während das Schneetreiben draußen immer heftiger wurde. Plötzlich der beleidigte Sound eines Lkw-Horns und kreischende Bremsen, aber da schlitterten sie bereits von der Straße, wo sich die Vorwärtsbewegung des Busses in eine Rotation um die Längsachse umwandelte, die erst zum Stillstand kam, als es auch vor Hannahs Augen Nacht wurde. Welcher Schwachkopf war eigentlich auf die Idee gekommen, den Bus bei diesem Wetter loszuschicken? Aber die Academy wollte die Studenten eben rechtzeitig in das Retreat bringen. Nur dort waren sie in Sicherheit.

»Nicht so richtig«, musste sie zugeben.

Abermals ließ sie ihren Blick über die Verwüstung gleiten. Menschliche Körper, die nicht mehr dort waren, wo sie hätten sein sollen, andere, die stöhnend oder schreiend in ihren Gurten hingen. Sie versuchte, sich an den halb fertigen Gedanken zu erinnern, der ihr schon vorher bei diesem Anblick gekommen war.

Der Bus lag halb schräg auf der rechten Seite. Die Fenster auf der Linken waren bis vorn zur Fahrerkabine intakt und schauten hoch in den dämmernden Abendhimmel. Schon jetzt, wenige Minuten nach dem Unfall, hatte sich auf den Scheiben eine dünne Schneeschicht abgesetzt. Den größten Schaden hatte die rechte Fahrzeugseite abgekriegt. Verbogener Stahl, geplatztes Glas, wo man hinsah. Zudem lag die rechte Hälfte komplett unter Schnee, und das wiederum bedeutete …

Dass sie den Bus nicht mehr verlassen konnten. Weil alle Türen blockiert waren.

»Wir sitzen in der Falle«, sagte sie laut.

Der Blonde nickte, wie zufrieden darüber, dass er nicht als Einziger auf diesen Trichter gekommen war. »Stimmt. Aber selbst wenn nicht, unter diesen Wetterbedingungen wären wir sowieso bald am Ende.«

»Was ist mit dem Notausstieg?«, fragte Hannah.

»Schon versucht, aber der klemmt offenbar.«

»Was?«

Der Junge zog sie am Ellbogen ein paar Meter weiter, wo drei Stufen zur Bustoilette hinabführten – und zu einer weiteren Tür. Darüber ein roter Aufkleber: IM NOTFALL ROTEN HEBEL

ZIEHEN UND TÜR AUFSTOSSEN. Der Blonde zog an dem Hebel und drückte gegen die Tür. Es tat sich nichts.

Er machte aber Platz, um Hannah Gelegenheit zu geben, es ebenfalls zu probieren. Doch selbst mehrere, zunehmend wütende Versuche brachten kein anderes Ergebnis. Die Tür ging nicht auf.

»Scheiße!«, fluchte sie. »Wie ist so etwas möglich?«

»Schwer zu sagen«, sagte er. »Wahrscheinlich hat sich bei dem Unfall der ganze Rahmen verzogen.«

»Moment mal. Gibt es da nicht diesen Notfallhammer, mit dem man die Scheiben einschlagen kann?«

»Korrekt. Womit wir gleich bei dem nächsten Problem wären.«

»Was soll das heißen?«, fragte sie gereizt.

Der Blonde trat einen Schritt zurück und deutete auf die rote Halterung über dem Fenster links. Sie war leer, kein Hammer mehr da.

»Streng genommen müsste es sogar einen zweiten Hammer geben, für die Dachluke.« Er deutete nach oben. »Aber der fehlt ebenfalls.«

In Hannahs Kopf drehte sich alles. »Aber wieso?«

Der Blonde antwortete mit einem fatalistischen Lächeln. »Tja, gute Frage. Wahrscheinlich, weil irgendwelche Arschgeigen den Hammer geklaut haben. Und natürlich, weil es kein Schwein für nötig hielt, vor der Fahrt die Sicherheitseinrichtungen zu überprüfen. *Ist* so«, sagte er, als erübrigte sich jede weitere Erklärung.

»Wir müssen Hilfe holen«, sagte Hannah, um die aufkommende Panik halbwegs unter Kontrolle zu bringen.

Aber dann fiel ihr ein, dass das ja gar nicht ging.

»Unsere Handys!«

Sämtliche Handys waren vor der Fahrt einkassiert worden und befanden sich – ausgeschaltet – irgendwo im Gepäckraum des

Busses. Keine Kommunikation während der Fahrt, auch keine elektronischen Spuren.

Niemand sollte erfahren, wohin die Reise ging.

Hannah starrte den Blonden an. Da sie keinen Notruf absetzen konnten, war auch völlig offen, wann Hilfe eintreffen würde. Es war nicht einmal klar, ab wann sie überhaupt als vermisst galten. Im Augenblick sicherlich noch nicht. Und wer würde sich schon bei diesem Schneesturm auf den Weg zu ihnen machen?

Sie sah aus dem Fenster in das wirbelnde Weiß des Himmels. Konturen waren nicht mehr zu erkennen, und langsam schneiten auch die Scheiben zu. Es war, als ginge für sie alle ganz langsam das Licht aus.

Sie saßen in der Falle, zusammen mit den Toten. Und wenn nicht bald Hilfe eintraf, würde der Bus auch zu *ihrem* Grab.

Meg

Es begann mit einem Schaukeln, gar nicht mal stark, eher angenehm. Ein Gefühl, als würde sie von Engeln gewiegt. Doch das Schaukeln wurde schnell stärker, und eine gewaltige Hand fasste sie grob an und knallte ihren Kopf gegen die Scheibe, während ihr Körper in die Gegenrichtung gerissen wurde. Hart schlug sie auf dem Boden auf.

»Auu! Shit.«

Mit einem Mal war sie hellwach, und ihr Herz raste.

»Scheiße, was soll das?«

Sie rieb sich den schmerzenden Ellbogen, aber ihr verstörter Blick fand noch keine Antwort. Ihre Augen brannten, als hätte ein böser Sandmann Straßensplitt hineingestreut. Ihr Hirn fühlte sich an wie Matsch.

Du bist aus dem Bett gefallen. Aber wo?

Sie richtete sich auf. Das, woraus sie gefallen war, war jedoch kein Bett, sondern eine Holzbank. Eine lange, umlaufende Bank an der Wand eines ovalen Raums. Der Raum war eine Art überdimensionierte Glaskugel und schaukelte hin und her. Draußen, hinter der Scheibe, nichts als grauer Himmel und Schneegestöber. Ihr wurde übel, aber das verdrängte sie.

Sie war auch nicht allein. Auf der langen Bank saßen noch andere. Fünf insgesamt. Und alle waren gleich angezogen, trugen den gleichen blauen Schneeanzug, saßen alle zusammen in diesem kleinen Raum, der von Windböen geschüttelt wurde – und allmählich zuschneite.

Quatsch, das ist kein Raum. Räume bewegen sich nicht, Dummie.

Sie stieß sich mit Händen ab und stand auf, so gut es ging. Ihre Knie wollten sie erst nicht tragen. Außerdem stieß erneut Übelkeit in ihr auf. *Ich muss das in den Griff kriegen*, dachte sie. Wohin sollte sie sich in dem engen Raum, der kein Raum war, auch übergeben? Auf wackligen Knien wankte sie an das gegenüberliegende Fenster, stützte sich mit beiden Armen ab und presste die Nase an die Scheibe wie ein kleines Kind, das im Winter den ersten Schnee erblickt. Unten – aber wirklich ganz weit unten – erstreckten sich die schneebedeckten Wipfel eines Waldes, und über ihr stürzten in einem irren Wirbel Massen von Schnee aus dem grauen Himmel.

»Fuck«, murmelte sie.

Abermals geriet der ganze Raum in Bewegung. Jenseits der dicken Verglasung heulte der Wind wie ein hungriges Tier hinter Käfigstäben. Immer wieder wurde die Scheibe von Salven von Nassschnee getroffen, die ihr jede Sicht nahmen. Allerdings hatte Meg genug gesehen.

Hinter sich hörte sie jemanden stöhnen. Eine weitere Gestalt in blauer Einheitskluft erwachte aus der Bewusstlosigkeit und schälte sich aus der Kapuze wie eine hässliche Raupe. Ob Mann oder Frau war noch nicht ganz klar. Auch in die anderen Gestalten kehrte langsam das Leben zurück. Trotzdem zuckte in ihr die wahnwitzige Vorstellung auf, dass sie jeden Moment in die halb verwesten Gesichter von Untoten blicken könnte.

Doch der Mann (Mitte dreißig, Vollbart) glotzte sie nur benommen an. Er schob die Kapuze zurück und rieb sich den stoppeligen Schädel.

»Was zum Henker war *das*?« Er blickte umher. »Wo bin ich?«

»In einer Seilbahn.«

»Einer *was*?«

»Seil. Bahn. Kennen Sie doch: Das sind so Gondeln, die an einem langen Stahlkabel hängen.«

Er sah sie feindselig an. »Ich weiß, was eine Seilbahn ist. Ich wüsste nur gerne, was ich hier mache.«

Meg blickte neutral zurück. »Kann ich Ihnen nicht sagen. Wie sind Sie denn hierhergekommen?«

»Keine Ahnung. Und du?«

»Weiß ich auch nicht.«

»Das Letzte, woran ich mich erinnere …« Seine Augen weiteten sich, als er das sagte. »Gehörst *du* nicht zu der Gruppe, die ins Retreat sollte?«

Retreat klang erst einmal unverfänglich nach Wellness-Urlaub und Wohlfühloase – was wohl auch beabsichtigt war. Doch Meg verband nichts Angenehmes mit dem Ort, im Gegenteil, für sie wohnte dort der Horror. Kein Wort, das unpassender war als *Retreat*.

Sie antwortete nicht, sondern starrte weiter nach draußen.

»Jedenfalls fahren wir erst einmal nirgendwohin.«

Beide starrten sie jetzt in das graue Nichts, das allmählich hinter den nassen Placken aus Schnee verschwand. Dass der Schneesturm *so* schlimm würde, hatte wirklich niemand geahnt.

»Wir stecken fest.«

»Was? Sag das noch mal.«

Meg wandte sich um, denn die Frage kam von einer Frau hinter ihr, die nicht älter sein konnte als sie selber. Sie hatte rote Haare und etwas Schrilles in der Stimme, ihre Miene war panisch. Erstaunlich, wie sehr die Angst ein Gesicht verzerren konnte. Die Frau würde noch Probleme machen, das deutete sich jetzt schon an.

Meg antwortete nicht gleich, sondern checkte die anderen in der Gondel. Einer lag noch im Tiefschlaf, die Kapuze tief ins Gesicht gezogen. Manche Leute kriegst du mit nichts wach. Die beiden anderen (ein kleiner Dicker mit dunklem Lockenkopf und ein älterer grauhaariger Herr mit Brille) waren soeben erwacht. Sie streckten sich und blickten einigermaßen verwirrt in die Runde. Zumindest blieben sie ruhig, das war schon einmal gut.

»Wir stecken fest« wiederholte Meg für die Rothaarige. »Wahrscheinlich ein Stromausfall.«

»Stromausfall? Na toll, das hat uns noch gefehlt.«

»Es geht sicher gleich weiter.« Dies kam von dem Mann mit Vollbart. Seine anfängliche Aggressivität hatte sich aufgelöst. Er lächelte der Rothaarigen sogar aufmunternd zu. »Keine Sorge, alles wird gut.«

Das war glatt gelogen. Denn selbst *wenn* es irgendwann weiterging und sie wohlbehalten das Retreat erreichten, selbst dann war noch längst nicht alles gut. Aber Lügen waren der Schmierstoff des Lebens. Die Rothaarige jedenfalls war fürs Erste beruhigt und revanchierte sich ihrerseits mit einem Lächeln. Problem gelöst.

»Sagten Sie Seilbahn?«, fragte der ältere Herr. »Soweit ich weiß, war von einer Seilbahn nicht die Rede.«

»Okay, weiß irgendjemand Genaueres?«, fragte Meg mit Blick in die Runde.

Alle sahen sich an.

»Zuletzt waren wir auf unserem Zimmer.«

»Dann brachten sie uns das Frühstück – aufs Zimmer.«

»... das übrigens ungenießbar war.«

»Danach bin ich irgendwie wieder eingeschlafen.«

Die Verwirrung unter den Passagieren nahm eher zu als ab.

»Okay, erinnert sich irgendjemand, was danach geschah?«, fragte Meg. »Ich meine bis zu dem Moment, in dem wir hier aufgewacht sind?«

Allgemeines Kopfschütteln.

»Sieht ganz so aus, als hätten sie uns unter Drogen gesetzt«, seufzte der Bärtige.

»Jetzt seien Sie nicht albern«, sagte die Rothaarige. »Warum sollten sie das tun?«

»Na ja, damit wir nicht mitkriegen, wohin die Reise geht und wie wir in diese Seilbahn gekommen sind«, sagte der kleine Dicke.

»Ach Unsinn. Ich kann nicht glauben, dass die da so etwas tun würden.«

Das ist witzig, dachte Meg. Selbst in einer Lage, die eigentlich keinen Zweifel ließ, wollen die Leute »denen da« nichts unterstellen. Im Auge des Blizzards war der Sturm eben kaum wahrnehmbar.

»Na gut«, sagte der Bärtige. »Da wir vermutlich noch länger zusammenhocken werden, schlage ich vor, dass wir uns erst einmal vorstellen. Also, ich heiße Sean.«

»Meg«, sagte Meg.

»Sarah«, sagte die Rothaarige.

»Karl«, sagte der kleine Dicke und hob kurz die Hand.

»Angenehm, Max«, sagte der ältere Herr und lächelte.

»Ich nehme an, wir sind alle aus demselben Grund hier«, bemerkte Sean.

»Wir sollen doch nicht darüber sprechen!«, entgegnete Sarah.

»Ich denke, nach Lage der Dinge können wir mal eine Ausnahme machen.«

»Die Ausnahme beseitigt die Regel.«

Meg blickte auf Sarah. »Komisch, mein Chef hat das auch immer gesagt.«

»Echt?«

»Ja. Ging einem tierisch auf den Nerv mit dem Spruch.«

Sarah kräuselte die Lippen, und Max schaltete sich ein. »Apropos, was habt ihr denn vorher gemacht? Beruflich, meine ich.«

»Ich war Lehrerin«, erklärte Sarah.

Quelle surprise, dachte Meg.

»Ich war Anwalt«, sagte Max und hob wie entschuldigend die Hände. »Okay, ich weiß, was ihr jetzt denkt, und ihr dürft mich auch gerne verklagen.«

»Ich war in der Hüpfburg-Branche«, sagte Karl.

Die anderen blickten ihn an – und brachen im nächsten Moment in Lachen aus. Eine nervöse Überreaktion, die keine wirkliche Entlastung brachte.

»Hey«, erklärte Karl etwas beleidigt, »mit Hüpfburgen ist gutes Geld zu verdienen. Zumindest früher einmal.«

»Und was machst *du* so?« Megs Frage ging an Sean.

»Ich? Ach, dies und das. Ich hatte schon alle möglichen Jobs.«

Ein Windstoß versetzte die Gondel in eine stärkere Pendelbewegung.

»O Gott«, sagte Sarah und fasste sich an den Hals. Sie trug einen kleinen silbernen Kreuzanhänger, wie Meg missfällig feststellte. Gleichzeitig fragte sie sich, was diese Frau ihr eigentlich getan hatte.

»Wir sind also ein ziemlich bunter Haufen«, sagte Max.

»Und Regel hin oder her, man kann wohl sagen, dass wir alle auf dem Weg ins Retreat waren. Ist doch so, oder?«, bemerkte Karl und hob dabei die buschigen Brauen.

Zögernd und nacheinander nickten jetzt alle.

»Als Freiwillige?«

Abermals Nicken. Ins Retreat gingen überhaupt nur zwei Sorten Mensch, Freiwillige und solche, die keine andere Wahl hatten.

»Heißt das, dass wir uns jetzt zu unseren Beweggründen einlassen müssen?«, fragte Max. »Oder sparen wir uns das für unseren ersten Abend im Retreat auf?«

»Falls wir je dort ankommen«, sagte Sarah und warf einen furchtsamen Blick auf das Stahlkabel im Schneesturm.

Sean hingegen lenkte die Aufmerksamkeit auf den Schlafenden

in der Ecke. »Was meint ihr? Wollen wir *ihn* hier nicht langsam von den Toten erwecken?«

Meg zog ein Gesicht, stand aber auf, trat an die liegende Gestalt heran und schüttelte vorsichtig die fremde Schulter. Der Mann kippte seitwärts von der Bank und schlug dumpf auf dem Boden auf.

Sarah, die sich hinter Meg befand, schrie laut auf.

Im selben Moment waren ihr gleich zwei Dinge klar. Erstens: Sie kannte diesen Mann. Und zweitens: Er war tatsächlich tot.

Carter

»Draußen zieht ein Sturm auf.«

Carter ächzte und wälzte sich auf dem Sofa auf die andere Seite. Er kannte diese Stimme. Das war Caren. Caren mit C, wie sie ihm bereits bei ihrer allerersten Begegnung mitgeteilt hatte. Als machte das den großen Unterschied. Oder als müsste er ihr demnächst eine beschissene Weihnachtskarte schicken.

»Carter, nur zu deiner Information: Ein Hangover befreit dich nicht vom Einkaufsdienst.«

Carens Ton war forsch. So klang sie immer: forsch. Nur mit Mühe gelang es ihm, ein einzelnes Lid aufzuklappen und sie – halbwegs – zu fokussieren. Genauso hatte er sich das vorgestellt: Caren in Laufhose und Laufweste, die Haare straff zu einem Pferdeschwanz gebunden. Wollte wahrscheinlich gerade ins Fitnessstudio. Carter machte die Augen wieder zu und vergrub sein Gesicht in dem muffigen Sofakissen.

Aber Caren war noch nicht fertig, die akustische Bedonnerung seines schmerzenden Hirns ging weiter. »Vergiss nicht, wir brauchen ausreichend Vorräte. Falls wir durch den Schnee wieder von der Außenwelt abgeschnitten sind.«

Dann hörte er, wie die Kühlschranktür erst auf- und dann wieder zuging, gefolgt vom Hackgeräusch eines Messers und dem Jaulen der Küchenmaschine. Schließlich wurde etwas Hartes, Gläsernes unmittelbar neben ihm auf das Beistelltischchen geknallt.

»Trink das. Tut dir gut.«

Aus der Deckung des Kissens heraus linste Carter halb schräg nach oben. Auf dem Tischchen neben ihm stand ein Glas mit einer rötlichen Flüssigkeit.

»Was ist das? Eine Bloody Mary?«

Caren hob eine Braue und marschierte ostentativ zur Tür. Carter brachte sich in eine sitzende Position, griff nach dem Glas und nahm einen großen Schluck.

»Himmelherrgott!!«

Sein ganzer Mundraum stand in Flammen. *Hölle, wie das brannte!* Er sprang hoch und rannte zur Spüle, wo er das rote Zeug ausspuckte, das kalte Wasser aufdrehte und seinen Mund direkt unter den Hahn hielt. Gierig soff er an der eiskalten Quelle und klatschte sich das Wasser sogar ins Gesicht. Am Ende stand er wie begossen auf dem Fliesenboden und war endlich in dem neuen Tag angekommen.

Er wandte sich um. Von hinten, von der Tür aus beobachtete ihn Caren. Sie hatte die Arme vor der Brust verschränkt und grinste hämisch.

»Du hast gesagt, das Zeug tut mir gut.«

Schulterzucken. »Stimmt doch auch. Jetzt bist du wenigstens wach.«

Als er geduscht und sich rasiert hatte, fühlte er sich langsam wieder wie ein Mensch. Was ein Blick in den Spiegel so nicht bestätigen konnte.

Die Leute im Ort hatten sich längst an Carter gewöhnt und schraken bei seinem Anblick nicht mehr unwillkürlich zurück. Offenbar vergaßen sie schnell, wie er früher einmal ausgesehen hatte.

Seine gesamte rechte Gesichtshälfte war durch Erfrierungen dritten Grades weithin verwüstet. Die Wange, ein Großteil der Stirn und das Kinn waren schwarz verfärbt und abgestorben. In der Mitte, dort, wo einmal die Nase gewesen war, klaffte ein dunkles Loch, und die Lippen zogen sich unnatürlich nach der geschädigten Seite, weil dort der betreffende Gesichtsmuskel zerstört worden war. Intakt geblieben waren nur seine blitzenden blauen Augen. Ihr fester Blick erinnerte als Einziges daran, was dieser Mann einst gewesen war.

Carter gab sich alle Mühe, seinem alten Äußeren nicht nachzuweinen. Er war ohnehin nie sonderlich attraktiv gewesen und schon in jungen Jahren zu dick. Aber auch später wurden seine Züge nicht gefälliger. Nur konnte es passieren, dass er gegen Morgen aus einem Traum erwachte, in dem sein Gesicht noch unversehrt war. Etwas grob vielleicht, aber wenigstens ein Gesicht. Traf ihn dann die Erkenntnis, dass der Traum ausgeträumt und sein Gesicht geradezu ausradiert war, konnte es passieren, dass sich sein Kissen mit Tränen tränkte. Dabei war er alles andere als wehleidig und nicht im Mindesten eitel. Nur eine Nase hätte er gerne noch gehabt. Manchmal sind es eben die scheinbar kleinen Dinge, die einen am tiefsten runterziehen.

Er schlurfte nach unten in den großen Wohnbereich, wo schon Nate, Miles und Julia abhingen und Kaffee tranken. Das Monopoly-Brett auf dem großen Wohnzimmertisch hielt den letzten Spielstand fest. Nate beherrschte (mal wieder) den Immobilienmarkt, und Julia drehte sich einen Spliff, worüber sich Caren (mal wieder) aufregen würde, wenn sie später vom Training zurückkehrte.

Der Rest der Gruppe, bestehend aus Jackson und Welland, war gerade nicht da. Jackson absolvierte vermutlich gerade sein Meditations- oder Yogaprogramm, während Welland (mit etwas Glück) nur in einer Schneewehe steckte.

Sie waren ein bunter Haufen hier im Retreat, zusammengeschmissen von den Mächten Zufall und Notwendigkeit. Und trotzdem schafften sie es, miteinander auszukommen, ohne sich gegenseitig an die Gurgel zu gehen. Meistens jedenfalls.

Zum Glück war das Retreat großzügig ausgelegt und mit allen Annehmlichkeiten ausgestattet. Selbst im Wohnbereich mit seinem Hochglanzparkett, den anheimelnd zerschlissenen Teppichen und Ledersofas konnte man sich gut aus dem Weg gehen. Außerdem gab es da einen riesigen Flachbildschirm, DVD-Player, Spielkonsolen, eine Stereoanlage sowie in dem Regal dahinter eine umfangreiche CD-Sammlung, allerlei zerlesene Romane und Gesellschaftsspiele. Ähnlich sah es in der Küche aus. Alles hypermodern und vom Feinsten, vom amerikanischen Supersize-Kühlschrank bis hin zur granitgefassten Kochinsel mit Platz für eine ganze Kochshow.

Die Gäste im Retreat wurden durchweg gut versorgt.

Meistens jedenfalls.

Nate blickte hoch, als Carter den Raum betrat: »Digga, siehst du wieder scheiße aus!«

»Mir ist klar, dass dich meine Schönheit verunsichert.«

Nate warf ihm eine Kusshand zu. »Nein, ohne Scherz, man muss dich einfach lieben: so teuer, wie du deinen Arsch verkaufst.«

»Jetzt machst du mich aber verlegen.«

Nate grinste. Selbst in verkatertem Zustand war er ganz der coole Surfer mit seinen sonnengebleichten Haaren, den glatten, gut definierten Oberarmen, der Bandana. Nach gängigen Maßstäben wäre jemand wie Nate für Carter zwar das Feindbild schlechthin gewesen, doch irgendwie waren sie im Verlauf der letzten drei Jahre Freunde geworden.

»Wann seid ihr beiden eigentlich ins Bett gekommen?«, fragte Julia, schob sich einen einzelnen dunklen Strang ihrer Dreads hinters Ohr und platzierte vorsichtig einen Filter in den Knick des Blättchens.

Julia, die Dünne mit den Tattoos, kam aus Kalifornien, war in einer Kommune aufgewachsen und verhielt sich noch immer so, als sei ein Protestcamp eher ihr Ding. Das Retreat war ganz offenkundig nicht die ideale Umgebung für ihren Kampf gegen das Schweinesystem.

Carter verzog das Gesicht, was sogleich wieder wehtat. »Paar Stunden, nachdem du aufgestanden bist.«

Miles hob eine Braue. Er zeigte keinerlei Symptome einer Alkoholvergiftung, sondern sah proper aus wie immer in Poloshirt und Chinos. Gehobene Leisurewear, wie gemacht für eine gepflegte Bootstour auf der Themse.

»Ja nun, einen Tick später war es zugegebenermaßen schon«, erklärte er mit dem Timbre des perfekten Gentlemans. »Aber da hattest du vermutlich schon einen Filmriss, Carter.«

»Ist eben mein bevorzugter Partygag.«

»Du meinst, wenn du nicht mehr Herr deiner Sinne bist?«, fragte Miles.

»Manche Leute stecken sich eine brennende Zigarre in den Arsch, ich gönne mir einen Filmriss.«

»Aber das machen sie nicht wirklich, das mit der Zigarre?«, fragte Julia.

»O doch. Hab ich mit eigenen Augen gesehen.«

Nate gluckste. »Echt, Leute, warum tun wir uns das an?«

»Weil es nichts anderes zu tun gibt?«, mutmaßte Julia.

Da nickten sie alle und grinsten. Die Wahrheit schmerzte, aber komisch war es trotzdem, irgendwie.

Und natürlich stimmte es nicht ganz. Im Retreat gab es reichlich zu tun, siehe die verschiedenen Putz-, Koch- und Hauswirtschaftsdienste, anders hätte so eine Einrichtung auch nicht funktioniert. Damit der Laden lief, hatte jeder seine Aufgaben, dafür sorgte schon Miles. Hinzu kamen die Freizeitanlagen: Gym, Pool, die Skipisten, all das wollte gewartet sein. Und nicht zu vergessen: die Einkaufstour.

Carter trat an die Korktafel in der Küche und sah nach. Na klar, *er* war dran, schon wieder! Irgendwie verging die Zeit hier anders als im Rest der Welt.

Einkaufen mochte er gar nicht. Nicht zuletzt, weil es mit Einkaufen im strengen Sinn wenig zu tun hatte. Kurz in den Laden an der Ecke und fertig – sorry, das reichte nicht. Einkaufen für das Retreat war Skiwandern in einem Gebiet, das mit schwarzen Rauten nur so gespickt war. Es begann mit der Abfahrt hinunter ins Dorf, über tückische Hänge, die Carters Fähigkeiten weit überstiegen. Und endete mit ihm als Muli, das den voluminösen, auf die Skier geschnallten Transportsack mit dem ganzen Zeug mühevoll bergauf zu ziehen hatte.

Aber Carter war auch eindeutig der schlechteste Skifahrer in der Gruppe. Anders als die anderen hatte er als Kind nie »Wintersport« oder »Skiurlaub« gemacht. Was es maximal gab, als er klein war: eine vereiste Abraumhalde, auf der er mit seiner Schwester hinunterbretterte. Auf einer alten Kühlerhaube statt eines Schlittens.

Die ganze Tour war äußerst langwierig. Und gefährlich. Und da waren die unerwünschten Begegnungen mit Wildtieren noch nicht mal mit drin.

Er merkte, wie sich das Pochen in seinem Kopf zurückmeldete.

»Muss es denn unbedingt heute sein? Ich meine, wir haben noch jede Menge an …«

»Auf gar keinen Fall!« Julia schüttelte entschieden den Kopf. »Du kennst die Regeln.«

Was zutraf. Er kannte sie nun wirklich.

»Julia hat recht«, erklärte Miles auf seine irritierend sachliche

Art. »So, wie es aussieht, steht uns der nächste Wintersturm ins Haus. Lange kann es nicht mehr dauern.«

Carter blickte durch das große Panoramafenster nach draußen. Dieses Fenster erstreckte sich fast über die ganze Front des Gebäudes und bot einen atemberaubenden Blick über Kiefernwälder, schneebedeckte Hänge und den dramatisch zerklüfteten Gebirgskamm im Hintergrund.

Es war jedoch so, dass selbst dieses Szenario nach einer Weile kaum Ehrfurcht gebietender war als eine Fototapete. Eigentlich nahm man es gar nicht mehr wahr.

Im Übrigen sprach Miles nur aus, was jeder sehen konnte. Schon jetzt blies ein herrischer Wind den Schnee zu wechselnden Schraffuren, und die dunkle Wolke über dem Horizont bedeutete ebenfalls nichts Gutes. Bedeutete, je nach Schwere des Sturms, dass sie hier tage-, vielleicht wochenlang isoliert waren.

Auch Nate sagte jetzt: »Tut mir leid, Digga, aber du musst. Da draußen geht bald die Welt unter.«

Wie aufs Stichwort flog unten die Eingangstür auf und ließ eine eisige Bö bis hinauf ins Obergeschoss und den Wohnbereich hinein. Kurz darauf trampelten schwere Stiefel die Wendeltreppe hoch.

»*Herrschaftszeiten!* Was für ein Kackwetter!«

Das war Welland, der übergewichtige, aknezerkraterte Welland. Mit fünfundzwanzig war er der Jüngste in der Gruppe, aber wegen seines technischen Sachverstands so etwas wie der Hausmeister im Retreat. Zwar drückte er mit seinem wehleidigen Genöle systematisch auf die Stimmung, aber ohne diese Hackfresse lief auch nichts, deshalb nahmen ihn die anderen hin.

Zusammen mit Welland stürmte ein weiterer Hausgenosse in den Raum, der Terrierrüde Dexter. Dexter sprang gleich auf Carter zu und schlabberte ihn mit seiner stinkigen Zunge ab.

»Na, mein Freund, warst du spazieren?« Carter vergrub sein

Gesicht in dem kalten rauen Fell und flüsterte immerhin so laut, dass alle es hören konnten: »Hast du auch schön gegen Wellands Bein gepisst? Feiiin! Braver Hund!«

»Wie steht es mit den Generatoren?«, fragte Miles.

Welland schüttelte die filzigen Locken und stampfte sich den Schnee von den Stiefeln. »So weit okay. Aber die Netzstörungen bereiten mir Kopfschmerzen. Diese Ausfälle haben eindeutig zugenommen.«

Welland schaffte es zuverlässig, aus jeder Lage das Maximum an Negativität herauszuholen.

»Kein Grund, gleich die Pferde scheu zu machen. Ich überprüfe das später noch mal.«

»War auch nicht meine Absicht, Miles. Ich *meine* ja nur: Sechs Sekunden sind klar zu lang. Du weißt selbst, was passiert, wenn plötzlich der Saft wegbleibt ...«

»O ja, *dessen* bin ich mir bewusst«, sagte Miles, aber so, dass es plötzlich ganz still wurde.

Mit rotem Kopf zog sich Welland die Stiefel aus. »Scheiße, ich hab schon Frostbeulen an den Zehen«, maulte er. »Pass auf, als Nächstes werden sie schwarz und fallen ab. Hab keine Lust, rumzulaufen wie so ein Scheißzombie ...« Dann fiel sein Blick auf Carter, und er schob schnell hinterher: »Ach du Scheiße, tut mir leid, Mann. Du warst nicht gemeint.«

Was gelogen war.

Worauf Carter den Hund auf dem Boden absetzte und lächelnd erwiderte: »Ist schon okay.«

Aber es war alles andere als okay.

Er hatte bloß keine Zeit, länger darüber nachzudenken, weil im selben Moment (und ganz wie von diesem notorischen Schwarzseher vorausgesagt) die Netzspannung in den Keller schnurrte und der Alarm losging.

»Verdammt«, rief Welland. »Was habe ich euch gesagt!«

Miles hob die Hand, damit jetzt nicht alle durcheinander quasselten, und starrte angestrengt auf seine Armbanduhr. Er zählte die Sekunden: Eins, zwei, drei, vier, fünf …

Ein elektrisches Signal ertönte, als der Generator die Stromversorgung übernahm und alles in den Normalbetrieb zurückkehrte. Auch der Alarm verstummte abrupt.

Nate pfiff durch die Lippen. »Gefühlt eine Ewigkeit, würde ich sagen.«

»Sechs Komma zwei Sekunden«, erklärte Miles. »In dieser Größenordnung sehe ich da noch kein Problem.«

»Und in welcher Größenordnung *würde* es zum Problem?«, fragte Carter.

Miles überlegte. »Alles unter acht Sekunden ist unproblematisch. Erst wenn der Stromausfall noch länger dauert, wird es schwierig.«

»Warum acht Sekunden?«, fragte Nate.

»Nun ja, im Fall einer Versorgungsunterbrechung werden auch die automatischen Schließanlagen im Haus freigestellt. Dies geschieht aber nicht sofort, sondern wegen der Restspannung in diesen Anlagen mit einer Verzögerung von bis zu acht Sekunden«, sagte Miles. »Zugleich springen – normalerweise innerhalb von vier, fünf Sekunden – die Generatoren an, sodass die Verriegelung insgesamt intakt bleibt.«

Trotzdem reichlich knapp, dachte Carter. Wenn es auf wenige Sekunden ankommt.

»Ich sehe mir die Schlösser im Keller noch einmal an«, sagte Welland. »Vielleicht sollte man auch die Gerätesteuerung neu aufsetzen. Bei einem längeren Stromausfall ist nämlich nicht gesichert, dass die …«

»Ich sagte, ich überprüfe das später«, unterbrach ihn Miles. »Reicht das, oder brauchst du eine schriftliche Bestätigung?«

Diesmal hatte selbst ein Blödmann wie Welland die Botschaft kapiert. »Nee, schon klar«, grummelte er.

Alle anderen nickten.

»Gut.«

Dann sagte Nate: »Wenn das geklärt ist, gehe ich jetzt ins Gym. Muss den Alkohol aus dem System kriegen. Hat jemand Lust mitzukommen?«

»Ich könnte einen kurzen Saunagang vertragen«, sagte Julia, sog ein letztes Mal an ihrem Spliff und drückte ihn im Aschenbecher aus. Dann verließen beide den Wohnbereich in Richtung Aufzug.

Welland jedoch blieb und schälte sich aus dem Schneeanzug. »Du solltest auch langsam los, Carter«, sagte er. »Wird aber nicht lustig, das sage ich dir gleich.«

»Sicher: Jeder ist mal dran mit Einkaufen.« Carter schnippte mit dem Finger. »Jeder bis auf einen. Du warst noch nie dran.«

»Ich kann nicht Ski laufen, das weißt du doch.«

»Ich auch nicht.«

»Außerdem habe ich Asthma.«

»Komisch, aber die Tauglichkeitsprüfung für einen Job im Hochgebirge hast du geschafft? Wie geht das?«

»Zumindest bin ich hier nicht einfach so reingeschneit wie ein hergelaufener ...«

»Könnt ihr beiden euren Ehestreit nicht woanders austragen?«, schnappte Miles. »Ach, Carter, dich muss ich noch sprechen, bevor du aufbrichst.«

»Wieso, was ist denn los?«

Miles warf Welland einen missbilligenden Blick zu, denn der hatte seine nassen Klamotten einfach auf dem Boden liegen lassen und kramte in den Küchenschränken nach etwas Essbarem.

Miles stand auf und ging zum Aufzug. »Komm mit«, sagte er zu Carter.

Carter seufzte. »Okay.«

Wobei er auf dem Weg zum Aufzug extra nah an Welland vorbeiging und raunte: »Du Scheißkerl hast nie im Leben Asthma.«

Die Aufzugtüren öffneten sich, und sie traten hinein. Miles hielt seinen Zugangspass auf das Feld B des Lesegeräts, und der Aufzug glitt nahezu geräuschlos in die Tiefe.

Das Retreat war ein viergeschossiges Gebäude, das direkt in den Felsen gebaut war. Wohnbereich, Küche und Gym waren im ersten Obergeschoss, im zweiten lagen die beiden Schlafsäle sowie zwölf Einzelzimmer für das Personal. Im Erdgeschoss befanden sich nicht nur die große Eingangshalle, sondern auch das Gym und die Saunalandschaft sowie diverse Technik- und Vorratsräume.

Der Keller hingegen war Sperrzone, nur Miles und ein paar Auserwählte hatten Zugang zum Allerheiligsten.

Wie jetzt. Die Aufzugtüren glitten auf, und die beiden Männer traten in einen hell erleuchteten Gang, der bei Carter Gänsehaut verursachte. Das lag weniger an der niedrigen Raumtemperatur, als an der mit Bewegungssensoren ausgerüsteten Deckenbeleuchtung, welche die vorausliegende Strecke immer nur ausschnittweise der Dunkelheit entriss. Was er erkennen konnte, waren einzelne Türen, die offenbar zu stillgelegten Büroräumen führten. Vor einer, der dritten, zückte Miles abermals seinen Zugangspass, und sie waren am Ziel.

An der rechten Wand mehrere Computerarbeitsplätze, links eine Reihe Edelstahlschränke mit flachen Schubladen.

»Also: Worum geht es?«, fragte Carter so beiläufig wie möglich.

Miles musterte ihn mit einer Kälte, die Carter selbst bei Leichen selten erlebt hatte.

»Jemand stiehlt hier Medikamente.«

»Was?«

Miles zog eine Edelstahlschublade auf, darin ganze Klinikgebinde von Antibiotika und starken Schmerzmitteln.

»Sieht aber nicht so aus, als ob hier was fehlt«, sagte Carter.

Miles nahm eine Schachtel aus der unteren Lage, machte sie auf und hielt sie umgekehrt in die Höhe. Sie war leer.

»Meiner Schätzung nach ist etwa jede zweite Einheit in irgendeiner Weise manipuliert.«

»Und was ist mit den anderen in den …« Er deutete mit dem Kopf auf den hohen Kühlschrank.

»Äußerlich ist zwar alles da, deshalb habe ich ein paar zufällig ausgewählte Injektionsfläschchen getestet.«

»Und?«

»Mehrere enthielten lediglich ein Placebo.«

»Das heißt kein echtes Plasma?«

»Genau, nur Wasser.«

Etwas schnürte Carter die Luft ab, und die nächste Frage war eigentlich überflüssig.

»Aber wie ist so etwas möglich? Du hast die einzige Karte für den Keller.«

»Zumindest die einzige, von der wir wissen.«

Auch wieder wahr.

»Aber das ist noch nicht alles«, sagte Miles.

»Wie, da kommt noch mehr?«

»Jackson ist weg.«

Carter starrte ihn an. »Was!? Bist du sicher?«

»Er war gestern Abend nicht in seinem Zimmer, und ich kann ihn auch sonst nirgendwo finden.«

Carter überlegte. Er kannte Jackson eigentlich gar nicht. Oder zumindest nicht so wie die anderen hier. Stiller Mensch Anfang dreißig, der Fleisch und Alkohol ablehnte, sich überwiegend mit

Yoga und Meditation beschäftigte und deshalb meist für sich blieb. Carter war noch kein einziges Mal mit ihm aneinandergeraten, aber das war wenig verwunderlich, denn wo nichts ist, gibt es auch keine Konflikte. Soweit es Carter betraf, war der Mann ein Geist.

»Meinst du, er hat das Zeug gestohlen und sich abgesetzt, bevor man ihm dahinterkommt?«

»Möglich. Aber wohin?«

Gute Frage, denn es gab ja nur das Dorf im Tal. Der kleine Flugplatz lag eine Autostunde entfernt und war nur über eine schmale, gewundene Nebenstraße erreichbar. Und woher wollte Jackson überhaupt ein Fahrzeug bekommen? Blieb noch die Seilbahn, aber auch das erschien wenig plausibel.

»Vielleicht alles nur blinder Alarm«, sagte Carter. »Vielleicht ist er nur … spazieren gegangen. Oder auf einer Winterwanderung oder so was.«

Allein Miles' Blick vernichtete den Einwand. »Ohne seinen Schneeanzug?«

Stimmt, daran hatte Carter nicht gedacht.

»Die ganz Sache bleibt vorerst strikt unter uns«, sagte Miles. »Sollte Jackson etwas zugestoßen sein, geht die Moral endgültig vor die Hunde, vor allem nach der unerfreulichen Sache mit Anya.«

Unerfreulich, so konnte man es auch nennen. Carter schluckte. »Und was, wenn er vorher gefunden wird?«

Miles spitzte heikel die Lippen, und Carter hatte plötzlich einen Kloß im Hals.

»Dann ist er ein toter Mann.«

Hannah

Die Überlebenden versammelten sich im Heck des Busses.

Die Toten lagen überwiegend im vorderen Teil.

Hannah hatte sich von ihrem Zustand persönlich überzeugt, das heißt, sie hatte sie untersucht und ihren Tod festgestellt. Fünf junge Menschen beiderlei Geschlechts, die ihren nächsten Geburtstag nicht erleben würden. Für sie kam der Tod gewaltsam und gänzlich unerwartet. Aber unerwartet und gewaltsam kam er häufig, besonders in diesem Alter. Trotzdem waren die, die im vorderen Teil des Busses lagen, keine schönen Leichen. Leichen waren überhaupt selten schön.

In gewisser Weise war es ein Segen, dass sich die meisten im Bus nicht oder nur oberflächlich kannten. Abgesehen von dem jungen Mann mit der schwer verletzten Schwester gab es niemanden, der um irgendwen weinte. Im Gegenzug – dies war die schlechte Nachricht – hatte auch niemand Grund, irgendwem zu helfen. Vielmehr lautete das Gebot der Stunde: Rette *sich*, wer kann. Genau das könnte noch zum Problem werden. Vorerst jedoch wurde es von einem anderen, noch größeren Problem verdrängt, und Hannah sah sich außerstande, die Grundsatzdebatte zu eröffnen. Noch nicht.

Außer ihr, dem blonden Deutschen und dem Geschwisterpaar gab es drei weitere Überlebende: einen athletischen jungen Mann mit dunklen Haaren, ein zierliches junges Mädchen mit kurzen braunen Haaren und Brille sowie einen schlaksigen Jungen mit Pferdeschwanz und Gesichtspiercings – derselbe, der vorher gekotzt hatte. Die drei redeten miteinander.

»Und wie kommen wir jetzt hier raus?«

»Hast du mal nach draußen geguckt? Draußen erfrieren wir nur.«

»Aber hier drin sterben wir auch.«

»Und was sollen wir jetzt tun?«

»Ich kapier immer noch nicht, wie sie uns die Handys abnehmen konnten.«

»Und ich kapier nicht, warum nicht wenigstens einer sein Handy an Bord geschmuggelt hat.«

»Wie lange es wohl dauert, bis Hilfe kommt?«

»Ich meine, sie können uns doch nicht die ganze Nacht mit den toten Leuten allein lassen.«

Hannah hätte ihnen sagen können, dass die Toten derzeit ihr geringstes Problem waren. Im Gegensatz zu der Kälte, die sich bald bemerkbar machen dürfte. Schon jetzt war es nicht allzu warm. Die Daunenjacken und Jeans, die sie am Leib trugen, waren für eine Fahrt im beheizten Bus gedacht und kein Ersatz für Schneeoveralls. Mit jeder Stunde, die verging, wuchs die Gefahr einer Unterkühlung.

Was ebenfalls fehlte: Verpflegung. Zwar hatten sie von der Academy Lunchpakete erhalten und etwas Wasser, aber auch das war nur Reiseproviant – und musste nun viel länger reichen. Immerhin gab es eine Toilette, die trotz der starken Schlagseite des Busses wohl benutzbar war. Wenigstens für dieses menschliche Bedürfnis war also gesorgt, vorerst jedenfalls.

Unterdessen schneite der Bus weiter zu. Nicht mehr lang und ihnen war nicht nur die freie Sicht nach draußen genommen, sondern der Bus war auch umgekehrt von der Straße nahezu unsichtbar. Aber wer weiß, vielleicht hörte der Sturm ja bald auf, dann hatten sie gleich mehr Möglichkeiten. Und was, wenn er das nicht tat?

»Okay, alle mal Ruhe, bitte! Ruhe!«

Der große Blonde war aufgestanden und nahm die Studenten in den Blick. Obwohl mehr oder weniger in demselben Alter wie seine Kommilitonen, besaß er eine natürliche Autorität, welche die anderen instinktiv erkannten. Nach und nach verstummten sie.

»Zunächst einmal«, sagte er, »und um die Kommunikation unter uns zu vereinfachen, schlage ich vor, dass wir uns vorstellen. Ich bin Lucas.«

»Josh«, sagte der athletische junge Mann.

»Ben«, sagte der gepiercte Schlaks.

»Cassie«, sagte das zierliche Mädchen.

»Und ich bin Hannah«, sagte Hannah.

Sie wandte sich nach dem jungen Mann um, der seiner Schwester nicht von der Seite wich, aber jetzt hochsah.

»Daniel … und Peggy.«

»Danke«, sagte Lucas. »Okay, die Situation ist folgende: Wir können keine Hilfe rufen, und wir kommen aus dem Bus erst einmal auch nicht raus.«

»Spitze«, murmelte Ben.

»Und was ist mit dem Notausgang?«

»Lässt sich nicht öffnen«, sagte Hannah.

»Bist du sicher?«

»Du darfst es gern selbst versuchen.«

Josh stand auf, ging in den vorderen Teil des Busses, war jedoch bald wieder da.

»Stimmt. Kriegt man nicht auf.«

»Fuck«, fluchte Ben

»Und wie es aussieht, verfügen wir auch nicht über die nötigen Werkzeuge, um die Fenster einzuschlagen«, fuhr Lucas fort.

»Heißt?«

»Heißt: Nirgendwo ist mehr ein Notfall-Hammer vorhanden«, sagte Hannah.

»Alter!«, rief Ben und verdrehte die Augen. »Mehr als diesen Schrotthaufen hatten sie nicht für uns übrig?«

Eine berechtigte Frage, dachte Hannah. Der Bus war zweifellos nicht mehr der neueste. Hatte im Etat der Academy wohl auch keine Priorität, weil die meisten Studenten ohnehin in großräumigen Limousinen, wenn nicht gar per Heli auf den Berg kutschiert wurden.

»Spielt im Augenblick auch keine Rolle, da in dem Schneesturm draußen ohnehin niemand lange überleben würde.«

»Was schlägst du stattdessen vor?«, fragte Josh.

»Erst einmal Ruhe bewahren und auf Hilfe warten.«

»Und wenn keine Hilfe auftaucht?«

»Dann überlegen wir weiter. Im Übrigen gibt es vielleicht doch eine Möglichkeit, wie wir hier rauskommen. In diesem Fall sollten wir die zwei Fähigsten unter uns losschicken, um Hilfe zu holen. Zurzeit ist das aber ziemlich sinnlos, weil sie bei diesem Versuch draufgehen würden.«

»Er hat recht«, sagte Hannah. »Lieber abwarten, bis sich das Wetter beruhigt hat.«

»Und warum sollten wir auf *dich* hören?«, warf Cassie ein und blickte sie herausfordernd an.

Hannah entging nicht, dass sich Cassies Frage nur auf sie, Hannah, und nicht auf Lucas bezog. Dessen Führungsanspruch blieb unangetastet. Trotzdem antwortete sie so höflich und so besonnen, wie es ihr möglich war: »Weil ich schon einmal einen Survival-Lehrgang absolviert habe.«

Was so nicht stimmte. Ihr Vater hatte das, sie nicht.

»In einer Lage wie dieser«, sagte Hannah, »bleiben wir tunlichst an Ort und Stelle, zumindest bis sich der Sturm gelegt hat. Wir haben zu essen, wir haben ein Dach über dem Kopf und – ganz wichtig – wir haben uns.«

»Sollen wir uns jetzt alle ganz fest in den Arm nehmen, willst du das?«, fragte Cassie.

»Du sagst es«, entgegnete Hannah. »Denn die größte Herausforderung in den nächsten zwölf Stunden wird die Kälte sein. Das bedeutet, wir werden schon etwas zusammenrücken müssen, um den Wärmeverlust in Grenzen zu halten.«

»Meinst du, wir stecken hier *so lange* fest?«, fragte Ben und schien zum ersten Mal ernsthaft besorgt.

»Das ist durchaus möglich. Bei dem Sturm da draußen können auch die Rettungskräfte nicht ausrücken.«

»Aber sie schicken doch jemanden, oder?«, fragte Cassie. Diesmal war ihre Frage ausschließlich an Lucas gerichtet.

»Aber natürlich«, erwiderte Lucas und klang dabei so beruhigend, dass selbst Hannah ihm um ein Haar geglaubt hätte. »Sie treiben doch nicht diesen Aufwand, um uns in Sicherheit zu bringen, und lassen uns dann auf halber Strecke hängen.«

Das ergab Sinn. Allerdings wusste Hannah nur zu genau, dass die Academy den Aufwand hauptsächlich deswegen trieb, weil sie nicht für *noch* mehr Todesfälle verantwortlich sein wollte.

Als Nächstes hob Ben die Hand, was Hannah freute, bedeutete es doch, dass die Gruppe sie und Lucas als Anführer akzeptierte. Das machte gleich alles viel leichter.

»Ja?«, sagte sie.

»Sollten wir nicht mal bei den anderen checken, ob *sie* vielleicht ein Handy haben? Ich meine, könnte doch sein …«

»Mit *den anderen* meinst du die Toten?«, hakte Hannah nach.

Er sah verlegen zur Seite. »Na ja, mehr oder weniger schon. Ich meine, sie brauchen doch jetzt ihre Jacken und die Esssachen eh nicht mehr.«

Hannah blickte zu Lucas, denn der Vorschlag klang vernünftig.

Lucas sagte: »Wir sollten *alle* zur Verfügung stehenden Mittel einsetzen.«

»Und wer … wer guckt nach?«, fragte Josh.

»Ich mache das«, erklärte Hannah.

»Ich komme mit«, sagte Lucas.

Sie nickte, und gemeinsam gingen sie in den vorderen Teil des Busses.

»Eigentlich wollte ich dich nur mal allein sprechen«, raunte ihr Lucas dabei zu.

»Ich dich auch.«

»Okay?«

»Sag du zuerst«, entgegnete Hannah.

»Ist dir an den Toten etwas aufgefallen?«, fragte Lucas.

»Wie meinst du das?«

»Es sind ausnahmslos Studenten, oder?«

»Ja, ich denke schon.«

»Und auch die Überlebenden sind allesamt Studenten, nicht?«

»Worauf willst du hinaus?«

»Wo steckt dann der Fahrer?«

Sie starrte ihn an. Natürlich. Warum war *ihr* das nicht aufgefallen? Wo war der Fahrer? Hannah, du Schlafmütze! Wieder mal nicht aufgepasst. Sie blickte umher, als müsse der Fahrer jeden Moment irgendwo aufploppen. Hahaha, voll verarscht!

»Das gibt's doch nicht«, sagte sie.

»Weißt du, wie er aussah?«, fragte Lucas.

Noch so ein Punkt. Sie hatte ihn wahrgenommen, als sie einstieg, aber ihm keine Beachtung geschenkt. Sie wusste nur, er stand vorn neben dem Bus und rauchte noch eine Zigarette. Unscheinbarer Typ, nicht allzu groß, nicht allzu kräftig, unscheinbar eben. Mehr wusste sie nicht.

»Keine Ahnung.«

»Aber du entdeckst ihn nirgends hier?«

Hannah ging sämtliche Gesichter durch. »Nein.«

»Dann bleiben nur zwei Möglichkeiten. Entweder es gibt noch einen zweiten Fluchtweg ...«

»Oder?«

»Oder er ist durch den Notausstieg raus und hat anschließend die Tür verriegelt.«

»Aber warum?«

»Wüsste ich auch gern«, sagte Lucas. »Aber du wolltest mir ebenfalls etwas sagen?«

Hannah war etwas überrumpelt von dem abrupten Themenwechsel. »Also, wir haben fünf tote Studenten, richtig?«

»Korrekt.«

»Davon haben vier die erwartbaren Verletzungen von dem Unfall.«

»Und der fünfte?«

Hannah zog Lucas weiter nach vorn, wo ein junger Mann mit Kraushaar in verrenkter Position auf seinem Sitz saß. Die blutige Delle in seinem Kopf war nicht zu übersehen.

»Akut dürfte eine stumpfe Gewalteinwirkung auf den Schädel todesursächlich sein«, erklärte sie.

Lucas blickte sie beinahe belustigt an. »Okay, er kam also bei dem Crash ums Leben.«

»Ja, aber ... eigentlich war sein Schicksal schon vorher besiegelt. Schau dir mal seine Augen an.«

Lucas beugte sich über den Toten, und Hannah hörte, wie er scharf die Luft einsog. Die Hornhaut des Studenten war rosa verfärbt. Ein *Granatauge*.

Jetzt wurde sogar Lucas blass. »Aber wir wurden doch alle getestet?«

Und die Tests waren angeblich idiotensicher und zuverlässig.

»Offenbar hat irgendjemand nicht aufgepasst«, sagte sie.

»Verdammte Scheiße. Glaubst du, er hat andere angesteckt?«

»Das werden wir erst erfahren, wenn jemand Symptome zeigt.«

»Gerade eben hast du noch allen empfohlen, zusammenzurücken.«

»Ja. Weil wir sonst alle erfrieren.«

»Und das Infektionsrisiko?«

»Müssen wir erst einmal vernachlässigen. Für Schutzmaßnahmen ist es ohnehin zu spät. Wir atmen seit Stunden dieselbe Luft und haben dieselben Gegenstände angefasst. Entweder wir haben Glück und kommen alle davon … oder eben nicht.«

Wenn sie ehrlich war, musste sie dieses Gedankenspiel selbst erst einmal sacken lassen.

»Das heißt, sogar wenn rechtzeitig Hilfe eintrifft«, sagte Lucas langsam, »sogar dann werden einige von uns sterben.«

Lucas war hochintelligent, doch selbst er hatte die Situation offenbar nicht zu Ende gedacht.

Hannah schüttelte den Kopf. »Wenn Hilfe kommt und das Department herausfindet, dass es an Bord eine Infektion gab … wird keiner von uns je das Retreat erreichen.«

Meg

Bei dem Toten handelte es sich um Sergeant Paul Parker, und sie hatte schon in der Mordkommission mit ihm zusammengearbeitet. Später wurden sie beide zur Einsatzgruppe Infektionsschutz und öffentliche Ordnung versetzt. Oder wie man intern sagte, zum »Kommando Feuer & Flamme«. Aufgabengebiet: Alles erschießen und verbrennen, was die öffentliche Ordnung gefährdete.

»Eines musst du dir merken, Hill: Sie sind nicht wie wir. Eigentlich erlösen wir sie nur von sich selbst.«

Einverstanden. Sehe ich genauso: Wir erlösen sie nur. Aber manchmal wünschte sie sich, irgendeine Macht könnte sie von den Bildern in ihrem Kopf erlösen. Sie herausschneiden wie bei einer Lobotomie. Auch Vergessen konnte eine Erlösung sein.

Doch all das tat natürlich nichts mehr zur Sache, denn das Namensschild an dem Lanyard unter dem Schneeanzug sagte eben nicht Paul Parker, sondern Mark Wilson – Security.

»Wer ist er?«, fragte Sarah. »Ist er okay?«

»Er heißt Mark Wilson«, sagte Meg und gab damit die Lüge einfach weiter. »Und er ist tot.«

Sarah hielt sich die Hand vor den Mund. »O mein Gott!«

»Wieso das denn?«, fragte Sean.

Gute Frage. Meg legte dem Toten die Hand auf die Wange. Jedoch nicht, um womöglich noch einen Minimalpuls zu erspüren, sondern seine Körpertemperatur. Die Haut war kühl, aber bislang nicht kalt und wächsern. Sie hob seinen Arm an. Auch dort war alles locker und gut beweglich, die Totenstarre hatte noch nicht eingesetzt. Die Leiche war höchstens ein paar Stunden alt, der Tod erst jung.

»Könnte es sich um eine Nebenwirkung der Drogen handeln, die uns verabreicht wurden?«, fragte Max.

Die Vermutung lag nahe. Meg kniete sich neben den Leichnam, der mit einem Schlag nur mehr Objekt war, kein Paul oder Mark oder wie immer sich dieser Körper zu Lebzeiten genannt hatte. Sie untersuchte Gesicht und Mund. Einen Mund, den sie einmal geküsst hatte, aus Begierde, aus Einsamkeit, aus Bequemlichkeit oder Verzweiflung, aber nie aus Liebe, nicht einmal ganz zu Anfang. Mag sein, Beziehungen wurden schon auf weniger gegründet. Aber das reichte eben nicht für ihr Überleben.

Jetzt klappte sie den Unterkiefer herunter und suchte in der Mundhöhle nach Erbrochenem, was auf eine Überdosis hingedeutet hätte. Der Befund war negativ. Dafür entdeckte sie Blut an den Zähnen, sie konnte es sogar riechen. Ihr Gesicht spannte sich noch weiter an, als sie daraufhin den Reißverschluss seines Schneeanzugs öffnete. Unter der Außenkleidung trug er nur weiße Skiunterwäsche – oder ursprünglich weiße. Denn jetzt war die ganze Brust dunkelrot.

»Heilige Scheiße!«, entfuhr es Karl. »Ist das etwa Blut?«

»Sieht so aus.«

Meg biss die Zähne zusammen und hob das Oberteil leicht an, das sich alles andere als bereitwillig von der Haut löste. Die Wunde befand sich direkt unterhalb des Brustbeins, etwa im Bereich der sechsten und siebten Rippe. Vermutlich war die Leber getroffen. Präzise, tödlich.

»Er wurde erstochen«, sagte sie nüchtern und wandte sich wieder den anderen zu, die wortlos auf den Toten starrten und in diesem Moment die eigene missliche Lage glatt vergaßen. Meg fragte sich, ob auch nur einer von ihnen je eine echte Leiche gesehen hatte.

Selbst im Jahr zehn des ungebremsten Grauens gab es wohl immer noch Leute, die sich von alledem abschirmen konnten. Für sie waren Tote etwas, das höchstens im Fernsehen vorkam und selbst da nur in stark verpixelter Form. Außerdem gab es nach wie vor ländliche Gebiete, in denen die Seuche kaum Spuren hinterlassen hatte. Dasselbe galt für die Gated Communities der Reichen und Superreichen. Wer nicht in den urbanen Hotspots ausharren musste, dem bot sich durchaus die Möglichkeit, das Blutbad auf den Straßen einfach auszusitzen.

»Aber warum sollte jemand so etwas tun?«, fragte Sarah mit zittriger Stimme und fasste sich an ihr Kruzifix.

Von Meg nur Achselzucken, obwohl sie dieser Drama-Queen am liebsten die Meinung gegeigt hätte. »Wer weiß? Aber wer immer es war, er wusste genau, wie man einem Menschen mit einem einzigen Stich eine tödliche Verletzung beibringt. Konnte natürlich auch reines Glück gewesen sein.«

»Du kennst dich aber aus«, sagte Sean.

»Ich war früher bei der Polizei«, erwiderte Meg.

»Ach, tatsächlich?«, sagte Karl.

»Ja, tatsächlich.«

Sie blickte in die Runde, falls jemand noch weitere Fragen hatte, was nicht der Fall war. Neuerdings hatte fast jeder eine, wie es hieß, »gebrochene Erwerbsbiografie«. Oder eine Vergangenheit, über die er lieber nicht redete.

»Weißt du, wie lange er schon tot ist?«, fragte Max. »Ich nehme an, er wurde erstochen, bevor wir kamen.«

»Oder sie haben ihn einfach hier abgelegt«, sagte Karl.

»Und keiner hat gemerkt, was mit ihm los war. Oder vielmehr nicht mehr los war. Alle dachten, er wäre am Pennen.«

Meg besah sich den Toten erneut. Hatte wirklich keiner etwas gemerkt? Oder war es allen nur egal?

»So wird es gewesen sein«, sagte sie laut. »Auf jeden Fall ist er noch nicht lange tot. Höchstens ein paar Stunden, würde ich sagen.«

»Und wenn es *nicht* so war?«, warf Sarah ein.

»Dann hat ihn wohl einer von uns umgelegt«, entgegnete Karl und sah dabei Meg an. »Das denkst du doch, oder?«

»Aber wir waren alle bewusstlos«, sagte Sarah.

»Augenscheinlich ja«, bemerkte Max.

Sarah riss empört die Arme hoch. »Aber das ist doch lächerlich. Von uns war es bestimmt keiner. Wir kennen ihn ja nicht mal.«

Als Meg darauf nicht reagierte, kreuzte Sarah die Arme vor der Brust, als wollte sie sagen: »Na bitte, hab ich's doch gewusst.«

Max kratzte sich am Kinn, dann sagte er: »Wobei die Tatsache, dass er schon vorher tot war, nicht zwingend bedeutet, dass die hier anwesenden Personen als Tatbeteiligte ausscheiden.«

Sarah blickte ihn an. »Was reden Sie da?«

»Was er sagen will«, unterbrach Sean, »ist Folgendes: Nur weil der Mann nicht *in* der Gondel umkam, kann es trotzdem sein, dass wir ihn *vorher* abgestochen haben. Ist doch so, oder?«

Max blickte Meg Hilfe suchend an. »In Anbetracht der Tatsache, dass wir noch eine ganze Weile miteinander auskommen müssen, würde ich mich gern davon überzeugen, dass keiner der hier Anwesenden eine Waffe mit sich führt.«

»Wieso das denn? Uns wurde doch schon alles abgenommen«, entgegnete Sean und blickte an sich hinunter. »Ich meine, ich habe nicht einmal meine eigenen Klamotten an.«

Meg dachte wohl dasselbe. Trotzdem öffnete sie jetzt den Reißverschluss ihres Schneeanzugs. Genau wie Paul, genau wie der Tote trug sie unter der Außenkleidung nur Skiunterwäsche. Anschließend zog sie noch ihre Stiefel aus und stieg schließlich ganz aus der warmen Hülle. Augenblicklich fing sie an zu bibbern.

»Was tust du da?«, fragte Sean.

»Ich zeige euch, dass ich nichts zu verbergen habe.«

Sie warf Sarah den Schneeanzug zu. »Los, guck in den Taschen nach.«

Sarah hätte gern widersprochen, wusste aber nicht, wie, und hielt zum ersten Mal den Mund. Sie klopfte den Schneeanzug ab. »Da ist nichts.«

»Na dann.«

Sarah gab Meg den Anzug zurück, die heilfroh war, aus der Kälte zu kommen.

»Okay, wer will als Nächster?«

Max machte sich bereit, gefolgt von Sean. Sarah verdrehte zwar die Augen, aber auch sie griff an ihren Reißverschluss. Schließlich standen sie alle in Unterwäsche und wie auf einer absurden Tauschbörse voreinander, befummelten mehrschichtiges Material und schüttelten fremde Hosenbeine aus.

Bis auf Karl. Er verfolgte das Schauspiel, als wartete er noch auf eine Ausnahmegenehmigung. Als die nicht kam, fügte auch er sich in den Beschluss und ließ die Hosen hinunter. Blankes Entsetzen bei Sarah.

Karls Arme und Beine waren über und über bedeckt mit Tattoos von jener kruden Machart, die für Meg unmissverständlich auf eine längere Haftzeit hindeutete. Auch die Motive stellten für sie keine Überraschung dar: Hakenkreuze, Totenköpfe, die Zahl 1488, die Schwarze Sonne und die Parole *Blood and Honur*. Jeder Zoll auf Karls Haut war eine Demonstration des Rassenhasses, *diese* Symbole verstanden alle sofort.

Karl hielt Megs Blick zwar stand, doch hinter seiner Verstocktheit schwelte, das spürte sie, eine tiefe Beschämung. Gleichzeitig waren aller Augen auf sie gerichtet. Als schwarze Frau stand sie unter Beobachtung. Müsste sie auf diese Provokation nicht *ange-*

messener reagieren, also mindestens ebenso plakativ wie diese Assi-Tattoos? Wie immer lag die Last der Entscheidung allein auf ihr. *Sie* hatte daran zu tragen, nie die anderen.

Sie bedachte Karl mit einem unzugänglichen Lächeln und sagte: »Schon gemerkt? In dem letzten Wort fehlt das O. Es heißt *Honour*, nicht *Honur*.«

Er senkte den Kopf. »Ist bekannt.«

Sie nickte. »Dann reich mal rüber.«

Karl stieg aus seinem Overall und tat es. Meg griff umstandslos zu, und aus einer der Taschen rutschte ein Gegenstand. Knallte mit einem metallischen Geräusch auf den Boden der Kabine.

Ein kleines, blutverklebtes Messer.

Carter

Er stand oben am Startpunkt der alten Skipiste, unmittelbar hinter der Umgrenzung des Retreats. Es gab sogar noch das alte Hinweisschild, doch es war ebenso lange nicht mehr in Gebrauch wie die Piste selbst und schaukelte quietschend im Wind.

Abermals überprüfte Carter, ob er alles dabeihatte, und stellte sich innerlich auf den Höllenritt ein. Die Abfahrt ins Tal dauerte üblicherweise zwanzig Minuten. Aber nur bei schönem Wetter und nur für geübte Skifahrer. Er war *kein* geübter Fahrer, und die dunklen Wolken wie der immer dichter fallende Schnee ließen wenig Gutes erwarten. Da kam noch was runter.

Und dann der Wald. Er ließ sich sowieso nicht vermeiden. Etwa auf halber Strecke verengte sich die breite Piste zu einem Schlauch, der mitten durch den finstersten Tann führte. Ort der Gespenster, die ihn belauerten, wisperten … und pfiffen.

Carter hasste alles, was irgendwie nach Wald aussah, das war schon immer so. Daran war sein Vater schuld. Der hatte ihm einst – Carter war noch klein – die Geschichte von dem zerstückelten Mädchen erzählt, das Jugendliche angeblich im Wald entdeckt hatten. Vielmehr nur einen Torso, die Extremitäten lagen versteckt unter einem Haufen Laub. Der Mörder wurde später zwar gefunden, doch der Kopf des Mädchens blieb dauerhaft verschwunden

Carter war nicht einmal sicher, ob die Geschichte stimmte. Sein Vater erzählte viel, wenn der Tag lang war. Und noch mehr, wenn er getrunken hatte. Trotzdem hatte sich die Geschichte tief in ihm festgesetzt und entwickelte ständig neue Triebe. Es war der Stoff, aus dem seine Angstträume waren: Kopffüßer mit dem Antlitz des ermordeten Mädchens, die sich spinnengleich auf ihn zubewegten, Chimären aus den Nachtgesichten eines Dr. Moreau. Der finstere Tann gebar nie etwas Gutes. Wer wüsste das besser als er?

Carter korrigierte ein letztes Mal den Sitz seiner Skibrille, holte tief Luft und stieß sich ab. Seine Schneepflug-Technik gewann keine Preise, und er war damit auch keineswegs schnell unterwegs. Eher wie ein Dreijähriger auf dem Idiotenhügel. Nach wie vor hasste er das Gefühl, allein von der Macht der Schwerkraft in die Tiefe gezogen zu werden. Dieser Kontrollverlust war überhaupt nicht seins. Man gebe ihm ein Auto oder meinetwegen ein Fahrrad, aber bloß nicht zwei Bretter und zwei Stöcke, die sich immer nur in die Quere kamen.

Außerdem quälte ihn die Vorstellung, das Caren jetzt alles sah. Stand wahrscheinlich am großen Panoramafenster und beobachtete ihn heimlich. Wie so oft in letzter Zeit. Immer hielt sie sich irgendwo in seiner Nähe auf und ließ ihn nicht aus den Augen. Wobei Carter nicht so blöd war, sich irgendwelche Illusionen zu machen. Sie dürfte sich wohl kaum in ihn verknallt haben – nicht mit *seiner* Fresse. Es sei denn, sie war wirklich pervers. Diese Vorstellung war jedoch nicht weniger beunruhigend. Sie sah ihn an wie mit Röntgenaugen. Als stünde er längst nackt vor ihr, wie in dem Märchen von des Kaisers neuen Kleidern. Und, ehrlich, das war kaum besser.

Carter gab sich alle Mühe, jeden Gedanken an Caren (Caren mit C!) in den Hintergrund zu drängen, erforderte die vor ihm liegende Piste doch seine volle Aufmerksamkeit. Sich hier nicht den Hals zu brechen war schon viel. Der Schweiß brach ihm aus und legte sich wie eine eisige Hand auf seinen Rücken. Schnee blies ihm ins Gesicht. Allein die Brille davon zu befreien war mit Risiken verbunden, denn sobald ein Stock keinen Bodenkontakt mehr hatte, verlor er das Gleichgewicht. Und zu allem Überfluss dräute oben ein tiefdunkler Himmel und mahnte zur Eile, sonst kam er auf dem Rückweg in den dicksten Schneesturm.

Immerhin erreichte er so ein schmales Plateau, auf dem er kurz anhalten konnte. Unweit darunter begann die eigentliche Gefahrenzone, denn dort wurde die Piste zu einem Trichter, der ihn direkt in den Wald saugte, den finsteren Tann. Er versuchte, seine Nervosität zu bezwingen, indem er sich so stark abstieß, wie er sich gerade traute, den Blick einfach geradeaus richtete und die Schatten im Unterholz nach Möglichkeit ignorierte. Es war noch früh am Tag, aber der heraufziehende Sturm tauchte bereits alles in unheimliches Zwielicht. Und der mühevolle Wiederaufstieg – er mochte gar nicht daran denken – stand ihm danach erst bevor.

Kurz darauf lag der Wald hinter ihm, die Piste wurde breiter, das Gefälle sänftigte sich, und auf der rechten Seite erschien das rostige Skelett der alten Liftanlage. Es stand nur noch in Teilen, und die Sessel lagen in langer Reihe im Schnee wie der Dornschwanz eines vor Zeiten erschlagenen Drachens.

Carter fuhr an der Ruine vorbei und sah zu, dass er weiterkam. Das Dorf, in das er wollte, war nie sonderlich groß gewesen, aber in seinen besten Zeiten immerhin so etwas wie ein lebendiger kleiner Ferienort, mit Boutique-Hotel, etlichen schicken Bars und Restaurants, einer Apotheke und einem kleinen Supermarkt namens Quinn's Convenience Store, so die Sage. Alles, was Wintersportler so brauchten.

Aber die Skifreunde waren leider keine Dauergäste. Das Boutique-Hotel musste als Erstes dichtmachen, und der vernagelte, graffitiübersäte Kasten verschandelte seither den Ortskern. Den Bars und Restaurants erging es nicht besser. Am längsten hielt sich die Apotheke, aber auch sie wurde erst nicht mehr beliefert und schließlich geplündert, um nie wieder aufzumachen. Somit blieb nur noch Quinn's.

Im Fall einer nuklearen Katastrophe, überlegte Carter, gäbe es hier überhaupt nur zwei Überlebende: die gemeine Küchenschabe und Jimmy Quinn.

Carter löste seine Bindungen und stapfte in den klobigen Stiefeln über die menschenleere Hauptstraße. Eine rotbraune Bewegung im Augenwinkel ließ ihn herumfahren. Unfassbar, ein davonstiebendes Reh, mitten im Ort! Es war etwas, das Carter nicht gerne sah. Denn wo Rehe waren, waren auch Räuber. Berglöwen, Wildhunde und solches Gelichter. Doch es blieb alles ruhig, und er entspannte sich wieder.

Quinn's lag im mittleren Abschnitt der Straße. Schmutzige Fassade, die Fenster vergittert, das Dach zierte eine Dornenkrone aus Stacheldraht. Offenbar wurde Sicherheit großgeschrieben. Dem dienten auch die zahlreichen Überwachungskameras, die ihn schon vom Weitem ins Visier nahmen. Kurioserweise schlug bei seinem Eintritt kein Alarmsystem an, sondern lediglich eine Ladenglocke – ein Krämergruß wie aus der guten alten Zeit. Es passte auch irgendwie, denn im Innern empfing ihn wie immer trübe Beleuchtung und Staub und ein säuerlich-fischiger Geruch, der sich jeder präziseren Beschreibung entzog. Die Regale waren randvoll mit Konservenware aus aller Herren Länder. Dazu gab es zwei deckenhohe Kühlschränke mit Teilstücken von Tieren, deren Herkunft Carter lieber nicht erfragte. Aus Angst, selber in der Kühlung zu enden, und das war kein Witz.

Die verbleibende Verkaufsfläche war dem Non-Food-Sortiment gewidmet. Man könnte auch sagen: unverkäuflichem Krempel, der zur Strafe für seine Unverkäuflichkeit nachsitzen musste, darunter ein ehedem farbenfrohes Osternest, transparente Damenstrumpfhosen, Luftmatratzen für den Pool, Cocktail-Shaker und Dreierpacks mit Videokassetten. Nein, keine DVDs, echte *Kassetten*! Und nicht nur VHS, sogar Betamax führte Quinn's noch. Carter fragte sich jedes Mal, warum Quinn, wenn er schon so schlau war, seinerzeit keine Spitzenweine eingelagert hatte. Oder frische Delikatessen aus der Region. Okay, lieber nichts Frisches.

Einmal im Monat ließ Quinn Nachschub einfliegen, über den kleinen Flugplatz eine Autostunde vom Dorf entfernt. Dort in der Abfertigung hatte Quinn zwei seiner vier Söhne installiert und kontrollierte seither den gesamten ein- und ausgehenden Verkehr mit der restlichen Welt. Das betraf nicht nur den Fracht-, sondern auch den Personenverkehr. Im Retreat hatte man sich längst in die Zwangsgemeinschaft mit diesem Mann gefügt, denn ohne Quinn lief gar nichts. Carter bezweifelte jedoch, dass dies die geringste Gewähr für irgendwas bot.

Miles verriet ihm einmal, dass Quinn einst an der Spitze eines berüchtigten englischen Verbrechersyndikats stand und wohl noch immer über einschlägige Kontakte verfügte. Carter glaubte das sofort, auch wenn damit die Frage noch nicht beantwortet war, wie der große Gangster in einem schäbigen Minimarkt am Arsch der Welt landen konnte, Tausende Meilen weg vom schnellen Leben und dem großen Geld. Aber Carter ahnte auch, dass es besser war, nicht zu viel zu wissen.

Kaum stand Carter am Tresen, kam Quinn aus seinem Verschlag.

»Hey, wen haben wir denn da? Lange nicht gesehen, Carter. Dachte schon, du bist tot.«

Quinn war kein großer Mann, eins fünfundsechzig war vermutlich schon hoch gegriffen. Ein zäher Typ mit geschorenen schwarzen Haaren, die aussahen wie die Scheuerseite eines Topfreinigers, und einem Lächeln, das nie von seinen eisgrauen Augen gespiegelt wurde. Wenn seine Miene »Willkommen« sagte, sagten die Augen: »Aber pass auf, wem du den Rücken zukehrst.«

Trotzdem lächelte Carter zurück. »Noch ist es nicht so weit.«

»Freut mich zu hören. Es ist noch immer gut gegangen, richtig? Was will man mehr?«

Jimmy Quinn redete wie ein Maschinengewehr. Ein Meister Yoda auf Speed. Carter ließ sich davon nicht ablenken.

»Haben Sie alles bekommen?«, fragte er.

Alle zwei Wochen gab Miles die Einkaufsliste durch.

»Sicher, sicher«, sagte Jimmy. »Allerdings musste ich ein paar Ausgleichsprodukte beilegen. Aber das kennt ihr ja.«

Wohl wahr. Carter kannte Jimmys berüchtigte »Ausgleichsprodukte«. Einmal erhielt er statt eines 12er-Kartons Baked Beans lediglich eine Flasche Parkettversiegelung, ein andermal mussten sie im Retreat ohne das bestellte Weizenmehl auskommen. Jimmy hatte ersatzweise eine Topfpflanze aus Plastik »beigelegt« – und musste trotzdem keine Reklamation fürchten. Da also völlig offen war, was Jimmy genau lieferte, fragte Carter auch diesmal nicht nach, sondern nickte nur.

»Kein Problem. Ich nehme an, Miles hat die Summe genehmigt.«

»Klar doch. Miles ist ein Ehrenmann. Nicht wie ein paar andere, die ich jetzt nennen könnte. Bei manchen Leuten muss ich sogar meine Söhne vorbeischicken, damit sich etwas tut. Wenn du verstehst, was ich meine.«

Miles hatte noch nie andere Kundschaft in Jimmys Laden gesehen. Nur einmal bekam er mit, wie einer von Jimmys Gorillas einen leblosen Körper vor die Tür schaffte.

Er fischte ein Päckchen aus seiner Tasche. »Miles hat noch etwas draufgelegt. Für Ihren vorbildlichen Service.«

In Jimmys Augen leuchtete die nackte Gier, er griff sofort zu und schob das Päckchen in die Kasse. »War mir ein Vergnügen. Miles ist korrekt, da kann man nicht meckern, hab ich recht?«

Doch, kann man, dachte Carter. Aber alles war relativ.

Er wartete, während Jimmy im Hinterzimmer verschwand und zusammen mit seinen Söhnen wiederkehrte. Carter war den beiden nie offiziell vorgestellt worden, aber er war sicher, der mit bedrohlichen Hals-Tattoos war Sam und der mit den zurückgegelten Haaren und der vertikalen Narbe war Kai. Aber er konnte sich täuschen. Er nannte sie für sich ohnehin nur *Thing 1* und *Thing 2*.

»Das wäre damit erledigt«, erklärte Jimmy und zwinkerte ihm zu.

Carter räusperte sich. »Ähm, dürfte ich vielleicht mal Ihre Toilette benutzen.«

Entgeistert starrte Quinn ihn an.

»Der Rückweg ist noch lang«, erklärte Carter.

Jimmy gluckste. »Klar. Niemand soll sich in die Hose machen, oder?« Er nickte Thing 2 zu. »Zeig ihm den Weg zum Scheißhaus.«

Die Örtlichkeit lag übrigens direkt links neben dem Kassentresen, und den Schlüssel dazu trug Thing 2 an einer soliden Kette um den Hals. Er schloss auf. Carter schlug ein intensiver Fäkaliengeruch entgegen. Thing 2 grinste, während Carter blass wurde.

»Wünsche viel Spaß.«

Carter trat ein und schloss die Tür hinter sich. Dann langte er tief in seinen Schneeanzug und holte unter seiner Unterwäsche zwei mit Panzertape umwickelte Päckchen hervor. Er hob den Deckel des Spülkastens an und versenkte die Päckchen dort. Dann betätigte er die Wasserspülung – das Zeichen für Thing 2, dass er fertig war. Später würde Thing 2 die Päckchen bergen, und schon morgen war eines davon auf dem Weg in eine kleine Vorortgemeinde viele Meilen weit weg. Das andere Päckchen würde Thing 2 behalten.

Was wieder einmal zeigte, dass selbst in kriminellen Clans wie den Quinns die Loyalität ihre Grenzen hatte. Vorbei an den Bossen betrieben Thing 2 und Carter längst ihre Privatgeschäfte. Carter brauchte jemanden, der die Päckchen versandte, ohne dass Jimmy (und somit Miles) davon erfuhr, und Thing 2 hatte nichts gegen einen kleinen Extraprofit, den er nicht mit den anderen teilen musste.

Carter kam aus der Toilette. Thing 2 sah ihn nicht einmal an. Carter ging hinaus zu den Lebensmitteln, die Jimmy Quinn mit Thing 2 bereits auf die Skier geschnallt hatten.

»Dann bis zum nächsten Mal, Mr Quinn.«

Jimmy grinste. »Falls du bis dahin noch lebst.«

Carter lachte und winkte Quinn zu, auch wenn er dachte, dass die Einschränkung des alten Verbrechers so falsch nicht war. Es gab keine Sicherheit mehr, nirgends.

Auch mit den Päckchen ging er ein hohes Risiko ein, doch das war es wert. Für diese Frau hätte er alles getan. Nun war die Gefahr noch einmal gestiegen. Miles wusste, dass jemand die Apotheke des Retreats beklaute.

Die Frage war nur, wie lange es dauerte, bis Miles dahinterkam, dass Carter der Dieb war.

Eigentlich wollte Carter vor Einbruch der Dunkelheit wieder im Retreat sein. Doch der heraufziehende Sturm machte ihm einen Strich durch die Rechnung. Es war kurz vor drei, der schwierigste Teil des Aufstiegs lag noch vor ihm, aber das Tageslicht verzog sich bereits in sein Zimmer hinter den sieben Bergen wie ein missmutiger Teenager, der niemanden mehr sehen will.

Außerdem hatte er jetzt Gegenwind, und unausgesetzt wirbelten ihm Flocken ins Gesicht, was ihn zusätzlich erbitterte. Was für eine Scheiße, grunzte er und stach die Stöcke fester in den Schnee, denn die an die Skier befestigten Einkäufe brauchten gar nichts zu tun und zogen doch mächtig an ihm.

Im Windschatten des Waldes, dachte er, kam er wahrscheinlich besser voran, ebenso war der Schnee dort nicht so tief. Aber der Wald hatte auch seine Nachteile. Der Wald war voller Kreaturen, die nach dem Rückzug des Menschen den Platz an der Spitze der Nahrungskette zurückerobert hatten. Keine Spur mehr von Scheu. Sie schienen genau zu spüren, dass der Mensch nicht mehr der alleinige Herr über die Welt war.

Und dann natürlich die Whistler.

Ihretwegen ließ Carter den Waldrand nie lange aus dem Blick, auch wenn die Bäume dort nicht so dicht standen wie weiter oben, wo die langen Schatten zerfetzten Leichentüchern glichen und ihn regelrecht zu ersticken drohten.

Er schluckte und versuchte, sich auf seine Aufgabe zu konzentrieren. Trotz der schwarzen Wolken am Himmel war es noch nicht ganz dunkel. Die Whistler zogen die tiefe Nacht vor, ihre zombiefahle, fast durchsichtige Haut vertrug nicht einmal Dämmerlicht. In gewisser Weise waren sie wie Geister, nur dass sie, anders als Geister, nicht lautlos unterwegs waren. Wenn sie auftauchten, dann mit einem Mark erweichenden Pfeifen, das sich anhörte wie der letzte Seufzer aus einer verätzten Lunge.

Hör auf, Carter. Steigere dich nicht hinein.

Trotzig stieß er seine Stöcke in den Schnee und stapfte weiter bergan. Links, rechts, links, rechts, während sich das düstere Gewölk nur noch drohender aufblähte und ihn schadenfroh beobachtete. Nach kurzer Zeit war seine Skibrille erneut blind vor Schnee. Der Wald zu beiden Seiten machte allmählich die Piste zu. Carter biss die Zähne zusammen. Dann, als er einmal mehr über sein Visier wischte, stutzte er.

Da war etwas auf seiner Strecke. Ein schwarzer Schemen vor dem kontrastlosen Grau der Schneefläche. Eine Krähe? Nein, dazu war es zu groß. Ein anderes Tier vielleicht? Auch nicht. Da war ein Mensch. Eine gebeugte Gestalt, die sich taumelnd über den Hang bewegte und dabei immer wieder hinstürzte. Und aufstand. Und abermals fiel. Ob Mann oder Frau, ob Whistler oder nicht war aus der Distanz nicht zu erkennen. Er wollte aber auch nicht gleich den Teufel an die Wand malen.

Fest stand nur, die Gestalt befand sich genau auf seiner Route. Er blieb stehen und befreite sich von der Schirre, die ihn mit dem improvisierten Lastschlitten verband. Dann rammte er seine Stöcke in den Schnee und machte die Skier daran fest. Er hatte keine Lust, Sack und Pack hinterherzurennen, im ungünstigsten Fall bis ganz nach unten ins Dorf. Alles schon passiert.

Ledig seiner hinderlichen Fuhre, ging Carter auf die Gestalt zu, die in keiner Weise zu erkennen gab, ob sie ihn ebenfalls gesehen hatte. Dazu wirkte die Gestalt auch viel zu desorientiert. Streng genommen bewegte sie sich nur im Kreis und kam keinen Meter voran. Was ging hier vor? Hatte sich da jemand verirrt? Möglicherweise verletzt? Auf jeden Fall war es ein Mann, wie Carter jetzt erkannte. Dunkle Klamotten, kahl geschorener Kopf, kein Schneeanzug. Carters Anspannung nahm zu, als er die rubinroten Flecken auf der Fährte sah. Und auch den Grund dafür. Dem Mann fehlte nämlich ein Arm. Der Arm war sauber aus dem Schultergelenk gerissen und gab den Blick auf die blutige Gelenkpfanne des Schulterblatts frei. Es schien das Werk eines Raubtiers zu sein. Oder die Whistler hatten ihn in der Mangel gehabt, auch das war denkbar.

Plötzlich drehte sich der Mann um, und Carter begriff, *warum* er so ziellos umhertorkelte. Er war blind. Die Reste eines Auges klebten ihm noch festgefroren an der Wange, das andere Auge war ganz weg, ebenso wie die betreffende Gesichtshälfte. Einfach nicht mehr da. Übrig waren nur Knochen und ein bisschen Knorpel.

Trotz der entsetzlichen Verstümmelung erkannte ihn Carter sogleich.

Es war Jackson.

Was zum Henker hatte er hier draußen gewollt? Und wie war er trotz Blutverlust und Unterkühlung so weit gekommen? Zumal mit den Erfrierungen, deren hässliche Anzeichen überall sichtbar waren. Es war ein Wunder, dass dieser Mann überhaupt noch unter den Lebenden weilte. Ohne medizinische Versorgung würde dieser Zustand allerdings nicht mehr lange andauern.

Carter blickte auf seinen behelfsmäßigen Schlitten. Was sollte er tun? Es war unmöglich, beides, die Lebensmittel *und* Jackson, auf den Gipfel zu ziehen. Fest stand nur: Wenn er ohne die Lebensmittel ins Retreat zurückkehrte, war ihm der Anschiss von Miles gewiss, und das durfte auf keinen Fall passieren. Andererseits konnte er Jackson unmöglich hier zurücklassen, nicht in seinem Zustand.

»Fuck!«, brüllte er in die ungeheure Leere der Schneelandschaft. Und dann noch einmal, lauter: »FUCK!«

Entweder du gehörst zu den anständigen Kerlen oder zu den Überlebenden, hatte ihm jemand mal gesagt. *Die Erde ist voll der toten anständigen Kerle.*

Eine grausame Sentenz, aber wohl nichts weniger als die Wahrheit. Beglaubigt wurde sie durch die Tatsache, dass auch derjenige, der sie geäußert hatte, längst nicht mehr lebte.

Die anständigen Kerle, Carter hatte sie alle erschossen.

Jetzt stürzte Jackson nach vorn in den Schnee, wodurch er noch mehr Blut auf dem Untergrund verteilte. Er robbte auf Carter zu, wobei es Carter so vorkam, als starre ihn Jacksons heraushängendes Auge unverwandt und vorwurfsvoll an.

Carter griff in seine Tasche und zog eine Pistole.

Jacksons Mund öffnete sich wie zu einem stummen Flehen.

Entweder du gehörst zu den anständigen Kerlen oder zu den Überlebenden.

Es gab aber Zeiten, dachte Carter, da wurde man selbst als Überlebender seines Lebens nicht froh.

»Tut mir leid, Mann«, flüsterte er.

Dann hob er seine Waffe und schoss Jackson in den Kopf.

Hannah

»Das dürfen die anderen auf keinen Fall erfahren«, sagte sie mit Bestimmtheit.

Lucas hob die Brauen. »Wieso nicht?«

»Weil dann Panik ausbricht. Wir sollten lieber dafür sorgen, dass die Leute nicht durchdrehen.«

»Was schlägst du vor?«

»Erst einmal machen wir alles wie geplant. Wir nehmen den Toten die Klamotten ab und alles Essbare. Aber dann legen wir sie vorne zu einem Haufen zusammen, wobei die infektiöse Leiche ganz nach unten kommt. Vielleicht haben wir ja Glück, und es guckt später keiner so genau nach …«

»Vorausgesetzt, es gibt keine weiteren Infizierten …«

Hannah biss sich auf die Unterlippe, daran hatte sie nicht gedacht. Sie nickte.

»D'accord«, sagte Lucas.

Dann machten sie sich daran, die Leichen zu entkleiden, was ihnen schwerfiel, denn dies war eindeutig ein Tabubruch – und der Griff in eine fremde Tasche auch ein Übergriff, für den Hannah, ihrem Gefühl nach, Abbitte zu leisten hatte. Doch diesen Luxus hatten sie nicht. Es ging ja nicht um Leichenfledderei, sondern ausschließlich um Verwertung der verfügbaren Ressourcen. Sonst waren sie bald *alle* tot.

Am Ende siegte ohnehin die Routine. Was sie einmal gemacht hatten, konnten sie auch in Serie tun. Und schneller. Und effektiver. Warme Kleidungsstücke flogen auf einen freien Sitz, Essenssachen und Wasser kamen in eine Plastiktüte, die Hannah einem toten Mädchen abgenommen hatte. Warum hatte es diese Tüte überhaupt dabei? Weil ihr auf der kurvenreichen Strecke leicht schlecht wurde? Der Gedanke rührte sie tiefer an, als sie wahrhaben wollte. Armes Mädchen, du wirst nie wieder Bus fahren. Nie wieder. Nie.

Mit einem Kloß im Hals arbeitete sie weiter. Je nach Artikel und Größe hatten die anderen später eine weitere Schicht gegen die Kälte und außerdem mehr Wasser, Energieriegel und Obst als zuvor. Zwar nicht viel, aber darauf kam es nicht an. Alles, was half, bis Hilfe eintraf, allein darum ging es. *Falls* sie denn eintraf. Und was dann? Was geschah dann? Was war mit dem infizierten Studenten?

Hannah! Wer es fahrlässig versäumt, das Department über mögliche Krankheitsfälle zu informieren, leistet der Verbreitung des Virus Vorschub und bringt andere Menschen in Lebensgefahr.

Sie versuchte, die mahnende Stimme ihres Vaters zu blocken, doch das gelang nicht. Sie kannte die Hygienebestimmungen des Departments genau, zumal ihr Vater als anerkannte Koryphäe auf dem Gebiet einer der Verfasser gewesen war. Dieses Regelwerk folgte einem einfachen, radikalen Prinzip: Die Krankheit musste *um jeden Preis* eingedämmt, die Infektionskette bereits an ihrem ersten Glied unterbrochen werden – nämlich an der Infektionsquelle und zwar ein für alle Mal. Die Leute glaubten gemeinhin, dies sei mehr oder weniger identisch mit Quarantäne, aber da schätzten sie ihre führenden Mediziner völlig falsch ein. Da die Virulenz des Erregers so extrem war, musste auch die Antwort extrem ausfallen. Und die einzig todsichere Gegenmaßnahme bestand in der »Aussonderung« der Infektionsträger. Lückenlos und permanent.

Wenn sie also heil aus der Sache herauskommen wollten, durfte niemand von der infizierten Leiche erfahren.

Hannah seufzte und besah sich den jungen Mann, dem sie soeben die Hose genommen hatte. Abgesehen von dem schiefen Hals (unnatürliche Beweglichkeit der Halsgelenke!) wies er keine äußerlichen Verletzungsanzeichen auf. Jetzt, nur mit T-Shirt und langer Unterhose bekleidet, konnte er zu seiner vorläufigen Ruhe gestapelt werden – und chillen, bis er steif gefroren war. Aber irgendwas stimmte nicht, irgendwas war atypisch. Die Wölbung unter dem Zwickel, der gespannte Stoff im Schritt, was das normal? Sie beugte sich vor und streckte die Hand danach aus.

»He, was machst du denn da?«

Sie fuhr zusammen und drehte sich um. Lucas, mit einem ganzen Bündel Wintersachen im Arm, sah sie neugierig an?

Sie wurde rot. »Dieser Student … er hat irgendwas in der Unterhose.«

»Verstehe«, sagte Lucas und ließ ihren Befund bis auf eine erhobene Braue unkommentiert.

Sie konnte das nicht auf sich sitzen lassen. »Nein, sieh doch«, sagte sie.

Er folgte ihrem Blick. »Oh. *Das* ist etwas anderes.«

Sie tastete die rechteckige Wölbung ab. Ein Fremdkörper, hart, metallisch. Noch ein Blick zurück auf Lucas, dann griff sie unter den elastischen Bund – und in kratziges Schamhaar. In kratziges *kaltes* Schamhaar, was gleich doppelt unangenehm war. Dennoch suchten ihren Finger weiter, bis sie an ein metallisches Objekt stießen.

Ein Handy!

Lucas grinste. »Na so was. Wie sagt ihr Engländer immer? Bingo!«

»Abwarten«, entgegnete Hannah, die ihrem Glück nicht traute. Sie drückte auf den Startbildschirm, und das Display ging tatsächlich an. Das Hintergrundbild zeigte einen hübschen Emo-Boy mit asymmetrischem Undercut, fransigem, effektvoll verstrubbeltem Seitenpony und zirka zwei Pfund Piercings im Gesicht, der in die Kamera lächelte und das Peace-Zeichen machte. Sein Freund vielleicht? Abermals erfasste sie eine Welle tiefer Traurigkeit. Der junge Mann war nicht allein gewesen. Er hatte da jemanden, der vielleicht in dieser Sekunde auf einen Anruf oder eine Textnachricht von ihm wartete und nicht im Entferntesten ahnte, dass Hannah gerade seine Leiche ausraubte.

Du wirst es als Ärztin nicht weit bringen, wenn du dich von Gefühlen leiten lässt.

Ihr Vater wieder.

Mitgefühl lenkt nur ab. Du hast mit Patienten zu tun, nicht mit Menschen. Aber den Unterschied lernst du noch.

Na gut, wo er recht hat, hat er recht. Und jetzt ganz besonders. Sie musste unbedingt klaren Kopf bewahren.

»Haben wir hier irgendwo ein Netz?« Lucas deutete auf das Handy.

Hannah hielt das Handy in die Höhe. Nicht mal ein kümmerlicher Balken, sie waren im Nirgendwo. »Vielleicht später, wenn der Schneesturm nachlässt«, sagte sie. »Ist aber auch egal, das Handy ist sowieso gesperrt.«

»Scheiße, wir brauchen das Passwort«, sagte Lucas.

Hannah warf einen Blick auf den toten Studenten. Sein Gesicht wies nicht einmal einen Kratzer auf, und die Augen waren noch offen, ohne die Schleier des Todes.

Wie gesagt: Du hast es mit Patienten zu tun, nicht mit Menschen.

»Vielleicht gibt es noch eine andere Möglichkeit«, sagte sie.

»Und die wäre?«

»Die Gesichtserkennung.«

Lucas war skeptisch. »Ob das klappt? Ich meine, die KI hat

doch sicher irgendein Kriterium, anhand dessen sie erkennt, ob der Benutzer … du weißt schon.«

»… du meinst, ob wir tot oder lebendig sind?« Hannah zuckte die Schultern. »Es gibt nur einen Weg, das herauszufinden.«

»Hey, ihr da!«

Sie beide erschraken über die Stimme aus dem Heck des Busses.

»Meine Schwester braucht dringend Wasser!« Es war Daniel.

»Ich mach das schon«, sagte Lucas. »Du kannst in der Zwischenzeit ja versuchen, das Handy zu entsperren.«

Sie nickte, und Lucas ging mit der Plastiktüte und einem Schwung Klamotten nach hinten. Hannah wandte sich wieder ihrem Patienten zu.

»Okay, dann zeig mal, was du draufhast.«

Sie hielt das Handydisplay direkt über das Gesicht des toten Studenten. Der erste Versuch schlug fehl. Verdammt. Sie fasste an seinen Hinterkopf und richtete das Gesicht gerade aus, was grauenhaft leicht ging. Der Tote musste direkt in die Kamera sehen. Na also, wer sagt's denn? Das kleine Schlosssymbol am oberen Bildschirmrand war plötzlich auf. So viel zum Thema Cybersicherheit. Sie wischte nach oben und ging nach hinten zu den anderen, die bereits die Ausbeute nach Passendem durchsuchten und erst aufblickten, als sie direkt hinter ihnen stand.

»Alles wird brüderlich und schwesterlich geteilt«, sagte Lucas.

»Die Klamotten nach Größe«, fügte Josh hinzu.

»Später können wir ja eine Modenschau machen«, ätzte Cassie.

Abermals fragte sich Hannah, was diese Frau eigentlich für einen Defekt hatte. Wollte sie vielleicht das Kommando an sich reißen? Oder hatte sie nur ein Problem mit jeder Art Autorität? Aber Hannah hatte keine Zeit für solche Machtspielchen.

»Hier, das haben wir bei einem Studenten gefunden«, sagte sie und hielt das Handy hoch.

»Hab ich doch gesagt«, jubelte Ben. »Irgendeiner hat garantiert ein Handy reingeschmuggelt.«

»Ich habe das Handy entsperrt, aber wir haben kein Netz.«

Hannah hatte noch nie erlebt, wie schnell hoffnungsfrohe Mienen grau werden konnten.

»Vielleicht haben wir später mehr Glück, wenn sich der Sturm gelegt hat.«

»Und was ist mit SMS?« Die Frage kam von Daniel, der seiner Schwester die Hand hielt und verzweifelt versuchte, ihr etwas Wasser in den Mund zu träufeln. Die Schwester hielt noch durch, aber sie lag im Sterben, das war unübersehbar. Wie würde Daniel reagieren, wenn es so weit war?

»Ja, aber wie soll das gehen, ohne Verbindung …?«, fragte Hannah.

Er unterbrach sie. »Es kommt vor, dass das Funksignal nicht mehr für einen Sprachanruf reicht, für eine SMS aber sehr wohl, weil SMS noch unter dem alten GSM-Standard laufen. Die technischen Voraussetzungen dafür sind denkbar niedrig.«

Hannah blickte ihn an, aber er zuckte nur die Achseln. »Ich habe mal in einem Handyladen gearbeitet.«

»Einen Versuch ist es wert«, sagte Lucas.

»Aber wem sollen wir schreiben?«, fragte Ben.

Gute Frage. Sie blickten sich ratlos an.

»Am besten einem von denen, die die Evakuierung angeordnet haben«, überlegte Lucas. »Jemand, der wirklich was zu sagen hat.«

»Also Professor Grant?«, bemerkte Ben. »Einen anderen wüsste ich nicht.«

»Super Idee«, blaffte Cassie. »Die Nummer hat ja auch jeder in seinen Kontakten.«

Hannah zauderte. Keiner von den anderen wusste Bescheid,

jedenfalls hatte sie es niemandem an der Academy gesagt. Und er auch nicht. Ihnen beiden war es am liebsten so. Aber jetzt?

»Ich habe die Nummer«, sagte sie. »Professor Grant ist mein Vater.«

Alle starrten Hannah an.

»Mann, ey, das wird ja der totale Enthüllungsroman hier«, rief Ben. »Dein Vater leitet das Department? Krass.«

»Davon hast du nie was gesagt.« Cassie sah Hannah misstrauisch an.

»Das schien mir auch unnötig«, entgegnete Hannah. »Es wusste ja niemand. Ich habe mich unter dem Mädchennamen meiner Mutter eingeschrieben: Wilson.«

Einen Moment lang war es totenstill.

»Aber wenn der Professor dein Vater ist, warum hat er dich nicht im Hubschrauber mitgenommen? Er wurde ja schon ganz früh evakuiert«, fragte Josh.

Hannah merkte, wie sie rot wurde. »Ich wollte das nicht.« Was übrigens der Wahrheit entsprach. »Ich musste noch ein Projekt beenden.« Was wieder gelogen war.

»Das heißt, wegen einer blöden Hausarbeit hast du dir so eine Chance entgehen lassen?«

Das auch wieder nicht. Sie flog nicht mit, weil ihr Vater sie nicht mitnehmen wollte.

»Genau.« Hannah nickte.

»Das nehme ich dir nicht ab«, sagte Cassie.

»Warum sollte ich etwas anderes behaupten?«

»Um dich wichtig zu machen.«

Hannah seufzte. »Das ist Quatsch. Ich habe es nur gesagt, weil es hilfreich sein könnte.«

»Na gut«, sagte Cassie. »Dann schreib Daddy mal eine SMS.«

Hannah schaute auf das Display. In dieser Situation war der

Kontakt zu ihrem Vater womöglich der Schlüssel zu ihrer Rettung, aber irgendetwas hielt sie ab. *Die primäre Maßnahme besteht immer darin, den Erreger an der Verbreitung zu hindern. Eine zuverlässige Abriegelung des Seuchenorts ist daher das A und O.* Welche Wahl hatte sie denn? Sie tippte auf das Nachrichten-Icon …

… und ein Gesprächsverlauf poppte auf. Es waren die letzten Nachrichten, die der tote Student erhalten hatte – und die er gerade beantworten wollte, als der Bus crashte.

Ist Mr Jet an Bord?

Im Gepäckraum.

Weißt du, was du später tun musst?

Ankunft bestätigen, dann Mr Jet ins Bett legen.

Ein Daumen-Emoji als Antwort, gefolgt von der Frage: Und selbst?

Alles prima. Veranschaulicht gleich durch drei Emojis: ein Knallbonbon, eine Flasche Schampus, ein Feuer.

Hannah gefiel das nicht. Wer war Mr Jet? Und was hatten die Emojis zu bedeuten?

»Was ist jetzt? Ist dir seine Nummer entfallen?«, drängelte Cassie.

Hannah sah hoch. »Nein, es ist nur … hier sind lauter so komische SMS.«

Die Blicke, den Cassie und Josh dabei tauschten, entgingen ihr nicht.

»Hier, schau selbst«, sagte sie und gab Lucas das Handy.

Aber Lucas zuckte bloß mit den Schultern. »Tja, ich weiß auch nicht. Sind eben Studenten. Vielleicht irgendein Inside-Joke?«

»Dürfen wir auch mal sehen?«, fragte Josh.

Lucas reichte das Handy weiter. Cassie und Ben waren die Ersten, die über dem Display die Köpfe zusammensteckten.

»Oder ein Drogendeal«, erklärte Ben.

»Vielleicht steht Mr Jet für …« Josh imitierte eine Koksnase, die sich eine Line zieht.

»Sagtest du *Mr Jet*?«, fragte Daniel aus dem Hintergrund.

Alle drehten sich um, aber unwillig, wie Hannah auffiel. Als sei er, der nicht von der Seite seiner sterbenden Schwester wich, der Störenfried in ihrem Gruppenerlebnis. So viel Realität ist eben nicht was für jeden.

»Ja. Wieso fragst du?«, sagte Josh.

»Darf ich mal sehen?«

Ben gab ihm das Handy, und Daniel las. Hannah sah, wie sich seine Miene veränderte.

»Was ist denn?«, fragte sie.

»Na ja, ich kann mich täuschen, aber … vielleicht bedeutet es etwas völlig anderes.«

»Und was?«

Er sah sie an, und ihr fiel auf, wie blau seine Augen waren. Blau wie sonst nur bei Huskys. Frappant, wenn man es einmal bemerkt hatte.

»Ich hab mal in einem Theater gearbeitet«, sagte er. »Allerdings nur im Catering-Bereich.«

»Ich dachte, in einem Handyladen«, sagte Lucas.

»Da auch. Ich hatte schon einige Jobs.«

»Red weiter«, sagte Hannah.

»In den meisten öffentlichen Gebäuden gibt es bestimmte

Codesätze für den Fall, dass geräumt werden muss, ohne dass es gleich zu einer Massenpanik kommt. Bei einem Brand zum Beispiel heißt die Durchsage: ›Mr Sands wird gebeten, sich umgehend zu seinem Fahrzeug zu begeben.‹«

Alle nickten, nur Hannah spürte, dass das Eigentliche noch folgte.

»Und wofür steht Mr Jet?«

Daniel räusperte sich und blickte in die Runde. »Für eine Bombe.«

Meg

Sie alle starrten auf das Messer.

»Das gehört mir nicht. Ich habe das Messer noch nie gesehen!« Mit irrem Blick schaute er in die Runde. »Das müsst ihr mir glauben.«

»Was *du* so von dir gibst, müssen wir schon gar nicht glauben«, schnappte Sarah. »Es fiel aus *deiner* Tasche.«

»Dann hat es mir jemand untergeschoben.«

Aber Sarah war nicht zu bremsen. »Genau! So, wie sie dir diese Nazi-Tattoos untergeschoben haben.«

»Möglich wäre es«, gab Max zu bedenken. »Ich meine, warum sollte er freiwillig einer Durchsuchung zustimmen, wenn er von dem Messer wusste?«

»Er war der Letzte. Und von freiwillig kann ja wohl keine Rede sein.«

»Aber nur *deswegen*«, sagte Karl und hielt ihr seinen tätowierten Oberarm hin. »Ich wollte nicht, dass ihr das seht.«

»Ach wirklich? Ist ja interessant. Du wolltest uns verheimlichen, dass sich in unserer Mitte ein rassistischer weißer Herrenmensch aufhält?«

»Ich wüsste nicht, dass es noch andere weiße Herrenmenschen gibt als rassistische«, sagte Meg.

Sarah blickte sie mehr oder weniger verständnislos an. »Und diese Nazischeiße stört dich nicht, nein?«

Bevor Meg erwidern konnte, dass diese Nazischeiße *jeden* von ihnen empören sollte, schaltete sich Karl ein.

»Ich bin weder Rassist noch ein Nazi. Ich trage diese Tattoos, weil es ohne sie nicht ging. Ich war im Knast, okay? Diese Tattoos waren meine Lebensversicherung.« Er blickte sie fast flehentlich an. »Um so was kommst du da nicht rum.«

»Weswegen hast du denn gesessen?«, fragte Meg.

Er zögerte, konnte ihr nicht in die Augen sehen. »Betrug«, sagte er schließlich.

»Na gut.« Meg reichte ihm seine Sachen. »Du kannst dich wieder anziehen.«

»Moment!«, sagte Sarah und riss ihm den Schneeanzug aus der Hand. »Er kriegt das nur zurück, wenn er entweder gesteht oder uns eine bessere Erklärung liefert.«

Meg starrte sie an. »Aber so handhaben wir das hier nicht.«

»Wir? Wen meinst du mit wir? Etwa die Polizei? Wie du schon sagtest: Du bist nicht mehr bei der Polizei. Es gibt nur uns.«

»Na und? Sollen wir deshalb jedes zivilisierte Verhalten über Bord werfen?«

»Dieser Mann ist möglicherweise ein Killer.«

»Richtig, aber bis zum Beweis seiner Schuld hat er als unschuldig zu gelten.«

»Meg hat recht«, sagte Sean. »Gib dem Mann seine Sachen zurück.«

Sarah schleuderte ihnen einen wütenden Blick entgegen, knallte den Overall auf den Boden und verzog sich in die hinterste Ecke der Kabine, was allerdings nicht sehr weit war. Das ist das Problem mit diesen Seilbahnen, dachte Meg. Man kann nicht einfach türenknallend aus dem Raum rennen.

Karl nutzte die Gelegenheit, sich schleunigst wieder anzuziehen, wobei er fast hingefallen wäre. In gewisser Weise tat er Meg sogar leid. Er war vor aller Augen eingeschüchtert und gedemütigt worden. Dabei wusste sie genau, wie es Männern wie Karl im Knast erging, wo sie niemanden kannten und wo es nur um Körperkraft ging. Wer es nicht gewohnt war zu kämpfen, stand bald ganz unten in der Hierarchie und musste täglich um sein Leben fürchten. Schutz bot allein die Zugehörigkeit zu einer Gang, so unangenehm das auch sein mochte.

Ja, das Messer wog als Indiz schwer. Andererseits sagte ihr das Bauchgefühl, dass Karl nicht der Killer war. Sein Schrecken beim Anblick der Waffe war echt. Was wiederum bedeutete, dass das Messer absichtlich so platziert worden war, entweder bevor sie auf die Seilbahn verfrachtet wurden oder danach. Im letzteren Fall war mindestens einer der Anwesenden nicht bewusstlos gewesen. Kurz gesagt, einer hier log.

»Ich war es nicht«, beteuerte Karl einmal mehr. »Ich kenne den Mann nicht einmal.«

Meg wusste natürlich, dass dies allein noch gar nichts besagte. Wenn sich Täter und Opfer nicht kennen, erleichtert dies sogar die Tatausführung. Was es hingegen immer gibt, ist irgendeine Art Anreiz wie Wut, Alkohol, Geld oder Sex. Im Augenblick war ihr gänzlich schleierhaft, warum ein Ex-Polizist ausgerechnet von einem Ex-Hüpfburg-Vertreter erstochen werden sollte. Es sei denn …

»Bist du sicher, dass du ihn nicht kanntest?«, fragte sie Karl.

»Was? Nein, natürlich nicht. Ich sehe den Kerl zum ersten Mal.«

»Das Schild an seinem Lanyard weist ihn als Security-Mitarbeiter aus. In diesem Bereich arbeiten viele ehemalige Polizisten. Bist du sicher, dass ihr nicht schon einmal eine Auseinandersetzung hattet? Oder dass du ihm irgendwas heimzahlen wolltest?«

Die Frage schien ihn zu beleidigen. »Ich dachte, du wärst auf meiner Seite?«

»Ich bin auf niemandes Seite, Karl. Ich versuche nur, die Wahrheit herauszufinden.«

»Und wer gab dir den Auftrag dazu?«, platzte Sarah dazwischen.

Meg lächelte kühl. »Wir unterhalten uns nur, Sarah«, sagte sie, um sich gleich wieder Karl zuzuwenden. »Nun?«

»Nein, wollte ich *nicht*. Und selbst wenn, warum sollte ich ihn ausgerechnet hier kaltmachen? Ich meine, wir sollten noch viele lange Monate miteinander verbringen, da hätte ich sicher Gelegenheit genug gehabt, ihm alles …« Er malte zwei Anführungszeichen in die Luft. »… heimzuzahlen.«

Weiterer Punkt für ihn.

Max brachte dann folgende Überlegung vor: »Aber lässt nicht die Tatsache, dass die Waffe bei einem von uns gefunden wurde, vermuten, dass der Mörder von Mr Wilson aus dem näheren Umkreis kam, sprich sich hier in dieser Seilbahn befindet?«

»Wie das?«, fragte Sean.

»Nun ja, hätte er oder sie im Isolierquartier zugeschlagen, wäre er oder sie das Messer auch anders losgeworden.«

»Kann sein«, sagte Meg. »Kann aber auch nicht sein. Vielleicht war genau das beabsichtigt: den Verdacht auf einen von uns zu lenken.«

»Okay«, seufzte Sean. »Aber soweit es mich betrifft, ist es mir ziemlich egal, wer ihn umgebracht hat …«

»Also *mir* ist es ganz und gar nicht egal«, sagte Sarah. »Ich möchte nicht zusammen mit einem Psychopathen eingesperrt sein, der mich im Schlaf abmurkst.«

»Geschenkt. Aber hast du dich schon mal gefragt, was aus uns wird, wenn wir im Retreat mit einem Toten und einem blutigen Messer aufkreuzen? Wir landen alle in einer Arrestzelle. Falls es dabei bleibt.«

»Egal. Wir sollten die Sache an die zuständigen Stellen übergeben«, erklärte Sarah und verschränkte die Arme, hochzufrieden über sich selbst.

Meg sah zu Sean hinüber. Max blickte auf seine Stiefel.

»Ich weiß nicht, wie es euch geht«, sagte Sean. »Aber ich persönlich bin kein uneingeschränkter Fan der zuständigen Stellen.«

»Ich schließe mich an«, sagte Max.

»Ich will auch nicht zurück in den Knast«, murmelte Karl.

Sarahs Blick saugte sich an Meg fest. »Aber du«, sagte sie. »Du warst bei der Polizei. Sag ihnen, was jetzt zu tun ist.«

Nanu, dachte Meg. Plötzlich war ihre Vergangenheit doch von Bedeutung? Sie schaute auf den Leichnam von Paul, Schrägstrich Mark. Was sollte eigentlich der falsche Name? Was trieb er hier am Arsch der Welt? Meg hatte ihn seit Ewigkeiten nicht gesehen. Wohnte wahrscheinlich längst nicht mehr in seiner alten Wohnung. Vielleicht war er hier auf einem Undercover-Einsatz. Falls ja, waren sie alle verdächtig. Und bei Polizistenmord bekamen sie die besondere Schwere der Tat gratis dazu.

Abermals sah sie auf das blutige Messer am Boden. »Wir müssen das Messer loswerden.«

»Was? Ich höre wohl nicht recht.« Sarah starrte sie ungläubig an. »Wir sollen einen Mord vertuschen?«

»Nicht doch«, entgegnete Meg geschmeidig. »Aber ohne das Messer haben sie gegen uns nichts in der Hand.«

»Aber wir wissen doch, wer es getan hat: er!« Sie zeigte mit dem Finger auf Karl.

»Nochmals: Ich habe ihn nicht umgebracht«, sagte Karl und gab ihr den anklagenden Blick eins zu eins zurück. »Woher wissen wir eigentlich, dass *du* es nicht warst. Du warst auch hier in der Kabine. Du hättest ihn genauso gut umbringen können. Und danach hast du mir das Messer in die Tasche geschoben.«

»Jetzt werd nicht albern«, giftete Sarah.

»Leute, bitte!« Meg hob beschwichtigend die Hände. »*Wissen* tun wir im Augenblick gar nichts. Trotzdem sollten wir überlegen, wie wir möglichst unbeschadet aus der Sache rauskommen.

Und das bedeutet zunächst, die Tatwaffe verschwinden zu lassen.«

»Und wie willst du sie *verschwinden lassen*?«, entgegnete Sarah. »Wir stecken in einer Seilbahn fest, irgendwo zwischen Himmel und Erde. Willst du sie wegzaubern?«

»Es gibt einen Notausstieg«, sagte Sean.

Meg sah ihn an. »Was?«

»Eine Bodenluke für Notfälle. Etwa bei Betriebsstörungen.« Seine Braue zuckte. »Wenn die Leute anders nicht rauskommen.«

»Das soll wohl ein Witz sein«, sagte Meg.

»Kannst du laut sagen.«

Trotzdem suchten jetzt aller Augen den Boden nach der ominösen Luke ab. Sie war nicht schwer zu finden, aber doch eher klein.

»Und wie kriegt man das auf?«, fragte Max.

Sean machte eine heikle Miene. »Wahrscheinlich nur mit Spezialwerkzeug. Obwohl … so ein Messer würde es vielleicht auch tun.«

»In Ordnung«, sagte Meg.

»Und wenn ich noch einen weiteren Vorschlag machen dürfte?«

»Sag.«

»Wir sollten nicht nur das Messer entsorgen, sondern auch unseren verstorbenen Reisegenossen.«

»Jetzt schlägst's aber dreizehn«, rief Sarah. »Das wird ja immer schöner.«

Meg blickte auf Sean. »Das war nicht abgemacht.«

»Lass mich ausreden. Unter dem Schnee wird kein Mensch die Leiche finden. Und den Rest erledigen die Aasfresser. Wir könnten sagen, er wäre durchgedreht, hätte die Luke aufgemacht … dann ein plötzlicher Windstoß, und schon … Wenn wir alle bei dieser Geschichte bleiben, kann uns niemand was.«

Meg blickte ihm unbewegt ins Gesicht. »Ich sehe, du hast an alles gedacht.«

Achselzucken bei Sean. »Ich versuche nur, uns vor großer Scheiße zu bewahren.«

»Stimmen wir ab«, sagte Meg. »Alle, die dafür sind, die Leiche loszuwerden, bitte ich um das Handzeichen.«

Sean war dabei. Ebenso wie Karl.

»Also, ich weiß nicht«, sagte Max. »So eine Aktion wirkt wie ein Schuldeingeständnis. Ich enthalte mich.«

Typisch Anwalt.

»Ich stimme dagegen«, erklärte Sarah. »Es ist eine Straftat. Er sollte eine ordentliche Beerdigung bekommen.« Abermals warf sie Karl einen vernichtenden Blick zu. »Zumal doch offensichtlich ist, wer den Mord begangen hat. Er war im Gefängnis. Und diese Tätowierungen sagen doch alles. Ich weiß gar nicht, worüber wir hier diskutieren. Wir sollten zusehen, dass wir ins Retreat kommen und ihn der Polizei übergeben.«

»Jetzt hängt alles von dir ab«, sagte Sean zu Meg.

Sie dachte nach. Sie hatte sich vor sechs Jahren von Paul getrennt. Und fünf Jahre war es her, seit sie sich zum letzten Mal gesehen hatten. Die Trennung war äußerst unfriedlich verlaufen, und irgendwelche Gefühle, die sie damals vielleicht noch für ihn hatte, waren in jener Zeit gestorben. Gefühle hätten auch nichts mehr geändert, Paul war tot. Schlimmer, er war ein Problem – und zwar für sämtliche Personen in dieser Gondel, ganz besonders aber für sie. Wenn Megs Verbindung zu ihm je herauskam, war sie automatisch die Hauptverdächtige. Sean hatte recht. Sie konnten nicht mit einer Leiche an Bord im Retreat aufkreuzen.

»Also gut«, sagte sie und nickte Sean zu. »Weg mit ihm.«

»Da mache ich nicht mit«, rief Sarah und hob theatralisch die Arme.

»Brauchst du auch nicht«, sagte Meg. »Aber du hältst die Klappe – wie abgemacht.«

Sean brauchte nicht lange, um den Schließmechanismus zu finden und aufzuhebeln. Meg hatte den Eindruck, er machte das nicht zum ersten Mal. Karl und Max schleppten den Leichnam heran und legten ihn neben der Luke ab. Meg konnte dem Toten nicht ins Gesicht sehen.

»So. Alle mal zurücktreten«, befahl Sean. »Da draußen zieht es gewaltig, und ihr wollt doch nicht mit auf die Reise.«

Alle machten ehrfürchtig Platz.

»Auf drei«, sagte Sean zu Meg. »Eins, zwei, drei …«

Mit vereinten Kräften hoben sie die die Falltür an, bis sie mit einem alles erschütternden Scheppern auf den geriffelten Innenboden knallte. Sofort blies ihnen von unten ein eisiger Orkan ins Gesicht, und Schneeflocken wirbelten in die Kabine. Allein das Windgeräusch war ohrenbetäubend. Die gläserne Kabine, noch vor wenigen Sekunden eine Insel humaner Restwärme, verwandelte sich in einen Eisschrank.

»Komm, bringen wir es hinter uns!«, schrie Meg ihm ins Ohr.

Er nickte und warf als Erstes das Messer durch die Luke. Nicht mal ein Wimpernschlag und es war nicht mehr da.

Dann wandte er sich der Leiche zu. »Bist du bereit?«

Sie wollte schon Ja sagen, als ihr noch etwas einfiel. Sie fasste Sean am Arm.

»Warte.«

»Was?«

»Wir haben ihn noch nicht durchsucht.«

»Wonach suchst du denn?«

»Weiß ich noch nicht.«

Er war genervt von der Verzögerung, nickte aber.

»Dann aber schnell. Wir frieren hier langsam ein.«

Über den Toten gebeugt, klopfte sie ihn ab und fuhr mit der Hand in sämtliche Taschen. Sie hatte nicht die geringste Ahnung, was sie dort zu finden hoffte, und wollte die Suche schon beenden, als ihre Fingerspitzen ein kleines biegsames Etwas berührten.

Sie zog es heraus. Es war ein altes Foto.

»Kannst du dir das nicht später angucken?«, brüllte Sean über dem Tosen des Windes.

»Klar, sicher.«

Sie steckte das Foto in die Tasche, und gemeinsam wälzten sie die Leiche an den Rand der Klappe. Ihre Blicke trafen sich. Meg nickte. Ein kurzer Stoß, und sie sahen, wie der Schneesturm den Toten mitnahm. Binnen Sekunden war er kaum mehr als ein winziges Staubkorn in einem weißen Mahlstrom.

Meg starrte ihm nach, und es war wohl bloß der eisige Wind, der ihr die Tränen in die Augen trieb. Abermals versetzte eine heftige Bö die Kabine in heftige Bewegung. Sie fiel rückwärts auf den Hintern, doch eine ebenso plötzliche Gegenbewegung ließ sie auf die immer noch offene Falltür zurutschen. Auf einmal fanden ihre Füße keinen Halt mehr, sondern strampelten über einem Abgrund. Geistesgegenwärtig packte Sean sie am Arm und zog sie zurück. Jemand hinter ihr schrie. Von da an ging alles sehr schnell. Die Kabine schaukelte sich auf. Doch während Max sich noch am Handlauf festhalten konnte, verlor Karl das Gleichgewicht und taumelte nach vorn. Im selben Moment wurde auch Sarah nach vorn gerissen. Sie streckte die Arme aus, ihre Finger stießen an Karls Rücken … und mit diesem minimalen Schubs beförderte sie ihn durch die Luke nach draußen.

Carter

Die Regel war eigentlich eindeutig: Jeder Verdachtsfall war meldepflichtig, schon gar nicht sollten Seuchentote im öffentlichen Raum »verbleiben«, wie es hieß. Das Infektionsrisiko wurde in diesem Fall zwar als gering eingestuft, doch die Gefahr einer Übertragung sechsten Grades bestand grundsätzlich immer.

Der Erreger verbreitete sich hauptsächlich per Tröpfcheninfektion. Ein Problem stellten hingegen die zahlreichen Varianten dar. Das Virus war schon in Blut, Kot und sämtlichen Körperflüssigkeiten nachgewiesen worden, ebenso wie in Bindegewebe und Knochenmark. Sogar in durchgegartem Fleisch fand sich genetisches Material dieses speziellen Choler-Auslösers.

Carter starrte auf die grausigen Überreste von Jackson. Wenn sie dachten, er würde den toten Jackson auf den Berg schleppen, hatten sie sich geschnitten. Schon ein lebender Jackson war mehr, als er bewerkstelligen konnte. Im Übrigen wurde es gerade schneller dunkel als im Kino, der Schnee fiel immer dichter, und der heulende Wind machte jedes andere Geräusch unhörbar.

Aber der Sturm hatte auch sein Gutes. Binnen Minuten würde sich eine dicke Schneedecke über ihn breiten, sodass das Drama, das sich hier abgespielt hatte, erst einmal unentdeckt blieb. Und falls Jackson je gefunden wurde (falls!), war seine Leiche so verwest, dass sich die Todesursache kaum noch ermitteln ließ.

Wäre Carters entstelltes Gesicht dazu in der Lage gewesen, hätte er sich jetzt ein schmales, überlegenes Lächeln erlaubt. Doch seine Miene blieb äußerlich unbewegt, als er sich erneut ins Geschirr spannte und seinen Aufstieg fortsetzte.

Den ersten Eindruck, dass etwas im Retreat anders war als sonst, hatte er bereits am oberen Ende der Skipiste. Wohlgemerkt: Etwas war nur *anders*, mehr nicht. Was man unterscheiden muss von schlecht, auch wenn es definitiv nicht gut war. Vor ihm befand sich der Elektrozaun, der das Retreat von der Außenwelt abschirmte. Rechts vor dem Zaun und versteckt in einem Kiefernhain lag die Verbrennungsanlage. Verständlich, denn der Anblick war heikel.

Was ihm aber den Atem stocken ließ, war das, was hinter dem Zaun war. Das große Panoramafenster war gänzlich dunkel. Carter gefiel das nicht. Zwar waren andere kleinere Fenster noch erleuchtet, aber im zentralen Wohnbereich war offenbar kein Leben mehr.

Wann war so etwas je vorgekommen? Normalerweise brannte dort rund um die Uhr Licht, nicht so wie in der Stadt, wo Energie knapp war. Das Retreat konnte auf Solarstrom zurückgreifen und auf zwei große Windturbinen auf dem Gipfel des Berges. Beide Systeme speisten ihre Ausbeute in mächtige Akkumulatoren, die Leistungsschwankungen ausglichen und für konstante Netzspannung sorgten.

Zumindest war es so einmal konzipiert.

Allerdings hatte Welland bei den Akkus in den vergangenen Wochen zunehmend Kapazitätsprobleme festgestellt, was sich in Spannungsspitzen und -abbrüchen äußerte. In solchen Situationen sollten eigentlich die Notstromgeneratoren einspringen, aber die liefen mit Gas, und die Gasvorräte waren beschränkt. Zudem musste man die Umschaltzeit zwischen Netzstrom und dem Generatorstrom bedenken, der Übergang war möglicherweise nicht unterbrechungsfrei.

Und Welland war nicht in der Lage, des Problems Herr zu werden. Miles ebenfalls nicht, aber das verlangte auch niemand, denn Miles war von Haus aus Mediziner. Wie Welland schon sagte: »Ein Hirnchirurg kann deinen Dachschaden reparieren, aber er braucht einen, der ihm vorher die Lampe anmacht.« Wo er recht hatte, hatte er recht.

Langsam ging er auf das Gebäude zu. Die große dunkle Glasfront ließ nichts Gutes ahnen. Wenigstens verriet ihm ein leises Brummen, dass der Elektrozaun noch funktionierte. Beruhigendes Gefühl. Er zog kurz einen Fäustling aus, um den Zugangscode einzutippen. Die Kälte drang sofort in ihn ein, seine Fingerkuppen waren bereits schockgefroren, als sie die Tasten berührten. Er hörte den Summer, drückte das Stahltor auf und zog seine Fuhre auf geschütztes Gelände. Wie immer stellten sich dabei seine Nackenhaare auf. Der Übertritt von der feindlichen Welt in die relative Sicherheit dieser Trutzburg war ein letzter kritischer Moment, denn jetzt stand alles offen, jetzt konnte noch alles passieren. Erst wenn das Tor wieder ins Schloss fiel, war er wirklich auf der sicheren Seite.

Eine Illusion, natürlich. Denn was halfen Sperrzäune und Tore gegen die Gefahren, die ihm im Retreat drohten? Wo keine Freunde waren, sondern nur ein anderer Feind? Solange er Miles von Nutzen war, war er sicher. Aber Welland wartete nur darauf, ihn vor den Bus zu schubsen – oder von einer Felsspitze, wenn sich die Gelegenheit ergab. Wellands Feindschaft beruhte übrigens auf Gegenseitigkeit. Caren, immerhin, tolerierte ihn. Julia war ebenfalls sympathisch. Nate betrachtete er sogar als Freund. Aber nichts davon konnte über die Tatsache hinwegtäuschen, dass ausnahmslos alle im Retreat Überlebende waren. Und überleben konnte man nicht, wenn man Bindungen einging. Überleben war ein einsames Unterfangen.

Dann stand Carter vor dem eigentlichen Eingang, für den ein weiterer Zugangscode erforderlich war, und schob sich und seine Einkäufe in die weitläufige Empfangshalle. Mit einem satten Geräusch schloss sich hinter ihm die Automatiktür. Er zog ein letztes Mal seine Handschuhe aus, schaute umher, horchte in die Dunkelheit.

Alles ruhig so weit. Vielleicht zu ruhig? Nirgendwo war Alarm ausgelöst worden, was schon mal gut war, sagte er sich. Er blickte zur Wendeltreppe hinüber, die in den Wohnbereich führte. Auch dort alles dunkel und still. Wenn niemand da war, war das nur normal. Doch diese Stille war anders.

Und was war überhaupt mit Dexter?

Nun war Dexter nicht der fitteste Wachhund aller Zeiten. Von den zahlreichen Alarmen ließ er sich schon lange nicht mehr aus der Ruhe bringen. Aber Carters Rückkehr entging ihm nie, und normalerweise kam er dann sofort angerannt.

Stattdessen: Stille.

Carter zog seinen improvisierten Schlitten bis vor die Vorratskammer, schnallte die großen Taschen ab und wuchtete sie in den Raum. Auspacken würde er später. Dann stellte er die Skier in die Wandhalterung, zog seine Stiefel aus und den Skioverall. Darunter trug er nur ein Sweatshirt, Jeans und dicke Socken. Augenblicklich spürte er, wie die Wärme der Fußbodenheizung ihn von unten durchströmte.

Zum Spa-Bereich ging es direkt geradeaus. Rechts davon waren die Speisekammer und der Raum für die Haustechnik. Von dort aus wurden sämtliche Versorgungseinrichtungen des Retreats gesteuert. Links waren die Aufzüge. Carter ging auf sie zu, stoppte jedoch. Oben im Wohnzimmer würde er niemanden finden. Wer saß schon gern im Dunkeln? Er drehte um, steuerte auf das Spa zu und drückte die Tür auf. Sie war schwer und speziell schallisoliert wie alle Türen hier.

Er betrat die offene Umkleide mit langen Bänken auf der einen Seite und Spinden auf der anderen. In der Mitte gab es eine kleine Beauty-Station mit Spiegeln und Haartrocknern. Links führte eine Mattglastür zu den Duschen und Toiletten, rechts kam man durch einen kleinen Korridor ins Schwimmbad.

Im Umkleideraum war niemand. Carter zückte seine Pistole und sah in den Duschen und Toiletten nach, indem er die Türen mit dem Fuß aufstieß. Keiner zu Hause, nicht einmal schwimmende Reste vom großen Geschäft.

Er schlich sich in die Umkleide zurück. Von dort hörte er das konstante Plätschern des Pools. Er ging durch den kurzen Korridor weiter, bis er ans Fußbecken trat, das von mehreren Düsen ständig mit Frischwasser besprüht wurde. Carter zog die Socken aus, stopfte sie in die Tasche und watete durch das Becken in den Pool-Bereich.

Sofort legte sich die feuchtwarme Treibhausatmosphäre wie Schrumpffolie auf seine Haut, und der Chlordunst brannte in den Augen. Die Uplighter entlang der Natursteinwand sorgten für dezentes Licht hinter einer Reihe gepolsterter Liegestühle. Das Panoramafenster am fernen Ende bot mehr oder weniger denselben phänomenalen Ausblick wie der Wohnbereich im Obergeschoss. Das Becken war etwa halb so lang wie eine Olympiabahn und natürlich auch schmaler, dafür verbreiteten Unterwasserscheinwerfer ein Leuchten wie in der Blauen Grotte – und das mehrere tausend Meter über Normalnull.

Und am Grund der Blauen Grotte trieb reglos ein lebloser Körper.

Die langen Dreadlocks schwebten wie Tang inmitten einer roten Wolke.

»Fuck.«

Carter trat an den Beckenrand. Er musste sichergehen, auch wenn eine Verwechslung ausgeschlossen war. Solche Haare hatte nur eine.

Julia.

Die coole, hippe Julia. Sie waren nicht befreundet, er mochte sie einfach. Sie war so unkompliziert. Und jetzt war sie tot.

Er musste schlucken, denn die Sache wühlte ihn auf. Wie war das passiert? Was war der Grund?

Fuck. Er musste unbedingt Miles finden. Er drehte sich um und ging durch die Umkleide zurück in die Eingangshalle. Unvermittelt ging die Tür zum Technikraum auf.

Carter fuhr herum und hob die Pistole, den Finger am Abzug.

Aber es war nur Welland, der Blödmann, der von alledem mal wieder gar nichts mitkriegte, weil er sich die Kopfhörer umgeschnallt hatte und sich irgendwelchen Müll auf die Ohren gab, wie man an seinem rhythmischen Kopfnicken sah. Es dauerte eine Weile, bis er Carter bemerkte und zusammenfuhr.

»Shit, Mann!« Er riss die Augen auf. »Willst du mich erschießen?«

»Was tust du hier unten?«

»Ich versuche, den Strom wieder einzuschalten.«

Carter starrte ihn an. Welland sah tatsächlich so aus, als würde er arbeiten. Er hatte die Haare zu einem Pferdeschwanz gebunden, Schweißflecken unter den Achseln, und sein T-Shirt spannte sich bis zum Zerreißen über seiner Wampe. Aber nirgendwo Blutflecken.

Carter senkte seine Waffe. »Was zum Teufel ist hier los?«

»Das wüsste ich auch gerne. Plötzlich war abermals der Strom weg. Aber selbst als er wieder da war, lief nur die Hälfte der Systeme. Miles sagte, ich soll mal nachsehen, ob ich nicht alles in Gang bringe.«

Was ihm offenbar nicht gelungen war.

»Wie lange bist du schon hier unten?«

»Etwa eine Stunde. Ich vermute, die Sicherungen für die Beleuchtung in Hauptstromkreis 1 haben das ausgelöst, aber ich kann nirgendwo Ersatzsicherungen finden. Jetzt versuche ich, das Ganze irgendwie zu überbrücken …«

»Julia ist tot.«

»*Was?*«

»Liegt tot im Pool.«

Welland stierte ihn mit offenem Mund an.

»Ich verstehe nicht. Echt jetzt, Julia?«

Carter nickte.

»Ist sie ertrunken?«

Carter dachte an die rote Wolke am Grund des Beckens.

»Das glaube ich eher nicht.«

»Scheiiße.« Welland zog das Wort ungläubig in die Länge.

»Wo waren denn die anderen, als du im Keller warst?«

»Weiß ich auch nicht so genau. Ich glaube, Nate wollte was zu essen machen. Julia hat ferngesehen. Und wo Caren war oder Jackson … keine Ahnung.«

»Jackson ist nicht mehr da.«

»Wieso das denn?«

»Abgehauen.«

»Seit wann?«

»Weiß keiner so genau. Wahrscheinlich haben ihn längst die Wölfe gefressen.«

Welland blinkerte mit den Augen, als hätte ihn jemand in den Energiesparmodus versetzt.

»Und wo ist Miles?«, fragte Carter weiter. Über Jacksons Verbleib konnten sie sich später unterhalten.

»Im Untergeschoss. Er wollte die Schließanlage überprüfen.«

Etwas schnürte Carter die Kehle zu. »Wie lang war die offene Zeit denn diesmal?«

Abermals nur dieser halb träge, halb irre Blick. Aber dann zerknitterte sich das feiste Gesicht in selbstgerechter Empörung: »Ich hab's ihm gesagt. Tausendmal hab ich es ihm gesagt: dass es langsam eng wird mit diesen Spannungsabbrüchen …«

»Wie lange?«

»Acht Sekunden.«

Nach acht Sekunden ohne Strom öffneten sich die automatischen Türen im Untergeschoss.

»Herrgott, das darf doch nicht wahr sein.« Carter fuhr sich durch die Haare. »Hast du Miles seither gesehen?«

»Nein, Mann. Er sagte nur, ich soll die Störung beheben.«

Ach so, also alles nur eine kleine Störung, die selbst ein Nichtskönner wie Welland beheben konnte? Na, dann war ja alles klar.

»Wir müssen die anderen finden«, sagte Carter.

Dem konnte Welland nur zustimmen. Seine Lippen und seine Schwabbelbacken gerieten in Bewegung.

»Hast du Dexter gesehen?«

Welland schüttelte den Kopf und erntete einen Blick, der seiner Nutzlosigkeit entsprach.

»Und nimm endliche die verdammten Kopfhörer ab.«

Gemeinsam verließen sie das Spa. Welland strebte den Aufzügen zu, wurde aber von Carter gebremst.

»Wieso?«

»Es muss ja nicht gleich jeder wissen, dass wir kommen.«

Andererseits, dachte Carter, als sie die Wendeltreppe hochstiegen, der Wohnbereich war so offen gestaltet, dass die, die sich möglicherweise dort aufhielten, ohnehin alles hören konnten. Er spähte durch das Treppenauge nach oben. Alles dunkel. Er holte seine Taschenlampe hervor.

»Hast du auch so was dabei?«, fragte er Welland.

»Logisch«, sagte Welland und kramte umständlich nach seiner Hausmeisterlampe, um anschließend das Treppenhaus bis in die hinterste Ecke auszuleuchten.

»Mann, nimm das Ding runter«, zischte Carter.

»Oh. Okay.«

Carter seufzte. Genauso gut hätten sie eine Polonaise veranstalten können. Unauffällige Aufklärung ging jedenfalls anders.

Doch dann standen sie im Wohnbereich, und es war immer noch niemand zu sehen. Draußen, hinter der Dreifachverglasung, tobte der Sturm mit unverminderter Stärke. Große Teile des Panoramafensters waren mittlerweile zugeschneit und schufen eine geradezu klaustrophobische Stimmung. Sie waren eingeschlossen in einem Grab aus Eis und Schnee.

Und es war ein gespenstisch stilles Grab. Carter ließ den Strahl seiner Taschenlampe mal hierhin, mal dorthin wandern, ohne Ergebnis.

»Ey, das gefällt mir ganz und gar nicht«, murmelte Welland.

»Ach wirklich?«, entgegnete Carter. »Ich persönlich amüsiere mich prächtig.«

Zudem wirkte jeder Gegenstand im punktuellen Licht der Taschenlampen einsam und fremd und ohne Bezug zu den Menschen, die sich in diesem Raum aufgehalten hatten. Nicht jedoch im Umkreis der Sitzgruppe. Auf dem Couchtisch standen noch die halb vollen Kaffeebecher und erzählten von einem überstürzten Aufbruch. In einem Aschenbecher lag sogar ein Joint, nicht mal zu Ende geraucht.

»Hier ist niemand«, nölte Welland. »Warum verpissen wir uns nicht einfach?«

Plötzlich ein Stöhnen, es kam von links, aus der Küche. Carter leuchtete in die Richtung und entriss der Dunkelheit ein gigantisches Chaos. Auf allen Arbeitsflächen verschüttete Tomatensoße und geschnippeltes Gemüse. Was für sich genommen nicht so ungewöhnlich war, wenn man wusste, wie Nate kochte.

In wenigen Schritten war Carter in der Küche, Welland wie ein schwitzender, schnaufender Schatten direkt hinter ihm. Carters

Taschenlampe entdeckte ihn zuerst. Nate lag, halb zur Seite gedreht, neben der Kochinsel. Sein weißes T-Shirt war blutgetränkt.

Carter kniete sich neben ihn und sprach ihn an: »Nate?«

Ein weiteres Stöhnen, ehe zumindest ein Auge aufging. Halleluja.

»Alter, was geht ab? Ich bin's, Carter.«

»Cah-ter?«, murmelte Nate. Ihm schien ein Schneidezahn zu fehlen.

»Was ist passiert?«

Nate versuchte sich hochzurappeln, was offenbar sehr wehtat. Erst dadurch wurde sichtbar, wie groß die Blutlache war, in der er lag. Carter steckte seine Pistole ein und fasste Nate unter der Schulter.

»Welland, hol ihm etwas Wasser«, befahl er.

Welland stürzte an die Spüle und kramte in allerlei Küchenutensilien, ehe er mit einem Glas Wasser zurückkam, von dem er die Hälfte noch verschüttete. Er reichte es Carter, der Nate zu trinken geben wollte, was nur teilweise gelang. Carter nahm das Glas wieder an sich.

»Weißt du, wie das passiert ist?«, fragte er.

»Ich wollte nur etwas kochen … und auf einmal …«

»Auf einmal war der Strom weg«, unterbrach Welland. »Mike sagte, ich soll nach unten gehen, nachsehen, was los ist.«

»Danke, das sagtest du bereits«, schnappte Carter und konzentrierte sich weiter auf Nate. »Mensch, was ist mit dir passiert?«

Doch Nate konnte den Blick nicht halten, seine Augen schlossen sich bereits wieder, für Carter ein Alarmzeichen. Er blickte auf das blutige T-Shirt.

»Ich sehe nur mal kurz unter deinem Shirt nach, okay?«

Nates Blick wurde glasig, als Carter den feuchten Stoff anhob. Doch der Oberkörper wies keine sichtbaren Verletzungen auf.

Vielleicht stammte das Blut ja von dem ausgeschlagenen Zahn. Allerdings passte die große Menge nicht dazu.

»Ich wollte nur etwas kochen …«, lallte Nate.

»Und Julia? Was ist mit Julia?«, fragte Carter.

»Julia …«, ächzte er, als kostete ihn schon ein einzelnes Wort übermenschliche Anstrengung.

Jetzt sag schon, Mann, dachte Carter.

»Kerzen«, brachte Nate schließlich hervor. »Sie wollte Kerzen holen …«

Okay, Kerzen. Das erklärte, warum sie nach unten ging. Aber nicht, warum sie am Ende tot im Pool lag.

»Hast *du* sie vielleicht gesehen?«, fragte er Welland.

Der schüttelte nur den Kopf. »Nein. Und so was lasse ich mir auch nicht anhängen.«

»Julia …«, ächzte Nate erneut.

»Julia ist tot«, sagte Carter, der keinen Sinn darin sah, um den heißen Brei herumzureden. »Ich habe sie im Pool gefunden. Sah aus, als hätte sie jemand erstochen.«

Nate rieb sich die Augen. »Julia …«

»Tut mir leid«, murmelte Carter.

Er wusste, dass die beiden befreundet waren. Vielleicht, von Zeit zu Zeit, sogar mehr als das. Sie waren beide keine Kostverächter.

»Nate«, drängte er. »Wir müssen herausfinden, wer das getan hat. Hast du den Angreifer erkannt?«

»Ich wollte doch nur …« Nate kam nicht mehr dazu, den Satz zu beenden, sondern erbrach sich stattdessen. Ein Schwall Kaffee, vermischt mit Magensäure, ergoss sich auf den Boden.

Carter konnte gerade noch ausweichen.

»Auch das noch«, schimpfte Welland. »Was ist denn mit dem los?«

Nate verharrte in seiner gebeugten Position, während Speichel und Kotze noch an seinen Lippen hingen.

»Keine Ahnung. Vielleicht eine Gehirnerschütterung«, sagte Carter, den säuerlichen Geruch in der Nase. »Auf jeden Fall bringen wir ihn erst einmal an einen sicheren Ort.« Er beugte sich nieder und half Nate auf die Beine. »Außerdem brauchen wir endlich wieder vernünftige Beleuchtung«, sagte er mit Blick auf Welland.

»Mann, ich hab's ja versucht.«

»Dann versuch es noch einmal. Aber vorher bringen wir Nate nach unten. Am besten in den Technikraum. Schließ dich mit ihm ein.«

»Was hast du vor?«

»Als Erstes muss ich Miles finden.«

»Was ist mit Caren?«

»Sie kann gut auf sich selbst aufpassen.«

»Miles ebenfalls.«

»Stimmt, aber Miles ist unverzichtbar.«

Carter hakte Nate unter und bugsierte ihn über die Wendeltreppe bis in einen notbeleuchteten Gang, wo er aufatmen konnte. Schon verrückt, was eine einzige funktionierende Nachtfunzel für unser Sicherheitsgefühl leistet. Als hingen wir immer noch dem Kinderglauben an, dass sich allein dadurch die Monster in Staub verwandeln.

Allerdings führte das Licht auch dazu, dass Carter einen sehr viel genaueren Überblick über Nates Zustand gewann. Tatsächlich war er sehr viel schlimmer zugerichtet, als Carter angenommen hatte. Und wohlgemerkt, dieses Urteil kam von einem, der selber keine Schönheit war. Halt bloß durch, Digga, dachte Carter. *Bleib bei mir, ich will dich nicht auch noch verlieren. Ich habe schon so viel verloren.*

»Ich wollte doch nur etwas kochen«, brachte Nate hervor.

»Ja, das habe ich verstanden.«

Dazu kam, dass Nates Blick gänzlich unfokussiert blieb. Der haltlose Ausdruck darin war so auffällig, dass Carter sich fragte, welche Verletzung er wohl unter dem Bandana finden würde. Zudem schwankte er immer stärker. Carter konnte gerade noch verhindern, dass er der Länge nach hinschlug.

»Ich wollte doch nur etwas kochen.«

»Warum sagt er das dauernd?«, beschwerte sich Welland.

Carter wusste es auch nicht. Aber er wusste, dass Nates Bandana am Morgen noch grau gewesen war.

Die, die er jetzt trug, war dunkelrot.

»Nate, ich glaube, ich sollte mir mal deinen Kopf ansehen, okay?«, sagte er.

Nate starrte ihn mit offenem Mund an, während er erst den Knoten löste und anschließend mit unendlicher Vorsicht das Tuch vom Kopf wickelte.

Es half alles nichts. Nates Schädeldecke rutschte zur Seite und fiel mit einem nassen Geräusch zu Boden.

Welland drehte sich sofort weg. »O Gott im Himmel, ich muss kotzen.«

Fassungslos starrte Carter auf Nates sacht pulsierendes Hirn, graue gefurchte Masse, die aussah wie ein ausgedrückter Schwamm. Etwas hatte die ganze Oberseite samt ihren knöchernen Anteilen sauber abgesäbelt – und später wieder ordentlich zusammengesetzt und mit der Bandana fixiert. Wie ein kleiner Gruß aus der Zombie-Küche.

Wer zum Teufel machte so etwas?

»Carter!«, krächzte Welland in Panik.

Im selben Moment hörte er es ebenfalls.

Das typische Pfeifen der Whistler.

Langsam wandten sie sich nach dem Geräusch um.

Zu spät.

Die ausgemergelte Gestalt im blutverschmierten Overall stand bereits hinter ihnen. Fahle Haut, beinahe durchsichtig, aufgesprungene Lippen, die sich über gelbe Zähne spannten, Augen wie rot glühende Kohlen. Und in der Hand ein Schlachterbeil, an dem Nates Blut klebte.

Dies also war des Rätsels Lösung. Und Ursache ihrer kleinen »Störung«.

Nur acht Sekunden, und schon standen sämtliche Türen im Untergeschoss offen.

Und Medikamente waren nicht die einzigen Schätze, die unten gebunkert waren.

Der Whistler ließ sein Pfeifen hören, und in seinen Augen brannte der Hass.

Carters Zeigefinger schloss sich um den Abzug, doch er schoss nicht. Nicht aus Mitleid oder Sympathie, sondern weil es taktisch unklug war. Dieses Scheusal verfügte über Wissen, auf das sie nicht verzichten konnten.

»Hör zu, ich will dich nicht töten.«

Der Whistler grinste, bis sein schwarzes Zahnfleisch sichtbar wurde. Kam näher.

»Es muss doch nicht immer so enden«, sagte Carter.

In der nächsten Sekunde ging der Whistler auf ihn los. Carter zielte auf sein Bein. Dann ein lauter Knall, und der Schädel des Whistlers explodierte vor seinen Augen. Und noch ein zweiter, der in der Mitte des Overalls eine rote Fontäne auslöste. Das Schlachterbeil fiel mit einem metallischen Echo zu Boden, während der Whistler zusammensank. Kurz darauf erstarb auch das Pfeifen.

Carter wandte sich um. Caren stand auf halber Treppe, die Pistole, die sie immer noch auf den Whistler gerichtet hielt, korrekt in beiden Händen.

»Was sollte denn *das*? Warum hast du das getan?«, rief Carter.

Sie senkte ihre Waffe und blitzte ihn böse an. »Vielleicht um deinen Arsch zu retten? Oh, nichts zu danken. Gern geschehen.«

»Darf ich dich an unsere Vereinbarung erinnern? Abschuss nur dann, wenn unbedingt nötig.«

»Du sagst es. Dein Leben zu retten wäre wirklich nicht unbedingt nötig. Bei meinem sieht das schon anders aus.«

Caren sprang die Treppe herunter und trat an den Kadaver, versetzte ihm einem Tritt.

»Humanreserve 01«, murmelte sie. »Hätte ich mir denken können.« Sie wandte sich ab, und ihr Blick fiel auf Nate. »Meine Güte!«

Schwankend und sabbernd stand Nate an der Wand, und in der plötzlichen Stille war es genau zu hören. Ein Geräusch wie von rieselndem Wasser, das sich unter Nate zu einer kleinen Pfütze sammelte. Der dunkle Fleck im Schritt seiner Jogginghose erschien dagegen beinahe mit einer gewissen Verzögerung.

»Er hat sich vollgepisst!«, rief Welland.

»Und wo zum Henker ist sein Kopf?«

Nate blickte die beiden jämmerlich an. »Ich wollte doch nur etwas kochen.«

Ein Anblick, den Carter kaum ertragen konnte. »Ich weiß. Mach dir keine Sorgen.«

Dann hob er seine Pistole, doch in Nates zerstörtem Hirn war noch genügend Selbsterhaltungsdrang, dass sich seine Augen vor Entsetzen weiteten. Er drehte sich um, wäre dabei fast gestürzt und stolperte panisch auf die Tür zum Spa-Bereich zu. Carter feuerte, traf aber nur die Tür, die sich bereits hinter Nate schloss.

»Scheiße«, fluchte Carter.

»Sauber«, giftete Caren. »Lass das Tier nur verenden.«

Carters Blick darauf sagte eigentlich alles. »Er ist kein Tier. Er ist mein Freund, merk dir das.«

Dennoch mussten sie das grausame Spiel irgendwie beenden und nahmen sofort die Verfolgung auf. Sie jagten Nate durch die Umkleide bis zum Pool, an dessen Grund nach wie vor die unkomplizierte Julia trieb.

»Shit!«, rief Caren. »Im Wasser schwimmt eine Leiche.«

»Ich weiß«, sagte Carter. »Julia.«

Nate taumelte unterdessen weiter am Beckenrand entlang. Bis er unvermittelt stehen blieb und in das tiefe Blau starrte.

»Julia.«

Carter wusste später nicht zu sagen, ob Nates räumliches Vorstellungsvermögen nicht mehr funktionierte oder ob er nur vergessen hatte, dass man über Wasser nicht laufen kann. Denn was er dann tat, sah genau so aus: Er lief auf die Wasserfläche hinaus, dabei war es der Teil des Pools, an dem man nicht mehr stehen konnte. Nate ging unter wie ein Stein. Nate, der eigentlich schwimmen konnte wie ein Champion über vierhundert Meter Lagen. Doch auch diese Fähigkeit war ihm abhandengekommen. Er tauchte noch ein einziges Mal auf, aber nur kurz, mit weit aufgerissenen Augen und der Absicht, der Welt jenen einen Satz zu sagen, der ihm immer wieder entrann – wie das Wasser zwischen seinen Händen.

»Ich wollte doch nur etwas kochen«, rief er hustend. »Etwas kochen.«

Carter richtete seine Pistole nach unten.

Aber Nate versank, ehe Carter abdrücken konnte, und unter Wasser erreichte ihn keine Kugel mehr.

Caren schüttelte den Kopf. »Lass. Der ist sowieso hinüber.«

Mein Gott, diese Frau ist wirklich eiskalt, dachte Carter.

Und wartete. Und wartete. Doch Nate tauchte nicht wieder auf. Irgendetwas fasste ihm in diesem Moment ans Herz, etwas Unmittelbares, Physisches, vor dem es kein Ausweichen gab. Der

Moment hielt nicht an. Bald war sein Herz wieder so tot wie der ertrunkene Nate.

Er wandte sich zu Caren. »Wir sollten die Isolationsräume im Untergeschoss überprüfen«, sagte er.

»Hältst du das wirklich für eine gute Idee?«

»Nein, aber wir müssen feststellen, was sonst noch alles stiften gegangen ist.«

Hannah

»Hat er Bombe gesagt?«

Plötzlich redeten alle durcheinander. Ein vielstimmiger Chor, dessen Mitglieder sich gegenseitig zu übertönen suchten. Ruhe bewahren schien keine Option mehr, jetzt war Panik angesagt.

»Wir müssen hier raus.«

»Der Bus kann jeden Moment hochgehen.«

»Ach Unsinn, wer sagt denn, dass er recht hat?«

»Und warum sollte jemand überhaupt eine Bombe an Bord schmuggeln?«

»Okay, Leute, jetzt beruhigt euch mal wieder.« Lucas versuchte, sich Gehör zu verschaffen, was aber nicht einmal ihm gelang.

Plötzlich schrillte ein hochfrequenter Sirenenton durch den Bus, sodass alle sich die Ohren zuhalten mussten.

»Himmel, was war das?«, rief Hannah.

Aber ebenso plötzlich, wie er erscholl, endete der Ton auch wieder. Daniel im Heck des Busses schwenkte das Handy in der Luft. »Danke für eure Aufmerksamkeit, das war der Panic-Button. Wenn ihr nicht wollt, dass ich ihn noch einmal betätige, haltet endlich die Fresse. Alle!«

»Ey, Alter«, sagte Ben, »wer hat denn das mit der Bombe gesagt?« Er hustete und langte zitternd nach seiner Wasserflasche. Er sah sehr blass aus. Hannah merkte sich dieses Detail.

»Aber keineswegs«, erklärte Daniel geduldig. »Ich sagte nur, dass es in den *meisten öffentlichen Gebäuden* diese Codes gibt. Also Mr Jet für eine Bombe, um bei unserem Beispiel zu bleiben. Was Mr Jet in dieser SMS bedeutet, das wissen wir doch gar nicht.«

»Er hat recht«, sagte Josh, der sich wohl mehr selbst beruhigen wollte als die anderen. »Vielleicht alles nur Zufall.«

»Und was, wenn nicht?«, fragte Ben.

»Eins nach dem anderen«, mischte Hannah sich ein. »Ich weiß, die Situation ist schwierig, wir alle haben Angst. Aber wir müssen Ruhe bewahren.«

»Deine schlauen Sprüche in Ehren«, sagte Cassie, »aber sollen wir uns jetzt, falls wirklich eine Bombe an Bord ist, *in aller Ruhe* in die Luft jagen lassen?«

»Wer jagt denn einen Bus voller Studenten in die Luft?«, fragte Josh.

»Vielleicht ist der Bus ja gar nicht gemeint«, sagte Lucas bedächtig. »Die SMS bezieht sich auf die *Ankunft* des Busses. Gut möglich, dass unser Fahrtziel das Ziel des Anschlags ist, nämlich das Retreat.« Er blickte zu Hannah hinüber. »Vielleicht auch dein Vater, wer weiß?«

Hannah musste nachdenken. Wissenschaftler gerieten immer öfter in den Fokus von Terroristen, ganz besonders bei der jüngeren Generation. Zugeschlagen wurde meist in den Hauptstädten – und das von Aktivistengruppen, die sich »die Sturmtruppen« oder neuerdings auch »die Rems« nannten, nach der Band R.E.M., die einst das Ende der Welt besungen hatte: »It's The End Of The World As We Know It«. Aber auch Forschungszentren wie das Retreat, wo neue Medikamente getestet wurden, standen sicherlich ganz oben auf der Liste. Und damit ebenso ihr Vater.

Sie nickte. »Da könntest du recht haben.«

»Na gut«, sagte Josh. »Aber wenn das Retreat das Ziel war … und wenn der tote Typ dort die Bombe zünden wollte, dann fällt die Show wohl aus, weil … er ist ja tot.«

»Es sei denn, die Bombe ist mit einem Zeitzünder versehen«, sagte Daniel.

»Super«, murmelte Ben.

»Aber wie wahrscheinlich ist das?«, fragte Hannah.

Daniel schob sich seine dunklen Haare hinters Ohr. »Nun, die meisten unkonventionellen Spreng- und Brandvorrichtungen werden meist von einer Zeitschaltuhr oder von Hand per Mobilfunksignal gezündet. Letzteres dürfte in dieser Gegend wegen der miesen Netzabdeckung schwierig sein. Wenn diese Typen wirklich so technikaffin sind, wie sie immer behaupten, gehen sie dieses Risiko nicht ein.«

Hannah starrte ihn an. Sie hatte ihn wohl wegen seines Äußeren unterschätzt. Nur weil er aussah wie ein übergewichtiger Slacker mit fettigen Haaren, war er nicht gleich faul und dumm. Aber daran war ihre Mutter schuld. Sie hatte ihr von klein auf dieses Stereotyp eingehämmert. *Fatties*, wie sie von ihrer Mutter genannt wurden, waren bequeme, verfressene Sofa-Kartoffeln, die tagein, tagaus auf ihrem Hintern saßen und sich mit Junkfood vollstopften. Solche Kreaturen besaßen weder Selbstachtung noch Selbstkontrolle, kannten nicht die geringste Disziplin. Auf ihre eigene Disziplin, zusammengefasst in einer einzigen Zahl (Konfektionsgröße 34), war ihre Mutter stets stolz gewesen, auch wenn die Idealfigur nur durch den kombinierten Einsatz von Sport, immer neuen Diäten und nicht zuletzt Schlankheitspillen zu halten war. Ein Klappergestell in teuren Markenklamotten.

Von ihrer Tochter erwartete sie natürlich denselben Einsatz, stellte sie deshalb schon in der Grundschule regelmäßig auf die Waage, reduzierte ihre Nahrungsaufnahme und verordnete Hannah Seilspringen bis zum Umfallen. Nicht ohne Erfolg: Mit zehn Jahren trug Hannah immer noch Sachen, die eigentlich für eine Sechsjährige gedacht waren.

Hannah erinnerte sich noch genau: Nach dem Tod ihrer Mutter saß sie auf dem Küchenfußboden und fraß buchstäblich den

Kühlschrank leer. Was gab es da nicht alles? Ein nahezu unberührtes ganzes Grillhähnchen, ein halbes Trifle, einen Block Käse, eine kalte Haxe, dazu Oliven, Pizza vom Vortag und literweise Cola – und, nein, es war nicht einmal die mit Zero Zucker. Das ganze feiste Zeug, das ihre Mutter nur für ihren Vater kaufte und selbst nie anrührte. Hannah fraß, bis sie sich in ein schwangeres Fressmonster verwandelte und sich nicht mehr rühren konnte, selbst als die ersten Schmerzen kamen. Irgendwie schaffte sie es ins Bad und kotzte alles aus, die Trauer über ihre Mutter und ihren eigenen Schmerz. Als ihr Vater später nach Haus kam, fand er seine Tochter neben dem Klo in einer Lache aus Erbrochenem.

Er ließ sie dort liegen.

»Wie viel Zeit haben wir noch?«, fragte Josh.

Lucas sah auf die Uhr, einen klotzigen Chronographen von Rotary. »Es ist jetzt genau 15:45«, sagte er. »Wir haben die Academy gegen zwölf verlassen, also waren wir bis zu dem Unfall zirka anderthalb Stunden unterwegs ...«

»Aber wir wissen nicht, wie weit es noch bis zum Retreat ist«, bemerkte Cassie.

»Ich weiß es«, entfuhr es Hannah. »Ich bin die Strecke schon einmal mit meinem Vater gefahren. Ich würde sagen, man braucht insgesamt etwa fünf Stunden, wenn alles frei ist. Also sechs bis sieben Stunden bei den augenblicklichen Straßenverhältnissen.«

»Was bedeutet, die geschätzte Ankunftszeit ist etwa 19:00 Uhr«, berechnete Lucas. »Ich könnte mir vorstellen, dass unser Attentäter noch eine Toleranz von einer Stunde eingeplant hat, das macht 20:00 Uhr. Folglich bleiben uns noch mindestens vier Stunden.«

Nicht gerade viel und überdies nur eine Schätzung.

»Das heißt, wir müssen die Bombe in dieser Zeit finden. *Und* loswerden«, sagte Josh.

»Na, dann fangen wir lieber gleich an«, ätzte Cassie. »Ups, da gibt es nur ein klitzekleines Problem: Wir sind hier eingesperrt, und draußen herrschen minus zehn Grad Kälte.«

Cassie selbst gab dabei schon diese typischen kleinen Dampfwölkchen ab, wie Hannah beunruhigt feststellte. Die Lufttemperatur im Bus sank also rapide.

»Und was sollen wir deiner Meinung nach jetzt tun?«, entgegnete Josh gereizt.

Cassie deutete mit dem Kopf auf Hannah: »Zunächst sollte unsere Professorentochter Daddy alarmieren. Dann suchen wir uns etwas, womit wir die Scheiben einschlagen können, damit überhaupt jemand an den Gepäckraum kommt – falls wir bis dahin nicht erfroren sind.«

Das war nicht einmal verkehrt, wie Hannah zugeben musste. Nachteil bei der ganzen Aktion: Eine eingeschlagene Scheibe reduzierte die Temperatur im Bus noch einmal erheblich. Aber das mussten sie wohl in Kauf nehmen.

Daniel gab ihr das Handy zurück, und Hannah stand gleich vor dem nächsten Problem. Der Akku war bereits halb leer und dürfte nicht mehr die ganze Nacht durchhalten. Sie drückte auf »Neue Nachricht«. Nächstes Problem: Ihr Vater hielt eine SMS von einer unbekannten Nummer wahrscheinlich für einen schlechten Scherz und las sie gar nicht erst. Doch es gab keine Alternative.

Sie schrieb:

Dad, Hannah hier. Ich schreibe von einem fremden Handy. Unser Bus hatte einen Unfall. Es gibt sieben Überlebende. Im Gepäckraum befindet sich eine Bombe, die gegen 20:00 losgeht. Bitte schick Hilfe asap. Hannah.

Sie drückte auf »Senden« und verfolgte den blauen Fortschrittsbalken. Er hatte es auch fast geschafft, fror aber dann ein. Fuck!

Dann ein Ausrufezeichen in einem roten Kreis mit der Meldung »Senden fehlgeschlagen«.

»Hat nicht geklappt«, sagte sie matt.

»Shit, Mann.« Ben fuhr sich durch seine struppigen Haare und riss sie dabei sogar aus dem Gummiring seines Pferdeschwanzes. »Wir sind im Arsch.« Er hustete und schien bereits ernsthaft zu frieren.

Hannah blickte in die ratlosen Gesichter. »Ich kann es weiter probieren, aber der Akku ist schon unter fünfzig Prozent. Vielleicht sollte ich lieber warten, bis ich ein besseres Netz habe.«

Sie wertete das Schweigen als Zustimmung.

»Also, Leute, ihr wisst Bescheid«, sagte Lucas und klatschte in die Hände. »Ab jetzt gilt Plan B. Wir schlagen eine Scheibe ein und sehen, wie wir an den Gepäckraum kommen. Avanti, dawai, let's go!«

Alle erhoben sich, wenn auch zum Teil widerwillig, und begaben sich, angeführt von Lucas und Josh, in den vorderen Teil des Busses. Hannah folgte, danach kamen Cassie und ganz zum Schluss Ben und Daniel, der seine Schwester eigentlich nicht allein lassen wollte.

Hannah schätzte ihre Erfolgsaussichten als nicht hoch ein. Bestanden die Scheiben nicht aus supergehärtetem Glas, das sich nur mit entsprechend schwerem Werkzeug einschlagen ließ? Viele Sitze hatte es aus der Verankerung gerissen, aber leider nie vollständig, sodass sie als Schlaginstrument nicht in Betracht kamen.

»He, kommt mal her!«

Josh und Lucas waren zwischen zwei Sitze auf der rechten Seite gekrochen. Es war die Seite, die im Schnee lag.

»Das Fenster hier ist schon halb kaputt«, erklärte Lucas, als Hannah und die anderen bei ihm waren.

Hannah überzeugte sich selbst davon. Vielleicht, dachte sie, ist ja das der Weg nach draußen. Doch selbst dann standen sie gleich vor der nächsten Schwierigkeit.

»Der Bus liegt zur Hälfte unter Schnee«, sagte sie. »Wie willst du da herauskommen?«

Josh blickte in die Runde. »Hat irgendwer von euch schon einmal einen Survival-Kurs gemacht?«

Cassie schien allein schon die Frage zu nerven. »Sorry, aber ich hatte mit Alkohol und Drogen vollauf zu tun.«

Josh ignorierte sie. »Ein wichtiges Thema war damals Überleben im Schnee. Man kann sich unter Schnee vor der Kälte schützen, indem man sich einen Tunnel gräbt – das geht nämlich. Wenn der Bus also in einer Schneewehe liegt, die dick genug ist, können wir uns den Weg nach draußen freibuddeln.«

Hannah dachte darüber nach. »Aber ist der Schnee nicht zu verdichtet dafür? So ein Bus wiegt ja einiges.«

»Nicht unbedingt. Genau das müssen wir eben ausprobieren.«

Auch Lucas hatte Bedenken. »Ganz schön mutig. Was, wenn dein Tunnel unter der Last des Busses zusammenbricht?«

»Also, das Risiko würde ich eingehen. Ich habe so etwas schon einmal gemacht.«

»Trotzdem, es ist zu gefährlich«, sagte Lucas, um die Diskussion zu beenden. »Und die Chance, dass so etwas klappt, zu gering.«

»Aber wer nicht kämpft, hat schon verloren«, meinte Daniel. »Wenn wir die Bombe entdecken, sterben wir zumindest nicht schon heute Abend. Außerdem befinden sich im Gepäckraum weitere Sachen, die wir gut brauchen können, bis Hilfe eintrifft: Handys, Proviant, noch mehr Klamotten. Ich zum Beispiel habe starke Schmerzmittel in meinem Koffer. Peggy bräuchte sie dringend.«

Er hatte recht. Es ging nicht nur um die nächsten Stunden, sondern darum, ob sie die nächsten Tage überlebten.

Daniel und Lucas blickten sich an, als stünden sie sich in einem Duell gegenüber. Doch sie waren eben nicht allein.

»Lass ihn doch machen«, sagte Cassie. »Solange keiner eine bessere Idee hat.«

Hannah sprang ihr bei: »Wir sollten Josh die Entscheidung überlassen.«

Worauf alle nickten. Lucas hingegen wirkte etwas angefressen, und Hannah registrierte mit einer gewissen Befriedigung, dass auch er es schlecht vertrug, wenn seine Autorität infrage gestellt wurde.

»Also, ich versuche es zumindest«, sagte Josh mit Bestimmtheit.

»Na gut«, seufzte Lucas. »Dann helfen wir dir.«

Josh nickte. »Zunächst brauchen wir ordentliche Handschuhe, mit denen wir das Glas herausbrechen können – und später zum Graben natürlich.«

»Haben wir«, erwiderte Lucas. »Einer der Studenten hatte so etwas dabei.«

Er wandte sich an Ben, der kraftlos in einem Sitz saß. »Schau doch mal in den Klamotten nach, die wir sichergestellt haben, da sind auch Handschuhe dabei.«

Ben blickte ihn an, als sei er gerade erst aufgewacht. »Handschuhe?«

»Ja. Es ist wichtig. Wir brauchen deine Unterstützung.«

»Klar«, sagte Ben. »Natürlich. Handschuhe.«

Hustend stolperte er in den hinteren Teil des Busses. Hannah konnte es kaum mit ansehen, aber es gab jetzt Wichtigeres. Sie wandte sich an Josh.

»Wie lange, meinst du, dauert das mit dem Tunnel?«, fragte sie.

»Schwer zu sagen«, sagte Josh. »Hängt von der Konsistenz des Schnees ab und davon, wie tief die Schneewehe ist. Eine Stunde vielleicht. Zwei.«

Hannah blickte durch das Fenster auf der anderen, der freiliegenden Seite. Sie sah nur grauen Himmel, aber es dämmerte bereits. »Wir haben vielleicht nur noch ein, zwei Stunden Tageslicht«, sagte sie und zog das Handy aus der Tasche. »Nimm du das Handy. Notfalls kannst du die Taschenlampen-Funktion nutzen.«

»Aber dann könnt ihr später keine SMS absetzen.«

»Wenn *das* schiefgeht, sind wir sowieso alle tot«, sagte Lucas. »Erst einmal brauchst du das Handy nötiger. Und sobald du an den Gepäckraum gelangst …« Er unterbrach sich. »Verdammt!«

»Was ist los?«, fragte Josh.

»Der Gepäckraum ist ja abgeschlossen.«

»Shit«, zischte Hannah. Warum hatte *sie* nicht daran gedacht?

»Und der Fahrer hat den Schlüssel«, sagte Cassie.

Hannah und Lucas blickten sich an.

»Hannah«, entgegnete Lucas ungerührt. »Deine Aufgabe wird es sein, die Schlüssel zu finden.«

»Okay.« Sie nickte und wollte sich gleich an die Arbeit machen.

»Ich komme mit«, sagte Cassie.

Es war das Letzte, was Hannah wollte, aber alles andere hätte den inneren Frieden gefährdet.

»Gut«, sagte sie, so nett sie konnte.

»Gut«, sagte Cassie, aber ihr Lächeln war nicht weniger falsch.

Sie kletterten über die verbogenen Sitze bis ganz nach vorn. Vielleicht war alles nur Einbildung, immerhin herrschte im Bus eine Temperatur, die Zersetzungsprozesse nicht gerade begünstigte, aber sie wurde den Eindruck nicht los, dass sich bereits jetzt dieser typische Verwesungsgeruch breitmachte. Und wie diese Cassie auf die Toten starrte!

»Tut mir leid, wenn du einige von ihnen kanntest«, sagte sie.

»Nein, ich kenne niemanden. Ich habe keine Freunde in der Academy.«

»Ach«, sagte Hannah und sah sie an.

Cassie retournierte Hannahs Blick mit äußerster Kühle. »Was ist? Hast du gedacht, ich wäre Miss Allseits-Beliebt?«

Hannah zuckte die Achseln. »Nein, aber es wäre mir auch egal.«

Sie erreichten die Fahrerkabine. Hannah kam immer noch nicht über den verschwundenen Fahrer hinweg. Alle hielten ihn für tot, nur Lucas und sie kannten die Wahrheit. *Wo steckte er bloß? Konnte er noch abspringen? Hatte sich der Notausgang erst danach verklemmt?*

»Unter uns: Du kommst echt nach deinem Vater«, sagte Cassie.

Hannah fuhr abrupt herum. »Entschuldigung?«

»Ich dachte, ich hätte es schon erwähnt: Ich habe das Virologie-Seminar bei deinem Vater belegt, hab sogar im Labor assistiert. Er ist ja brillant, das muss man zugeben. Aber zugleich sehr … wie soll ich sagen? Klinisch?«

»Er ist Wissenschaftler«, entgegnete Hannah frostig.

»Stelle ich mir auch nicht leicht vor, so als seine Tochter.«

»Ich weiß nicht, was du meinst.«

»Na ja, wenn man seinen Ansprüchen im Grunde nie genügen kann. Schätze mal, deshalb hast du dich auch für Allgemeinmedizin eingeschrieben und nicht für Grundlagenforschung.«

Hannah ließ sich ihre wachsende Verärgerung nicht anmerken. »Du magst bei meinem Vater studieren, aber das verschafft dir noch lange keinen persönlichen Zugang zu ihm – oder mir.«

Sie setzte sich auf den Fahrersitz, womit das Gespräch erst einmal beendet war. Die Jacke des Fahrers hing immer noch über der Rückenlehne. Standardgrün mit dem Academy-Logo an der Brust, Größe S. Hannah gab sich alle Mühe, Cassies Bemerkung keine Bedeutung zuzumessen. *Lass dich nicht von Gefühlen leiten, sonst wirst du noch wie deine Mutter.*

Sie blickte auf das Armaturenbrett. Das Lenkrad erreichte sie nur mit ausgestreckten Armen, auch Gas und Bremse lagen unbequem weit weg, und sie war nicht gerade klein. Irgendetwas störte sie an dieser Anordnung.

Cassie riss sie aus ihren Gedanken. »Steckt der Zündschlüssel noch?«

Hannah sah unter dem Lenkrad nach. »Nein, hier ist nur ein Startknopf.«

Und um damit den Motor anzulassen, brauchte man mindestens noch einen elektronischen Schlüssel. *Größe S.* Was passte daran nicht? Sie steckte ihre Hände in die fremden Taschen. In einer befand sich etwas Großes, Zusammengeknülltes. Eine Baseballkappe mit dem Academy-Logo. Das war nichts Brauchbares. Sie suchte weiter in der anderen Tasche. Na, wer sagt's denn? Wenn das nicht der Anhänger für den kleinen elektronischen Schlüssel ist. Triumphierend zog sie ihren Fund ans Licht.

Sogar Cassie spendete ihr ein anerkennendes Lächeln der untersten Kategorie. »Wahrscheinlich ist die Verbindung zum Anlasser unterbrochen, aber wenn die Batterie noch intakt ist, könnten wir das nutzen. Für Licht. Vielleicht sogar für die Heizung.«

Und wenn sich diese Cassie nicht dauernd hinter ihrem Sarkasmus verstecken würde, dachte Hannah, sind ihre Vorschläge richtig gut. Es wurde bald dunkel, die Kälte kroch in den Bus. Wenn sie aus der Batterie noch einige Stunden Licht und Wärme herausholen konnten, wäre das sicher von Vorteil.

Sie drückte den Startknopf. Der Motor drehte kurz und fraß sich augenblicklich fest. Doch sowohl die Instrumentenbeleuchtung als auch die Deckenlampen blieben an. Außerdem roch sie plötzlich wieder den angesengten Staub aus der Wagenheizung. Nichts davon würde ihnen lange zur Verfügung stehen, aber es war besser als nichts.

»Ey, ihr habt ja Strom«, rief eine Stimme. Lucas.

»Nicht nur das!«, rief Hannah zurück. »Wir haben sogar einen Schlüssel.«

»Hervorragend.«

Leider immer noch keinen Fahrer, dachte sie und hatte abermals das unklare Gefühl, dass ihr irgendwas entging. Über dem Fahrersitz hing eine Jacke der Größe S, aber sie selbst kam weder richtig an das Gaspedal noch an das Lenkrad, was nur bedeuten konnte, dass derjenige, der hier zuletzt am Steuer saß, doch nicht so schmächtig gewesen sein konnte.

»Was ist los?«, fragte Cassie.

»Weißt du noch, wie der Fahrer ausgesehen hat?«

Cassie verzog das Gesicht. »So ein Kleiderschrank. Dunkle Haare. Wollmütze. Hab ihn aber nur von hinten wahrgenommen.«

Hannah starrte sie an. »Das heißt, er war eher groß?«

»Ich meine ja. Aber ich hab nicht genau auf ihn geachtet. Wieso?«

Hannah dachte an die unscheinbare Gestalt zurück, die *sie* gesehen hatte – und der vermutlich auch die Jacke über dem Fahrersitz gehörte.

»Diese Jacke hier hat Größe S«, sagte sie zu Cassie. »Aber der Sitz ist für eine wesentlich größere Person eingestellt.«

»Das heißt, die Jacke gehört einem anderen Fahrer?«

Hannah begriff erst jetzt. Na klar, einem anderen Fahrer.

»Offenbar hat jemand seinen Platz eingenommen.«

»Und wenn schon.« Cassie zuckte mit den Schultern. »Was spielt das für eine Rolle?«

Hannah überlegte, ob sie Cassie trauen konnte.

»Okay«, sagte sie. »Erzähl es nicht weiter, aber der Fahrer ist spurlos verschwunden.«

»Was?«

»Zumindest ist er nicht unter den Toten.«

Hannah konnte zusehen, wie es in Cassie arbeitete.

»Du glaubst, er hat den Bus irgendwie verlassen?«, fragte sie.

»Genau das. Die Frage ist nur, wie und warum.«

»Vielleicht ein Komplize des Attentäters?«

»Vielleicht.«

»Aber sicher bist du dir nicht?«

»Ich weiß es nicht«, sagte Hannah. »Ich habe den Eindruck, da ist noch etwas anderes.«

Cassie schwieg. Dann blickte sie kurz zu den anderen hinüber, um festzustellen, ob jemand mithörte. Sie senkte die Stimme. »Okay, ich habe dir nämlich auch etwas zu sagen. Ich sagte doch, dass ich im Labor deines Vaters assistiert hätte …«

»Ja?«

»Ich habe bei den Evakuierungsplänen mitgeholfen.«

Hannah sah sie an. »Und?«

»Demnach sollten nur Studenten mit negativem Testergebnis im Retreat unter Quarantäne gestellt werden. Wer Symptome hatte oder positiv getestet wurde, musste in der Academy bleiben.«

»Ist ja auch vernünftig.«

»Richtig, aber so wurde es nicht umgesetzt.«

»Was?«

»Ich weiß von mindestens zwei Fällen, in denen positiv getestete Studenten in den Bus gelangten.«

»Bist du sicher, dass du da nichts verwechselst?«

Cassie lächelte säuerlich. »Weißt du, der Vorteil der Unbeliebtheit besteht darin, dass man sich jede Kleinigkeit merkt. Ich weiß genau, welche Studenten von mir positiv getestet wurden. Und zwei davon saßen am Ende in diesem Bus.«

»Auch der Dünne mit den krausen Haaren?«

»Jared? Ja. Woher weißt du das?«

»Als wir den Toten die Klamotten abnahmen, meinte ich, an ihm Symptome gesehen zu haben.«

»Aber gesagt hast du nichts?«

»Du doch auch nicht.«

»Stimmt.«

Hannah verstand allmählich gar nichts mehr. »Aber das Ganze ergibt keinen Sinn. Mein Vater würde nie im Leben infizierte Personen auf die Menschheit loslassen …« Sie stockte.

Ihr Vater sicher nicht. Aber was, wenn sich jemand aus der Führungsetage der Academy oder ein Investor oder reiche Eltern in den Auswahlprozess einmischten?

Hannah war nicht entgangen, dass die meisten, die in der Academy bleiben mussten, entweder Angestellte oder Stipendiaten waren, hatte es aber als Zufall abgetan. Was, wenn es gar kein Zufall war? Was, wenn infizierte Studenten evakuiert wurden, nur weil sie einflussreiche Eltern hatten? Was, wenn ihr Vater diese Praxis entdeckt hatte? Seine Reaktion jedenfalls konnte sie sich vorstellen: Es war *der* fundamentale Verstoß gegen alle seine Regeln. *Der Erreger darf auf keinen Fall wandern. Eindämmung um jeden Preis ist das oberste Gebot.*

Aber würde er auch so weit gehen, den Bus in einen Abgrund fahren zu lassen – und später als Unfall darzustellen? Würde er seine eigene Tochter in den Tod schicken?

Ja, musste sie sich eingestehen. Genau das würde er tun. Es war gewissermaßen der totale Lockdown: Eindämmung um jeden Preis.

Aus diesem Grund funktionierte auch der Notausstieg nicht, waren die Notfall-Hämmer entfernt worden.

»Ich glaube, der Fahrer hat den Bus mit Absicht gecrasht«, sagte sie. »Keiner von uns sollte lebend im Retreat ankommen.«

»Das ist nicht dein Ernst?«

Aber Hannah nickte nur. »Ich kenne meinen Vater.«

»Er würde dich sterben lassen?«

»Ohne mit der Wimper zu zucken.«

Cassie schüttelte ungläubig den Kopf. »Das nennt man wohl klinisch.«

»Genau.«

Dann wussten sie beide nicht, was sie dazu noch sagen sollten.

Aber Hannah brannte noch etwas anderes auf den Nägeln.

»Du sagtest vorhin, du wüsstest von zwei positiv getesteten Studenten im Bus. Einer ist tot, das wissen wir. Aber wer ist der andere?«

Eine längere Pause. Dann sagte Cassie: »Du.«

Meg

»Du hast ihn umgebracht.«

Sarah starrte Meg mit irrem Blick an. »Ich wollte ihn retten.«

»Du lügst. Du hast soeben einen unschuldigen Mann getötet.«

»Unschuldig würde ich ihn nicht nennen.«

Mit geballter Faust ging Meg auf sie los, aber Sean fasste sie am Arm. »Lass sie. Das reicht.«

Meg riss sich von ihm los. »Meinst du? Bis vor wenigen Minuten gab es nur den *Verdacht*, dass sich ein Killer an Bord befindet. Inzwischen sind wir weiter. Jetzt wissen wir, dass zumindest *ein* Mörder unter uns ist.«

Auch Max schaltete sich ein, legte seinen Arm um die verängstigte Sarah. »Das ist doch Wahnsinn«, murmelte er.

»Meg«, sagte Sean leise. »Vorhin, bei Karl, galt bei dir noch die Unschuldsvermutung. Meinst du nicht, dass Sarah dieselbe Behandlung verdient?«

»Ich habe gesehen, wie sie ihn gestoßen hat. Ihr etwa nicht?«

»Ehrlich gesagt, ich weiß es nicht«, sagte Max. »Es ging alles so schnell.«

»Ich bin auch nicht sicher«, seufzte Sean. »Es könnte genauso gut ein Unfall gewesen sein.«

Aber Meg schüttelte den Kopf. »Na gut. Glaubt, was ihr wollt. Ich weiß, was *ich* gesehen habe.«

So standen sie da, blickten sich unversöhnlich an, und es sah nicht so aus, als würde dieser Nervenkrieg bald beendet. Die Bodenluke war längst wieder zu, Paul und Karl lagen tot im Schnee, mit dem Unterschied, dass Karl noch lebte, als er in die

Tiefe stürzte. Er hatte noch mitgekriegt, wie ihn die Kälte erfasste, hatte seinem Tod ins Angesicht geblickt. Es mögen nur Sekunden gewesen sein, aber es waren Sekunden wie eine Ewigkeit. Wer wüsste das besser als sie?

»Also«, sagte Sean, »ich weiß nicht, ob es jetzt noch etwas ändert, aber die Story, die uns Karl über seine Knastzeit aufgetischt hat ...«

»Was ist damit?«, fragte Max.

»Ich glaube, das war alles gelogen.«

»Habe ich es euch nicht gesagt?«, schniefte Sarah, hinreichend rehabilitiert.

»Ich behaupte nicht, dass er den Security-Mann getötet hat. Aber was die Tattoos angeht, so läuft das im Knast nicht. Du schließt dich nicht mir nichts, dir nichts einer Gang an und kriegst im Gegenzug diese Tattoos verpasst. Schon gar nicht als kleiner Betrüger ohne Standing bei irgendwem dort. In eine Gang musst du *aufgenommen* werden, das ist nicht so einfach.«

»Was willst du damit sagen?«, fragte Max.

Meg wusste es. Nur hatte sie diesen Gedanken bis jetzt nicht an sich herangelassen.

»Was ich damit sagen will«, fuhr Sean fort. »Es gibt eigentlich nur eine Sorte Häftling, die sich einer Gang als Sklave andienen kann, um nicht abgestochen zu werden.«

»Und zwar Sexualstraftäter«, ergänzte Meg mit einem Seufzer.

Sean nickte.

»Ich wusste es«, sagte Sarah. »Seht ihr? Ich wusste, dass mit dem Kerl etwas nicht stimmt.«

»Aber sicher hast du das«, murmelte Meg.

»Das hört sich so an, als seist du mit dem Knastsystem bestens vertraut«, sagte Max zu Sean.

Sean zögerte, ehe er sagte: »Das ist richtig. Ich habe selber zehn Jahre gesessen.«

Plötzlich starrten alle auf Sean.

»Weswegen?«

»Diebstahl.«

»Zehn Jahre für einfachen Diebstahl kommt mir ein bisschen lang vor«, sagte Meg.

»Ich habe ein Auto geklaut. Und später einen Unfall gebaut, bei dem Menschen ums Leben kamen. Es war allein meine Schuld.« Man merkte, es ging ihm jetzt noch nahe.

»Ich war auch schon in Haft«, sagte Max.

»Ich dachte, du wärst Anwalt?«

»War ich auch. Aber ich habe von den falschen Leuten Geld angenommen.«

»Okay, dann frage ich mal direkt«, sagte Sean und scannte die gesamte Runde. »Gibt es eigentlich echte Freiwillige hier, oder sind wir alle Rekruten?«

»Ich«, sagte Sarah. »Ich wollte freiwillig ins Retreat. Ich sah es als meine christliche Pflicht an.«

Na klar, hätte mich auch enttäuscht, wenn es anders wäre, dachte Meg.

»Was mich interessieren würde«, fragte sie zuckersüß. »Was hält eigentlich die Bibel davon, seinen Nächsten aus einer Seilbahn zu schubsen?«

Sarah warf ihr einen vergifteten Blick zu. »Und mich würde interessieren, warum *du* eigentlich hier bist?«

Gute Frage.

Vor langer, langer Zeit lebte einmal eine Frau. Und diese Frau hatte eine Tochter, die sie über alles liebte. Mehr noch, sie hätte ihr Leben hergegeben für ihr kleines Mädchen. Aber leider, leider vermochte sie es dann doch nicht. Ihr kleines Mädchen starb, und es gab nichts, was sie dagegen tun konnte. Gegen die offene Wunde in ihrem Herzen gab es kein Mittel. Und sie probierte wirklich alles, Alkohol, Drogen, Sex. Nichts half. Irgendwann begriff die Frau, dass ein Leben ohne ihre Tochter jeden Sinn verloren hatte und nichts war als eine endlose Tretmühle aus Schmerz, die sich mit jedem neuen Tag aufs Neue in Bewegung setzte und die Wunde in ihrem Herzen immer frisch hielt. Sie war einfach zu schwach, sie kam nicht darüber hinweg.

Also beschloss sie eines Tages, ihrer Tochter nachzueilen. Sie wollte sich erhängen, wurde aber noch gerade rechtzeitig von einem Freund gefunden. Deshalb starb sie nicht, sondern landete stattdessen in der Psychiatrie. Beim nächsten Mal versuchte sie es mit Tabletten und landete prompt wieder in der Psychiatrie. Sie schluckte ein Produkt der Chlorchemie, das eine Putzkraft in einem Waschraum vergessen hatte. Man pumpte ihr den Magen aus, steckte sie in eine Zwangsjacke und sie und die Zwangsjacke in einen Weichraum. In den darauffolgenden Jahren verbrachte sie mehr Zeit in Kriseninterventionsräumen als außerhalb. Sie griff auch Pflegepersonal an, weil diese Leute sie daran hinderten, ihrer kleinen Tochter nachzueilen. Kurzum, keiner wollte sie sterben lassen.

Aber dann eröffnete sich ihr *die* Chance. Sie saß im Tagesraum, bis obenhin zugedröhnt mit Pillen und in Gesellschaft all der anderen traurigen Gestalten aus ihrer Station, als zwei Herren in Anzügen ihre Aufwartung machten. Graugesichtige Männer mit desillusionierten Mienen und abgelatschten Schuhen.

Sie stellten ihr eine Menge Fragen. Sie ignorierte sie allesamt. Dann erwähnte der eine von ihnen die *neuen Versuchsreihen. Die neuen Versuchsreihen*, genau. Wie die meisten Menschen hatte sie schon davon gehört. Hinter vorgehaltener Hand. Oder auf einem der Piratenkanäle. Oder von einem der üblichen Verschwörungstheoretiker. Es waren nur Gerüchte, aber sie wollten einfach nicht verstummen. Von Geheimlaboren an entlegenen Orten, wo das

Department an lebenden »Rekruten« ebenjene neuen Versuchsreihen durchführte. Alles mit dem Ziel, endlich ein Mittel gegen den Erreger zu finden.

»Wir wissen, dass Ihnen eine Tochter gestorben ist«, sagte der eine und sagte es genau so: *Ihnen gestorben ist.* »Indem Sie *uns* helfen, können Sie dazu beitragen, anderen Kindern dieses Schicksal zu ersparen.«

»Aber vielleicht will ich das gar nicht«, lallte sie. »Vielleicht will ich, dass andere Mütter genauso leiden wie ich.«

Worauf der graue Wortführer nur den Kopf schüttelte und sich an einen Nebentisch zurückzog. Der andere aber blieb und blickte sie neugierig an.

»Ich kann nicht glauben, dass Sie das ernst meinen«, sagte er.

»Was zum Teufel weißt *du* schon?«

»Ich weiß zum Beispiel, dass Sie sterben wollen. Was Ihnen aber nicht gestattet wird.« Er richtete die Unterlagen auf dem Tisch im rechten Winkel aus. »Deswegen denke ich ja, dass wir uns gegenseitig helfen könnten.«

Sie blickte ihn misstrauisch an. »Und wie soll das gehen?«

»Es geht folgendermaßen: Die neuen Versuchsreihen sind hochriskant. Die meisten Rekruten überleben das nicht.« Er zuckte die Achseln. »Zumindest ist ihr Tod nicht umsonst. Er dient letztlich dem Wohlergehen der gesamten Menschheit.«

»Die Menschheit kann mich mal.«

»Wie Sie wollen«, sagte er und machte Anstalten zu gehen.

»Augenblick, warten Sie!«, rief sie mit einer Verzweiflung, die sie mit ihrem vernebelten Hirn kein bisschen kaschieren konnte. Auch fiel es ihr sichtlich schwer, den nächsten logischen Satz zu formulieren. »Was sagen Sie da? Die meisten Rekruten überleben *nicht*?«

Er beugte sich zu ihr hinunter und sagte mit einem Augenzwinkern: »Mir persönlich ist jedenfalls keiner bekannt.« Dann schob er ihr ein Blatt Papier zu und hielt ihr einen Stift hin. Sie zögerte nur kurz.

Er lächelte. »Unterschreiben Sie hier … und hier.«

Das war vor sechs Monaten. Sie setzten ihre Medikamente ab, bis sie wieder clean war. Laut ihrem Entlassungsbericht war sie praktisch die ideale Kandidatin. Und jetzt steckte sie hier in der Kabine einer stehen gebliebenen Seilbahn am Arsch der Welt zusammen mit einem mutmaßlichen Psychokiller – und alles für das Wohlergehen der Menschheit. Genauso hatte sie sich das vorgestellt.

Sie blickte in die erwartungsvollen Gesichter. »Ist die Vergangenheit wirklich so wichtig? Wenn wir nicht alle hinter Gittern landen wollen, sollten wir uns lieber darum kümmern, was sich hier vor wenigen Minuten abgespielt hat. Wir brauchen nämlich eine verdammte gute Geschichte, um gleich zwei tote Passagiere zu erklären.«

Folgendes war passiert: Karl verlor die Nerven und versuchte in Panik die Notluke am Boden zu öffnen. Mark von der Security wollte ihn davon abhalten. Es kam zu einem Kampf, bei dem beide aus der Kabine fielen. Eigentlich ein bombensicherer Hergang – sofern jeder dabei blieb.

Meg setzte sich in die Ecke, die am weitesten von Sarah entfernt war. Abermals geriet die Gondel in heftige Bewegung, und diesmal erfasste sie heftige Übelkeit. Bisher nämlich hatte das Drama um Mark und Karl sie erfolgreich von ihrer eigenen Befindlichkeit abgelenkt, jetzt verging die Zeit überhaupt nicht mehr. Wie lange wollte man sie eigentlich ohne Strom lassen? Gab es in der Talstation niemanden, der solche Störungen beheben konnte?

Sie wollte auf ihre Uhr schauen, musste aber feststellen, dass sie keine mehr hatte. Überhaupt hatte man ihr alle persönlichen Gegenstände wie Uhr und Handy abgenommen. Wie lange hingen sie hier schon fest? Zwei Stunden? Drei? Noch länger?

Am anderen Ende der Kabine tuschelten Max und Sarah miteinander. Wegen der starken Windgeräusche konnte Meg nichts verstehen, aber ihre Mienen verhießen nichts Gutes. Sean stand genau in der Mitte und blickte in den Schneesturm hinaus, ehe er sich zu Meg setzte. Damit sind die Fronten klar, dachte sie.

»Hey«, sagte er.

»Hey.«

»Alles okay mit dir?«

»Könnte besser gehen.«

»Auch wieder wahr.«

Abermals machte eine empörend grobe Schaukelbewegung klar, dass so eine Gondel nur ein Spielball war. Ihr Magen hob sich, und dann war ihr auch noch kalt. Es war definitiv kälter geworden, obwohl die Heizungsschlitze unter dem Sitz noch Wärme von sich gaben, wenngleich nicht mehr viel. Auch die Deckenbeleuchtung funktionierte weiterhin, vermutlich dank einer separaten Batterie. Aber wie lange konnte so ein Ding die Kabine noch mit Energie versorgen, vor allem nachts, wenn die Temperaturen erst richtig in den Keller gingen. Keine schönen Aussichten, in so einer Eisbox dem Morgen entgegenzubibbern, geschüttelt von Kräften, die schon ganze Gebirge geschleift hatten.

Sean lehnte sich näher an sie, und Meg widerstand der Versuchung, die alte Distanz wiederherzustellen, indem sie zurückwich. Sean war keine Bedrohung für sie und ganz bestimmt nicht abstoßend oder hässlich. Er hatte ein sympathisches Gesicht mit lebhaften blauen Augen. Dazu eine Gestalt, dessen definierte Muskeln von harter Arbeit zeugten. Sie konnte das beurteilen, denn sie hatte ihm den Schneeanzug ausgezogen. Und dennoch, sie kannte ihn nicht und ließ Menschen grundsätzlich nicht allzu nah an sich heran. Die Letzten, die ihr so auf die Pelle rückten wie Sean jetzt, hatten sie festgehalten und mit psychoaktiven Drogen vollgepumpt.

»Bei der Durchsuchung von dem Security-Mann hast du doch etwas gefunden, nicht wahr?«

Natürlich hatte sie das. Das Foto. Sie schaute hinüber auf die andere Seite der Front. Sarah und Max redeten immer noch, und das war gut so. Wenn Meg die beiden nicht hören konnte, dann galt das auch umgekehrt.

»Richtig, das hätte ich beinahe vergessen.« Sie langte in ihre Tasche, holte das Foto heraus und hielt es ihm hin.

Gemeinsam betrachteten sie das Bild. Ein Selfie vor einer Schneelandschaft. Im Hintergrund irgendeine imposante Fassade, eine Kirche oder ein Uni-Gebäude. Im Vordergrund ein junger Mann, der seinen Arm um ein Mädchen legte. Der junge Mann war dunkelhäutig, hatte ein breites Babyface und einen unbekümmerten Lockenkopf. Das Mädchen dagegen stach ab, war auffällig hübsch mit seinem elfenhaften Gesicht und den großen blauen Augen. Meg runzelte die Stirn, sie konnte nichts damit anfangen. Sie kannte die Leute nicht und sah Sean fragend an.

»Irgendein Vorschlag?«

Er schüttelte den Kopf. »Vielleicht Angehörige von ihm. Oder seine Kinder?«

Abermals besah sich Meg das Bild. Sie war ziemlich sicher, dass die beiden nicht zu Pauls Familie gehörten. Und nach allem, was sie wusste, hatte er auch keine Kinder.

»Also ich weiß nicht«, sagte sie. »Er war nicht alt genug für Kinder im College-Alter.«

»Dann vielleicht Geschwister von ihm?«

»Kann sein.« Sie drehte das Foto um. Auf der Rückseite stand: *Daniel und Peggy. Invicta Academy.*

»Sagt dir das was?«, fragte sie Sean.

»Nein. Dir?«

Invicta Academy. Irgendwas an dem Namen kam ihr bekannt vor, aber mehr auch nicht. Noch einmal musterte sie das Foto. Warum trug Paul so etwas mit sich? Wer waren diese jungen Leute? Wenn nicht Freunde oder Familie, dann vielleicht Verdächtige, Opfer? Oder interpretierte sie zu viel in das Foto hinein? Sie hatte Paul seit vielen Jahren nicht gesehen, auch er hatte sicher ein neues Leben angefangen, einschließlich neuer Freunde oder Stiefkinder, alles war möglich. Gleichwohl sagte ihr das Bauchgefühl, dass all das auf dieses Foto nicht zutraf, weil es in seiner mysteriösen Aussage überhaupt nicht zu Paul passte. Und diese Invicta Academy? Ein normales College war das nicht, oder?

Einmal mehr wurde die Kabine von einer mächtigen Hand geschüttelt. Sarah schrie in Panik auf, Meg blickte nervös nach oben. Mittlerweile war die Gondel komplett von nassem Schnee bedeckt, und es kam immer mehr hinzu. Diese Schicht würde über Nacht frieren und bildete am nächsten Tag den perfekten Untergrund für noch mehr Schnee.

»Was hast du?«, fragte Sean.

»Ich frage mich gerade, wie viel Gewicht so eine Seilbahn tragen kann.«

»Zwanzig Leute mit Sicherheit, würde ich sagen. Warum?«

»Na ja, wir werden durch den Schnee immer schwerer.«

Jetzt sah auch er hoch. »Ich denke, sie werden schon die entsprechenden Schneelasten einkalkuliert haben«, sagte er – um dann selber noch einmal nachzurechnen. »Andererseits wird der Schnee in der Talstation immer entfernt, er sammelt sich nicht an.«

»Das Kabel hält doch, nicht wahr?«

»Keine Ahnung.«

Dann ein bedrohliches Knacken in der Konstruktion, was Max veranlasste aufzustehen und sich schwankend auf die andere Seite zu begeben.

Er lächelte unsicher. »Ich glaube, hier gibt es ein Malheur.«

»Was ist?«, fragte Sean.

»Nun, das Thema ist etwas unerquicklich ...«

Eine Erklärung, die an Meg abprallte. »Noch unerquicklicher, als einen Mann von Bord zu stoßen? Da bin ich gespannt.«

»Also, ich billige in keiner Weise, was vorhin hier ...«

»Jetzt sag schon, was los ist.«

»Es geht um Sarah.«

Meg richtete ihren Blick auf die vornübergebeugte Leidensgestalt, die ihre Arme um den Bauch schlang.

»Und?«, fragte sie mitleidslos. »Ist sie etwa krank? Liegt im Sterben? Plagt sie ihr Gewissen?«

»Nein«, seufzte Max. »Sie muss mal groß.«

Carter

Sie standen im Gang und starrten auf den Aufzug.

Im Untergeschoss gab es keine Treppen, nicht einmal einen Fluchtweg für den Brandfall. Der ganze Sektor war nur über den Aufzug erreichbar, damit sichergestellt war, dass nur Zugangsberechtigte auch Zugang hatten, in diesem Falle Miles.

Von anderen Personen war zumindest nichts bekannt.

Was Carter in einen Zwiespalt brachte.

»Wie sollen wir nach unten kommen, wenn Miles die einzige Codekarte besitzt?«, fragte Welland.

»Gute Frage«, sagte Carter. »Gibt es denn keine Möglichkeit, die Zugangskontrolle zu umgehen?«

»Meines Wissens nicht.«

»Kannst du es nicht wenigstens versuchen?«

Welland dachte nach. Carter konnte förmlich hören, wie die kleinen Rädchen in seinem Kopf in Gang kamen und Dampfwölkchen aus den Ohren bliesen.

Das Ergebnis: »Nein, es gibt keine Möglichkeit.«

Welland gehörte wirklich nicht zu denen, für die das Wort »unmöglich« nur die Herausforderung darstellte, es dennoch zu versuchen.

»Und jetzt?«, fragte Caren.

Carter rang noch mit sich. Keiner wusste, was unten auf sie wartete. Vielleicht war Miles tot. Was zumindest den Charme hatte, dass er nicht mehr von ihm ungelegt werden konnte. Dafür, dass er Miles angelogen hatte.

»Na gut«, sagte Carter und kramte in der Geheimtasche seiner

Jeans nach der Karte, die er einmal einem toten Mädchen aus seiner Bekanntschaft abgenommen hatte.

Doch ehe er die Karte hervorholen konnte, griff Caren in den Ausschnitt ihres T-Shirts und …

Carter traute seinen Augen nicht. »Sag mal, ist das …«

»Eine Zugangskarte, ganz recht«, sagte sie und präsentierte sie apart zwischen Zeige- und Mittelfinger. »Nicht dass ich zu Miles nicht grenzenloses Vertrauen hätte, aber …«

»Wo hast du denn *die* her?« Welland wieder.

Eine Frage, für die Caren nur ein kokettes Lächeln übrighatte. »Wer blöd fragt, kriegt auch blöde Antworten. Viel wichtiger ist ohnehin etwas anderes: Tun wir es oder tun wir es nicht?«

»Uns bleibt wohl nichts anderes übrig«, sagte Carter und drückte den Aufzugknopf.

»Müssen wir denn unbedingt alle nach unten?«, fragte Welland und wrang sein T-Shirt auf eine Weise, dass seine behaarte Wampe sichtbar wurde. »Ich meine, einer muss oben bleiben, euch den Rücken freihalten und so.«

»Blendende Idee«, sagte Carter. »Man teilt sich auf und lebt gleich sicherer. In Horrorfilmen funktioniert das ja auch immer.«

»Und du siehst mir auch nicht aus wie das klassische Opfer«, setzte Caren hinzu und bewies zum ersten Mal in drei Jahren so etwas wie Humor. Bei manchen Menschen brauchte es eben Mord und Totschlag, um ihre verborgenen Talente ans Licht zu bringen.

Welland seufzte schwer. »Echt, das gefällt mir ganz und gar nicht.«

Kurz darauf ertönte das Aufzugsignal, Caren und Carter hoben ihre Pistolen.

Als dann aber die Tür aufging, sprang ihnen lediglich ein kleiner weiß-brauner, freudig bellender Vierbeiner entgegen.

»Dexter!«, rief Carter.

Caren senkte ihre Waffe und rümpfte die Nase.

»Das Vieh stinkt.«

Carter schloss den kleinen Kerl trotzdem in die Arme. »Hallo, mein Freund, bist du im Aufzug stecken geblieben?«

»Nun ja, er dürfte den Aufzug kaum selber gerufen haben«, sagte Caren und blockierte die sich schließende Tür mit dem Fuß. »Außerdem hat er uns ein kleines Geschenk hinterlassen.«

Carter zog Dexter an den Ohren. »Dexter, sag mir die Wahrheit: Hast du etwa im Aufzug Aa gemacht? Tut man das?«

Caren verdrehte die Augen: »Deine Tierliebe in Ehren, aber können wir jetzt bitte weitermachen?«

Carter setzte Dexter ab. »Okay, du bleibst hier, Kollege.«

Sie traten in den Aufzug und mieden die Ecke mit Dexters Hinterlassenschaft. Nur war Dexter nicht bereit, die Nähe des Menschen gleich wieder aufzugeben, und schlüpfte in letzter Sekunde mit in die Kabine.

Carter sah Caren achselzuckend an. »Ich schätze, er will mitkommen.«

Sie hielt ihre Karte an das Lesegerät und drückte auf »B«.

»Kein Problem. Er kann ja später, wenn er Hunger hat, unsere Leichen anknabbern.«

Lautlos glitt der Aufzug in die Tiefe. Bevor die Tür wieder aufging, machten sich Carter und Caren schussbereit. Der ehedem klinisch helle Gang war nur durch grünliche LED-Streifen an der Wand erleuchtet. Eine gespenstische Illumination, die ihrer Mission gleich den passenden Hintergrund lieferte.

»Mensch, das sieht aus wie bei Halloween«, klagte Welland.

Selbst ein Vollpfosten wie Welland fand zuweilen die richtigen Worte, dachte Carter.

Sie verließen den Aufzug, Carter voran, gefolgt von Caren. Ganz am Schluss, wie ein quengelndes Kind, Welland. Und zwischen ihren Beinen tanze Dexter und war einfach nicht zu bremsen. Ihn störte auch nicht, dass sämtliche Türen auf der linken Seite sperrangelweit offen standen, was bei einer intakten Stromversorgung nicht hätte sein dürfen. Offenbar war das ganze Sicherheitssystem zusammengebrochen. Carter blickte Caren an.

»Hast du deinen Zugangspass vorher schon einmal benutzt«, wollte er wissen.

»Nur ein-, zweimal«, sagte sie. »Und auch nur, um nachzusehen.«

»*Was* nachzusehen?«

»Dreimal darfst du raten.«

Die Pistolen im Anschlag, näherten sie sich der ersten Tür und lugten vorsichtig in das dahinter liegende Büro, früher einmal der Arbeitsplatz für die Assistenzärzte. Drei Schreibtische mit altertümlichen Notebooks, alles sichtlich angestaubt. Die Leute waren eben längst nicht mehr so versessen auf Computer und elektronische Geräte wie ehedem. Wozu auch? Die Kommunikationsnetze waren notorisch unzuverlässig, die Nachrichtensendungen nichts als Propaganda, das Fernsehen ein Müllplatz aus wiedergekäuten Shows und die sogenannten sozialen Medien nur noch etwas für Asoziale.

An einer Pinnwand aus Kork hingen die üblichen Bekanntmachungen, vermischt mit den beliebten geistreichen Sprüchen, der Speisekarte eines Restaurants im Dorf mit Gerichten zum Mitnehmen. Und einem vergilbten Zeitungsausschnitt:

INVICTA ACADEMY.

Neue Forschungsabteilung von Professor Grant nimmt ihren Betrieb auf.

Einen Moment lang verharrte Carter vor dieser in die Jahre gekommenen Meldung, dann wandte er sich ab.

»Hier ist nichts. Sehen wir im nächsten Büro nach.«

Dort residierte einst der Professor höchstselbst. Die Einrichtung war standesgemäß. Ausladender Mahagoni-Schreibtisch, imposanter Chefsessel. Links davon eine protzige Anrichte, die als eine Art Hausbar fungierte, mit teurem Bleikristall und exklusiven Weinen und Whiskeys. Doch die Weine und Whiskeys waren längst ausgetrunken – und zwar direkt aus der Flasche.

Der Schreibtisch war, nun ja, aufgeräumt bis auf einen gläsernen Briefbeschwerer und ein gerahmtes Foto. Das Foto zeigte ein Mädchen mit dünnen mausgrauen Haaren und kühlen grauen Augen. Es war zwar nicht direkt schön zu nennen mit seiner langen Nase und dem etwas zu schmalen Gesicht, aber die entschlossene Miene war in jedem Fall auffällig.

»Carter?«

»Ja?« Er drehte sich um.

Caren drängelte. »Komm schon, hier vertun wir nur unsere Zeit.«

Carter drehte noch das Bild mit dem Gesicht nach unten und sagte: »Alles klar.«

Als Nächstes sahen sie in den Laborräumen nach. Auch dort war niemand, die einzigen Geräusche waren ihre eigenen Schritte und das Brummen der Kühleinheiten.

»Kein Schwein da«, sagte Caren.

»Dann können wir ja jetzt wieder zurück«, sagte Welland mit durchschaubarer Absicht.

Carters ließ keinen Zweifel daran, was er von ihm und seinem Vorschlag hielt. »Können wir. Aber erst, wenn wir auf der Isolierstation nachgesehen haben.«

Diese bestand aus einem Dutzend Zellen und befand sich im Kellergeschoss, offiziell jedenfalls. In Wahrheit waren es dreizehn, und speziell die dreizehnte war besonders gesichert und nicht ohne Weiteres auffindbar. Offiziell existierte sie gar nicht, und auch ihre genaue Funktion war nur wenigen wichtigen Leuten bekannt. Und den Überlebenden.

Carter hatte das metallische Aroma von Blut schon in der Nase, ehe sie um die Ecke bogen. Dexter lief vorneweg. Vor der Tür zur Isolierstation blieb er stehen und fing an zu jaulen.

Nicht wahr, du riechst es auch?, dachte Carter.

Die Tür zur Station, die normalerweise immer geschlossen war, stand halb offen.

»Okay, Leute, seid ihr bereit?«, fragte Caren, was sich anhörte, als stünde sie vor einer Aerobic-Klasse und nicht an der Pforte zur Hölle.

Carter beantwortete die Frage innerlich mit Nein – und ging dennoch vor. Caren und der ewig jammernde Welland schlossen sich an.

Schon der erste Eindruck gab Carter recht. Alles war voller Blut, Boden und Wände ebenso wie die Trennscheiben zu den Isolationsräumen 1 und 2. Die Quelle hingegen lag ein ganzes Stück weiter zwischen den Räumen 3 und 4.

»Heilige Scheiße«, entfuhr es Welland.

Caren hingegen pfiff nur anerkennend. Und Dexter nahm erst einmal Platz, um sich die Eier zu lecken.

Behutsam drang Carter weiter vor, wobei er darauf achtete, keinesfalls mit dem Blut in Berührung zu kommen. Zwar waren sie alle geimpft, aber das war leider keine Garantie, wie sich in der Vergangenheit schon des Öfteren gezeigt hatte.

Schließlich stand er vor der Leiche. Es war nicht Miles, sondern ein weiterer Whistler, weiblich. Carter kannte sie nur unter dem Namen Humanreserve 02.

Er sah die anderen an. »Die ist jedenfalls tot.«

»Macht zwei mit der hier unten.«

Er nickte. *Wo zum Teufel war Miles?*

Sie stiegen über die Leiche hinweg. In Isolierraum 3 hatte sich eine bis auf die Knochen abgemagerte Gestalt in die hinterste Ecke verkrochen. Von ihr ging ebenfalls keine Gefahr mehr aus. Ein Skelett im Warteraum des Todes, das sich hinter langen verfilzten Haaren versteckte.

»Der da war früher selber mal Arzt in dieser Einrichtung«, hatte Miles ihm gesagt. »Manchmal schleppte er weibliche Rekruten an, die er erst sedierte und anschließend … na, den Rest kannst du dir vorstellen.«

Carter wandte sich ab. Dexter hatte seine Körperpflege beendet und lief wieder voraus. Vor Isolierraum 4 setzte er sich hin und hechelte erwartungsvoll. Caren und Carter blickten sich an. Insgesamt waren hier unten drei Whistler untergebracht – ihre »Humanreserve« mit laufender Nummer. Zwei Exemplare waren tot, das dritte so gut wie.

Blieben noch übrig …

Sie liefen den ganzen Gang ab, blickten nacheinander durch jede Trennscheibe. Alle Räume verfügten über ein Bett, einen Stuhl, einen an der Wand montierten Fernseher, ein Bücherbrett sowie einen sichtgeschützten Nassbereich mit Waschbecken und WC. Ein rotes Licht über der Tür zeigte an, ob der Raum verriegelt war oder nicht.

Und in einem davon saß Miles und blätterte gelangweilt durch ein zerlesenes Paperback. Er blickte hoch, als er sie hinter der Scheibe bemerkte.

»Na endlich«, sagte er, klappte das Buch zu und warf es aufs Bett. »Das hat aber gedauert. Ich dachte, ihr findet mich gar nicht mehr.«

Hannah

Sie war zehn, als ihre Mutter sich das Leben nahm.

Ihr Vater meinte, ihr Suizid sei eigentlich ein Hilferuf gewesen, nur dass Alkohol und Schlaftabletten stärker gewesen seien als ihr diätgeschwächter Körper. Sie war doch nur noch so ein kleines Persönchen. Hannah aber wusste, dass ihre Mutter, das kleine Persönchen, stets klare Zielvorstellungen hatte. Wenn die Überdosis Schlaftabletten also ein Hilferuf war, dann wohl eher so etwas wie ein letzter Aufschrei. Sie kontrollierte ihren Tod genauso, wie sie einst ihr Leben kontrolliert hatte.

Außer Hannah war Kontrolle das Einzige, das ihre Mutter besaß. Solange sie denken konnte, spielte ihr Vater bestenfalls eine Nebenrolle – sowohl im Leben ihrer Mutter als auch in ihrem eigenen. Ein optisches Phantom im Augenwinkel, ein ruheloser Geist, der zuweilen kurz auftauchte und im nächsten Moment wieder verschwunden war. Manche Gerüche hielten sich länger als er.

»Du bist schuld, dass sie sich umgebracht hat«, warf sie ihm einmal vor, in einer ihr pubertären »Phasen«. »Du hast sie einfach nicht genug geliebt.«

Worauf ihr Vater sie mit seinem Eisblick fixierte und sagte: »Die Liebe, Hannah, hat noch niemanden gerettet. Nur die Wissenschaft rettet Menschenleben. Eines Tages wirst auch du das begreifen.«

Was dann genau so eintrat. Hannah begriff, dass ihre Mutter nicht gerettet werden wollte, wenn dies ein Leben ohne Liebe bedeutete. Sie begriff, dass die Wissenschaft sehr viel besser abschnitt, was die Rettung von Menschenleben anging. Denn die Wissenschaft hatte schon viele gerettet, nicht nur ein paar wenige wie die Liebe. Und jetzt wollte sie in erster Linie überleben, das heißt, sie wollte sich selber retten – mithilfe der Wissenschaft.

Hannah wusste zum Beispiel, dass es in achtundneunzig Prozent der Infektionen auch zur Ausbildung von Symptomen kam. Und dass die Mortalitätsrate bei Patienten mit Symptomen fünfundsiebzig Prozent betrug. Sogar im unwahrscheinlichen Fall ihres Überlebens drohten bezifferbare Komplikationen, über die sie gar nicht erst nachdenken wollte. Was aber auch wieder egal war, bedachte man, dass sie eine 99,999-prozentige Chance hatte, in den nächsten zwei Stunden in Stücke gerissen zu werden.

»Behalt das bitte für dich«, sagte sie zu Cassie. »Erst einmal ist die Bombe unsere Priorität.«

»Schon klar«, erwiderte Cassie. »Sehe ich genauso. Wir kommen hier ohnehin nicht mehr lebend raus. Wir können nur noch entscheiden, ob wir am Stück sterben – oder *ge*stückelt.«

Hannah sah sie an. »Und ich dachte, *ich* wäre hier der Pessimist.«

»Ich würde es in meinem Fall eher als Realismus bezeichnen. Fakt ist, wenn einer von uns infiziert ist, sind wir es wahrscheinlich alle.«

»Das bedeutet aber nicht, dass wir alle sterben müssen«, entgegnete Hannah.

»Stimmt. Stattdessen verrotten wir als gottverdammte Whistler. Ist das besser?«

»Sag nicht Whistler«, gab Hannah zurück.

»Wieso nicht?«

»Es entmenschlicht diese Leute.«

Cassie hob eine Braue. »Ich dachte, das tun *wir* schon, indem wir sie auf Farmen zusammenpferchen …« Sie unterbrach sich, indem sie sich die Hand vor den Mund hielt. »Ups – oder darf man das jetzt auch nicht mehr sagen? Wie lautet noch mal die offizielle Bezeichnung? Richtig, *Sonderschutzzentren*!«

Hannah merkte, wie sich ihre Kinnpartie verkrampfte. »Was soll das Department denn tun, deiner Meinung nach? Diese Leute mögen überlebt haben, aber sie sind nach wie vor infektiös, und daran wird sich auch nichts ändern. Sie werden nie wieder ganz gesund, im Gegenteil. Viele sind Träger einer besonders gefährlichen Choler-Subvariante. Die Sonderschutzzentren sind eine humane Lösung.«

»Wo man sie wegsperrt und gegen ihren Willen dabehält?«

»Das ist nicht wahr.«

»Weißt du«, sagte Cassie. »Ich meine mich zu erinnern, dass es da mal eine Zeit gab, in der Menschen auf ganz ähnliche Weise an einem Ort konzentriert wurde. Wie nannte man diese Orte bloß, an denen Menschen konzentriert wurden? Ach ja, *Lager*.«

»Das ist nicht annähernd vergleichbar«, entgegnete Hannah scharf.

Cassie lächelte. »Das hätte ich mir denken können – bei *deinem* Vater. Der Apfel fällt halt nicht weit vom Stamm. Du *willst* es nicht wissen, oder?«

»Ich bin weiß Gott nicht wie mein Vater. Und du solltest nicht jeder Verschwörungstheorie glauben, die auf Social Media verbreitet wird.«

»Du verteidigst ihn sogar dann noch, wenn er dich kalt lächelnd opfert? Das nenne ich wahre Tochterliebe.«

Bevor Hannah antworten konnte, rief jemand hinter ihnen: »HEY! Könnt ihr eure Privatgespräche bitte für später aufheben. Wir brauchen den Schlüssel.«

Es war Lucas.

Hannah drückte sich an Cassie vorbei und zischte: »Kein Wort, zu niemandem, verstanden?«

Sie kraxelte zurück in den hinteren Teil und gab Lucas die Schlüssel: »Hier, werd glücklich damit.«

Wie sich herausstellte, hatten sie die Zeit genutzt und die Scheibe freigelegt. Josh befand sich sogar bereits in einer Art Tunnel außerhalb des Busses. Ein Haufen Schnee neben dem Ausstieg zeugte von der Wühlarbeit. Hannah war ehrlich überrascht. Was, wenn sie mit dieser Schwachsinnsidee tatsächlich Erfolg hatten?

Sie sagte: »Ich bin beeindruckt.«

»Yep«, keuchte Josh und schob sich zurück in den Bus. »Zum Glück ist der Schnee nicht so kompakt. Wenn alles gut geht, kann ich mich so ans Tageslicht buddeln.«

»Soll ich dir helfen?«

Er schüttelte den Kopf. »Nein, lass mal. Das mache ich besser allein. Wenn es nicht klappt, ist nur einer schuld: ich.«

»Nett von dir.«

Er robbte sich wieder in den Schneetunnel, bis nur noch seine Füße durch das Fenster ragten. Hannah lehnte sich zurück und kreuzte die Arme. Die Heizung unter den Sitzen gab kaum noch Wärme von sich. Wenn der Motor nicht lief, bedienten sich sämtliche elektrischen Verbraucher an Bord an der Batterie, und die dürfte bald leer sein. In spätestens einer halben Stunde kam dann nur noch kalte Luft aus den Schlitzen. Sie rieb ihre Arme. Falls sie nicht vorher in die Luft flogen, war von da an Unterkühlung die größte Gefahr. Die Leute schliefen irgendwann ein, die Körperkerntemperatur sank immer weiter ab – bis es keinen Weg zurück mehr gab und sie nie wieder aufwachten.

Cassie hatte sich ganz in ihre Nähe gesetzt, ignorierte sie aber demonstrativ. Daniel war wieder bei seiner Schwester. Ein unerbittlicher Teil von ihr (Daddys Erbteil) wünschte sich in diesem Moment, das Mädchen möge sich ein bisschen beeilen mit dem Sterben, da sie andernfalls die Ressourcen der unverletzten Lebenden schmälerte. Daniel war zwar ein Fatty, aber auch ein kräftiger Kerl mit zwei gesunden Händen, der an der Schneefront dringender gebraucht wurde als an einem Sterbelager. Und da Hannah schon einmal dabei war, die vorhandenen Kräfte neu einzuteilen – fehlte da nicht jemand?

»Wo ist eigentlich Ben?«, fragte sie Lucas.

»Oh, der wollte aufs Klo, soweit ich weiß.«

Toll. Das würde den bereits wahrnehmbaren Geruch nach umgekipptem Dixie-Klo im Bus sicher verbessern.

Im selben Moment hörte sie, wie die Spülung ging, und Ben kam heraus. Er wischte sich den Mund ab und sah schlimm aus. Die strähnigen Haare klebten an seinem schweißnassen Schädel, und auch die dunklen Augenringe ließen wenig Zweifel an seinem Zustand. Hannah tippte auf Brechdurchfall.

»Alles in Ordnung mit dir?«, fragte sie.

Er nickte. Und hustete, bevor er sagen konnte: »Mann, warum habe ich mein Pedialyte im Koffer gelassen? Falls du auch aufs Klo willst, würde ich ein paar Minuten warten. Es riecht nicht besonders angenehm.«

Plötzlich ein schwerer Schlag aufs Dach des Busses. Alle zuckten zusammen.

»Shit!« Ben hatte sich auf der kurzen Treppe zusammengekauert. »Was *war* das?«

»Wie wär's mit einem Erdrutsch?« Cassies Vorschlag. »Oder ein Meteoriteneinschlag?«

Dann ein zweiter Knall, gefolgt von einer Serie von Kratzgeräuschen. Ein grauer Schemen huschte an den zugeschneiten Fenstern vorbei.

Lucas schnalzte mit der Zunge. »Ich schätze, wir bekommen Besuch.«

»Wölfe«, sagte Hannah. Ihre ganze Zuversicht war wieder dahin.

Josh tauchte aus seinem Tunnel auf und fragte: »Hat jemand Wölfe gesagt?«

Der beunruhigende Lärm auf dem Dach nahm zu, kam jetzt auch vom Heck des Busses. Alle starrten angestrengt auf die schneeblinden Fenster.

»Ich dachte, Wölfe hätten Angst vor Menschen«, sagte Ben.

»Für gewöhnlich schon«, bemerkte Hannah. »Aber diese Wölfe wissen nicht mehr, dass wir Menschen sind. Sie wittern nur Beute.«

Und Tiere, die hungrig waren, verloren jede Scheu und wurden immer aggressiver. Für infizierte Tiere galt das sogar noch mehr. Aber warum sollte Hannah jetzt schon alle verrückt machen?

Das Kratzen und Scharren auf dem Dach nahm zu. Die Wölfe, dachte Hannah, sie wussten genau, was unter dem dünnen Blech auf sie wartete. Sie konnten es riechen, kamen aber nicht dran. Dann ein erstes lang gezogenes Heulen, dem sich weitere Bestien anschlossen. Zum ersten Mal in ihrem Leben verstand Hannah den Ausdruck »ihr gerann das Blut in den Adern«.

Eine breite Gestalt stolperte durch den Mittelgang. Daniel.

»Euch ist schon klar, dass da draußen Wölfe sind?«

»Blitzmerker«, murmelte Cassie.

»Ist uns klar«, entgegnete Lucas kühl.

»Und was machen wir jetzt?«

Lucas seufzte. »Wir warten. Wenn sie merken, dass bei uns nichts zu holen ist, suchen sie sich leichtere Beute.«

»Aber wie lang wird das dauern?«

Achselzucken bei Lucas. »Schwer zu sagen.«

»Wie spät haben wir es eigentlich?«, fragte Josh.

»17:57 Uhr«, erwiderte Lucas nach einem Blick auf seinen massiven Chronometer.

Also noch zwei Stunden bis zur Explosion, wenn ihre Kalkulation stimmte, was alles andere als sicher war.

»Ich grabe jedenfalls jetzt weiter. Wir haben keine Zeit zu verlieren«, sagte Josh und verschwand wieder in seinem Loch.

Dem Rest der Gruppe blieb nichts anderes übrig, als sich in Geduld zu üben. Gleichzeitig horchten alle angestrengt nach oben, wo sie noch immer Wölfe vermuteten. Doch auf dem Dach war es still geworden.

»Ich höre gar nichts mehr«, sagte Ben.

Das ist es ja gerade, dachte Hannah. Für Entwarnung gab es jedenfalls keinen Grund.

»Vielleicht sind sie ja weg«, überlegte Cassie.

Ein verstohlenes Scharren auf der linken Seite korrigierte diese Ansicht.

»Oder auch nicht.«

Und es scharrte weiter.

»Aber sie kommen doch nicht rein, oder?«, fragte Ben nervös. »Ich meine, hier ist doch alles dicht.«

Eben nicht, dachte Hannah. Der Tunnel! Shit.

»Na ja, auch Wölfe können Löcher graben. Etwa wenn sie an eine Beutetier heranwollen.«

»Bist du sicher?«

»Ja, hab ich schon in einer Doku gesehen.«

»Scheiße«, sagte Lucas.

Hannah steckte ihren Kopf in den Tunnel. »Josh, komm raus!«

»Wieso?«

»Du musst da raus, sofort.«

Lucas packte Josh an den Füßen und zog ihn kurzerhand in den Bus zurück.

»Ey, spinnst du? Was soll das?«

Unmittelbar darauf sackte der Tunnel einfach in sich zusammen, und Cassie schrie auf, als eine grinsende Wolfsschnauze sich durch den Schnee bohrte.

»Fuck!«, rief Josh und sah zu, dass er aus dem Gefahrenbereich kam.

Zugleich trat Lucas beherzt zu und erwischte die Bestie an einer ihrer empfindlichsten Stellen. Josh sprang ihm gleich zur Seite, und gemeinsam stopften sie das entstandene Loch mit Schnee.

»Warum habt ihr das Biest nicht kaltgemacht?«, rief Ben.

»Womit denn?«, brüllte Josh zurück.

»Es ist hungrig und zu allem entschlossen. Es muss Angst vor uns haben, sonst haut es nicht ab.«

»Nehmt das Handy mit dem Panic-Button«, rief Daniel dazwischen.

»Wo ist eigentlich das Handy?«

Josh suchte seine Taschen ab. »O Shit, ich muss es irgendwo verloren haben, wahrscheinlich im Tunnel.«

»Moment«, sagte Lucas. »Ich glaube, ich sehe es.«

Hannah sah es auch. Es lag halb vergraben neben Joshs Füßen im Schnee.

Sie bückte sich danach. In selben Moment brach die Wolfsschnauze durch den Schnee und war ihr plötzlich so nah, dass sie den heißen Atem des Tiers spürte und die gelblichen Zähne blitzen sah.

Aber da hatte sie das Handy schon in der Hand und drückte auf das kreisrunde rote Icon. Der Wolf heulte auf, aber nicht aus Mordlust, sondern vor Angst, und binnen Sekunden waren die Schnauze und die wühlenden Vorderläufe nicht mehr zu sehen. Hannah ließ den Daumen auf dem Alarm. Der gellende Ton tat ihr selber weh, sie kniff die Augen zusammen, ihr Herz raste, nur loslassen konnte sie nicht – bis Lucas ihr das Handy aus der Hand nahm, was sie nur ungern zuließ. Fast hätte sie ihn geschlagen.

»Hey, ist gut, ist gut, er ist weg.«

Seine Stimme erreichte sie kaum. Ihre Ohren klingelten, und es dauerte, bis sie schwer atmend zurücksank.

Auch die anderen war noch zu geschockt, um etwas zu sagen. Die Wölfe waren zwar weg, aber ebenso der Tunnel, den Josh gegraben hatte. Abermals blockierten Schneemassen den einzigen Ausgang.

»Das war's dann mit unserem Tunnel«, konstatierte Cassie.

»Und jetzt?«, jammerte Ben.

»Dann fangen wir eben von vorn an«, sagte Lucas mit Blick auf Josh.

Joch nickte matt. »Aber diesmal brauche ich etwas Unterstützung.«

»Sollst du haben.«

»Und was, wenn die Wölfe zurückkommen?«, fragte Daniel.

Lucas kniff die Lippen zusammen. »Wir müssen eben schnell sein. Außerdem haben wir die Handy-Sirene.« Er nickte Hannah zu.

Aber wie lange noch?, dachte Hannah und blickte auf das Display. Der Akkustand betrug gerade noch fünfundzwanzig Prozent.

Und noch etwas fiel ihr auf. Sie hatte eine neue Nachricht. Das Handy musste kurzfristig eine Netzverbindung gehabt haben. Sie vergewisserte sich, dass niemand sie beobachtete, aber die anderen waren zu sehr mit dem Tunnel beschäftigt.

Sie öffnete die Nachricht:

Sobald der Sturm vorbei ist, werden wir euch finden. Das heißt: bald. P.G.

P.G. Das war typisch. Warum unterschrieb er eigentlich nie mit »Dad« oder »Vater«?

Zumindest hatte er Hannahs SMS bekommen. Und wusste jetzt, dass sie noch am Leben waren.

... werden wir euch finden. Das heißt: bald.

Hannah war sich uneins, was die Botschaft bedeuten sollte.

Aber dann drückte sie schnell auf »Löschen«.

Ihnen lief die Zeit weg – und dies gleich in mehrfacher Hinsicht.

Meg

In Filmen geschah so etwas nie. Ganz gleich, ob Flugzeugentführung oder Zombie-Apokalypse oder ob Terroristen einen Wolkenkratzer in ihre Gewalt bekamen, kein Mensch musste mal »groß«, niemand musste je scheißen.

Denn ein solcher Umstand hätte sofort einschlägige Diskussionen bezüglich des Ablaufs provoziert, die das Gegenteil von Action waren. So auch hier, wo man schließlich übereinkam, dass Sarah in eine bestimmte Ecke gehen, das Endprodukt in ihre Socke packen und das Ganze anschließend durch die Bodenklappe entsorgen sollte. Währenddessen standen die anderen in der entgegengesetzten Ecke, schauten hinaus in den rabenschwarzen Himmel und taten so, als hörten und röchen sie nichts. So der Plan.

Meg konnte nicht anders, als es der anderen Frau nachzufühlen, diese Scham war anerzogen und mit Fremdschämen nur unzureichend umschrieben. Auf jeden Fall waren die Rahmenbedingungen Lebensgefahr *und* Anwesenheit fremder Personen der blanke Horror. Andererseits, so ehrlich war sie, hatte die Geschlechtersolidarität in Sarahs Fall ihre Grenzen, und die Versuchung war groß, Sarahs peinliche Lage als Instant Karma zu betrachten. So was kam eben von so was.

Aber alles ging mal vorüber. Irgendwann war Sarah fertig, Sean riss die Bodenklappe auf, und die beschmutzte Socke flog samt Inhalt aus der Gondel. Was blieb, war der Gestank und eine braune Bremsspur auf dem Boden.

»Danke«, hauchte sie.

»Wofür? Wir alle müssen mal.«

»Ja«, flüsterte sie und blickte Sean ergeben an.

»Da wir schon mal beim Thema sind, sollten wir uns vielleicht ein entsprechendes Prozedere überlegen. So was wird wieder vorkommen.«

»Ich wünschte, so was kommt *nie* wieder vor«, sagte Sarah.

Braucht es auch nicht, dachte Meg. Wenn die ganze Kabine nach Scheiße riecht, war es streng genommen nie weg.

»Nein, im Ernst«, fuhr Max fort. »Je länger wir hier feststecken, desto wahrscheinlicher wird der Fall der Fälle.«

»Also, Max und ich können locker durch die Klappe pinkeln«, sagte Sean.

»Gratuliere«, sagte Meg und blickte ratlos umher. Sie hatten weder irgendwelche Gefäße dabei noch, was viel schlimmer war, irgendetwas zu essen oder zu trinken.

»Moment, unsere Stiefel«, sagte sie unvermittelt.

»Was?«

»Wir können in unsere Stiefel machen und die Stiefel durch die Klappe auskippen.«

»O Gott, was denn noch?«, klagte Sarah.

»Hast du eine bessere Idee?«

Sarah senkte den Blick und schüttelte den Kopf. »Nein, wahrscheinlich nicht.«

»Hoffen wir, dass es uns erspart bleibt«, sagte Max mit gespieltem Optimismus. »Vermutlich arbeiten bereits Leute daran, die Stromversorgung wiederherzustellen.«

Sean und Meg warfen sich einen skeptischen Blick zu. Meg wusste genau, was Sean jetzt dachte. Dass nämlich die »Leute« längst nicht mehr so zuverlässig waren wie noch vor wenigen Jahren. Alles war irgendwie zersplittert und zerschlagen, ausgegliedert oder ausgelagert und daher rundum runtergewirtschaftet, die Gesellschaft ebenso wie die öffentliche Ordnung und die Infrastruktur. Dazu kam, dass die Geheim*versuche* per definitionem auch Geheim*projekte* waren, durchgeführt lediglich von wenigen Spezialisten. Offiziell befanden sich die Versuche sogar in der »Auslaufphase«, was bedeutete, dass noch weniger Leute bereitstanden, die im Notfall helfen konnten.

»Ich glaube, wir tun gut daran, uns auf jede Eventualität vorzubereiten«, sagte Sean.

»Schön«, entgegnete Sarah und fummelte an ihrem Kreuzanhänger. »Aber ich habe gebetet und bin überzeugt, dass der Strom bald wieder da ist.«

Meg war versucht, sie zu fragen, wann denn ihr Zwiegespräch mit Gott stattgefunden haben sollte. Etwa, als sie ...? Sie kam nicht mehr dazu, denn abermals rockte die Hand Gottes die ganze Gondel, und diesmal setzte sie sich tatsächlich in Bewegung.

Sarah blickte Meg triumphierend ins Gesicht. »Siehst du? Wer Augen hat zu sehen ...«

Langsam, sehr langsam ging es aufwärts. Meg drückte ihr Gesicht an die Scheibe. Sie konnte schon den Gipfel mit der grauen Kuppel der Bergstation sehen. Ihr wurde etwas leichter ums Herz. Nur noch hundert Meter, dann waren in sie in Sicherheit.

Plötzlich ein brutaler Ruck, verbunden mit einem metallischen Kreischen, das sich irgendwie verboten anhörte. Meg wandte sich um. Die Kabine schaukelte heftig nach vorn, und anschließend ging es abwärts – und zwar in einem solchen Tempo, dass Meg die Bodenhaftung verlor und gegen die Wand geschleudert wurde. Benommen suchte sie nach etwas, woran sie sich klammern konnte, und fand eine der lotrechten Haltestangen. Max hatte weniger Glück und schlug hart auf dem Boden auf, wobei er gegen eine Sitzbank knallte. Danach ein weiterer Ruck, der sie alle in die Gegenrichtung beförderte, ehe die Kabine endlich zum Stillstand kam und erstaunlich sachte nachschwang. Keiner rührte sich, jeder krallte sich nur an das, was er auf der Rumpelfahrt in die Finger gekriegt hatte.

Es sprach auch niemand. Sarah heulte.

»Guter Gott«, sagte Sean. »Alle wohlauf?«

Meg nickte, Sarah wimmerte leise vor sich hin. Max krauchte ächzend auf dem Boden.

»Was war das?«, fragte Meg.

»Vermutlich Überspannung«, sagte Sean, »wodurch das Zugseil gerissen ist.«

»O Gott, wir werden alle sterben«, heulte Sarah.

»Quatsch«, sagte Sean. »Das Tragseil ist nach wie vor intakt. Und was gerade so geruckelt hat, das war nur die Notbremse.«

»Du scheinst einiges über Seilbahnen zu wissen«, sagte Meg.

Er zuckte die Achseln. »Nur eine solide Halbbildung.«

Max versuchte, sich wenigstens aufzusetzen. Meg kam ihm zu Hilfe. Seine Brille war gesprungen, und er hatte sich eine hässliche Schnittwunde an der Stirn zugezogen, als sein Kopf gegen die Sitzbank prallte. Blut rann ihm übers Gesicht. Meg suchte nach etwas, mit dem sich die Blutung stoppen ließ, und entschied sich für den Ärmel ihres Schneeanzugs. Glücklicherweise war die Sache nicht ganz so schlimm. Man konnte förmlich zusehen, wie sich eine Beule bildete, was bei Schädel-Hirn-Traumen sogar fast ein gutes Zeichen war, wie sie zufällig noch aus einem Seminar wusste.

»Das war aber voll auf die Zwölf«, sagte sie. »Ist dir schlecht? Warst du bewusstlos?«

»Nein. Aua …«, ächzte er. »Was wehtut, ist mein Handgelenk.«

Meg ergriff behutsam seinen Unterarm und besah sich das Areal zwischen Speiche und Handwurzelknochen. Sie versuchte, sich ins Gedächtnis zu rufen, was es noch mal mit einer Radiusfraktur loco typico auf sich hatte. Die leichte Fehlstellung der Hand war ja doch auffällig …

»Kannst du die Hand bewegen?«

Max verzog vor Schmerz das Gesicht. »Nein.«

»Tja, vermutlich gebrochen.« Sie blickte mehr oder weniger hilflos um sich. »Wir haben nicht mal einen Verbandskasten.«

Bis Sean einschritt. Er öffnete seinen Schneeanzug, und Meg machte große Augen.

»Was soll das werden, wenn's fertig ist?«, fragte sie.

»Kleine Sofortmaßnahme am Unfallort«, erwiderte er.

Er zog sein T-Shirt aus. Meg fiel das Tattoo auf seiner Brust auf: ein Mädchenkopf, umrankt von dunklen gewellten Haaren. Das Gesicht kam ihr von irgendwoher bekannt vor, und sie runzelte die Stirn. Aber dann ging der Reißverschluss auch schon wieder zu.

Sean zerriss das T-Shirt an den Nähten in zwei Teile und kniete sich neben Max. »Das könnte jetzt ein bisschen ziepen.«

Er nahm den Arm und wickelte die eine Hälfte des Shirts um das Handgelenk, um es zu stabilisieren. Mit der anderen faltete er eine Art Schlinge, deren Enden er in Max' Nacken verknotete. Anschließend schob er die verbundene Hand vorsichtig in die Schlinge.

Max stöhnte auf, aber dann war es besser. »Danke.«

Meg hatte jeden Handgriff genau verfolgt. »Du bist ein Mann von mancherlei Talenten.«

»Keine Ahnung«, sagte er. »Ich weiß eben von allem ein bisschen.«

Abermals ging ein Ruck durch die Kabine, stärker als zuvor. Über ihnen knackte ein Kabel. Abermals schauten alle nach oben.

»Du sagtest, das Zugkabel sei noch intakt«, bemerkte Max. »Heißt das, dass es weitergeht, wenn der Strom wieder da ist, oder müssen wir auf Hilfe warten?«

»Ehrlich gesagt, da bin ich überfragt«, erwiderte Sean.

Eine Bö erfasste die Kabine, denn der Sturm hatte keineswegs nachgelassen. Und alles hing jetzt nur noch an einem Kabel – ihr aller Leben am stählernen Faden sozusagen. Und es gab eine Frage, die jeden beschäftigte, die aber niemand laut aussprechen wollte.

Bis auf Max. Er sagte es rundheraus. »Was, wenn keine Hilfe kommt?«

Da blickten sich alle an, ohne eine Antwort zu haben.

Erst recht, als die Beleuchtung noch einmal kurz aufflackerte und dann erlosch.

Carter

Die Revolte ereignete sich schon vor Carters Zeit im Retreat.

Auslöser war eine Infektionswelle unter dem medizinischen Personal mit einer besonders bösartigen Subvariante des Choler-Virus. Nach achtundvierzig Stunden waren die meisten ehemaligen Ärzte und Pfleger tot, aber einige entkamen. Der Rest wurde in die Isolationsräume gesperrt. Nicht nur, um eine weitere Verbreitung zu verhindern, auch zu einem anderen Zweck.

Die Einzigen, die im Retreat noch die Stellung hielten, waren Miles und einige weitere Überlebende.

Und daran sollte sich nach Möglichkeit auch nichts ändern.

Soweit es das Department betraf, hatte man das Retreat eh abgeschrieben. Die Geheimversuche liefen zwar in einem gewissen Umfang weiter, aber wie lange noch, wusste niemand so genau. Gerüchte über eine Schließung machten die Runde. Noch besser wäre es gewesen, die ganze Anlage hätte nie existiert. Aus. Schluss. Feierabend. Der Letzte macht das Licht aus.

Das war vor drei Jahren, und eine Wiederinbetriebnahme war unwahrscheinlicher denn je. Vielleicht hatte man sie im Department ja vergessen.

Doch das konnte sich jederzeit ändern.

Und die schlafenden Monster kamen wieder ins Geschäft.

Vielleicht schickte das Department ja frisches Blut.

Vor allem, wenn sie herausfanden, was in Raum 13 los war.

Die vier versammelten sich im Wohnbereich. Dexter legte sich zu Carter auf den Schoß, Caren hatte Kerzen geholt, es war fast heimelig. Im flackernden Schein erzählte Miles, was sich genau zugetragen war.

»Als der Strom weg war, ging ich sofort nach unten, um zu kontrollieren, ob die Sicherheit der Isolationsräume noch gewährleistet war. Als ich dort ankam, befand sich 02 bereits außerhalb ihrer Zelle und 01 lag reglos am Boden. Wir wissen, dass sich 02 schon seit längerer Zeit in einem fortgeschrittenen Stadium von Choler befindet, deshalb dachte ich, sie hätte 01 angegriffen. Zu dämlich von mir, dass ich den Trick nicht durchschaute. Ich richtete meine Waffe auf sie, aber ohne Vorwarnung ging 01 auf mich los. Er stieß mich nieder und lief in Richtung Aufzug. Ich gab mehrere Schüsse ab, aber plötzlich hatte ich es abermals mit 02 zu tun. Ich konnte sie zwar abwehren, aber 01 nutzte die unübersichtliche Lage und machte sich davon.«

Das war möglich, weil man zwar einen Zugangspass zum *Betreten* des Kellers brauchte, aber nicht zum *Verlassen*.

»Und wie bist du in diesem Isolationsraum gelandet?«

»Ich musste mich vor dieser Irren retten, was sonst? Die Tür verriegelt sich automatisch, sobald man sie zuzieht.«

»Du hast dich selber eingesperrt?«, fragte Caren.

»Sicher. Ich wusste ja, ihr würdet mich irgendwann finden, solltet ihr noch am Leben sein.« Er blickte sie mit listig funkelnden Augen an. »Zumal ich nicht der Einzige mit einem Zugangspass bin, habe ich recht?«

Caren wurde nicht einmal rot. »Die Karte war nur für den Notfall.«

»Und es muss ja auch jemanden geben, der den Wächter bewacht, korrekt?«

»Korrekt.«

Miles nickte und sagte unvermittelt scharf: »Und jetzt darf ich um deinen Zugangspass bitten, Caren.«

Sie zögerte, doch nicht einmal Caren (Caren mit C) kam gegen Miles an. Widerwillig händigte sie ihm die Karte aus.

»Danke«, sagte Miles und ließ sie in seine Tasche gleiten.

»Was hättest du gemacht, wenn wir dich *nicht* gefunden hätten?«, fragte Carter, um das Thema zu wechseln.

»Ich hatte ja meine Pistole. Am Ende genügt eine Kugel.«

»Also hast du 02 nicht erschossen?«

»Nein. Stattdessen musste ich zusehen, wie sie sich an der Trennscheibe den Schädel einrennt.«

»*Das* hat sie getan?«, rief Welland.

Achselzucken bei Miles. »Alles nichts Neues, oder? Wir wissen, was Choler im Hirn der Infizierten anrichtet. Sie wollte sterben. Sie hat sich geopfert, damit 01 fliehen konnte.«

»Aber 01 wollte auch sterben«, sagte Carter. »Nur dass wir ihn dabei begleiten sollten.«

Miles nickte. »Na ja, das ist verständlich. Wenn man mich hier wegschließen würde, hätte ich denselben Wunsch.«

Es war ein Satz, der ihnen zu denken gab, auch wenn sie, wie Carter wusste, dieser Frage am liebsten auswichen. Das Los der Elendsgestalten in den Zellen kam in ihrer Rechnung praktisch nicht vor. Not macht vielleicht erfinderisch, aber sie fördert auch eine Scheißegal-Haltung, die eigentlich Entsetzen auslösen müsste. Es aber nicht tut.

Miles war der Einzige, der regelmäßig nach unten ging, um ihnen Plasma für den Impfstoff abzunehmen. Nur aus solchen Lebendspenden ließ sich ein zuverlässiges Vakzin gewinnen, andere Spender kamen nicht infrage. Was hatte das Department nicht alles versucht? Milliardensummen ausgegeben, Nobelpreisträger darangesetzt, die in geheimen Forschungseinrichtungen, unbelästigt von Gesetzen und ethischen Bedenken, arbeiten konnten. Vergebens, das Virus war ihnen immer einen Schritt voraus.

Allein das Whistler-Plasma versprach Schutz – und selbst das nur bei regelmäßigen Booster-Impfungen.

Daher auch die Farmen. In Wahrheit waren es riesige Verwahranstalten außerhalb der großen Städte. Dort wurden die Infizierten gehalten (natürlich zu ihrem eigenen Wohl) und regelmäßig (zum Wohle aller) angezapft.

Es war erstaunlich, welche Barbarei im Namen eines höheren Ziels möglich wurde. Mehr als einmal fragte sich Carter, ab wann der Zweck die Mittel *nicht* mehr heiligte. Wann wurde aus dem sogenannten Gemeinwohl der Terror einer glücklichen Minderheit – die den großen glücklosen Rest leichthändig verrecken ließ?

Aber wer war er, Carter, um sich zur moralischen Instanz aufzuschwingen? Die Whistler im Keller dienten doch genau demselben Zweck. Auch er, Carter, erhielt regelmäßig die rettenden Booster – von Kreaturen wie 01, 02, 03 …

Natürlich musste die Blutgruppe stimmen, aber sie hatten Glück mit ihrer kleinen Herde. 01 war 0 positiv, 02 war AB positiv, 03 war 0 negativ und somit gar Universalspender. Bisher hatten sie mit der Plasmaversorgung keine Probleme gehabt, jetzt gab es nur noch eine – alles andere als zuverlässige – Quelle.

»Okay, was machen wir?«, fragte Caren. »Uns bleibt allein 03. Aus ihm ist nicht mehr viel herauszuholen. Das wird auf die Dauer nicht reichen.«

»Aber wir sind auch nur noch vier«, sagte Welland.

»Betrachten wir es positiv«, sagte Carter trocken und streichelte Dexter dabei.

Caren verzog das Gesicht. »Und was ist mit Jackson?« Sie sah zwischen ihnen hin und her. »Hat jemand Jackson gesehen?«

Carter und Miles tauschten einen vielsagenden Blick.

»Jackson hat uns verlassen«, erklärte Miles.

»Was? Wie das?«

Miles seufzte. »Er hat vermutlich Plasma entwendet und befindet sich auf der Flucht. Wahrscheinlich ist er bereits tot.«

»Jackson?«, rief Caren ungläubig. »Aber er doch nicht. Er hat doch …«

»Er hat was?«, bohrte Miles.

Caren schüttelte den Kopf. »Nichts. Ich kann es trotzdem kaum glauben. Ich meine, er ist doch nicht wie Anya …«

Bei dem Namen Anya zuckte Carter zusammen. Niemand sprach sonst über Anya.

»Bedauerlicherweise«, entgegnete Miles spürbar angespannt, »ändert deine persönliche Ansicht über Jackson nicht das Geringste an der gegenwärtigen Situation. Und auch wenn wir nur noch vier Personen sind, müssen wir uns über unseren tatsächlichen Bedarf im Klaren sein: Jeder Einzelne von uns benötigt alle vier bis sechs Wochen einen Booster. Der Bestand in der Apotheke kann das nicht mehr lange decken. Vielleicht kann man den Zeitraum zwischen den Impfungen auf acht, zehn, maximal auf zwölf Wochen strecken – aber danach? Danach müssen wir ohne auskommen. Auch das wäre im Extremfall sogar möglich, wir sind im Retreat vollkommen abgeschirmt, also weitgehend sicher. Nur …«, sagte er, »… falls es jemand vergessen hat: Wir müssen Jimmy Quinn bedienen. Wenn wir dazu nicht mehr in der Lage sind …« Er blickte einen nach dem anderen an und ließ den Satz unbeendet. Sollte sich jeder selber ausmalen, was dann losbrach.

Bis jetzt funktionierte die Abmachung mit Jimmy Quinn blendend. Trotz der zahlreichen Whistler-Farmen überstieg die Nachfrage nach Plasma das Angebot bei Weitem, weswegen ein riesiger Schwarzmarkt entstanden war, nicht nur für Plasma, sondern für alle möglichen Medikamente. Und Quinns Abnehmer zahlten mehr als ordentlich für regelmäßige Lieferungen. Im Gegenzug ließen er und seine Schläger-Söhne das Retreat in Ruhe. Doch es war ein Pakt mit dem Teufel. Sollte das Retreat eines Tages mit dem Plasma in Verzug geraten, waren ihre Tage im Winterwunderland gezählt.

»Was wir brauchen, ist mehr Humanreserve in Form von unverbrauchten Spendern.«

Carter schüttelte den Kopf. »Nein.«

»Wir haben keine Wahl.«

»Man hat immer eine Wahl.«

»Und woher willst du frisches Plasma kriegen? Wenn du einen besseren Vorschlag hast … ich höre.«

Carter blickte ihn an, wollte etwas sagen, klappte aber den Mund so fest wieder zu, dass seine Zähne knirschten.

»Ich verstehe ohnehin nicht, wie ihr …«, sagte Welland und verdrehte nervös sein Shirt vor dem Bauch. »Ich meine, woher kriegt ihr eigentlich das ganze Zeug?«

»Na, woher schon?«, schnappte Carter. »Von den Whistlern natürlich. Miles ist der Ansicht, wir fangen uns einfach ein paar aus der freien Wildbahn. Dort laufen genug von denen rum.«

Caren war blass geworden, und Welland sah aus, als hätte er soeben in die Hose gemacht.

»Aber wie?«, fragte Caren.

»Wir haben ein Betäubungsgewehr«, erklärte Miles. »Wir gehen in den Wald, erlegen die Schwächsten, vertreiben die anderen und bringen sie ins Retreat. Das ist eigentlich schon alles.«

»Wenn man dich hört, ist alles ganz einfach«, sagte Caren. »Aber die meisten sind Träger des Choler-Virus, also gefährlich. Die werden euch nicht bereitwillig folgen, oder?«

Miles seufzte und blickte sie abermals eindringlich an. »Nein, und deswegen sollten wir auch bald zu einer Entscheidung kommen. Möglicherweise müssen wir mehrmals raus, um zu kriegen, was wir brauchen.«

Carter schüttelte genervt den Kopf. »Fuck.«

»In der Zwischenzeit«, fuhr Miles fort, »warten auf uns genug Aufgaben. Erst einmal müssen wir die redundanten Exemplare sowie die Leichen entsorgen. Die Leichen sogar zuallererst, ich sage nur: beeinträchtigte Immunabwehr, was in der nächsten Zeit bei den meisten von uns der Fall sein dürfte.«

Alle nickten. Überlebende, selbst tote Überlebende, waren – durch Blut und andere Körperflüssigkeiten – potenziell infektiös.

»Das bedeutet für uns: Wir müssen da unten gründlich sauber machen und die Leichen schnellstmöglich in die Verbrennungsanlage schaffen. Letzteres wäre übrigens eine hervorragende Aufgabe für dich, Welland.«

»O Mann«, jaulte Welland auf. »Das bedeutet ja, ich muss viermal raus?«

»Das bedeutet es in der Tat«, sagte Miles mitleidslos. »Was mich gleich zum nächsten Punkt bringt: unsere Lage auf dem Energiesektor.«

»Wohl besser: unsere Energiemangellage«, raunte Caren.

»Das hast du schön gesagt«, versetzte Miles.

Carter merkte, wie er langsam die Geduld mit Miles verlor. Vor allem dessen schnöselige Abgeklärtheit reizte ihn zunehmend.

»Dazu ist zu sagen, dass die Automatiktüren der Isolationsräume wieder funktionieren, fürs Erste jedenfalls. Das Grundproblem ist damit aber nicht behoben. Sowohl die Akkumulatoren als auch der Generator sind nach wie vor außer Betrieb, und Welland sieht sich außerstande, zeitnah Abhilfe zu schaffen.«

»Ich hab alles versucht«, jammerte Welland. »Ist doch nicht meine Schuld, dass das alles da unten Schrott ist.«

»Genau.«

»Was?«

»Wir müssen die Anlagen austauschen.«

»Und wie? Ich kann mir keinen neuen Generator aus dem Arsch ziehen«, sagte Welland.

»Oh, das lässt sich ändern«, sagte Carter.

Miles' Oberlippe zuckte. »Das ist mir bewusst, Welland. Allerdings verfügt die Bergstation der Seilbahn ebenfalls über einen eigenen Akku und einen Generator. Oder täusche ich mich?«

»Nein, alles da ...«, sagte Welland, der nicht begriff, dass er soeben in die Falle ging.

»Wir müssten beide Anlagen also nur ins Retreat schaffen, und uns wäre geholfen?«

Wellands Miene bekam die ersten Sorgenfalten. »Aber die Bergstation ist mehrere Meilen weit weg, und es geht steil bergauf. Ich mit meinem Asthma ...«

Carter schnaubte verächtlich.

Aber Miles' dünnes Lächeln blieb. »Genau das meinte ich.«

Und jemand anderes hatte gerade die Arschkarte gezogen.

»Von dir war auch nicht die Rede, Welland. Du bist gewissermaßen unabkömmlich. Aber du wirst uns genaue Anweisung bezüglich der Demontage mitgeben. Den handwerklichen Teil erledigen dann Carter und ich.«

Carter war sich bewusst, dass sein Gesicht jetzt so bleich wurde, wie das von Welland schon war.

»Ach, das erledigen *wir*?«

»Genau.«

»Ich will dir ja nicht deine kleine Wandertour verderben, aber hast du mal nach draußen gesehen?«, sagte Carter und deutete mit dem Kopf durch das Panoramafenster, das mittlerweile vollkommen von Eis und Schnee bedeckt war.

Miles' Lippen verdünnten sich wieder. »Ich denke, dass der Schneesturm bis zum Morgen durchgezogen ist. Dann brechen wir auf.«

»Wenn wir uns freibuddeln können.«

»Wir werden tun, was getan werden muss«, sagte Miles mit einem Blick, der zu Eis geworden war, und Carter wusste, dass er dagegen machtlos war.

»Was ist mit mir?«, fragte Caren. »Soll ich etwa hierbleiben und Plätzchen backen?«

»Jemand muss die Stellung halten«, sagte Miles. »Und, ganz wichtig, ein Auge auf Humanreserve 03 haben.«

Sie seufzte. »Na gut.«

Dann wandte sich Miles dezidiert Carter zu. »In Ordnung so? Abgemacht?«

Nein, dachte Carter, nicht in Ordnung so. Aber den Grund konnte er ihm vor den anderen nicht sagen, und Miles wusste das.

»Ich bin begeistert«, sagte Carter.

Er schob Dexter von sich und ging zur Treppe.

»Wohin willst du?«, fragte Caren.

»Ich muss noch meine tote Freundin aus dem Pool fischen.«

Das Poolnetz war nicht annähernd groß genug. Es war für verloren gegangene Sonnenbrillen und Zeugs aller Art, nicht für tote Menschen gedacht.

Carter schaffte es immerhin, die versunkenen Leichen mit dem Netz ins Flache zu bugsieren, obwohl auch das nicht leicht war. Wasserleichen, zumal in voller Montur, sind enorm schwer.

Carter hatte sich schon seines Shirts entledigt und war schweißgebadet von der Anstrengung, als er schließlich auch seine Hose auszog, um die beiden auf die Treppenstufen zu hieven, wo sie einen Moment lang wie aufgebahrt lagen. Dann stieg er aus dem Becken und zog sie ganz ins Trockene.

Ihre Haut war weiß – geradezu whistlerweiß – und schrumpelig. Sie nur anzufassen verursachte ihm ein flaues Gefühl. Wann trat dieser Moment eigentlich ein? Der Moment, in dem ein Mensch nicht mehr etwas war, das man berühren oder umarmen wollte, sondern eine ekelerregende Hülle? Oder war er das immer schon, war nie etwas anderes gewesen als ein Fleischklumpen, der lediglich durch einen billigen Zaubertrick eine Zeit lang aussah wie lebendig? Vielleicht nahm der Tod uns gar nichts weg, sondern brachte nur zum Vorschein, was wir stets schon waren?

Er starrte die beiden an. Irgendetwas stimmte nicht. Es lag nicht an ihrer Leblosigkeit. Auch nicht daran, dass Nate nur noch einen halben Kopf hatte. Nein, es war irgendwas an Julia.

Carter kniete sich neben sie und hob ihr T-Shirt an. Das Wasser hatte das Blut abgewaschen, und er erkannte drei einzelne Stichwunden. Sie waren tief, mit eingerissenen Wundrändern, wie sie Brot- oder Steakmesser hinterließen.

Das Problem war nur, das 01 gar kein Messer dabeihatte.

Aber vielleicht hatten sie das nur übersehen. 01 hätte das Messer überall verlieren können. Und trotzdem: Das Messer war weder im Pool noch steckte es in Julia.

Carter runzelte die Stirn und versuchte, die Ereignisse in eine logische Abfolge zu bringen. Also: 01 entkommt aus seiner Zelle, fährt mit dem Aufzug ins Erdgeschoss, einen anderen Weg gibt es ja nicht. Trifft er dort auf Julia? Julia wollte Kerzen holen, sie war somit in der Vorratskammer, wollte zurück nach oben in den Wohnbereich. Wenn es so war, wie gelangte sie dann in den Pool, und warum war in der Eingangshalle kein Blut? Und falls 01 Julia getötet hatte, woher hatte er dann das Messer?

Oder war alles ganz anders? Ging 01 erst nach oben in den Wohnbereich, wo er Nate attackierte, und dann erneut nach unten, um Julia zu erstechen? Nein, dachte Carter, nicht genug Zeit. Julia war nur kurz weg. Wenn überhaupt, muss sie in der Küche auf 01 getroffen sein. Aber auch aus Sicht des Whistlers ergab dieses Szenario keinen Sinn. Warum extra ein Messer stehlen, um Julia zu erstechen, wenn er doch schon im Besitz des Schlachterbeils war? Alles nicht plausibel.

Es sei denn, 01 war gar nicht der Mörder.

»Carter?«

Er fuhr zusammen und sprang auf.

Hinten am Eingang stand Miles und nahm beiläufig die Opfer zur Kenntnis.

»Alles in Ordnung?«

»Du meinst, abgesehen von dem, was einem ins Auge springt?«

»Ja.«

Carter zögerte. *Das Messer. Julia.* Er schüttelte den Kopf. »Abgesehen davon ist alles scheiße.«

Miles nickte. »Na ja, letztlich wussten wir doch alle, dass es früher oder später zu so etwas kommen würde.«

»Wussten wir das?«

»Ja, nur deshalb hatten wir beizeiten einen Alternativplan für die Beschaffung von Humanreserve.«

Carter sah ihn empört an. »Könntest du bitte aufhören, die Leute so zu nennen?«

»Wie hättest du es denn gern? Whistler? Infizierte? Von mir aus. Aber all das ist am Ende herzlich unwichtig. Was sie einmal *waren* oder was sie heute *sind*, spielt nicht mehr die geringste Rolle. Entscheidend ist allein, was sie uns liefern können. Wenn ich mich recht erinnere, hattest du gegen dieses Arrangement bisher nicht das Geringste einzuwenden.«

»Das war etwas anderes.«

Miles lächelte fein. »Nein, es war überhaupt nichts anderes. Es war in jeder Hinsicht – moralisch, ethisch, was du willst – dasselbe. Der einzige Unterschied liegt in deiner persönlichen Befindlichkeit hinsichtlich dieser Kreaturen.«

Er hatte recht.

»Ich habe sie gesehen«, sagte Carter. »Im Wald.«

Miles schüttelte den Kopf. »Nein, hast du nicht. Was du gesehen hast, war ein Geist … ein Wesen, ein Etwas, das nur so aussah wie sie.«

»Und was, wenn du dich irrst? Wenn sie überlebt hat und immer noch da draußen ausharrt?«

Miles schien nicht einmal die Frage zuzulassen. »Na und? Was ist dann? Du weißt so gut wie ich, was dann aus ihr geworden ist. Dein Feingefühl ehrt dich, aber es ändert gar nichts.«

Carter fixierte Miles und fragte sich (nicht zum ersten Mal), ob er den Mut hatte, Miles zu töten, diesen arroganten, selbstgerechten Blondschopf unter Wasser zu drücken, bis jede Gegenwehr erlahmte und die letzten Luftbläschen aus ihm herausgequetscht waren.

Die Antwort in aller Kürze: Nein, hatte er nicht. Dieser Mann hatte ihm das Leben gerettet, Carter stand also in seiner Schuld. Abgesehen davon hätte niemand im Retreat ohne Miles so lange überlebt.

»Carter«, sagte Miles ruhig und ohne jeden Zynismus. »Anya ist tot. Finde dich damit ab.«

»Ich kann es nur hoffen«, sagte Carter. »Ich kann es verdammt noch mal nur hoffen.«

Hannah

Sie gruben abwechselnd, Josh gab die Anweisungen. Er selbst war zu müde, die ganze Arbeit allein zu machen. Außerdem musste es jetzt schnell gehen, draußen war es fast dunkel, und die Uhr lief. Ihnen blieben weniger als zwei Stunden. Diejenigen, die nicht mit dem Vortrieb beschäftigt waren, schaufelten den Schnee mit bloßen Händen tiefer in den Bus, wo er langsam taute.

Den besseren Job, dachte Hannah, haben eindeutig die, die vorne buddelten. Zumindest wurde einem dabei warm. Denn die Heizung hatte mittlerweile schlappgemacht, und die Beleuchtung stand kurz davor. Falls es ihnen tatsächlich gelingen sollte, die Bombe loszuwerden, war die lange eisige Nacht die nächste große Herausforderung. Ohne Wärme und Licht waren sie verwundbar. Kälte war ein lautloser Killer.

Einmal, als Josh wieder dran war, ertappte sie sich dabei, wie sie die Gruppe taxierte. Nicht alle hatten die gleichen Chancen, die nächsten vierundzwanzig Stunden zu überstehen. Um Josh musste man sich keine Gedanken machen, er war stark und ein klar denkender Typ. Dasselbe, jedoch mit einem rigorosen Zug, galt für Lucas. Auch Cassie, so zickig sie sich zuweilen gab, war im Kern tough. Daniel entzog sich in gewisser Weise ihrer Beurteilung, bei ihm war alles möglich. Im Augenblick war er wieder hinten bei seiner Schwester. Die große Frage war: Wie würde er reagieren, wenn sie starb. Denn *dass* Peggy früher oder später sterben würde, stand für sie fest.

Ihr einziges echtes Sorgenkind war Ben. Er war schon beim Graben keine große Hilfe gewesen und lag nun zusammengerollt hinten im Bus und atmete schwer – warum? Nur aus Erschöpfung? Unterkühlung? Oder raste gerade die Infektion durch seinen Organismus?

Hannah schob den nächsten Berg Schnee in den Mittelgang. Selbst mit Handschuhen drang ihr die Kälte in die Knochen. Leise, sodass nur Cassie sie hören konnte, sagte sie: »Ben macht mir Sorgen.«

Cassie blickte auf. »Ja, er sieht gar nicht gut aus.«

Als ihre Blicke sich trafen, wussten sie, dass sie beide denselben Verdacht hatten.

»Ich hole uns noch ein paar warme Sachen«, sagte Hannah. »Vielleicht ist ihm ja nur kalt. Wärmeerhalt ist jetzt wichtig.«

Cassie nickte. »Sag Daniel, dass er als Nächster dran ist mit Graben. Auf seine Schwester können wir jetzt keine Rücksicht nehmen.«

Hannah kletterte über die deformierten Sitze nach hinten. Daniel kniete neben Peggy und versuchte immer noch, ihr Wasser einzuflößen. Vergebliche Liebesmüh, dachte Hannah. Schlimmer noch, Verschwendung! Ein paar Schluck Wasser führten zu keiner Zustandsverbesserung der Patientin, sondern bedeuteten nur, dass die Lebenden später noch weniger hatten. Im Grunde war diese Art Fürsorge nichts als unnötige Quälerei. Besser, man ließ die Todgeweihte schnell sterben, als das unvermeidliche Ende noch ewig hinauszuziehen.

Andererseits, großes *Andererseits*, war Peggy nicht ihre Schwester. Wenn man einen Menschen liebte, hielt man an ihm fest, denn loslassen bedeutete, sich in das Unerträgliche zu fügen: Nämlich diesen Menschen nie wieder in die Arme zu schließen. Und wer konnte das schon? Wer war auf so etwas vorbereitet? Also halten wir lieber an ihm fest, auch wenn ein schneller Tod gnädiger wäre.

Daniel schien sie schon erwartet zu haben, denn er fragte gleich: »Ich bin wieder dran, oder?«

»Ja.«

»Kannst du auf Peggy achtgeben?«

»Natürlich«, antwortete sie schnell. Sie fühlte sich sogar zu der Frage verpflichtet: »Wie geht es ihr?«

Daniel sah sie an mit seinen huskyblauen Augen, und Hannah fiel abermals auf, wie unhaltbar das Fatty-Verdikt ihrer Mutter war. Umso mehr, als seine nächste Frage ihr geradezu den Boden unter den Füßen wegzog.

»Warum sagst *du* mir das nicht?«

Trotz ihres Vaters Erbteil hockte sie sich also neben die sterbende Peggy und gab acht. Peggys Haut war kaltschweißig, der rasselnde Atem (Atem*neben*geräusche!) unüberhörbar, ihr Bein in einem Zustand, der sie verzweifeln ließ. Hannah konnte den Tod förmlich riechen, und das war kein leerer Vergleich. Wenn Organe ihren Dienst einstellten, wurde Aceton abgeatmet, der Untergang eines lebenden Organismus zog eine ganze Fahne unterschiedlicher Gerüche nach sich.

Es war ein Wunder, dass dieses Mädchen noch nicht verblutet war. Und wohl auch die Erklärung dafür, dass es nur noch phasenweise bei Bewusstsein war. Bei starkem Blutverlust konzentriert sich der Körper nur auf wenige unverzichtbare Funktionen, das Bewusstsein zählt nicht dazu.

Hannah seufzte. »Die Prognose ist jedenfalls nicht gut.«

»Sie stirbt, nicht wahr?«

»Damit ist zu rechnen.«

Daniel unterdrückte seine Tränen. »Danke für deine Ehrlichkeit.« Er blickte auf seine Schwester. »Unsere Eltern starben sehr jung. Damals schwor ich mir, immer auf Peggy aufzupassen. Ich war für sie der typische große Bruder, verstehst du?«

Hannah verstand wenig bis gar nichts, nickte aber. »Das tut mir leid.«

»Hast du noch Geschwister?«

»Nein, ich bin Einzelkind.«

»Dann warst du für deine Eltern sicher ihr Ein und Alles.«

»Nicht direkt. Meine Mutter beging Selbstmord, als ich zehn war, und mein Vater lebt eigentlich nur für seine Arbeit. Bevor ich auf die Academy kam, war ich im Internat.«

»Oje, das klingt nicht gerade nach behüteter Kindheit.«

»Darüber habe ich nie nachgedacht.«

Was so natürlich nicht stimmte. Sie hatte sich schon gefragt, warum ihr Vater sie nicht wenigstens in den Ferien bei sich haben wollte. Und besonders auf dem Internat hätte sie sich gerne eine Mutter gewünscht, von der sie auch so schöne Pakete bekam wie die anderen Kinder, mit Herzchen und Schleifchen und liebevoll gestalteten Karten. Doch bei ihrer Mutter kam Derartiges nicht einmal zu Lebzeiten vor, und die Päckchen von ihrem Vater enthielten meist nur langweilige praktische Sachen und waren unterzeichnet mit P.G. statt »In Liebe, Dad«. Bei aller fachlichen Brillanz besaß er nicht einmal ein rudimentäres Verständnis von Liebe. Eigentlich scheiterte er an allem, das man nicht sezieren oder unters Mikroskop legen konnte.

Daniel sah sie länger an, als nötig gewesen wäre, aber der Blick aus diesen huskyblauen Augen machte sie nervös, deshalb probierte sie ihr »tapferes« Lächeln.

»Immerhin hat er dafür gesorgt, dass ich die bestmögliche Ausbildung bekam.«

»Und das ist natürlich die Hauptsache«, sagte Daniel.

Ehe Hannah wusste, wie sie den letzten Satz aufzufassen hatte (machte er sich über sie lustig?), drehte sich Daniel weg und küsste seiner Schwester auf die Stirn. »Ich bin gleich wieder da, Peg.«

Fest stand nur, dass ihr diese Geste peinlich war. Geist vom Geiste ihres Vaters. Sie ertrug weder den Anblick von Liebe noch war sie selber in der Lage, Liebe zu geben.

»Entschuldige.« Daniel war aufgestanden und zwängte seinen massigen Körper an ihr vorbei.

Hannah blieb, starrte auf das Mädchen und bereute ihr Angebot bereits. *Warum stirbst du nicht endlich?* Das wäre wirklich eine nette Geste, dachte sie. Besser für alle Beteiligten. Peggys Anwesenheit im Heck des Busses lenkte nur ab. Und war schlecht für die Moral. Im Krankenhaus würden sie jetzt ihre Morphindosis erhöhen, damit sie sanft aus dem Leben glitt. Sie hier im Bus hatten nicht einmal Paracetamol. Hannahs Blick fiel auf ein Bündel Anziehsachen. *Mehr bräuchte es eigentlich nicht*, dachte sie. *Ein Anorak, auf Mund und Nase platziert, und in Nullkommanichts war alles vorbei. Man müsste nicht einmal allzu fest zudrücken.*

Die Stimme ihres Vaters wieder. Aber vielleicht hatte er diesmal sogar recht.

Sie stirbt sowieso. Und wenn es keiner merkt? Wer käme je dahinter?

Hannah streckte die Hand nach einem wattierten Parka aus. Warf einen verstohlenen Blick nach vorn. Daniel war bereits bei den anderen. Niemand guckte, und für ihr Vorhaben reichten wenige Augenblicke. Sie hob den Parka über das Gesicht des Mädchens.

»Tut mir leid«, log sie.

Da schlug Peggy die Augen auf. Hannah erschrak.

Jetzt griff das Mädchen nach Hannahs Hand. Sie öffnete den Mund. Sie sprach: »Rette sie!«

Hannah roch Tod und Untergang in ihrem Atem. »Wen soll ich retten?«

Dann hatten Peggys Augen Hannah gefunden. Dasselbe unwahrscheinliche Blau wie bei ihrem Bruder. »Bitte. Rette sie.«

Aber schon im nächsten Moment fiel ihre Hand wieder zurück, und zitternd schlossen sich die Augen. Mit hämmerndem Herzen ließ sich Hannah zurücksinken.

Rette sie.

Vorne rief jemand etwas.

»Er ist draußen.«

Sie drehte sich danach um, aber da stand nur Daniel, der sie ansah. Hatte er etwas gesehen? Ihre Absicht erraten? Hannah nahm den Parka an sich und dann noch ein paar andere Kleidungsstücke. Tat unverfänglich, konnte aber Daniel nicht ins Gesicht blicken, als sie nach vorne lief.

»Was hast du gesagt? Er ist draußen?«, fragte sie.

»Ja«, erwiderte Lucas. »Er schafft sich nur etwas Platz, damit nicht gleich alles wieder zusammenbricht.«

Hannah spähte in den Tunnel. Sie konnte gerade noch Joshs Füße erkennen und das schwächliche Licht des Handys, das sie ihm überlassen hatte – allerdings ohne die SMS des Professors. Die eigentliche Aufgabe stand ihm jedoch noch bevor. Er musste den Gepäckraum aufkriegen, den Koffer mit der Bombe finden, die Bombe beseitigen und durch den Tunnel zurückkehren, ohne diesen zum Einsturz zu bringen.

Gleichwohl hatte sich in diesem Moment ihre Überlebenschance erhöht. Wenn auch nur minimal.

»Warum verschwinden wir nicht alle aus dem Bus?«

Die Frage stellte Ben, der offenbar wieder zu Kräften gekommen war, auch wenn er frierend und mit verquollenen Augen vor ihnen stand. Er hustete. »Ich meine, wir können doch nicht nur herumstehen und darauf warten, in die Luft gejagt zu werden.«

Ein berechtigter Einwand. Hannah wunderte sich, dass er noch von niemand anderem geäußert wurde. Vielleicht, weil keiner an einen Erfolg von Joshs Aktion glaubte.

Lucas musterte Ben genau. »Ben, du siehst mir gar nicht gut aus. Willst du dich nicht wieder hinlegen?«

»Mir geht's gut. Außerdem hast du meine Frage noch nicht beantwortet.«

Aber Ben gelang es nicht, die Diskussion in eine andere Richtung zu lenken. Sein elender Zustand war zu offensichtlich. Die fahle Gesichtsfarbe, der Schüttelfrost, auch seine fahrige Aggressivität, allesamt keine guten Zeichen – sofern man das Wort »Symptom« vermeiden wollte.

»Erstens, mein Freund«, sagte Lucas lächelnd, »je mehr Leute sich durch den Tunnel zwängen, desto eher kracht er zusammen.«

Ben trat unruhig von einem Fuß auf den anderen. »Ich bin dünner als Josh. Ich kann das.«

»Und zweitens …«, fuhr Lucas in seinem freundlichen Ton fort, »zweitens ist es draußen dunkel und bitterkalt, und Wölfe und anderes Gelichter machen die Gegend unsicher. Josh riskiert gerade Kopf und Kragen für uns. Aber wir sind hier drinnen besser aufgehoben.«

»Nicht, wenn der Bus in die Luft fliegt.«

»Gibt Josh die Chance, die Bombe zu finden«, schaltete sich Hannah ein. »Im äußersten Notfall können wir den Bus verlassen, aber ansonsten hat Lucas recht. Draußen werden wir nicht lange überleben.«

»Nein.« Ben schüttelte den Kopf. »Ich kann Josh helfen.«

»Jetzt hör mal zu, du Spacke«, sagte Cassie. »Ich habe ebenfalls keine Lust, in die Luft zu fliegen. Aber ich bin auch nicht scharf darauf, von Wölfen gefressen oder von Schnee verschüttet zu werden. Also halt endlich den Rand.«

»Leck mich«, entgegnete Ben. »Ich warte nicht, bis ich tot bin. Ihr könnt das ja meinetwegen tun. Aber ohne mich.«

»Ben«, sagte Lucas, »bitte überleg doch mal.«

»Wer will mich daran hindern?«

Lucas seufzte. Und versetzte ihm – ohne jede Vorbereitung und mit reptilienhafter Plötzlichkeit – einen Schlag ins Gesicht. Es geschah, wie Hannah später fand, tatsächlich schneller, als sie gucken konnte.

Ben taumelte und ging sofort zu Boden.

»Herrgott, musste das sein?«, rief Hannah und stürzte zu Ben, der sich nicht mehr rührte. »Du hast ihn bewusstlos geschlagen.«

»Das war die Absicht. Er war nicht mehr zurechnungsfähig und hätte uns alle in Gefahr gebracht.«

»Abgesehen davon, dass er allen auf den Sack ging«, bemerkte Cassie.

Hannah stand auf. »Und Gewalt ist die Antwort?«

»Zuweilen sogar die einzige«, entgegnete Lucas ungerührt.

»Hey«, schallte es aus dem Tunnel. »Ich verlasse jetzt den Tunnel. Ich gebe euch ein Lichtzeichen durch die Frontscheibe, wenn ich die Bombe gefunden habe.«

»Verstanden«, rief Lucas zurück und sah die anderen an. »Ich schlage vor, wir gehen nach vorne und warten ab, was passiert.«

Hannah widersprach. »Einer muss sich um Ben kümmern.«

»Wie du willst«, sagte Lucas. »Falls du mich suchst, du weißt ja, wo du mich findest.«

»Also, ich halte mich an Rocky«, sagte Cassie und folgte ihm.

Hannah packte Ben unter den Armen und zog ihn zu einer freien Sitzreihe. Für einen Schlaks wie ihn besaß er ein erstaunliches Eigengewicht. Nicht ungewöhnlich bei solchen, die offenbar nur noch eine Last sind.

»Warte, ich helfe dir«, sagte Daniel.

Gemeinsam verfrachteten sie ihn auf einen Sitz. Hannah kontrollierte seinen Puls (unregelmäßig) und seine Pupillenreaktion (verlangsamt), soweit das ohne Taschenlampe möglich war. Dabei fiel ihr die Rotfärbung der Hornhaut auf. Falls noch Zweifel bestanden hatten, so waren diese jetzt ausgeräumt: Ben war nicht nur infiziert, sondern wies auch Symptome auf. Verdammt, das hatte ihnen noch gefehlt.

»Was ist los?«, fragte Daniel.

»Nichts«, sagte sie schnell.

»Bist du sicher?« Er deutete mit dem Kopf auf Ben. »Nach meinem Eindruck weist er die typischen Anzeichen einer Infektion auf: erhöhte Temperatur, Husten, unberechenbares Verhalten.«

Sie seufzte: »Könnte sein.«

»Na komm, du weißt es doch längst.«

Leugnen hatte keinen Sinn mehr. »Wir glauben, dass infizierte Studenten in den Bus gelangt sind«, sagte sie.

Er riss die Augen auf. »Fuck!«, sagte er. Dann hakte er nach: »Wer ist *wir*?«

»Lucas und Cassie wissen es auch schon.«

»Verstehe. Und wann gedachtet ihr, diese Information an den Rest von uns weiterzuleiten?«

»Sobald nötig.«

»Nötig?«, schnaubte er. »Bevor oder nachdem wir an der Seuche verreckt sind?«

»Ich wollte Panik vermeiden. Das hätte alles nur noch schlimmer gemacht.«

Er starrte sie ungläubig an. »Das heißt, wenn wir Pech haben, sind wir jetzt alle infiziert?«

»Möglich.«

Sein Lächeln darauf war bitter. »So gesehen wäre es fast besser, wenn uns die Bombe in Stücke reißt?«

»Vielleicht haben wir Glück. Manche Leute infizieren sich leicht, andere weniger leicht.«

»Ich dachte, nur zwei Prozent der Bevölkerung hätten dieses Glück.«

»Na ja, vielleicht ist das ja unser Glückstag.«

Daniel hob die Brauen. »Und das meinst du ernst?«

Sie sahen sich ins Gesicht, bis sie beide anfangen mussten zu grinsen. Die Lage war einfach so absurd, dass keine andere Reaktion mehr möglich schien.

»Könnte schlimmer sein, oder?«, sagte Hannah.

»Gestern standen wir noch am Abgrund. Heute sind wir schon einen Schritt weiter«, antwortete Daniel.

»Den Spruch muss ich mir merken.«

»Das hat Peg immer gesagt ...« Er brach ab. Es war das erste Mal, dass er von ihr in der Vergangenheitsform sprach.

Ihr Lächeln aber hielt sich.

»Tut mir leid wegen deiner Schwester«, sagte sie. »Wenn es irgendwas gibt, das ich noch tun kann ...«

»Schon gut. Ich weiß, du kannst nicht jeden retten.« Dann, nach einer Pause. »Aber angenommen, du könntest. Du könntest sie retten, aber nur um den Preis eines anderen Menschenlebens ... Würdest du es tun?«

»Ich hoffe, dass ich nie in diese Lage komme.«

»Aber wenn?«

Sie dachte nach. Solche Situationen hatte es in überlasteten Krankenhäusern schon gegeben, wenn man Gerüchten glauben wollte. Ärzte, die plötzlich entscheiden mussten, wer behandelt wurde – und wen man wieder wegschickte.

»Mein Vater meinte, es sei wichtig, aus dieser Entscheidung kein Werturteil zu machen. Man sagt also nicht, Leben A ist mehr wert als Leben B. Es geht einzig und allein um das Langzeitüberleben.«

»Also Jung vor Alt?«

»Manchmal. Aber nicht unbedingt.« Sie runzelte die Stirn. »Warum fragst du?«

Daniel antwortete nicht gleich. »Das Thema beschäftigt mich eben – was nicht so verwunderlich ist, oder?« Dann straffte sich seine Gestalt, und er sagte: »Okay, dann gehe ich mal wieder zu Peggy. Ich will da sein, falls sie … du weißt schon.«

Sie wusste schon. Trotzdem ließ ihr das Gespräch keine Ruhe. Was hatte dieses tückische Fallbeispiel zu bedeuten, in dem *sie* gerettet werden konnte, aber nur im Tausch gegen ein anderes Leben? Abermals hatte sie das Gefühl, dass ihr etwas Entscheidendes entging. Was? Sie schüttelte über sich selbst den Kopf und begab sich dann nach vorn zu den anderen.

Lucas saß im Fahrersitz, Cassie stand daneben. Die komplette linke Fensterseite war inzwischen zugeschneit. Ab und zu schien der Wind an dem Bus zu rütteln, dann knackte es leise, aber ansonsten war alles totenstill. Als wären sie unter den Schneemassen schon erstickt. Zumindest durch die Frontscheibe konnte man noch etwas sehen, auch wenn es nur der Waldrand war und Schnee, Schnee, Schnee. Die Sonne war lange untergegangen, der Himmel kohlschwarz, nur der aufgehende Mond spendete trostloses, silbriges Licht.

»So, und jetzt sitzen wir hier doof rum und warten«, sagte Lucas mit leichter Ironie. Hannah mochte sich täuschen, aber hörte sie nicht eine gewisse Befriedigung aus seinen Worten heraus? Eine perverse Lust an der Gefahr? Ihr fiel ein, wie Lucas Ben umgehauen hatte, mit einem einzigen effektiven Treffer. Wer in der Academy konnte so etwas? Und was studierte Lucas eigentlich da? Woher kam er? Was war das für ein Mensch?

Von unten hörten sie plötzlich ein dumpfes Rumpeln. »Jetzt ist er im Gepäckraum«, fuhr Lucas fort. »Offenbar hat er die Klappe überwunden.«

Hannah hielt den Atem an. Wie lange würde er brauchen? Losgefahren waren sie mit zwölf Studenten, machte zwölf große Rucksäcke, nur einer war der richtige. Und sobald er die Bombe gefunden hatte, musste er sie noch so weit wegbringen, dass sie keinen Schaden mehr anrichtete.

»Was sagt die Uhr?«, fragte sie Lucas.

Er schaute auf sein Chronometer. »19:49.«

Sie spürte, wie sich in ihr trotz der Kälte alle Muskeln anspannten. Was, wenn Josh die Bombe nicht fand? Oder wenn ihre Zeitkalkulation nicht stimmte? Im Grunde konnte die Bombe jederzeit hochgehen.

Schluss jetzt, Hannah, dreh nicht durch. Konzentriere dich nur auf den nächsten Schritt, und denk nicht so viel darüber nach, was alles dazwischenkommen könnte.

Vom Unterboden weiteres Gerumpel. Die Versuchung war groß, Lucas erneut nach der Uhrzeit zu fragen, aber sie wusste auch, wie sinnlos das war. In Situationen wie dieser übten Sekundenzeiger ihre volle sadistische Macht aus.

»Na, Lust auf ein Spiel?«, fragte Cassie. »Ich sehe was, was du nicht siehst, und das beginnt mit … S.«

»Schnee«, sagte Hannah.

»Okay, das war wohl zu einfach.«

»Hey, schaut mal!« Lucas zeigte aus dem Fenster, wo eine Gestalt ins Sichtfeld lief. Josh. Er hatte einen rechteckigen Kasten in der Hand. Die Bombe.

»Ich fasse es nicht, dieser Mistkerl hat es tatsächlich geschafft.«

Jetzt muss er die Bombe nur noch loswerden, dachte Hannah.

»Sieh dich bloß vor, mein Freund«, flüsterte Lucas.

Josh drehte sich halb zu ihnen und deutete auf das abschüssige Waldstück.

»Jetzt schmeiß das Ding schon weg«, murmelte Cassie. »Los, mach schon.«

Josh holte aus und schleuderte den schwarzen Kasten aus der Drehung wie einen langen Pass beim Rugby. Ließ ihn fliegen, bis er zwischen die Wipfel des finsteren Tanns eintauchte und dann nicht mehr zu sehen war.

Sie warteten.

Warteten.

Cassie zog schon ein Gesicht. »Na, das war wohl nichts …«

Die Explosion haute sie um und nicht nur sie. Ein orangefarbener Feuerball erhellte plötzlich den Nachthimmel, selbst der Bus geriet in Bewegung, neigte sich noch ein Stück weiter, ehe er seine neue Parkposition erreicht hatte. Hannah musste sich an eine Kopfstütze klammern, um nicht in die aufgestapelten Leichen zu kippen.

»Fuck, Mann!«

Lucas hatte unwillkürlich das Lenkrad gepackt, und von hinten hörte Hannah, wie Daniel fluchte. Ob der tiefe Fall oder ein Zeitzünder die Bombe zur Explosion gebracht hatte, war nicht klar. Fest stand nur, das Ding war höllisch real.

»Jemand verletzt?«, rief Hannah.

»Ach, woher denn?«, murmelte Cassie.

»Glück muss der Mensch haben«, sagte Lucas. »Das war knapp.«

»Und was ist mit Josh?«, fragte Hannah.

Sie blickten angestrengt aus dem Fenster, konnten gerade so erkennen, dass Josh im Schnee lag. Lebend? Tot? Doch dann rappelte er sich hoch und stand, unsicher zwar, aber, Gott sei Dank, triumphierend vor ihnen.

Er klopfte sich den Schnee ab und winkte ihnen zu, eine schwarze Silhouette vor den brennenden Bäumen. Für Hannah ein schmerzlicher Anblick, denn der Wald war ja auch Lebensraum, Tiere wohnten dort. Sie konnte nur hoffen, dass durch den Schnee das Feuer bald verlosch.

Josh signalisierte ihnen, dass er noch einmal um den Bus herumgehen würde. Möglicherweise war der Tunnel, den sie gegraben hatten, durch die Bewegung des Busses eingestürzt. Doch plötzlich standen sie vor einem ganz anderen Problem.

Aus dem Wald erscholl ein gequältes Brüllen, das allein durch seine schiere Lautstärke bedrohlich wirkte. Irgendetwas am Rand ihres Gesichtsfelds bewegte sich, suchte offensichtlich einen Weg zwischen den qualmenden Bäumen und kam dann auf sie zu.

Wie gesagt, im Wald wohnten Tiere.

Ein Bär (nach Größe und Gestalt ein Grizzlybär) irrte durch den Schnee, das Fell zu großen Teilen versengt und mit einem Glutnest am linken Bein. Sein mächtiger Kopf pendelte hilflos hin und her, und seine Schmerzenslaute waren selbst im Bus noch physisch zu spüren, eine unheilvolle Mischung aus Angst, Qual und Wut.

Im selben Moment bemerkte ihn auch Josh. Jetzt bloß keine hektischen Bewegungen, dachte Hannah. Bleib ruhig und entferne dich ganz langsam aus seinem Nahbereich. Aber Josh wusste es offenbar besser. Er griff in die Tasche – und nach dem Handy, wie Hannah mit Erschrecken feststellte. Na klar, der Alarm-Button. *Aber doch nicht jetzt, nicht gegen einen Bären, der verletzt ist und unberechenbar. Mein Gott, du darfst ihn jetzt nicht reizen!*

»Ach du Scheiße!«, flüsterte Lucas.

Zu spät. Die Handy-Sirene gab ihr pulsierendes Jaulen von sich, und der Bär stellte sich auf die Hinterbeine.

»Das geht nicht gut«, murmelte Cassie.

Doch dann erstarb der Alarmton auf einmal, wahrscheinlich wegen des erschöpften Akkus, und auch der Bär ließ sich wieder auf alle viere fallen. Noch hatte Josh eine kleine Chance. Jetzt nur nicht rennen, flehte ihn Hannah innerlich an. Es war das Dümmste, das man tun konnte, denn der Bär ist immer schneller. Man kann ihm nicht davonlaufen. Josh hatte ihn schon einmal gereizt, aber ein direkter Angriff ließ sich noch vermeiden. *Leg dich flach auf den Boden*, beschwor sie ihn. Wozu hast du den Survival-Kurs gemacht? Flach hinlegen und Klappe halten!

Josh tat genau das Gegenteil: Er rannte los.

Verdammt.

Und der Bär setzte sofort nach. Selbst mit einem verbrannten Bein verkürzte er den Abstand zu Josh binnen Sekunden. Ein einziger Prankenhieb streckte ihn nieder. Josh versuchte noch wegzukriechen, doch ein weiterer Schlag trennte ihm beinahe den Kopf ab. Blut spritzte aus seinen Halsarterien, und Josh fiel nach vorn in den Schnee.

»Allmächtiger!«, brachte Cassie tonlos hervor.

Von da an war es nur noch ein Gemetzel, und man musste es wohl als Gnade begreifen, wenn die hereinbrechende Dunkelheit die verbliebenen Studenten im Bus vor den grausamsten Einzelheiten bewahrte. Anfangs waren noch Joshs Entsetzensschreie zu hören, doch irgendwann gab es nur noch das Wutgebrüll des Bären, der Josh am Ende den gesamten Verdauungstrakt herausriss, wie Hannah ungläubig verfolgte. Mit allen Abschnitten, deren Namen, Aufbau und Funktion sie herunterbeten konnte … Im vergehenden Glutschein des Waldbrands war nicht mehr zu erkennen, dass ein Wesen wie Josh je existiert hatte, und der blutige Schnee war jetzt nur noch schwarz.

Hannah hatte genug gesehen. Sie wandte sich ab …

»Warum durfte *ich* nicht mit?«

Sie war nicht vorbereitet auf diese Frage. Und schon gar nicht auf die magere, bleiche Gestalt, die sie unerwartet von hinten anging und sie mit verquollenen, rot geränderten Augen niederstarrte.

»Ben!«, stammelte Hannah.

Hustend erwiderte er: »Warum wolltet ihr nicht, dass ich ihn begleite?«

Lucas fuhr herum. »Weil du dann ebenfalls tot wärst, mein Freund.«

Worauf Ben höhnisch die Zähne bleckte. »Ich bin nicht dein Freund, und tot bin ich sowieso. Sieh mich doch an.« Er schwankte, musste sich an einem Sitz festhalten, um nicht umzukippen. »Ich bin infiziert.«

»Ja.«

»Du hast es die ganze Zeit gewusst, oder?«

»Wir hatten den Verdacht, dass sich infizierte Personen an Bord befinden«, erwiderte Lucas.

Ben fing an zu lachen, aber es war ein krankes, abgehacktes Lachen, halb Husten, halb Atemnot, aus dem Hannah bereits das Pfeifen der Whistler heraushörte. In diesem Augenblick wünschte sie, Ben hätte Josh begleitet. Dann wären zwar beide tot, aber allen, einschließlich Ben, bliebe die fürchterliche Endphase der Krankheit erspart.

»Aber ich sage euch was«, grinste Ben, »ihr seid kein bisschen besser dran. Auch ihr seid wandelnde Tote.« Dann sank er zu Boden.

Instinktiv wollte Hannah ihm helfen, aber Lucas hielt sie zurück. »Lass ihn. Du solltest wenigstens jetzt jeden direkten Kontakt meiden.«

»Wir können ihn doch nicht da liegen lassen.«

»Du kannst nichts mehr für ihn tun.«

»Ich könnte ihm wenigstens einen Anorak bringen und etwas Wasser.«

»Wozu? Er ist ohnehin bald tot. Du weißt, wie schnell sich die Infektion im Körper ausbreitet. Alles andere wäre Verschwendung von Ressourcen.«

Hannah schüttelte den Kopf, aber die Argumentation war ihr nur zu bekannt, siehe Peggy.

»Du hörst dich an wie mein Vater.«

»Danke.«

»Ich meinte das nicht als Kompliment.«

»Ich weiß.« Lucas stieg über den Haufen Elend im Mittelgang des Busses. »Wir sollten unsere Kräfte schonen und versuchen, etwas zu schlafen. Sonst halten wir das nicht lange durch.«

»Du willst schlafen?«, fragte Cassie ungläubig. »Josh wurden gerade die Gedärme rausgerissen, Ben liegt im Sterben, und du meinst, wir sollten erst einmal ein Ründchen pennen?«

Lucas seufzte. »Niemand bedauert Joshs Tod mehr als ich. Aber er hat seine Aufgabe erfüllt und die Bombe entfernt. Wichtig ist jetzt, dass *wir* noch am Leben sind.« Er lächelte. »Bis auf Weiteres jedenfalls.« Dann wandte er sich um und ging an seinen Platz.

Meg

»Höher, Mami, höher.«

Hier draußen schien die Sonne gleich noch einmal so stark. Sie spürte die Hitze im Rücken. Vielleicht hätte ich sie mehr eincremen sollen, dachte sie.

Lily trug ein hübsches gelbes Kleidchen, pinkfarbene Sandalen und einen Sonnenhut über ihren Zöpfen.

»Höher, Mami.«

»Das geht nicht, sonst fällst du runter.«

»Höher.«

Megs Tochter war ein richtiger Wildfang. Absolut furchtlos trotz ihrer sechs Jahre, denn Furcht war erlernt, wurde vererbt. Egal, ob auf dem Klettergerüst oder auf der Rutsche, für Lily gab es kein zu hoch, sondern nur »Höher, höher!«. Später fragte sich Meg, ob sie schon damals den Drang verspürte, dem Himmel näher zu sein als allem anderen.

Aber erst einmal war es ein perfekter Sommertag. War doch so, oder? Sie hatte sich das doch nicht ausgedacht? Ein Tag mit Lily, wie es ihn seither nie wieder gab. Manchmal war es gar nicht so leicht, das alles auseinanderzuhalten. Denn schon damals hatte sich im Vergleich zu vorher einiges geändert. Kleinigkeiten, aber doch spürbar. Neue Verhaltensregeln, die sich nach und nach auf das gesamte Leben auswirkten. Alles noch nicht tragisch, eine kleine Störung im gewohnten Ablauf, die moderne Wissenschaft würde schon eine Lösung finden, dachte man. Alle dachten das, es war wie ein Glaubenssatz: dass es bald eine Therapie oder zumindest einen Impfstoff geben würde, der ihnen die Rückkehr zum Vorher erlauben würde. *Business as usual* mit dem gewohnten Konsumverhalten, den gewohnten Kriegen und der gewohnten Umweltzerstörung. Eine Welt, in der die Reichen Tagesausflüge ins All unternahmen und die Armen um Essen bettelten. Was sollte daran falsch sein?

Meg griff nach der Schaukel, aber sie schwang leer. Was sollte das?

»Lily?«

Sie konnte ihre Tochter nirgendwo sehen.

»Lily?«

Sie rannte bis vor das Tor. Dort war ein Schild angebracht: AUFGRUND BEHÖRDLICHER ANORDNUNG BIS AUF WEITERES GESCHLOSSEN. Meg blickte zurück. Der Spielplatz: verfallen. Die Schaukeln: außer Betrieb genommen, indem man die Schaukelketten um den Querholm gewickelt hatte. Die Rutsche: verrostet. Das alte Drehkarussell: nur noch Altmetall. Die Sonne: längst untergegangen. Und am Horizont zogen Sturmwolken auf.

Bebend rief sie noch einmal Lilys Namen, auch wenn der Bauch ihr sagte, dass Lily nie wiederkommen würde. Sie war ja schon seit Jahren weg. Seither suchten sie diese Trugbilder heim, Erinnerungen an eine Vergangenheit, die es so nie gegeben hatte, weil Zerfall und Untergang sie von Anfang begleiteten.

Sie sagten, Kinder seien nicht gefährdet. Sagten es auch, als die Fallzahlen stiegen. Sagten es sogar bei den ersten Mutationen. Und sagten es wieder und wieder, selbst als die Wirkungslosigkeit herkömmlicher Vakzine längst erwiesen war. Sie logen, logen über alles. Und dann erkrankte auch Lily und wurde ins Krankenhaus eingeliefert. Eigentlich war ihre Genesungschance gut. Sie hätte auch überlebt, wenn im Krankenhaus genügend Betten und genügend Pflegekräfte verfügbar gewesen wären. Aber all das stand eben nicht zur Verfügung. Und wenngleich Meg kein Problem damit gehabt hätte, einem Achtzigjährigen die Sauerstoffmaske vom Gesicht zu reißen, um ihrer Tochter das Leben zu retten, dieser Fall kam praktisch nicht vor. Alle anderen Schwerstkranken waren ebenfalls Kinder, die noch nicht hätten sterben müssen, und das machte Meg ganz hilflos. Und selbst darüber, über die vielen toten Kinder, wurde gelogen, in einem fort.

Dann drückte Meg das Tor auf, betrat abermals den Spielplatz und setzte sich auf eine halb verrottete Bank. Nur dass es kein Spielplatz war, sondern der »Garten der Erinnerung«, die Grünanlage des Krematoriums, wo man Lilys Asche der Erde übergeben hatte. Ein kleiner weißer Gedenkstein markierte die Stelle, an der alle ihre Hoffnungen und Träume begraben lagen. *Geliebte Tochter. Erinnerung, die allezeit in unseren Herzen wohnt. Licht unseres Lebens, das nie verlöscht.*

Worte, die der Bestatter gewählt hatte, weil Meg keine Worte mehr fand. Weil es die *angemessenen* Worte hier ohnehin nicht gab. Nichts war genug, gleichzeitig war alles zu viel. Also was? Den Verlust in Worte zu fassen, überhaupt *mit* Worten zu fassen – unmöglich. Sie wusste nur, dass sie sich Gott in jeder Form verbeten hatte. »Denn sollte es Gott tatsächlich geben, dann ist er ein Arschloch.«

Da nur Lebenspartner und Familienmitglieder zugelassen waren, standen an ihrem Grab schließlich nur drei Personen. Meg selbst hatte keine Familie mehr. Ihre Mutter starb, als Meg siebzehn war, und Lilys leiblicher Vater war tot. Blieben noch Paul (der bereits über eine Trennung nachdachte) und ihre schwer demente Großmutter, die während der ganzen Zeremonie fragte, wo denn Lily sei und wer auf sie aufpassen würde, während sie Großvaters sterbliche Überreste den Krematoriumsflammen übergaben.

Meg starrte auf den kleinen Gedenkstein, der nicht einmal die korrekten Lebensdaten nannte. Dass Lily angeblich seit sieben Jahren tot war, hörte sich irgendwie falsch an. Bedeutete es doch, dass sie schon länger tot war, als sie je gelebt hatte, nämlich nur sechs Jahre. Sechs kostbare, kurze Jahre nur. Ein Wimpernschlag. Ein Punkt auf dem Zahlenstrahl, so nah an der Null. Sechs Jahre, das war noch *vor* dem richtigen Leben, oder? Und zugleich schon ihr *ganzes* Leben. Wie konnte die Zeit so gnadenlos sein? *Egal, darum können wir uns jetzt nicht kümmern. Wir müssen zusehen, dass es irgendwie weitergeht. Dass der Laden läuft. Denn es geht ja immer irgendwie weiter. Es gibt noch so viel kaputt zu machen.* Und so wurde Meg von der Zeit abgehängt. Einfach stehen gelassen mit ihren Erinnerungen, die dazu noch falsch waren.

Man könnte es auch umgekehrt ausdrücken: Es war der Punkt, als für Meg die Welt stehen blieb. Jedoch weder mit einem Knall noch einem Wimmern, sondern nur mit einem langen, letzten Seufzer. Aber da war Meg schon alles egal. Obwohl sie in ihrem Kokon aus Schmerz und Psychopharmaka durchaus noch die Fernsehnachrichten sah. Sah, wie die Krankheit sich ausbreitete und die Gesellschaft zerfiel, erst langsam, dann wie eine Steilküste am Meer, in immer größeren Brocken. Doch darum konnte *sie* sich nicht mehr kümmern, nicht *auch* noch kümmern. Ihre Welt lag schon in Trümmern, die Welt da draußen holte nur nach, was in ihr längst passiert war.

Da sie so müde war, legte sie sich auf die Bank im Garten der Erinnerung. Sie schlief oft dort, sie musste nur über den Zaun klettern und genug Wodka in sich hineinschütten. Dann schloss sie die Augen und spürte Lilys warmen Körper neben sich liegen. Und diesmal wollte sie sie nie wieder loslassen …

Auf einmal aber kippte die Bank. Ein Ruck, und sie rollte hinunter. Riss die Augen auf.

Wo war sie?

Irgendwo, wo es kalt war. Und dunkel. Und eng.

Erst dann fiel es ihr ein. Sie und nicht nur sie, sie alle lagen auf dem Boden der Seilbahn und versuchten, irgendwie zu schlafen. Sie lagen eng beieinander, um keine Wärme zu verschenken (oder vielmehr, *um* sie an den Nächstbesten zu verschenken und sie auf dieselbe Weise zurückzukriegen.) Meg zum Beispiel lag ganz dicht an Sarahs Rücken. Und der Nächstbeste an *ihrem* Rücken war, so glaubte sie, Max. Er schnarchte leise vor sich hin.

Es war vermutlich noch gar nicht so spät. Sie hatten bloß keine Uhren mehr und auch keine Methode der unabhängigen Zeitmessung. Und da sie das nicht hatten, machten sie es wie die Tiere und ließen das Tageslicht und ihre Erschöpfung bestimmen. Vielleicht taten auch die Nachwirkungen der Beruhigungsmittel ihren Teil dazu bei oder sogar der Sauerstoffmangel in der Kabine. Es war trotz der Notluke im Boden etwas, das Meg im Auge behalten wollte, zumal in dieser Höhe.

Jetzt, da sie wach war, wurde ihr auch kalt. Und dass sie ihren eigenen Atem sehen konnte, verstärkte dieses Gefühl noch. Ohne funktionierende Heizung froren sie hier ein. Dazu kam, dass es bis auf das schwache Mondlicht zwischen den fantastischen Wolkenpaketen fast stockdunkel war. Es reichte immerhin, um die vermummte Gestalt zu erkennen, die ganz vorn in der Kabine auf der Bank saß und aus dem vereisten Fenster sah. Sean. Er sah zu ihr hin, als sie sich rührte.

»Hi«, sagte er im Flüsterton.

»Hi.«

Sie stand auf, setzte sich neben ihn und schlang die Arme um sich.

»Kannst du auch nicht schlafen?«, fragte er.

»Nicht gerade die idealen Voraussetzungen dafür.«

»Das stimmt.«

Er musterte sie genauer. »Du hast geweint.«

»Oh«, sagte sie und wischte sich die Augen ab. »Nur schlecht geträumt.«

»Wovon?«

Sie zögerte, ehe sie sagte: »Von meiner Tochter Lily.«

»Du hast eine Tochter? Wie alt?«

»Sie ist mit sechs Jahren gestorben.«

»Das tut mir leid.«

»Danke.«

»Am Virus?«

»Offiziell ja. Aber eigentlich an der schlechten Versorgung im Krankenhaus. Sie hätte nicht sterben müssen.«

Er nickte. »Ja, es immer dasselbe. Die Eliten, die sich teure Privatkliniken leisten können, überleben, während die breite Bevölkerung sehen kann, wo sie bleibt.«

»Aber so war es doch schon immer«, sagte sie bitter. »Sie sagen, ein Menschenleben hat keinen Preis, aber genau so rechnen sie. Und ich habe mir Vorwürfe gemacht, dass ich nicht mehr Geld hatte. Denn dann wäre sie sicher noch am Leben.«

»Ja«, sagte er. »Kann ich dir nachfühlen.«

»Hast du auch jemanden verloren?«

»Kein Kind, aber … jemanden, der mir sehr viel bedeutete.«

»Das tut mir leid.«

»Dabei hatte ich mir geschworen, sie zu beschützen. Was mir leider nicht gelungen ist. Sie war alles, was ich hatte.«

Meg nickte. »Lily war mein einziges Kind.«

»Gab es keinen Vater?«

»Er starb bei einem Motorradunfall.«

»So was passiert.«

»Eine Zeit lang gab es da noch jemanden, aber es hat nicht geklappt. An erster Stelle kam ohnehin immer meine Tochter. Sie war mein Ein und Alles.« Sie schluckte. »Ohne sie hatte ich nichts mehr.«

»Das heißt, der Weltuntergang berührt dich nur noch am Rande?«

»Kann man so sagen.«

»Ich weiß nicht, wie es ist, ein Kind zu verlieren. Aber ich denke, man muss schon sehr stark sein, um danach noch weiterzumachen.«

Meg lächelte bitter. »Ich war aber nicht stark, sondern egoistisch.«

»Wie das?«

»Warum leben, wenn Lily tot ist? Warum morgens aufwachen und sehen, dass die Sonne scheint, wenn sie das alles *nicht* kann? Sie ist doch so allein in der anderen Welt. Und hatte ich nicht geschworen, sie nie allein zu lassen?« Sie stockte, denn sie hatte einen Kloß im Hals. »Ich habe versucht, mich umzubringen. Mehr als einmal.«

»Das kann man dir kaum vorwerfen, oder?«

Sie stieß ein abruptes Lachen aus. »Danke. Normalerweise sagen einem die Leute immer, dass es so vieles gibt, für das es sich zu leben lohnt.«

»Wirklich?«

»O ja. Aber haben die sich mal umgesehen?«

Eine Pointe, über die sie beide lächeln mussten. Zumindest hat er *das* verstanden, dachte Meg. Je tiefer der Schmerz, desto schwärzer der Humor.

»Ich habe es auch einmal versucht«, sagte Sean. »Aber ich konnte es nicht durchziehen.«

»Wieso nicht?«

»Weil es ohne mich keinen mehr gegeben hätte, der wusste, was für ein besonderer Mensch sie war. Und erst recht keinen, der die Schuldigen an ihrem Tod zur Rechenschaft zieht.«

»Das hört sich aber düster an.« Sie blickte ihn erstaunt an. »Wurde sie umgebracht?«

»So ist es. Und wenn ich die Mörder finde, werden sie dafür bezahlen.«

Selbst in der Dunkelheit konnte Meg erkennen, wie ein finsterer Schatten über sein Gesicht zog.

»Und du meinst, das hilft dir?«

Sein verschlossenes Lächeln. »Ich sag dir Bescheid, wenn es so weit ist.«

Einen Moment lang schwiegen sie, starrten nur hinaus in den kalt glitzernden Sternenhimmel.

»Sieht so aus, als hätte der Sturm nachgelassen«, sagte Meg.

»Sieht so aus.«

»Glaubst du, wir kommen je hier raus?«

»Wir müssen«, sagte er unerwartet entschlossen. »Ich bin doch nicht so weit gekommen, um in diesem Scheißding zu krepieren.«

»Vielleicht verdienen wir es nicht anders«, sagte Meg. »Ich meine, man kann es drehen und wenden, wie man will, aber wir vertuschen gerade einen Mord. Und in einem zweiten Fall machen wir uns sogar der Beihilfe schuldig. Und keinen hier scheint es ernsthaft zu stören. Wenn das nichts über uns aussagt, dann weiß ich es nicht.«

»Richtig, aber in beiden Fällen betrifft es lediglich Zufallsbekanntschaften«, entgegnete Sean. »Wir alle haben uns so an den Tod gewöhnt, dass wir einfach keine Kraft mehr haben, uns auch noch um die Schicksale derer zu kümmern, die uns beim besten Willen nichts angehen.«

Was so nicht zutrifft, dachte Meg. Denn sie hatte Paul gekannt, früher, in einem anderen Leben, und gekannt war noch untertrieben. Was sagte *das* über sie aus?

»Glaubst du, Karl hat den Security-Mann getötet?«, fragte sie ihn.

»Keine Ahnung. Vielleicht.«

»Aber ich habe genau gesehen, wie ihn Sarah durch die Luke gestoßen hat.«

»Kann sein, dass du das gesehen hast. Aber das wird sie nie zugeben, nicht einmal vor sich selbst.«

Er hat recht, dachte Meg. Die größten Lügen sind immer noch die, die wir uns über uns selbst erzählen.

»Ich kann sie nicht ausstehen«, sagte Meg.

»Na so was, wer hätte das gedacht? In einem muss ich dir allerdings recht geben: Sie ist schon schräg.«

»Sie ist Lehrerin.«

»Sagt sie.«

»Du glaubst ihr das nicht?«

»Ich glaube ihr so viel oder so wenig wie jedem anderen von euch.«

»Gut zu wissen. Vielen Dank.«

»Ach was, wir alle haben doch etwas zu verbergen. Was auch okay ist. Was erwartest du? So ist der Mensch eben. Aber was Sarah angeht …« Er wiegte bedenklich den Kopf. »Ich wette, hinter ihr verbirgt sich noch etwas ganz, ganz anderes. Diese Reizbarkeit, diese extremen Stimmungsschwankungen. Hast du das Kreuz gesehen?«

»Das ließ sich nicht vermeiden, sie fummelt ja permanent daran herum.«

»Woraus ich schließe, dass der Gottesglaube eher nicht dein Ding ist.«

»Gott hat meine Tochter sterben lassen. Er kann mich mal.«

»Nachvollziehbarer Punkt. Und vielleicht ist Sarah ja von jeher so religiös. Aber ich kenne eine Menge Leute, die finden erst zu Gott, wenn sie der Flasche abgeschworen haben.«

»So wie bei den Anonymen Alkoholikern?«

»Gut möglich. Wobei Rückfälle natürlich nicht ausgeschlossen sind. Dann ist Demut angesagt. Und Beten. Damit Gott sie wieder annimmt.«

Er hatte recht. Es würde so einiges erklären. War diese Irre vielleicht auf Entzug?

»Wir sollten sie im Auge behalten«, sagte Meg.

»Unbedingt.«

»Und was sagt dein sechster Sinn über Max?«

»Das mit dem Anwalt dürfte stimmen. Und er hat auch gesessen. Aber er hat mit Sicherheit mehr Dreck am Stecken, als er zugeben will. Denn dass er für ein erstmaliges Vergehen gleich im Knast landet, halte ich für eher unwahrscheinlich – nicht bei einer gewöhnlichen Straftat. Ich würde mich vor Gericht ungern von ihm vertreten lassen. Ansonsten, denke ich, ist er weitgehend ehrlich zu uns.«

»Und was denkst du über mich?«

»Dich? Du bist in erster Linie tough. Musstest es auch sein, und ich begreife langsam, warum. Die ehemalige Polizistin nehme ich dir ab ...« Er sah ihr in die Augen. »Und du gehörtest sogar zu den Guten.«

»Danke«, sagte sie und blickte ebenso intensiv zurück. »Jetzt bleibt nur noch einer: du. Gehörst du auch zu den Guten?«

Schweigen.

»Denn meiner Meinung nach ist der Killer immer noch unter uns«, sagte Meg und war selbst überrascht, dass sie es so offen aussprach.

Sean nickte. »Damit liegst du vermutlich richtig.«

Sie blickten sich an.

»Und was wollen wir dagegen unternehmen?«, fragte er.

Sie wandte sich ab. »Das sage ich dir, wenn es so weit ist.«

Carter

Hundertmal hat er ihr das Leben gerettet.

Aber hundertmal mehr hat er sie verloren.

Das Ergebnis war immer dasselbe.

Er erwacht unter Tränen.

Bevor er wieder das Baby schreien hört.

Der Korridor ist dunkel. Er stolpert den Korridor entlang, rutscht ständig aus. Der Boden ist eisbedeckt. Durch ein Oberlicht weht Schnee hinein. Draußen heult ein Sturm.

Und drinnen schreit das Neugeborene.

Er bewegt sich auf das Schreien zu, er muss sich beeilen, aber ständig gleitet er auf dem Eis aus. Er hat den Eindruck, er kommt nicht von der Stelle, ganz gleich, was er tut.

Tief, tief unten ahnt er, dass dies nur ein Traum ist. Das Baby ist sicher, es geht ihm gut. Sie ist auch längst kein Baby mehr, sondern schon älter. Ein Teenager. Sie ist auch der Grund dafür, dass er das Plasma und andere Medikamente gestohlen hat, die er dann an die besagte Vorstadt-Adresse schickte. Eine andere Welt. Eine Welt, in der morgens der Schulbus kommt. Eine Welt der weißen Gartenzäune – mit einer Schaukel hinterm Haus.

Er hat das Haus nie gesehen, weiß auch nicht, ob seine Päckchen je ankommen. Er versucht es trotzdem weiter. Weil er sie nicht verlieren darf. Nicht sie auch noch.

Endlich finden seine Füße Halt, und er kommt tatsächlich weiter. Er tritt in das Zimmer.

Es ist ein kleines Zimmer, und es scheint sich zu bewegen. Es schwankt hin und her.

An der hinteren Wand steht ein Kinderbett. Auch dieses Bettchen schaukelt.

Von Englein bewacht.

Aber dann kippt das Bettchen um. Das Baby fällt heraus und schlägt mit dem Gesicht auf den Boden. Das Schreien wird lauter. Er läuft weiter, verliert aber in dem schaukelnden Zimmer das Gleichgewicht und stolpert.

Noch im Stolpern bemerkt er, dass sich das Schreien verändert. Was gerade noch kräftige, gesunde Babyschreie waren, hat jetzt etwas Keuchendes, Röchelndes … Während das Baby auf ihn zukrabbelt. Und es ist so blass und bleich. Und jeder Atemzug hört sich an wie ein … Pfeifen.

Anstatt weiter auf das Baby zuzulaufen, weicht er jetzt zurück. Aber die Tür ist verschwunden, er ist eingesperrt. Er steht mit dem Rücken an einer gläsernen Wand, während der Sturm draußen seine ganze Wut entfesselt.

Das Baby schaut hoch.

Er schreit … das Glas zerbricht, und er stürzt in das schwarze Nichts.

Fuck. Immer dasselbe. Jedes verdammte Mal.

Carter fuhr hoch. Einen Moment lang wusste er nicht, wo er war.

Er war in seinem Zimmer, lag im Bett. Aber auf der Bettdecke, nicht darunter. Draußen war es noch nicht ganz dunkel. Nach den Ereignissen des Tages war sein Schlafbedürfnis überwältigend.

Sein Zimmer lag auf der Rückseite des Retreats. Statt des spektakulären Bergpanoramas sah er nur hinaus auf eine nackte Felswand. Ein Whiteout in Grau, aber was soll's? Carter kam damit gut klar. Man musste ihn nicht ständig daran erinnern, dass draußen noch eine ganze Welt wartete. Schon gar keine Welt, die auf der Intensivstation lag. Atmend zwar, aber wie lange noch?

Sie hatten die Leichen im Keller zwischengelagert. Dort war es nicht nur am kühlsten, dort sah sie auch niemand. Aus den Augen, aus dem Sinn. Das wollte zwar niemand so direkt sagen, aber es war zumindest mitbeabsichtigt. Welland würde diese Altlasten Stück für Stück der Müllverbrennung zuführen, ohne Zeremonie, ohne Totengebet, ohne ein letztes Lebewohl.

Von ihnen war ohnehin keiner religiös. Nur ab und zu überkam Carter das diffuse Gefühl, dass der Verzicht auf jedwedes Ritual, jedwede Erhebung über den nackten Affen, dem Homo sapiens nicht guttat, gerade in Zeiten von Not und Pestilenz. Denn wenn man, wie es mittlerweile geschah, diese kleinen zivilisatorischen Gesten wegließ, was blieb dann eigentlich vom Menschen oder seinem Ende – außer seiner brutalen, gedankenlosen Beseitigung?

Carter und seine Schwester hatten ihre Eltern schon früh verloren. Wobei man ehrlicherweise sagen muss, dass der Vater keinen großen Verlust darstellte. Ein dumpfer Alkoholiker, der sich höchstens sporadisch sehen ließ – und irgendwann nach einer Kneipenschlägerei als Wasserleiche im Fluss endete. Ihre Mutter kam dennoch nicht über seinen Tod hinweg und erhängte sich ein Jahr später in ihrem Schlafzimmer, wo sie von Carter gefunden wurde. Carter war damals neun Jahre alt.

Danach lebte das Geschwisterpaar bei den Großeltern, arme, schwer arbeitende Leute, die für Kinder wenig übrighatten, auch emotional. Sie machten von Anfang an klar, dass sie es nur taten, weil es von ihnen erwartet wurde, sie sollten sich also bloß nichts einbilden. Als Gegenleistung mussten die beiden im Haus und dem kleinen Laden helfen, das heißt, hauptsächlich waschen und putzen. Ansonsten sollten sie sich unsichtbar machen, wenn

Bekannte zu Pokerrunden erschienen, die Klappe halten und keinem zur Last fallen.

Während Carter sehr bald gegen das Zwangsregiment rebellierte, ging seine Schwester einen anderen Weg. Sie unternahm alles, um sich mit unermüdlicher Arbeit, gepaart mit eiserner Fröhlich- und Freundlichkeit, in die Herzen ihrer Großeltern zu schleusen. Denn dass ihre Großeltern so etwas besaßen, hielt sie für ausgemacht.

Sie sollte sich täuschen, aber so war sie eben, seine Schwester. Sie sah in jedem Menschen nur das Beste und glaubte im Ernst, durch verstärkte Zuwendung etwas verändern zu können. Während er sich gegen ein Gewitter wappnete, wartete sie auf den Regenbogen.

Und jetzt war auch sie tot. Brutal und gedankenlos beseitigt.

Carter schwang die Beine aus dem Bett und betrachtete seine unmittelbare Umgebung. Was nicht sehr lange dauerte, denn viel war da nicht. Auch die Personalunterkünfte waren eng und unpersönlich, Grau und Weiß die vorherrschenden Farben. Streng genommen war der Unterschied zu den Zellen in der Isolierstation minimal, und das nicht ohne Grund. Sie alle hier waren auf die eine oder andere Weise Gefangene.

Das Einzige, was sein Zimmer hervorhob, war der Hundekorb in der Ecke. Dexter hatte natürlich mitbekommen, dass Carter wach war, und beäugte ihn aus schläfrigen Augen. Sein Stummelschwanz regte sich kurz, als Carter sich erhob und streckte, dann jedoch gähnte er sein großes Hundegähnen, schloss die Augen und wälzte sich auf die andere Seite. Dexter hatte einst einem Angestellten gehört. Wem genau, wusste Carter nicht. Der Hund jedenfalls betrachtete Carter längst als neuen Herrn, denn Hunde sind nicht annähernd so treu, wie wir gerne glauben. Vermutlich sind Menschen für sie generell nur rosige Fettklöße.

Carter marschierte mehrmals im Zimmer auf und ab. Nach der Einkaufstour ins Dorf waren seine Muskeln noch etwas schwergängig. Das Ganze schien Tage zurückzuliegen, tatsächlich waren es nur Stunden. Obwohl es im Wohnbereich nach wie vor kein Licht gab, liefen sämtliche Systeme wieder weitgehend normal, auch der Generator, vorerst jedenfalls. Denn das Hauptproblem, die häufigen Spannungsabbrüche, war immer noch nicht gelöst und ihre Situation somit instabil, um es vorsichtig auszudrücken. Welland schätzte, dass die Brennstoffvorräte für »plus/minus einen Monat« reichten, aber was hieß das? Was war »plus«, was »minus«. Das wusste niemand, am wenigsten Welland.

Abgesehen davon beschäftigten Carter noch ganz andere Dinge. Dinge, mit denen er sich im Grunde gar nicht beschäftigen wollte. Dinge, die er am liebsten ausgeblendet hätte. Julia zum Beispiel. Oder das fehlende Messer, noch so ein Beispiel. Er kam einfach nicht darüber hinweg, dass es weder im Pool noch im Retreat noch bei Humanreserve 01 gefunden wurde. Und wenn 01 es nicht war, wer dann? Kleiner Tipp: Carter hatte diesen Umstand Miles gegenüber nie erwähnt. Warum wohl?

Weil Miles hier alle Fäden in der Hand hielt. Miles, ihr selbst ernannter Anführer. Aber zugleich ein Mann, der längst nicht alle Karten auf den Tisch legte. Carter kannte ihn zwar besser als jeder andere im Retreat, aber dass er ihn gut kannte, konnte man trotzdem nicht behaupten. Was er wusste: Miles besaß einen medizinisch-wissenschaftlichen Hintergrund und war absolut bedenkenlos, was Gewaltanwendung anging. Was er zudem wusste: Miles liebte die Macht. In seinem vorigen Leben hätte er so ziemlich alles sein können, was ihm die Herrschaft über das Leben der anderen verhieß – vom Serienkiller bis zum Weltpolitiker.

Carter war übrigens nicht der Meinung, dass Miles Julia umgebracht hatte, dafür war die Tat zu schlampig ausgeführt. Andererseits fiel ihm kein anderer ein, dem er so einen Mord zutraute. Von daher war Carter gut beraten, über seinen Verdacht zu schweigen.

Außerdem war da die Sache mit Jackson.

Carter hatte in drei Jahren kaum einen Gedanken an den Mann verschwendet, und auf einmal bekam er ihn gar nicht mehr aus dem Kopf.

Carter wusste, dass Jackson nicht derjenige war, der das Plasma gestohlen hatte.

Weshalb also hatte er sich abgesetzt?

Es musste noch einen weiteren Grund geben.

Für gewöhnlich interessierte sich Carter so gut wie überhaupt nicht für seine Mitmenschen.

Doch das galt nur, solange seine eigene Stellung nicht in Gefahr war. Dass Miles den Diebstahl entdeckt und er Jackson erschossen hatte, brachte ihn in Bedrängnis – und zwar erheblich. Das Plasma *nicht* zu stehlen, war keine Option. Aber er durfte sich eben auch nicht erwischen lassen.

Deshalb machte ihn die Aussicht, allein mit Miles zur alten Bergstation aufzubrechen, mehr als nervös. Und in dieser Rechnung waren Miles' Pläne zur Beschaffung frischer Humanreserven noch nicht einmal enthalten. Jede dieser Aktionen barg ganz spezifische, möglicherweise tödliche Risiken. Was gäbe Carter jetzt für den Zustand von vorher, wo er maximal an Langeweile gestorben wäre!

Er ging in seinem Mini-Bad aufs Klo und klatschte sich am Waschbecken kaltes Wasser ins Gesicht. Dann verließ er sein Zimmer, begleitet von seinem treuen Hund Dexter, der zweifellos spannende Dinge erwartete. Carter blieb stehen, überlegte, was er jetzt tun sollte. Er könnte nach unten gehen, frühstücken und sich das erste Bier des Tages aufmachen oder … Er wandte sich um, blickte den Gang hinunter, wo die anderen Zimmer lagen. Nummer 6 war das von Jackson.

Allerdings war er noch unentschlossen. Der Mensch ist neugierig, richtig. Er ergründet gerne Ursachen, blickt noch lieber hinter fremde Fassaden, weil er sich davon alle möglichen Antworten erhofft. In vielen Fällen aber bekommt ihm dieser Wissensdurst überhaupt nicht, bestes Beispiel ist der abgefuckte Zustand der Welt. Nicht jedes Wissen ist gut. Und selbst *wenn* es gut ist, darf es nicht in die falschen Hände fallen. Ein Idiot mit Zugriff auf die neuesten Erkenntnisse könnte das Ende der Menschheit bedeuten.

Aber wenigstens der *eigenen* Erkenntnis zu folgen war noch nie Carters Stärke. Er begab sich direkt zu Jacksons Zimmer, Dexter immer mit dabei. An der Tür sagte Carter: »Dexter, Platz!«

Für gewöhnlich ignorierte Dexter solche Kommandos, weswegen sich Carter fragte, ob er vielleicht in einer anderen Sprache erzogen war. Wahrscheinlich aber war der Grund viel simpler, und die Töle hatte nur ihren eigenen Kopf. Wie auch immer, diesmal geschah ein Wunder, und Dexter setzte sich gehorsam hin und blickte Carter neugierig an.

»Ich weiß«, sagte Carter zu dem Hund, »das ist jetzt ein ganz, ganz blöder Schritt.«

Dexter legte den Kopf zur Seite und fing dann an, sich die Eier zu lecken. Carter schüttelte den Kopf. »Recht hast du. Wenn ich das auch könnte, wäre ich jetzt nicht hier.«

Er machte die Tür auf, sie war nicht einmal abgeschlossen. Allerdings konnte er sich ausrechnen, dass Miles das Zimmer bereits durchsucht hatte und interessante Funde deshalb nicht zu erwarten waren. Und dass Miles etwas übersehen hatte: unwahrscheinlich. Trotzdem, versuchen konnte man es.

Jacksons Zimmer sah nicht anders aus als sein eigenes, es roch nur anders. Jacksons Zimmer roch frisch und sauber, das Bett war ordentlich gemacht. Auf dem Nachtkästchen ein Digitalwecker und ein Fitness-Tracker, beides penibel ausgerichtet. Nun ja, kein großes Geheimnis, das. Selbst Carter, der sich wie gesagt um niemanden scherte, war nicht entgangen, dass Jackson ein äußerst disziplinierter Mensch war. Maßvoll wäre das bessere Wort. Niemand, der sich zu irrationalen oder impulsiven Handlungen hinreißen ließ. Was also war der Grund für seine Flucht? Wo wollte er hin?

Carter suchte weiter, suchte sogar an Stellen, die zu einfach waren. Erstens, *weil* sie als Versteck zu simpel waren. Und zweitens, weil er gar nicht wusste, wonach er eigentlich suchte. Er kramte in Jacksons Kleiderschrank, was schnell erledigt war. Die Rekruten erhielten nur eine Grundausstattung an Klamotten, dazu Hygieneartikel und einige andere Basics. Carter selbst hatte anfangs nicht einmal das. Aufgrund seiner ungeplanten Ankunft erhielt er seine Grundausstattung aus dem Fundus der Toten.

Jacksons Garderobe war der übliche Mix aus Freizeit- und Sportmode, vervollständigt durch Flipflops und Laufschuhe. Damit war Carter so schnell durch, dass er auch noch in den Taschen nachsah. Die Schuhe schüttelte er aus. Wie erwartet: *Nada.* Anschließend kontrollierte er auch noch die kleine, weiß gekachelte Nasszelle.

Auch hier gab es kaum etwas, das sich als Versteck eignete. Nun ja, den Spülkasten. Er nahm den Deckel ab und sah nach. Alles klar, nur Wasser. Er öffnete den Spiegelschrank über dem Waschbecken. Nahrungsergänzungskram, Rasierer, Deo, Zahnpasta. Carter machte wieder zu und drehte sich einmal um sich selbst. Die Dusche erregte seine Aufmerksamkeit.

Wo würde *er* etwas verstecken? Er stieg in die Duschkabine, langte nach oben und schraubte den Duschkopf ab. Nichts drin. Er ließ den Blick nach unten sinken, da war der Abfluss. Musste wohl sein. Er ging in die Knie und hob das Abflusssieb an.

Bingo! Der Flachbett-Siphon war entfernt worden, und in dem frei gewordenen Raum steckte ein Plastikbeutel mit einem Handy.

Niemand im Retreat besaß ein Handy, solche persönlichen Dinge waren vorher alle konfisziert worden. Die Hausverwaltung durfte noch E-Mails versenden, aber sie wurden alle kontrolliert, und einen Festnetzanschluss gab es nicht. Nur der Professor verfügte über ein Smartphone. Zwar hatten nach der Revolte einige versucht, Freunde oder Familie per Mail zu kontaktieren, jedoch nie eine Antwort erhalten. Dasselbe bei Sprachnachrichten. Nach einer Weile gab man einfach auf. Trotzdem hatte Miles immer ein funktionierendes Smartphone bei sich. Um Bestellungen bei Quinn durchzugeben oder für Notfälle.

Carter starrte auf das Handy unter der Duschwanne. Ein kleines Nokia, ein putziges Ding, das man fast historisch nennen konnte.

Warum hatte Jackson bei seiner Flucht ausgerechnet sein geheimes Handy zurückgelassen?

Carter fummelte den Plastikbeutel aus dem Abfluss und holte das Telefon heraus.

Aufs Geratewohl drückte er eine Taste, und auf dem kleinen Display ging das Licht an. Offensichtlich war der Akku geladen – und das Handy nicht einmal gesperrt.

Er starrte auf die grün schimmernde Anzeige.

Und plötzlich hatte Jackson gleich mehrere Nachrichten.

JETZT SIND WIR ALLE HURENSÖHNE

Hannah

An Schlaf war eigentlich nicht zu denken, eingeklemmt zwischen den verbogenen Sitzen im Heck. Doch alle versuchten es irgendwie. Versuchten, die Kälte zu ignorieren, die mühelos durch mehrere Schichten Winterkleidung drang. Und versuchten, den Gestank der Chemietoilette zu ignorieren. Da der Bus praktisch auf der Seite lag, hatte sie ihren gesamten Inhalt auf dem Boden verteilt.

Aber alle waren auch zu Tode erschöpft von den traumatischen Ereignissen des Tages, sodass bald regelmäßige Atemzüge zu hören waren, unterbrochen höchstens von Peggys leisem Stöhnen und dem bellenden Husten von Ben. Ein Memento mori, das sie bis in den Schlaf verfolgte.

Eine der wenigen, die nicht schliefen, war Hannah, trotz ihrer geschlossenen Augen. Aber schlafen konnte sie noch nie gut, selbst als Kind nicht. Sie hasste dieses allmähliche Abgleiten ins Vergessen, weil sie Angst hatte, nie wieder daraus zu erwachen, und nach dem Selbstmord ihrer Mutter war es noch schlimmer geworden. Sobald sie loslassen sollte, schnellte stets dieselbe Frage hoch: Fühlte sich so der Tod an? In der nächsten Sekunde war sie wieder hellwach. Ihr Vater war keine Hilfe. Er ging selten vor Mitternacht ins Bett und stand regelmäßig vor dem Morgengrauen wieder auf. Er betrachtete Schlaf als notwendiges Übel, als hinderliche Angewohnheit für Schwächlinge und Faulenzer.

Kein Mensch braucht mehr als vier Stunden Schlaf. Wir sind einfach zu bequem geworden, wenn wir unsere beste Zeit im Bett vertun. Unsere Vorfahren wussten noch, dass die dunklen Stunden zugleich die gefährlichsten waren. Es wird – bald, sehr bald – wieder eine Zeit geben, in der wir uns diese Schlafmützigkeit nicht mehr leisten können. Eine Zeit, in der wir wach sein müssen, wach und bereit.

Also wich Hannah in einen halb bewussten Dämmerzustand aus, in dem ihr Geist wandern und Probleme lösen konnte, die sie am Tag beschäftigt hatten: die bevorstehende Abgabe einer Seminararbeit, Gleichungen, deren Beweiskraft ihr entgangen war, solche Sachen. Aber oft drifteten ihre Gedanken auch ganz woandershin.

Zum Beispiel zu Indiana Jones. Den Film hatte ihr einmal ein Au-pair-Mädchen gestattet. Seither liebte sie diese Geschichte und seinen attraktiven Helden. Bis ihr irgendein Schlaumeier einmal darlegte, dass alle Heldentaten von Indiana Jones im Grunde genommen herzlich sinnlos waren, weil sie am Ausgang des Films nicht das Geringste änderten. Indiana Jones hätte ebenso gut gar nicht da sein können.

Genauso fühlte es sich jetzt an. Sie waren in diesem Bus gefangen, Joshs Opfer war vergebens gewesen, ihre Situation dieselbe wie zuvor. Zugegeben, sie waren noch nicht tot, aber so gut wie. Letztlich Anschauungssache. Nicht nur, dass Hilfe von außen nicht kam, sie wäre auch gar keine Hilfe. Denn wer immer sie jetzt suchte, wollte sie nur wegsperren.

Deshalb hatte sie auch die Nachricht ihres Vaters gelöscht, ohne den anderen etwas davon zu sagen. Hätte sie es getan, hätte sie ihnen ebenso von den Infektionen an Bord berichten müssen und ihrem Verdacht, dass der Unfall kein Unfall war, sondern ein Anschlag mit dem Ziel, sie alle zu töten. Genau betrachtet, war ihre Lage sogar noch prekärer als zu Beginn, aber das mochte sie sich selber kaum eingestehen.

Denn ironischerweise war ausgerechnet der Schneesturm ihr stärkster Verbündeter, da er verhinderte, dass jemand an sie herankam. Nun aber stand eine Entscheidung an. Hierbleiben und darauf hoffen, dass das Department Gnade walten ließ? Unwahrscheinlich. Oder versuchen, sich abzusetzen?

Sich aus dem Bus herauszubuddeln ging aufgrund der Lage des Busses nicht mehr. Aber selbst wenn sie es schafften, wie wollten sie in der Kälte überleben, Raubtieren ausweichen, etwas zu essen finden, ein Dach über dem Kopf? Immer vorausgesetzt, dass niemand Symptome zeigte oder ernsthaft erkrankte. Und die ganze Zeit war das Department hinter ihnen her.

Du denkst zu weit voraus, Hannah. Du musst schrittweise vorgehen. Eins nach dem anderen. Systematisch.

Auch so eine Weisheit von ihrem Vater. Ein Problem im Ganzen zu lösen, ist, wie mit dem Kopf gegen die Wand zu rennen. Besser, man bricht erst einen einzigen Ziegelstein heraus, dann noch einen und noch einen … bis von der Mauer nichts mehr übrig ist.

Okay, was war ihr größtes Problem? Ihr größtes Problem war, dass sie hier eingesperrt waren. Hannah besah sich das kaputte Fenster. Konnten sie einen zweiten Tunnel graben? Fraglich. Sollten sie es noch einmal mit dem Notausstieg versuchen? War vermutlich absichtlich versperrt. Was sollten sie also tun? Das Fenster auf der anderen Wagenseite einschlagen? Dazu hatten sie nicht das Werkzeug. Oder doch? Sie konnte zumindest nachsehen, ob sich durch die Bewegung des Busses ein Sitz gelockert hatte. Das wäre ein Anfang.

Sie hielt inne. Nein, noch mal zurück. Was hatte sie übersehen, woran nicht gedacht? An den Notausstieg? Nein. Aber nah dran. Die Toilette! Irgendwas mit der Toilette.

Wie arbeiteten diese Toiletten? Sie spülten alles in einen Tank, der von Zeit zu Zeit geleert werden musste. Das heißt, zwischen der Toilette und dem Tank gab es eine Art Fallrohr. Das musste nicht groß sein, aber wenn es ihnen gelänge, die Toilette herauszureißen und anschließend auch noch den Tank zu entfernen, war der Durchlass vielleicht groß genug, dass sich jemand hindurchquetschen konnte. Hannah erinnerte sich an einen alten Film, wo jemand so aus einem Flugzeug herausgekommen war. Die Frage war nur: Machte ihnen die Technik nicht einen Strich durch die Rechnung? Entsprach dieses Prinzip der Realität? Und falls nicht, konnten sie die Kloschüssel vielleicht dazu benutzen, das Fenster einzuschlagen? Lauter Möglichkeiten. Sie mussten sie nur …

Abermals stockte ihr Gedankenstrom. Sie riss die Augen auf.

Wieder Geräusche auf dem Dach. Kleine Tapser, die noch in den Scheiben nachzitterten. Etwas war da oben. Sie hob den Blick. Sollten die Wölfe zurückgekehrt sein, angelockt von Joshs Blut? Oder waren es andere Räuber wie Luchse oder Wildhunde?

Mit schmerzenden Gliedern hievte sich Hannah aus ihrem Sitz. Im Bus war es nicht vollkommen dunkel, und ihre Augen adaptierten sich schnell. Wie viel Uhr war es? Zwei? Drei? Ihr schien, als sei das Mondlicht heller als noch vor Stunden. Hatten sich die Wolken verzogen?

Sie blickte um sich. Cassie hatte sich in der Reihe vor ihr zusammengerollt. Lucas schlief beinahe im Sitzen. Und Daniel lag wie eine schwarze Masse neben seiner Schwester.

Daniel war eigenartig, fand sie. Auf jeden Fall fiel er, was die Academy betraf, völlig aus dem Rahmen, gehörte weder zur Gruppe der reichen verzogenen Schnösel noch zu den Stipendiaten, die in der Regel ihren jeweiligen Fachbereich dominierten, seien es Naturwissenschaften, Medizin oder Geisteswissenschaften. Sie profitierten auch am meisten von den kleinen Klassen und den Dozenten, die zu den besten ihrer Disziplin gehörten – siehe ihren Vater.

Daniel passte irgendwie nirgendwohin, und sie konnte sich

auch nicht erinnern, ihn je auf dem Campus gesehen zu haben. Aber die Academy war groß, manche Gruppen begegneten sich nie. Nur: Für Peggy galt dasselbe und für Cassie und Lucas auch. Oder lebte sie so in ihrer eigenen Blase, dass sie andere schon gar nicht mehr wahrnahm?

Und wieder diese Geräusche von oben. Hannah gefiel das nicht. Solange diese verdächtige Aktivität anhielt, konnte sie bestimmt nicht schlafen. Sie stand auf und wollte in den vorderen Teil, aber der Mittelgang war jetzt eine steile Rutschbahn, weswegen sie sich bei jedem Schritt an den Seitenlehnen abstützen musste – und das bei Dunkelheit.

Sie hatte auch den Eindruck, dass die verstohlenen Geräusche ihr folgten. Ja, alles daran war verdächtig, verstohlen. Wölfe waren das nicht, das stand fest. Was immer da oben war, wollte keine Aufmerksamkeit erregen, sie in Sicherheit wiegen.

Endlich kam sie vorne an. Trotz der Kälte ging von dem Leichenberg mittlerweile ein wahrnehmbarer Verwesungsgeruch aus. Das lag an dem Gas, das sich in den Körperhöhlen bildete. Die inneren Organe zersetzten sich als Erstes. Äußerlich blieb tagelang noch alles beim Alten, aber im Innern war der Umbau in vollem Gange.

Jetzt wieder. Ein dumpfes Geräusch, nur lauter. Hannah fuhr zusammen. Dann kletterte sie auf den Fahrersitz, vielleicht sah sie ja durch die Frontscheibe etwas mehr. Der Schnee war teilweise weggeweht, aber das Glas war von innen stark beschlagen. Mit dem Ärmel verschaffte sie sich eine bessere Sicht.

Von draußen starrte sie ein fratzenhaftes Gesicht an.

Von Angesicht zu Angesicht.

Panisch ruderte sie zurück, ihre Stimme versagte.

Das Gesicht war bleich, die gelben Zähne gebleckt. Eine Sekunde lang blickte Hannah in die rot geränderten Augen. Auf einmal rutschte die Gestalt über die Frontscheibe nach unten und floh in Richtung des dunklen Waldstücks. Mit wild pochendem Herzen blickte Hannah der Erscheinung nach.

Jemand fasste sie an der Schulter. Sie schrie vor Schreck auf und wirbelte herum, die Fäuste erhoben.

»Langsam, langsam, ich bin's doch nur.«

Lucas. Er blickte sie besorgt an. »Was ist denn los?«

Hannah deutete mit dem Kopf auf die Frontscheibe und war doch voller Zweifel, ob sie ihren Augen oder ihrem Verstand noch trauen konnte. Die Gestalt jedenfalls schien sich in Luft aufgelöst zu haben. Außer dem verglimmenden Waldstück und den blutigen Überresten von Josh war nichts mehr zu sehen.

Sie schluckte. »Da war jemand, draußen am Bus.«

»Was? Doch nicht die Rettungsmannschaft?«

Hannah schüttelte den Kopf. »Sah eher nicht so aus.«

»Aber wer dann, bei diesem Wetter? Vielleicht Leute aus der Umgebung?«

Sie wussten aber beide, dass diese Hoffnung illusorisch war. Außer ihnen und der Wildnis gab es nichts. Diese entlegene Gegend gehörte höchstens den Tieren – und wer weiß welchen Kreaturen.

Hannahs Antwort war da, ehe sie von der inneren Zensur gestrichen werden konnte: »Ein Whistler.«

Das Wort »Whistler« bezog sich auf das Zerstörungswerk, welches das Virus in der Lunge der Infizierten anrichtete, speziell auf das Atemgeräusch, das schon kein Atem*neben*geräusch mehr war, sondern ein durchgängiges, unheiliges, feuchtes Pfeifen. Niemand wusste, wer die Bezeichnung Whistler ersonnen hatte, aber sie ging sofort in den allgemeinen Sprachgebrauch ein. Weil sie passte. Besser konnte man es nicht beschreiben.

Wer einmal zum Whistler geworden war, der hatte in der normalen Welt nur noch sehr wenige Optionen. Whistler waren Halbtote. Whistler hatten die Infektion überlebt, trugen aber das Virus noch in sich, vor allem die Choler-Subvariante, die im weiteren Verlauf auf das Hirn übergreifen konnte. Die von ihrem Vater mitbegründeten Sonderschutzzentren zielten in erster Linie auf diesen aggressiven Typus ab. In den Sonderschutzzentren konnten Whistler sowohl optimal versorgt werden und bekamen gleichzeitig die Gelegenheit, ihren Teil zur Bekämpfung des Virus zu leisten, hieß es.

Allerdings waren die Sonderschutzzentren hochumstritten. Manche hielten sie für unumgänglich, andere – wie Cassie – bezeichneten sie als Menschenfarmen, wenn nicht gar als Konzentrationslager. In der politischen Debatte hatte sich jedoch »Farmen« durchgesetzt.

Einmal, als Hannah den Mut fand, ihren Vater, nun, nicht gerade zur Rede zu stellen, aber doch immerhin zu fragen, hatte dieser gesagt: »In jedem Krieg, Hannah, gibt es Gefallene. Auch wir führen gerade einen Krieg. Und zwar einen Krieg gegen einen Feind, der permanent seine Gestalt ändert. Natürlich fordert so ein Krieg Opfer, Hannah, aber sie werden erbracht für das große Ganze.«

Aber nicht jeder wollte dieses Opfer ohne Weiteres erbringen. Viele Infizierte entzogen sich der Fürsorge des Departments, tauchten ab, gründeten in gottverlassenen Gegenden eigene Kommunen. Flogen diese auf, kam es nicht selten zu hässlichen Polizeiaktionen, die die Öffentlichkeit weiter spalteten. Nicht wenige empfanden Sympathie für die Whistler, es seien doch auch Menschen – mit Müttern, Geschwistern, eigenen Kindern.

Einige Jahre zuvor kam es unweit der Academy zu einem lokalen Ausbruch, offenbar durch verseuchtes Fleisch. Die Infektion verbreitete sich rasend schnell, ihr Vater und sein gesamtes Team rückten zur Bekämpfung an. Das Dorf wurde abgeriegelt und unter Quarantäne gestellt, doch Gerüchten zufolge war es einigen Infizierten gelungen, in die Wälder zu flüchten, wo sie angeblich bis heute lebten.

»Glaubst du, sie sind gefährlich?«, fragte Cassie.

Die Gruppe hatte sich erneut im hinteren Teil des Busses versammelt. Hannahs Aufschrei hatte die anderen geweckt, und sie sah keinen Grund, die Situation zu beschönigen.

»Wenn ich das wüsste.«

»Halleluja«, sagte Daniel. »Langsam wird's lustig.«

»Wir haben eigentlich keinen Grund, anzunehmen, dass sie eine Bedrohung darstellen«, sagte Lucas. »Zumindest, solange wir hier im Bus bleiben und sie da draußen.«

»Aber wie lange sollen wir uns hier verkriechen?«, fragte Daniel.

»Ich bin sicher, die zuständigen Stellen sind mittlerweile darüber informiert, dass ein Bus mit Studenten vermisst wird. Der Schneesturm lässt allmählich nach. Vielleicht stellen sie bereits in dieser Minute einen Suchtrupp zusammen«, sagte Lucas.

Cassie sah zu Hannah hinüber. »Willst du es ihnen jetzt sagen?«

Nein, will ich nicht, dachte Hannah. Aber es ließ sich wohl nicht vermeiden.

»Wir haben möglicherweise noch ein weiteres Problem«, sagte sie.

Lucas blickte sie unwillig an. »Und das wäre?«

»Es ist möglich, dass unser Unfall kein Unfall war.«

»Was?«

»Cassie war dabei, als die Tests ausgewertet wurden. Zwei Studenten an Bord waren positiv.«

»Aber wie sind sie dann in den Bus gekommen?«, fragte Lucas.

»Das weiß ich auch nicht. Ich weiß nur, dass mein Vater es keinem infizierten Studenten gestattet hätte, die Academy zu verlassen.« Sie blickte in den Kreis der Gesichter. »Und wäre ihm so etwas bekannt geworden, ich glaube, er hätte Himmel und Hölle in Bewegung gesetzt, dass der Bus nie im Retreat ankommt.«

»Jetzt übertreibst du aber.«

Hannah schüttelte den Kopf. »Du kennst meinen Vater nicht.«

»Das heißt, der Fahrer hat den Unfall absichtlich verursacht und ist dabei ums Leben gekommen?«, fragte Daniel.

Hannah bemerkte, wie es in Lucas arbeitete.

»Der Fahrer ist nicht unter den Toten«, sagte Hannah.

Daniel starrte sie an. »Und du weißt auch nicht, wo er ist?«

»Ich vermute, er hat den Bus rechtzeitig verlassen und bei der Gelegenheit den Notausstieg blockiert.«

Kaum hatte sie es ausgesprochen, fiel ihr auf, was sie an diesem Szenario störte. Der Fahrer sollte ohne Jacke und Cap ausgestiegen sein? Keine Außenkleidung, bei diesem Wetter? Wie wollte er da draußen überleben?

»Natürlich gibt es noch eine weitere Möglichkeit«, bemerkte Cassie spitz. »Er hat den Bus gar nicht verlassen.«

»Gerade sagtest du noch, er sei unter den Toten«, sagte Daniel.

»Genau. In diesem Fall bräuchte er einen Komplizen. Und das wiederum müsste zwingend einer von uns sein.«

»Du machst Witze«, entgegnete Daniel, aber seine Nervosität war unübersehbar. »Ich meine, ich habe nicht einmal einen Führerschein.«

»Okay, Leute.« Lucas hob die Hand. »Das wird langsam albern. Niemand von uns ist ein Komplize von irgendwas.«

»Was ist mit dir?«, fragte Cassie.

»Ich?«

»Ja, du. Du siehst mir nicht aus wie ein Student. Ich kann mich auch nicht entsinnen, dass du den Bus zusammen mit uns bestiegen hast. Jetzt gib es schon zu: Du bist der Komplize.«

»Können wir bitte mit diesem Scheiß aufhören«, sagte Hannah ernsthaft.

Cassie sah sie provokativ an. »Nein, er soll es ruhig zugeben.«

Lucas seufzte. »Also *ich* bin es schon mal nicht. Allerdings gebe ich dir in einem Punkt recht: Ich bin älter als die meisten Studenten. Das liegt aber einzig und allein daran, dass ich für längere Zeit beurlaubt war – wegen eines Unfalls. Seit zwei Jahren bin ich aber wieder ganz normal an der Academy eingeschrieben.«

»Was für ein Unfall?«

Lucas beugte sich nach unten und rollte sein rechtes Hosenbein hoch.

Cassie bekam den Mund nicht mehr zu.

»Fuck, ey«, raunte Daniel.

Selbst Hannah mit ihrem medizinischen Hintergrund spürte einen Ruck.

Alles unterhalb seines Knies war fleischfarbene Prothese.

»Ein Autounfall«, sagte Lucas. »Dabei habe ich noch Glück gehabt. Ich hätte auch dabei draufgehen können. Aber die Reha braucht eben ihre Zeit, deshalb konnte ich nicht studieren.«

Dann blickte er in die Runde und sagte ganz ruhig: »Aber so eine Prothese bedeutet auch: Ich kann kein Fahrzeug mit normalem Schaltgetriebe fahren – und falle als Busfahrer notgedrungen aus.«

Hannah registrierte den befriedigten Unterton sehr wohl. Cassie auch – und besaß Anstand genug, sich ein bisschen zu schämen.

»Tut mir leid«, sagte sie.

Lucas quittierte es mit einem leichten Nicken. »Schon in Ordnung.«

»Wir alle sind wohl ein bisschen gestresst«, stellte Daniel fest.

»Ist das ein Wunder?«, bemerkte Lucas. »Noch vor Kurzem wurde einer von uns getötet, und wir sitzen nach wie vor in einem Bus mit teilweise infizierten Leichen fest. Nicht gerade eine Traumreise.«

Es folgte eine längere Pause. Dann fragte Daniel, an Hannah gerichtet: »Glaubst du wirklich, dein Vater lässt dich einfach so sterben.«

»Nein, von *sterben lassen* kann keine Rede sein. Auch euch wird er nicht sterben lassen, sondern alles daransetzen, dass ihr am Ende auch unwiderruflich tot seid, so ist das.« Sie ließ den Satz wirken. »Sobald der Schneesturm nachlässt, machen sich seine Leute auf den Weg. Aber es ist das Kill-Team, keine Rettungsmannschaft.«

»So weit erst mal«, sagte Lucas. »Wir sollten also unsere Handlungsoptionen entsprechend anpassen.«

»Welche Optionen denn bitte?«, fragte Cassie. »Wir kommen hier nicht weg.«

»Das ist die Frage. Wir müssen einen anderen Weg aus dem Bus finden.«

In diesem Moment erinnerte sich Hannah an ihre Gedankenspiele im Halbschlaf. »Vielleicht gibt es den sogar. Und zwar über die Toilette.«

»Super Idee«, bemerkte Cassie. »Dann rauschen wir also mit der Wasserspülung ins Freie? In Zeichentrickfilmen klappt das.«

»Quatsch. Aber wenn wir die Toilette ausbauen könnten. Und den Tank darunter gleich mit. Und wenn wir dann durch diese Öffnung nach draußen kämen …«

»Wie gesagt, wenn das Wörtchen ›wenn‹ nicht wär …«, warf Cassie ein.

Hannah verschränkte die Arme. »Ich nehme gerne Alternativvorschläge entgegen.«

»Einen Versuch wäre es wert«, sagte Lucas.

»Aber was kommt dann?«, fragte Cassie. »Wie sollen wir da draußen überleben? Bei der Kälte und in einer Gegend, wo sich Raubtiere und Whistler gute Nacht sagen. Vor allem: Wo wollen wir eigentlich hin?«

»Wenn wir erst einmal draußen sind, kommen wir auch an den Gepäckraum. Das bedeutet mehr Lebensmittel, mehr warme Kleidung und vor allem Handys. Je mehr Leute wir über unsere Lage informieren, desto weniger kann das Department machen, was es will. Einfach erschießen geht dann nicht mehr.«

Was andererseits vom Department höchst fahrlässig wäre, dachte ein dunkler Teil ihres Verstands. Als Infizierte waren sie eine wandelnde Gefahr, ihr Überlebenswunsch also reiner Egoismus. Aber das war Überleben ja häufig.

»Was ist mit Peggy?«, fragte Daniel. »Und Ben? Sie haben da draußen keine Chance.«

Hannah starrte ihn an. Das Festhalten an seiner Schwester war bewundernswert, aber zugleich weltfremd.

»Daniel …«, begann sie.

Lucas unterbrach sie harsch. »Geschenkt! Die beiden werden so oder so nicht überleben.«

Worauf Daniel sagte: »Also lassen wir sie hier allein zugrunde gehen?« Dann an Hannah gerichtet: »Ist das auch deine Meinung?«

Ja, ist es, dachte Hannah. Weil es gar keine andere Möglichkeit gibt. Im Übrigen stirbt jeder für sich allein, auf diese Reise kann dich niemand begleiten. Also, was willst du?

Laut drückte sie es nur diplomatischer aus: »Daniel, hör zu, es kann sein, dass uns am Ende nichts anderes übrig bleibt …«

Daniel schüttelte vehement den Kopf. »Vergiss es.« Er stand auf und entfernte sich demonstrativ von der Gruppe.

»Wo willst du hin?«, fragte Lucas.

»Aufs Klo. Oder brauche ich dafür auch schon die Genehmigung der Herren über Leben und Tod?«

»Das ist die Härte«, murmelte Cassie.

Hannah seufzte. »Lucas hat trotzdem recht. Peggy und Ben sterben in jedem Fall. Wir verschwenden nur wertvolle Ressourcen, wenn wir versuchen, sie mitzunehmen. Das Einzige, das wir tun können, ist, dafür zu sorgen, dass es ihnen halbwegs gut geht, solange sie noch nicht …«

»Und das könnte früher sein, als ihr denkt«, sagte Lucas. »Hört ihr etwas?«

»Nein, wieso?«

»Eben. Ben hustet nicht mehr.«

Er hatte recht, Hannah war es bloß nicht aufgefallen. Sie sah zu der Stelle im Mittelgang, wo sie ihn hatten liegen gelassen und wo er schon nicht mehr gewesen war, als sie vorhin nach vorn kletterte. Vielleicht hatte er sich auf einen Sitz geschleppt, sie wusste es nicht, hatte auch nicht nachgesehen, wie sie sich eingestehen musste. Überhaupt hatte niemand nach ihm gesehen. Warum nicht? Weil alle ihn bereits abgeschrieben hatten.

»Ich schau mal, was los ist …«, sagte sie.

Aber dann hörten sie Lärm aus der Toilette – und Daniel, der rief: »Allmächtiger Gott!«

Rückwärts stolperte er aus der Toilette und wäre auf dem nassen Boden ausgeglitten, hätte er sich nicht an einer Rückenlehne festgehalten. Ihr fiel auf, dass seine Hände blutverschmiert waren.

Sie schnellte aus ihrem Sitz. »Was ist los?«

Daniel blickte sie mit leerem Gesicht an. »Sieht nicht so aus, als wäre Ben noch eine Belastung«, sagte er.

Um sich dann heftig zu erbrechen.

Meg

Durst. Kälte. Hunger. Jedes Einzelne davon konnte einen umbringen. Im Augenblick, dachte Meg, warteten sie praktisch nur ab, was das Schnellste war.

Gegen die Kälte ließ sich etwas tun. Beispielsweise durch Bewegung, auch wenn dies die Gefahr in sich barg, die Kabine in gefährliche Schwingungen zu versetzen. Immerhin konnte der Körper auf diese Weise etwas Wärme generieren. In den Stunden dazwischen rückten sie – trotz ihrer zahlreichen Animositäten – in einer Ecke zusammen. Was tut man nicht alles, um nicht zu frieren?

Denn es wurde immer kälter. Am nächsten Morgen machte Meg die beunruhigende Feststellung, dass an der Verglasung der Kabine die ersten Eisblumen blühten. Was nicht verwunderlich war, die Gondel war praktisch null kälteisoliert, musste es auch nicht sein für die rund fünfzehnminütige Fahrt. Aber wenn es so weiterging, froren sie allmählich ein.

Hunger! War unangenehm, aber erst einmal nicht lebensbedrohlich. Selbst eine Woche ohne Nahrung würde sie nicht umbringen. Aber Hunger war schlecht für die Moral und sorgte für zusätzlichen Stress.

Durst hingegen war etwas ganz, ganz anderes. Schon nach einem halben Tag waren ihre Kehlen ausgedörrt, die Lippen rau und trocken. Zum Glück war der Flüssigkeitsbedarf bei der Kälte nicht hoch, niemand schwitzte. Und auch wenn der Wassermangel vordergründig das Kloproblem entschärfte, ihr Durst wurde schnell zur Qual – und veränderte alles.

»Wir werden alle hier sterben«, murmelte Sarah, als sie an der Reihe war, sich etwas Bewegung zu verschaffen. Sie marschierte auf und ab, schlug dabei die Hände aneinander. »Es ist nur eine Frage der Zeit.«

»So dürfen wir nicht denken«, sagte Sean.

»Er hat recht«, sagte Max. »Vielleicht kommt ja doch noch Hilfe.«

»Weißt du, wie lange wir hier schon festhängen? Sie haben uns vergessen. Oder wollen uns nicht retten. Vielleicht war das von Anfang an ihre Absicht: uns verrecken lassen wie Versuchskaninchen in einem Laufball.«

»Hamster«, sagte Meg.

»Was?«

»Man steckt keine Kaninchen in einen Laufball, nur Hamster.«

»Oder Wüstenrennmäuse«, sagte Sean.

»Was spielt das für eine Rolle?«, schrie Sarah. »Kaninchen, Hamster, Rennmäuse: Wir krepieren hier.« Sie brach in Tränen aus, sank in einer Ecke zusammen und fing an zu beten.

Meg besaß nicht mehr die Großmut, beruhigend auf sie einzureden. Auch Max hatte keine Kraft mehr. Er rutschte unruhig auf seinem Sitz hin und her und verzog immer wieder schmerzhaft das Gesicht. Sein Zustand machte Meg Sorgen. Er war bleich, atmete schwer und litt zunehmend an der Schwellung des Handgelenks. Unglücklicherweise verfügten sie auch über keinerlei Schmerzmittel.

Max' Alter war für Meg schwer zu schätzen. Er hatte sich äußerlich zwar ganz gut gehalten, aber Ende sechzig war er bestimmt, wenn nicht älter. Aber die Schmerzen in Kombination mit Durst, Nahrungsmangel und Kälte forderten sichtlich ihren Tribut – wie bei allen anderen auch. Was sollte nur werden, wenn die Nacht kam? Schläfrigkeit war ein Begleiter von Unterkühlung.

Was, wenn sie einschliefen und nie wieder aufwachten? Abermals wurde Meg von einem Knacken in der Konstruktion der Gondel alarmiert. Zwar hatte der Wind nachgelassen und dementsprechend auch die bedrohliche Schaukelei, aber sicher konnten sie sich nicht fühlen. Wie lange es wohl noch dauerte, bis Hilfe eintraf – falls sie überhaupt kam!

Sobald Sarah saß, hielt es Max nicht länger auf seinem Platz. Er stand auf oder versuchte es zumindest, schwankte und sank wieder zurück. Sean wollte ihm zu Hilfe kommen, aber Max schüttelte den Kopf.

»Lass mich, mir geht's gut«, sagte er ungewöhnlich aggressiv. Hier sprach wohl der Stolz.

Mit seinem gesunden Arm stieß er sich erneut ab und schritt mit äußerster Behutsamkeit durch die Kabine. Meg war klar, dass jeder Schritt nicht nur Wärme produzierte, sondern auch Energie kostete. Energie, die später womöglich fehlte.

Kurz nach der ersten Wende blieb Max plötzlich stehen, und seine Knie gaben nach. Meg und Sean sprangen hoch.

»Max, bist du okay?«, fragte Meg und kniete sich neben ihn.

»Ja, nur ein bisschen wacklig auf den Beinen, das ist alles.«

Der Anschein sprach allerdings dagegen. Er wirkte benommen, und als Meg und Sean ihm aufhalfen, merkten sie, wie heiß und feucht sich seine Haut anfühlte. Irgendwas war definitiv nicht okay mit ihm. Meg sah Sean an, der offenbar denselben Gedanken hatte. Shit.

»Setz dich erst mal hin«, sagte Sean. »Vielleicht sollten wir uns noch mal deinen Arm ansehen.«

»Nein, mit dem Arm ist alles in Ordnung. Mir war nur schwindlig.«

Vorsichtig führten sie ihn an seinen Platz.

»Na ja, ist das ein Wunder?«, murmelte Sarah. »Wir haben seit vielen Stunden weder gegessen noch getrunken. Wir sind alle schwach. Und so herumzuturnen, ist auch dämlich.«

»Danke für deinen konstruktiven Beitrag«, bemerkte Meg.

»Dein Arm macht mir Sorgen«, sagte Sean zu Max.

»Nein, wirklich, alles okay. Hab ich dir doch gesagt.«

»Max, wenn du nicht willst, dass ich dir den anderen Arm auch noch breche, lässt du mich jetzt einen Blick darauf werfen.«

Der alte Mann seufzte. »Tu, was du nicht lassen kannst.«

Behutsam hob Sean den Arm aus der Schlinge und löste die Bandage. Meg sah es gleich und bekam einen Schreck. Das Handgelenk war nicht nur geschwollen, sondern fleckig-dunkelrot. Meg wusste, auch ohne zu fragen, dass sich der ganze Bereich heiß anfühlte. Viele Erreger waren ubiquitär.

»Hoppla«, sagte Sean. »Das sieht nicht so toll aus.«

Max seufzte. »Es hat sich entzündet, nicht wahr?«

Sean nickte. »Sieht so aus. Könnte eine Phlegmone sein, was meinst du, Meg?«

Sie nickte. Das nächste Problem.

Max legte den Kopf zurück. »Tut mir leid. Ich will euch nicht noch zusätzlich zur Last fallen.«

»Das tust du nicht«, sagte Meg unbeirrt. »Bis jetzt beschränkt sich die Infektion nur auf das Handgelenk. Und die Haut ist noch intakt.«

»Es tut aber höllisch weh.«

»Vielleicht ist das gar nicht so schlecht.«

»Was redest du da?«, giftete Sarah aus ihrer Ecke. »Der arme Mann wird wahrscheinlich seinen Arm verlieren!« Dann fing sie wieder an zu heulen.

Meg hatte langsam genug von Sarah. »Hör mal zu, wenn du nichts Positives beizutragen hast, halt wenigstens die Klappe, das wäre schon eine Hilfe.«

Sarah blickte sie wütend an und langte an ihren Kreuzanhänger. »›Vergeltet niemals Böses mit Bösem. Seid auf Gutes bedacht gegen jedermann. Ist's möglich, soviel an euch liegt, so habt mit allen Menschen Frieden. Rächt euch nicht selbst, meine Lieben, sondern gebt Raum dem Zorn Gottes.‹«

Meg verdrehte die Augen. »Verdammt, das habe ich mir fast gedacht.« Sie wandte sich wieder Max zu. »Wenn wir erst im Retreat sind, wird alles gut. Sie haben da jede Menge Antibiotika.«

Max hob eine Braue. »Falls wir je dort ankommen.«

»Eins nach dem anderen. Wichtig ist erst einmal, wie du dich fühlst«, sagte Sean, um das Thema zu wechseln. »Hast du Aussetzer? Ist dir kalt?«

»Ein bisschen fröstelig«, sagte Max. »Aber das kann auch an der Kälte liegen und weil ich nichts gegessen habe.«

Auch so ein Punkt. Aufgrund eines schlechten Allgemeinzustands breitete sich die Infektion noch schneller aus. Sean verband den Arm wieder, und Meg überlegte angestrengt, was sie sonst noch tun konnten. Sie hatten zwar keine Chance, an Nahrungsmittel zu kommen, aber Wasser musste doch möglich sein. *Wasser, Wasser überall, doch keinen einzigen Tropfen zu trinken.* Nur dass es sich bei ihnen um gefrorenes Wasser handelte, das unablässig vom Himmel fiel und auf dem Dach der Gondel landete. Und zwar in nicht geringer Menge. Wenn sie bloß darankämen!

Meg schaute sich in der Kabine um. Viel gab es hier nicht. Fenster, Sitzbänke, eine Klappe im Boden. Wenn sie wenigstens einen erfahrenen Bergführer mit entsprechender Ausrüstung an Bord hätten, der könnte sich abseilen. Hatten sie aber nicht – also was tun? Sie hatte einmal im Fernsehen gesehen, wie Leute per Helikopter aus einer Seilbahn gerettet wurden. Doch so etwas funktionierte nur, wenn … wenn was?

Sie suchte die Decke der Kabine ab. Hinten rechts war so ein komisches Viereck im Blech. Doch nicht eine weitere Luke?

»Ich habe vielleicht eine Idee«, sagte sie.

»Ich bin ganz Ohr«, antwortete Sean.

»Wenn wir an den Schnee auf dem Dach kämen, hätten wir zu trinken.«

»Gute Idee. Und wie willst du aufs Dach gelangen?«

»Ich kann mich täuschen, aber ist da oben nicht eine weitere Luke?«

Plötzlich sahen alle hoch.

»Na klar. Falls sie die Leute mit dem Heli evakuieren müssen«, sagte Sean.

Nachher ist man immer schlauer, dachte Meg. Sie ging zu dem Viereck und langte nach oben. Ihre Fingerspitzen erreichten knapp die Decke, fanden aber keinen Halt.

»Lass mich mal«, sagte Paul.

Normalerweise ließ sich Meg von einem Mann nicht in die zweite Reihe schieben, aber in diesem Fall zählte allein Körpergröße. Doch selbst Sean fand keinen Punkt, an dem er angreifen konnte. Selbst als er die Klappe kräftig nach oben stieß, tat sich nichts. Falls es denn überhaupt etwas war, das sich öffnen ließ. Vielleicht war es ja nur ein Schaltkasten.

»Könnte sein, dass der Schnee das Ding nach unten drückt«, sagte Sean. »Oder es ist zugefroren. Oder nur von oben zu öffnen.«

Meg verlor wieder jeden Mut. »Fuck!«, fluchte sie.

Sean fummelte weiter an dem schmalen Spalt in der Decke.

»Sieh mal, hier ist ein Scharnier, also muss man es irgendwie öffnen können.«

»Okay.«

»Aber hier …« Er deutete auf ein kleines sechseckiges Loch auf der anderen Seite.

»Was ist das?«

»Sieht aus wie ein Schloss.«

»Also geht es von innen auf.«

»Aber dafür bräuchten wir einen Schlüssel oder irgendein kleines Werkzeug.«

»Wie ein Messer?«

Er hob die Brauen.

»Fuck!«, fluchte sie abermals.

Hinter ihr hörte sie Sarah, der wiederum nichts anderes einfiel, als zu beten.

»He, wenn du schon mal dabei bist, könntest du Gott nicht bitten, uns einen Schraubenzieher zu schicken? Ein bisschen göttliche Unterstützung könnten wir gerade echt gut gebrauchen.«

Das war gemein, Meg wusste das. Und Sarah ignorierte sie deshalb auch, wofür alle dankbar waren.

»Vielleicht befindet sich der Schlüssel hier irgendwo in der Kabine«, überlegte Max. »Aber versteckt, damit keiner irgendwelchen Unfug macht.«

»Ich weiß nicht«, meinte Sean. »Die Auswahl an geeigneten Stellen ist ziemlich begrenzt.«

»Wir sollten trotzdem danach suchen«, sagte Meg.

Sinnvoller als beten war es allemal. Sie ging auf die Knie und begann, unter der Bank nachzusehen. Ein anderer Ort fiel ihr nicht ein. Nach kurzem Zögern tat Sean das Gleiche auf der anderen Seite der Kabine.

Offenbar war kurz zuvor noch gründlich sauber gemacht worden. Meg fand nicht einmal den obligatorischen angeklebten Kaugummi. Sie wollte schon aufgeben, als sie etwas entdeckte. Keinen Schlüssel, aber etwas, das definitiv nicht dorthin gehörte. Ganz hinten unter der Bank war etwas Schwarzes. Sie griff danach. Es war ein Stück Klebeband mit abgerissenen Enden. Meg fand das eigenartig. Hatte es die Putzkolonne übersehen? Oder war es nachträglich angebracht worden? Oder hatte es dazu gedient, etwas anderes zu fixieren, das nun nicht mehr da war?

»Meg!«

Sie fuhr hoch und schlug sich prompt den Kopf an der Bank – »Autsch!« –, ehe sie wieder auftauchte.

»Ich habe ihn gefunden!«, rief Sean.

»Den Schlüssel?«

»Ja.«

Er hielt einen kleinen Schlüssel in die Höhe, wie er auch für Gaszähler verwendet wird.

»Er lag unter der Bank auf dem Boden.«

»Irre.«

Meg verstand immer noch nicht, wie sie so etwas hatte übersehen können. Sie stand auf und ging zu Sean. Sean steckte den Schlüssel oben in das sechseckige Loch, drehte erst nach rechts, dann nach links (Meg wusste auch nicht, wie es richtig ging) und drückte schließlich die Luke nach oben. Quietschend ging die Luke auf, wenn auch nur ein bisschen.

Er sah sie an und grinste. »Damit sind wir wieder im Spiel.«

Meg ging zu ihm, stellte sich auf die Zehenspitzen, drückte ebenfalls so fest sie konnte. Aber Eis und Schnee – wertvolles, gefrorenes Wasser – drückte von oben dagegen. Wenn das kein verdammtes Wunder war! Triumphierend blickte sie zu Sarah hinüber, die immer noch in ihrer Ecke saß und betete.

»Meinst du, du könntest deinen Deal mit Gott ein Weilchen verschieben und mit anpacken?«

Sarah blickte sie böse an, kam aber sofort. Mit vereinten Kräften schafften sie es, die Luke noch ein bisschen weiter aufzustoßen. Meg konnte bereits den Wind spüren und sah, dass auf dem Dach mindestens fünf bis sechs Zentimeter Schnee lagen.

»Noch einmal!«, sagte Sean.

»Wenn ihr gestattet.« Eine Stimme von hinten.

Es war Max, der, obwohl etwas unsicher und nur mit einem gesunden Arm, mithelfen wollte. Der nächste Versuch brachte den Durchbruch. Knirschend flog die Luke auf und knallte dumpf auf das Dach der Kabine.

Eine kleine weiße Lawine kam ihnen entgegen – kalt wie nur irgendwas. Trotzdem stopften sich jetzt alle Schnee in den Mund.

»Dreht eure Handschuhe auf links und füllt sie mit Schnee, dann habt ihr auch später was zu trinken«, sagte Meg.

Und während die anderen ihren Rat befolgten, leckte sie den Schnee von ihren Händen und streckte sogar die Zunge in die kalte Luft, denn es hatte wieder angefangen zu schneien.

Wie damals mit Lily. Lily war vier, es war schon März, und trotzdem war plötzlich alles weiß im Garten. Meg hatte ihr schnell den Peppa-Pig-Anorak und die Pudelmütze angezogen und war mit ihr nach draußen gerannt. Wo Lily im Kreis lief und mit herausgestreckter Zunge die Schneeflocken fangen wollte.

Meg schluckte und versuchte, die Tränen wegzudrücken.

»Alles in Ordnung mit dir?«, fragte Sean.

»Alles bestens«, sagte sie und drehte sich weg.

Die anderen standen derweil herum, leckten Schnee aus Handschuhen und wirkte fast wie Gäste auf einer Cocktailparty. Allerdings eine Party mit Eventcharakter. Und ein Anblick, bei dem sie nicht wusste, ob sie lachen oder weinen sollte.

»Was ist los?«, fragte Max.

»Wenn uns jemand so sähe …«, sagte Meg.

Sean fing an zu kichern, Max auch. Sogar der schmallippigen Sarah gelang ein süßsaures Lächeln. Mag sein, sie mussten alle sterben, aber eben noch nicht jetzt. Im Augenblick hatten sie Wasser und ein kleines bisschen Hoffnung.

»Okay«, sagte Sean. »Wenn jeder getrunken hat, machen wir wieder die Luke dicht. Es wird langsam kalt hier.«

Es gab nur ein Problem. Die Luke war vollständig aufgeklappt, und er kam nicht mehr dran.

»Das hat uns noch gefehlt.«

»Die Tücke des Objekts«, sagte Max.

»Egal, dann steige ich eben hoch«, erklärte Sean. Er kletterte auf die Bank und versuchte, die Luke irgendwie zu fassen zu kriegen.

»Mist, alles so glatt da oben. Ich finde einfach keinen Halt.«

Meg stellte ihre Handschuhe mit Schnee beiseite. »Dann komm wieder runter. Ich stelle mich auf deine Schulter, vielleicht schaffe ich es ja.«

»Nein, das geht schon«, erwiderte Sean, rutschte aber im selben Moment mit dem Fuß von der Bank und schlug hart auf dem Boden auf, wodurch abermals die ganze Kabine in Bewegung geriet. Max setzte sich vorsichtshalber hin, Meg und Sarah klammerten sich an die Haltestangen.

»Scheiße«, sagte Sean von unten.

»Geht's?«, fragte Meg.

»Muss wohl«, entgegnete Sean, verzog aber beim Versuch aufzustehen schmerzhaft das Gesicht.

»Sicher?«

»Hab mir bloß den Fuß verknackst. Ist aber nicht schlimm.«

»Meinst du, du kannst mich noch tragen?«

Er nickte. »Los, klettere schon hoch.«

Sean bückte sich, und Meg stieg erst auf die Bank, dann auf seine Schulter. Er hielt ihre Beine fest, und sie richtete sich auf und zog sich durch die offene Luke nach oben.

Der Wind, der ihr sofort ins Gesicht blies, fühlte sich an wie Sandpapier, und die eisige Luft drang wie nichts Gutes in ihre Lunge. Sie musste mehrmals die tränenden Augen schließen, um überhaupt etwas zu sehen. Das Tragseil, das direkt über ihr war, erstreckte sich bis zur grauen Kuppel der Bergstation, die von hier aus viel näher wirkte als durch die Fenster der Seilbahn. Verdammt, dachte sie, das sind höchstens zweihundertfünfzig Meter. Was aber ebenso gut zweihundertfünfzig Meilen hätten sein können.

Als sie nach dem Lukendeckel griff, stieß ihre Hand gegen etwas anderes, das halb begraben unter dem Schnee lag. Ein Objekt, das mit schwarzem Panzertape an das Dach geklebt war. Sie konnte ihren Fund kaum fassen.

»Meg?«, rief Sean von unten. »Ich will ja nicht unhöflich sein, aber du wirst nicht gerade leichter.«

»Okay, kleinen Moment, ich komme.«

Sie rubbelte an dem schwarzen Tape, bis es sich löste und sie das Objekt herausziehen konnte.

»Herrje, ich hebe mir noch einen Bruch«, ächzte Sean.

Sie steckte das Ding in ihren Schneeanzug und fasste den Lukendeckel mit beiden Händen.

»Fertig. Lass mich runter.«

Sean ging in die Knie, und sie klappte die Luke wieder zu, was sich anhörte, als hätte sich ein Sargdeckel über ihnen geschlossen.

Außer Atem stieg Meg vom Seans Schulter. Außerdem war ihr schlecht. Sie brauchte einen Moment, bis sich wieder alles normalisiert hatte.

»Alles klar mit dir?«

Nicht unbedingt. Sie war im Zweifel, ob sie Sean und den anderen zeigen sollte, was sie gefunden hatte.

Andererseits, was brachten solche Heimlichkeiten? Hatten sie nicht schon genug Geheimnisse?

»Oben auf dem Dach lag etwas«, sagte sie.

»Lass mich raten: ein Fallschirm? Oder eine komplette Kletterausrüstung mit mehreren hundert Metern Bergseilen? Könnten wir jedenfalls gut gebrauchen.«

Sie zog ihr Fundstück aus der Tasche.

»Allmächtiger!«, entfuhr es Sarah, die sich gleich bekreuzigte.

»Ist das …«, fragte Max, ohne den Satz zu Ende zu bringen.

Dabei war ziemlich offensichtlich, was es war.

Ein Revolver.

Carter

Niemand hält sich selbst für den Bösen.

Wir alle geben uns der Illusion hin, dass wir und nur wir die wahren Helden der Geschichte sind.

Was für gewöhnlich aber nicht zutrifft.

In Filmen sind Helden und Schurken immer klar getrennt. Schwarz und Weiß. Die Freiheitskämpfer gegen das Reich des Bösen. Im richtigen Leben ist es weit weniger eindeutig. Die Trennlinien sind unscharf. Reale Menschen sind selten ganz schwarz oder ganz weiß. Kommt dazu, dass ein und dieselbe Situation völlig unterschiedlich gesehen wird. Was für den einen ein Freiheitskämpfer ist, ist für den anderen ein Terrorist. Das verrückte Genie des einen ist der gemeingefährliche Psychopath des anderen. Und der begnadete Führer ist nur ein paar Meilen weiter ein ruchloser Unterdrücker. Was jemand ist und was nicht, wird unablässig neu verhandelt. So funktionieren Gesellschaften.

Selbst die Apokalypse geschieht nicht wegen der Schurken auf der Welt. Zur Apokalypse kommt es, wenn normale Leute sie zulassen. Wenn Gesellschaften ihren inneren Zusammenhalt verlieren. Weil wir verlernt haben, auch die andere Seite zu sehen. Weil wir uns in unsere Positionen eingraben und uns von nichts und niemandem mehr bewegen lassen. Und wer es wagt, eine andere Meinung zu haben als wir, dem verpassen wir im Zweifel ein paar Mittelstreckenraketen. Wer will hier noch entscheiden, wer die Guten sind und wer die Bösen? Am Ende sind alle nur kleine Wichte, die die Hose voll haben und nur nach Hause wollen.

Apropos kleine Wichte, die die Hose voll haben.

»Mann, bei diesem Wetter zur Verbrennungsanlage, das kann keiner von mir verlangen.« Wellands Klagelied vor Miles toppte alles Dagewesene. »Der Schneesturm da draußen hat kein bisschen nachgelassen.«

Womit er ausnahmsweise recht hatte. Anders als von Miles prognostiziert, war der Schneefall gegen Morgen wieder stärker geworden. Zwar heulte der Wind nicht mehr wie die leibhaftige Todesfee, aber die darauf einsetzende Stille war nicht weniger unheimlich. Haushohe Schneeverwehungen und eine Sicht gegen null machten jeden Schritt vor die Tür zu einem Wagnis.

Aber Wellands ewiges Gejammer war nicht auszuhalten und brachte Carter erst recht dazu, ihn auflaufen zu lassen.

»Wir können gerne tauschen«, sagte er, als er in seinen Schneeanzug stieg. »Kleine Wanderung zur Bergstation gefällig? Frische Luft tut dir gut.«

Welland war empört. »Du weißt ganz genau, dass das wegen meines Asthmas nicht geht.«

»Richtig, dein Asthma«, sagte Carter und widerstand der Versuchung, das Wort mit Anführungszeichen zu versehen, nur Schwachbananen taten das.

Miles hingegen fixierte Welland mit raubtierhafter Gelassenheit und meinte nur: »Der Sturm lässt in einigen Stunden nach. Bis dahin kannst du schon mal die Leichen im Keller auf den Schlitten laden. Du bist der Einzige, der die Verbrennungsanlage bedienen kann, Welland. Wir zählen auf dich.« Er hielt ihm den Zugangspass für das Untergeschoss hin.

Carter spürte genau, welche Kämpfe sich jetzt in Welland abspielten. Es war der alte Konflikt zwischen Wichtigtuerei und Ängstlichkeit. Diesmal war die Wichtigtuerei stärker. Welland nahm die Zugangskarte an sich und begab sich wutschnaubend zum Aufzug. »Aber sicher! Alle verlassen sich auf Welland.«

Carter fand das Ausmaß an Selbsttäuschung so aberwitzig, dass er sich auf die Zunge beißen musste, um nicht laut loszulachen.

Dann wandte sich Miles an ihn. »Abmarschbereit?«

Nein, dachte Carter, zuckte aber nur die Achseln. »Ich denke ja.« Aber etwas beschäftigte ihn noch. »Meinst du, Caren kommt hier allein zurecht?«

»Welland ist ja auch noch da.«

»Eben.«

»Caren kann gut auf sich selbst aufpassen.«

Worin kein Zweifel bestand. Im Augenblick war sie oben im Gym und absolvierte ihr Krafttraining, aber das hier war eine Premiere. Normalerweise war immer Miles anwesend, der über den Gesamtbetrieb wachte. Das betraf nicht nur ihre Humanreserve, sondern vor allem, was sich in Isolierraum 13 abspielte.

Und da sie schon einmal beim Thema waren, hatte er eine weitere Frage.

»Hältst du das Ganze wirklich für eine gute Idee?«

»Nein«, entgegnete Miles, als er sich die Stiefel anzog. »Aber wir haben keine Wahl. Wir brauchen den neuen Generator. Ebenso eine neue Batterie. Die Bergstation ist unsere einzige Option.«

Carter hätte gern widersprochen, aber das ging leider nicht. Je länger er über das Problem nachdachte, desto weniger kamen sie um die bevorstehende Tour herum. Allerdings wusste er etwas, das Miles *nicht* wusste und das noch alles ändern konnte.

»Miles, es gibt da etwas, das du wissen solltest ...«

»Was?«

»Ich habe über Jackson nachgedacht. Und das, was Caren gestern sagte. Dass es nämlich höchst unwahrscheinlich ist, dass Jackson das Plasma gestohlen hat.«

Miles erwiderte nichts darauf, sondern sah ihn nur unverwandt an. Ein Trick, der sein Gegenüber dazu bringen sollte, sich um Kopf und Kragen zu reden.

»Ich habe mich gestern in seinem Zimmer umgesehen. Und das hier gefunden.« Carter zog das Nokia-Handy hervor.

Miles zeigte keine Reaktion. Nur seine Kinnpartie spannte sich an. »Wo?«

»Es steckte im Siphon der Dusche.«

Miles nickte. »Ich bin … beeindruckt. Und fast noch mehr, wie du dahintergekommen bist.«

Carter konterte mit einem Achselzucken. »Glück muss der Mensch haben.«

Worauf Miles die Hand ausstreckte und Carter ihm das Handy auslieferte.

»Es sind mehrere SMS darauf, die vielleicht ganz interessant sein dürften.«

»An wen?«

Carter legte eine Pause ein, denn der Knaller kam erst noch. »Schwer zu sagen. Der Kontakt trägt den Namen Lloyd.«

»Ein Freund? Jemand aus der Familie?«

»Glaube ich nicht.«

Die älteren Nachrichten waren zwar banal (Wie geht's dir? Was treibt ihr so da oben?), aber sie wurden immer konkreter, fragten nach Einzelheiten der Anlage und des Tagesablaufs bis hin zum Untergeschoss und einem ominösen »Plan«.

»Gut möglich, dass er zu einer Rem-Gruppe gehörte.«

Die Rems (auch bekannt als X-Men, die Sturmtruppen oder Anons) waren ein loser Zusammenschluss von Endzeitjüngern, Impfgegnern, Wissenschaftsleugnern und ultrareligiösen Dumpfbacken, die sich durch das Virus bestätigt sahen. Einige wünschten sich den Weltuntergang, andere gaben sich mit dem Sturz der Regierung zufrieden, wieder andere planten einen radikalen Neuanfang oder harrten der vier apokalyptischen Reiter, welche die Ungläubigen endlich zur Rechenschaft ziehen sollten. Der übliche Nonsense.

Was alle diese Typen übersahen, war, dass der Planet auch ganz von selbst auf den Untergang zusteuerte. Ihre Anschläge und Aktionen waren deshalb so sinnvoll, wie auf einen toten Gaul einzuprügeln.

Für Carter war Jackson zwar nicht Rem-verdächtig (und das trotz seines New-Age-Gehabes), denn dazu fehlte ihm der Fanatismus, aber man durfte diese Leute auch nicht unterschätzen. Vielleicht war er einfach nur ein guter Schauspieler. Wir alle tragen Masken, und nicht jede sitzt so schlecht, dass sie gleich auffällt.

Miles scrollte unterdessen weiter durch Jacksons Nachrichten. »Verstehe ich nicht. Warum gerade hier? Was versprechen sie sich davon?«

Carter antwortete nicht, sondern wartete einfach ab. Plötzlich hielt Miles in seiner Wischbewegung inne, und seine Augen weiteten sich. *Endlich. Jetzt hatte er es gefunden.* Miles blickte Carter an.

»Sie wissen von Raum 13. Und sie wissen, dass *er* darin ist.«

Carter nickte. »Ja.«

Miles runzelte die Stirn. »Die letzte SMS ist drei Wochen alt: *Ich melde mich, wenn ich mehr weiß.* Danach nichts mehr.«

»Bis auf einen einzigen ausgehenden Anruf«, sagte Carter und klopfte auf das Handy. »Und zwar erst vor wenigen Tagen.«

»Unmittelbar vor Jacksons Verschwinden.«

Carter hatte auch schon daran gedacht. »Das wissen wir nicht. Wir wissen nicht, ab wann er nicht mehr da war.«

Tatsächlich ließ sich Jackson oft tagelang nicht blicken, aß nur selten mit den anderen zusammen und verschmähte die gemütliche Runde am Abend. Das Gym benutzte er meist frühmorgens, erledigte danach die ihm zugewiesenen Dienste und verbrachte den Rest der Zeit auf seinem Zimmer. Schatten hinterließen mehr Spuren als er.

»Aber wer sonst könnte von seinem Handy telefoniert haben?« Nachdenklich tippte Miles mit dem Telefon gegen sein Kinn. »Doch wenn er zu Rem gehörte, warum ist er dann abgehauen? Warum hat er das Plasma gestohlen?«

»Ich weiß es nicht.«

»Oder hat er die Seiten gewechselt und musste etwas liefern, um straffrei davonzukommen?«

Auch das hatte Carter schon bedacht. »Und was machen wir jetzt?«

Miles ließ das Handy in seine Tasche gleiten. »Erst einmal bleiben wir bei unserem Plan. Solange die Energieversorgung nicht gesichert ist, sind wir im höchsten Maße verwundbar, deshalb hat dies Priorität. Den Rest sehen wir später. Ich muss erst darüber nachdenken.«

»Was ist mit den anderen?«

»Sie müssen nicht alles wissen. Die Sache bleibt unter uns.«

Carter wollte noch etwas sagen, aber er wurde durch Hundegebell unterbrochen. Dann Schritte auf der Treppe, gefolgt von lautem Gehechel, als Dexter an Caren vorbeischoss. Die beiden Männer wandten sich um. Caren trug noch ihr durchgeschwitztes Sport-Outfit, aber ihr besorgter Blick passte ganz und gar nicht dazu.

»Was ist los?«, fragte Miles.

»Wir kriegen Besuch.«

Jetzt hörte Carter es ebenfalls: Schneemobile. Er blickte kurz auf Miles, und beide zogen ihre Pistolen, dann liefen sie zur Tür. Carter konnte gerade noch Dexter zurückhalten und Caren zuschieben. »Lass ihn auf keinen Fall raus.«

Caren verzog das Gesicht. »Wieso nicht? Er stinkt so aus dem Maul, dass es Godzilla umhauen würde.«

Noch einmal raufte Carter durch Dexters Schopf und folgte anschließend Miles nach draußen. Vor dem Sicherheitszaun, im Schneetreiben nur schwer zu erkennen, waren drei blau-rote Schneemobile vorgefahren, die an der Seite noch die verblichenen Logos einer anderen Zeit trugen: *Bob's Snow-Mo Adventures*. Aber Bob gab es nicht mehr, und die Schneemobile gehörten jetzt den Quinns, wie das meiste in diesem ehemaligen Wintersportort.

Zwei schwergewichtige Gestalten in schwarzer Kluft stiegen ab und bauten sich breitbeinig vor dem Zaun auf. Quinns Söhne. Sie zogen sich die umgehängten Maschinenpistolen auf den Bauch und blickten drohend drein. Das konnte ja heiter werden. Soweit Carter wusste, waren weder Quinn noch seine Söhne je hier oben gewesen, und ihr Auftritt erweckte auch nicht gerade den Eindruck eines Freundschaftsbesuchs.

Dann stieg der Dritte ab. Er war kleiner als die beiden anderen und steckte in einem weißen Schneeanzug mit extraflauschiger Fellkapuze. Passend dazu trug er eine Schneebrille in Knallorange.

Jimmy Quinn trat vor das Tor und schob die Schneebrille nach oben.

»Miles! Carter! Schön habt ihr es hier!«

»Danke«, entgegnete Miles kontrolliert. »Ich würde dich gern auf einen Tee hereinbitten, aber wir müssen dringend weg.«

Quinns Lächeln endete wie enthauptet. »Ihr geht nirgendwohin. Wir müssen reden.«

Hannah

Ben klemmte zwischen dem Toilettensitz und der Wand. Sein Kopf war zur Seite geknickt und gab die Sicht auf die Schnittwunde am Hals frei. Weitere tiefe Schnitte waren entlang des Arms zu sehen. Unweit davon, auf dem Boden, lag eine große Glasscheibe.

»Suizid«, konstatierte Lucas mit einem kurzen Blick nach hinten, wo Hannah stand.

Sie antwortete nicht, sondern kniete sich hin und besah sich die Leiche genauer. Die Einschnitte am Arm waren typisch für diese Art Selbsttötung, gewissermaßen ihr Echtheitssiegel. Wer wirklich sein Leben beenden und nicht nur einen Hilferuf absetzen wollte, der ritzte sich die Arterie längs auf, nicht quer. Ein Gefäß, das auf diese Weise geöffnet wurde, schloss sich nie mehr von selbst.

Der Schnitt am Hals hingegen war ungewöhnlich. Nicht viele Freitodkandidaten entschlossen sich zur dieser Radikalmethode. Zum einen war es sehr viel schmerzhafter, und zum anderen erstickte man noch an seinem eigenen Blut. Ein Messer – oder wie in diesem Fall eine Glasscherbe – gegen diese empfindliche Region zu richten erforderte ein hohes Maß an Autoaggression und war im Übrigen gar nicht so leicht durchzuführen. Der große Kopfnicker-Muskel war zäher, als sich die meisten Menschen vorstellen konnten.

Aber da war noch etwas, das sie störte.

»Reicht dir das nicht?«, fragte Lucas.

Sie zögerte. Normalerweise hätte sie sich mit dem äußeren Anschein zufriedengegeben, trotz der atypischen Wunde am Kehlkopf. Ein Suizid war plausibel. Ben wusste, dass er dem Tode geweiht war. Da nahm er eine große Scherbe aus dem kaputten Fenster und beendete sein Leben lieber selber. Nur war Glas nicht annähernd so scharf wie eine geschliffene Klinge. Mit einem Stück Glas musste man den Hals schon regelrecht zersägen, um zu demselben Ergebnis zu gelangen.

Andererseits durfte man die Persönlichkeitsveränderung infolge der Infektion nicht unterschätzen. Und aggressives, extremes selbstverletzendes Verhalten bei Infizierten war in der Literatur gut beschrieben. Dass Ben sich auf diese Weise abgeschlachtet hatte, lag also durchaus im Bereich des Möglichen. Die Krankheit hieß nicht umsonst Morbus Choler.

Vor allem: Wenn er es nicht war, wer dann? Etwa einer aus der Gruppe? Wer wäre dazu fähig? Aber dann fiel ihr ein, in welche Versuchung sie bei Peggy geraten war. Wie schnell so etwas gehen konnte!

Lucas wartete offenbar noch immer auf einen endgültigen Befund.

Hannah seufzte. »Ich sage mal so: Das Verletzungsmuster ist eigentlich nicht typisch für einen Selbstmord. Aber in Anbetracht der Tatsache, dass er sich mit dem Choler-Virus infiziert hatte, erscheint Suizid als die wahrscheinlichste Todesursache.«

Lucas nickte, als habe sie eine mündliche Prüfung bestanden, was Hannah sofort wieder misstrauisch machte. *Wer wäre zu so einer Tat in der Lage?*

»Okay, dann hätten wir dieses Problem also erledigt«, sagte Lucas.

Wobei Hannah nicht ganz klar war, was er eigentlich meinte, den Suizid oder Ben als Person.

Sie richtete sich auf. »Wir müssen ihn hier wegschaffen. Und die Toilette säubern.«

Lucas sah sich in der blutbeschmierten Kabine um und verzog das Gesicht. Hannah wusste genau, was er jetzt dachte.

Das Virus verbreitete sich auf vielerlei Weise. Es gab praktisch kein Medium, mit dem es nicht reisen konnte. Aerosole, sämtliche Körperflüssigkeiten, kontaminiertes Fleisch, Blut, alles war gefährlich. Aber Speichel und Blut waren der mit Abstand häufigste Verbreitungsweg. Sofern die Studenten im Bus nicht schon infiziert waren, würden sie sich das Virus spätestens bei der Reinigung der Bordtoilette einfangen.

Nur bei einer spielte auch das keine Rolle mehr.

Hannah stand auf. »Ich schlage vor, wir wickeln Ben in ein paar Kleidungsstücke, die wir nicht brauchen, und legen ihn zu den anderen. Dann machen wir hier so weit wie möglich sauber. Wasser haben wir ja noch. Und dazu den Schnee von der Tunnelaktion.«

Lucas nickte. »Gut. Sagen wir den anderen Bescheid.«

Als er sich abwandte, zog sich Hannah einen Ärmel über die Hand und hob eine der auf dem Boden liegenden Scherben auf. Dickes Glas. Sie hielt die Scherbe gegen die Schnittwunde an Bens Hals. Wie sie vermutet hatte: Es passte einfach nicht zusammen, das Glas war zu dick für so einen scharfen Schnitt. Beunruhigt legte sie die Scherbe wieder weg.

In jeder Krise gibt es den Moment, in dem alles auseinanderfällt. Egal, wie klein die Menschengruppe ist, schon bald werden erste Allianzen gebildet, rote Linien gezogen, Feindschaften kultiviert. So wächst die Zwietracht. Sie mag sich zunächst nur in Kleinigkeiten äußern, aber die Gruppe steuert auf einen Entscheidungskampf zu.

Dabei herrscht zu Beginn nur Erleichterung. Erleichterung darüber, überlebt zu haben. Doch schon bald mischen sich erste Sorgen über die Gesamtsituation darunter, auch wenn die Gruppe als Ganzes noch funktioniert. Man hat ein gemeinsames Ziel: Überleben. Je länger aber die krisenhafte Situation andauert, desto individueller wird Überleben definiert. Aus dem Wir wird ein Ich, und daraus entstehen Streit und Zwietracht.

Sie zogen Ben an den Füßen aus der Toilette. Der Tod, insbesondere der Tod, der keine Ausnahme mehr ist, sondern Normalität, annihiliert jede Menschenwürde, dachte Hannah. Sobald die Neuronen nicht mehr feuern, die uns einst eine einzigartige Persönlichkeit vorgaukelten, werden wir zu Fleisch im niedersten Sinn und sind von dem, was in den großen Schlachtbetrieben am Haken hängt, kaum noch zu unterscheiden.

Mit Schnee und einigen zerrissenen T-Shirts wischten sie Blut und Erbrochenes auf. Anschließend wusch Daniel sich die Hände und zog ein frisches T-Shirt an. Das Shirt war ihm zu eng, der Stoff über dem Bauch spannte, und man sah, wie peinlich es ihm war. Kurz streifte Hannah ein Gedanke – wie eine Motte in der Dunkelheit, die schon im nächsten Moment wieder verschwunden war. Wahrscheinlich eh unwichtig.

Schließlich schlugen sie Bens Leiche in zwei Pullover ein, knoteten die Ärmel zusammen und trugen ihn so zu den anderen Toten. Er kam ganz nach oben.

Mittlerweile war der Verwesungsgestank, der von dem Haufen ausging, nicht mehr zu leugnen. Selbst bei der Kälte schritt die Zersetzung unaufhaltsam voran, der große Umbau. Dazu kamen die diversen Aromen aus der Toilette, sodass das Atmen allmählich zu einem Belastungstest für den Geruchssinn wurde. Selbst Hannah, die in dieser Hinsicht nicht so leicht zu beeindrucken war, wurde langsam flau.

Sie mussten raus, das stand fest. Nicht nur, weil sie sonst verhungerten, sondern auch, um nicht wahnsinnig zu werden. Der menschliche Verstand verkraftet viel, aber es gibt einen Punkt, an dem sich die Dinge aufzulösen beginnen. Dieser Punkt war jetzt erreicht.

»Sollten wir nicht … noch etwas sagen?«, war Cassies Vorschlag.

»Was gibt es denn zu sagen?«, entgegnete Lucas. »Ben ist tot. Es ist auch besser so.«

»Fragt sich nur für wen?«, sagte Daniel.

»Für uns alle.«

Aber Daniel sah ihn nur weiter an. »Du bist ein kaltherziges Arschloch, weißt du das?«

»Na und? Ich lasse mich eben nicht von Sentimentalitäten leiten.«

»Wäre zuweilen aber angemessen, meinst du nicht?« Daniel deutete auf den Leichenhaufen. »Mein Gott, mach doch mal die Augen auf. Wir haben sie hier abgekippt wie eine Ladung Altkleider. Und dann sieh *uns* an – denen nichts dazu einfällt. Dabei hatten sie mal Träume und Hoffnungen wie wir. Und eine Familie, die sie geliebt hat.«

Hannah verstand ihn nur zu gut. Er sah bereits seine Schwester auf diesem Haufen.

»Trotzdem. *Wir* haben sie doch nicht umgebracht«, erwiderte Lucas. »Ben selbst hat diesen Weg für sich gewählt.«

»Wirklich?«

Jetzt nahm Lucas Daniel ins Visier. »Was hast du gesagt?«

»Mir ist jedenfalls noch niemand begegnet, der sich selbst den Hals durchschneidet.«

»Du bezichtigst jemanden von uns, Ben umgebracht zu haben?«, rief Cassie.

»Nicht *jemanden*«, sagte Daniel mit Blick auf Lucas, und die Spannung im Bus wurde unerträglich.

Wofür Lucas aber nur ein kaltes Lachen übrighatte. »Warum sollte ich Ben umbringen?«

Daniel zuckte die Achseln. »Weil er zur Belastung wurde, warum sonst? Leichter für alle, hast du selbst gesagt. Jetzt muss nur noch Peggy sterben, nicht wahr?«

Aber Lucas hielt seinem Blick stand. »Ich glaube, es wäre eher leichter für *dich*, mein Freund.«

Daniel lief rot an. »Du Schwein!«

Er stürzte sich auf Lucas, aber der war schneller. Ein Schlag in die Magengrube ließ Daniel einknicken, danach traf ihn Lucas' Knie im Gesicht, wodurch er endgültig zu Boden ging. Lucas wollte nachtreten, da fiel ihm Hannah in den Arm. »Das reicht.«

Es dauerte einen Moment, bis Lucas einlenkte und sie sich um Daniel kümmern konnte.

»Alles in Ordnung mit dir?«

Daniel kroch vor ihr auf dem Boden und stöhnte: »Aber immer.« Dann sah er zu Lucas hoch. »So langsam zeigst du dein wahres Gesicht, *mein Freund*.«

Mühsam rappelte er sich hoch und stolperte in den hinteren Teil des Busses.

Auch Cassie schüttelte nur den Kopf. »Mieser Move, Mann. Man tritt keinen, der schon am Boden ist.« Und folgte Daniel nach hinten.

Nur Hannah blieb.

»Er hat *mich* angegriffen, schon vergessen?«, sagte Lucas.

»Das war trotzdem nicht nötig.«

Er seufzte. »Du hast ja recht. Ich sollte mich entschuldigen.«

»Nein. Lass ihn sich erst mal beruhigen.«

Lucas nickte. »Ich glaube, wir kriegen langsam alle den Lagerkoller.«

»Sieht so aus.«

Hannah ging nach vorn zur Fahrerkabine. Draußen brach der Tag an. Es schneite nicht mehr, und die Bäume glitzerten im ersten Licht. Ohne die zahlreichen Blutspuren und die Überreste von Josh wäre es ein traumhafter Anblick gewesen. Und wie klar die Luft war. Rein. Nicht wie hier im Bus. Allerdings auch kalt, aber was gäbe sie nicht für einen einzige Atemzug ohne den Geruch des Todes.

»Wir müssen hier raus«, sagte sie.

Lucas, der ihr gefolgt war, sagte: »Das ist wohl richtig. Meinst du, wir kommen über die Toilette nach draußen?«

»Einen Versuch ist es wert.«

Über den Bäumen schwangen sich einige Vögel in die Luft, dunkle Silhouetten vor dem Graublau des Morgens. Der Grund ließ nicht lange auf sich warten. Am Horizont erschien ein größeres Objekt am Himmel.

»Siehst du das?«

Lucas, der gerade auf seine Uhr sah, sagte: »Was?«

»Dahinten ist etwas.«

Das Ding am Himmel war zu groß für einen Vogel und auch zu langsam. Schließlich hörte Hannah das entfernte Knattern von Rotoren.

Ein Hubschrauber. Er kreiste über dem hohen Horizont, schien etwas zu suchen. Das Department war da.

»Shit.«

Sie beobachteten, wie der Helikopter in der Luft stehen blieb, tiefer ging, dann seinen Weg fortsetzte, bis er nicht mehr zu erkennen war. *Haha, kalt. Sie suchen in der falschen Ecke,* dachte Hannah. Aber so schnell würden sie nicht aufgeben. Sie würden wiederkommen.

»Glaubst du, die wollen uns wirklich liquidieren?«, fragte Lucas.

»Du kennst meinen Vater nicht.«

»Ich kenne ihn vor allem als brillanten Wissenschaftler.«

Hannah lachte laut auf. »Ja, das sagen alle. Brillant! Bahnbrechend! Kühn!«

Lucas verzog sein Gesicht. »Was ist daran so komisch?«

Sie blickte ihn an. »Gar nichts. Aber ich will dir mal eine

Geschichte erzählen, von meinem Vater. Es war kurz nach dem Selbstmord meiner Mutter, ich war damals elf, da kam mein Vater einmal mit vier Beagle-Welpen nach Hause. Er sagte, dass drei davon für Versuche gebraucht würden, aber einen könne ich behalten und ich solle mir einen aussuchen.« Sie machte eine Pause. »Ich nahm natürlich den Kleinsten, weil ich dachte, der hält es am wenigsten aus, wenn man ihm Giftspritzen gibt oder Teile herausschneidet, um sie unters Mikroskop zu legen. Ich nannte ihn Buddy und liebte ihn über alles. Jedenfalls in den vier Wochen, in denen ich ihn hatte.«

»Und was war dann?«

»Eines Tages, als ich aus der Schule kam, war Buddy plötzlich weg. Es stellte sich heraus, dass einer der anderen Beagles gestorben war und das Labor dringend Ersatz brauchte. Also nahm mein Vater einfach Buddy mit. Ich sah ihn nie wieder.«

Lucas sog scharf die Luft ein. »Eieiei.«

»Mein Vater wollte mir einen neuen Hund kaufen, aber ich hatte meine Lektion gelernt und wollte nur noch einen Goldfisch. Um Goldfische vergießt man nicht so viele Tränen.«

»Wie furchtbar.«

»Ja«, sagte Hannah. »Wenn du wissen willst, wie mein Vater ist: *so*.«

Das erste Problem tauchte sofort auf. Und zwar bestand die Bordtoilette aus einem einzigen schrankähnlichen Kunststoffmodul. Wenn sie also nach unten durchstoßen wollten, mussten sie das ganze Ding ausbauen, das mit sechs großen Schrauben am Rahmen befestigt war. Zwei davon waren bereits abgefallen. Blieben vier.

»Ich nehme nicht an, dass du einen Schraubendreher dabeihast?«, sagte Hannah.

Er schüttelte den Kopf. »Hab ich dummerweise vergessen.«

Sie schob sich aus dem engen Plastikschrank, der nicht wirklich Platz für zwei bot. Ihr war heiß, und sie schwitzte stark. Schwindel erfasste sie. So sehr, dass sie sich an einem Sitz festhalten musste. Erst einmal durchatmen, dachte sie, dann geht der Anfall sicher schnell vorbei. Als sie aber Luft holen wollte, hustete sie auf einmal.

»Gesundheit«, sagte Cassie.

Hannah hob den Blick. Cassie saß nur wenige schiefe Sitzreihen weiter und las in einem Taschenbuch, das sie einem toten Studenten abgenommen hatte. *Catch 22*, wie passend!

»Danke«, sagte Hannah. »Dieser verdammte Staub.«

»Daran wird es liegen.«

Hannah gefiel Cassies Ton nicht. Es war der verdammte Staub, nichts weiter. Etwas anderes kam gar nicht infrage.

»Na, diesmal nicht mit Daniel zusammen? Was ist los?«, fragte sie. Retourkutschen konnte sie.

Cassie gähnte. »Also, ich will ja nichts sagen, aber die Nummer mit der sterbenden Schwester ist nicht gerade prickelnd. Vor allem, wenn es sich so hinzieht.«

Hannah starrte sie fassungslos an. »Und du nennst Lucas ein kaltherziges Arschloch?«

»Irrtum, das war Daniel. Ich habe nur etwas gegen Leute, die nachtreten.«

Cassie blätterte weiter, und Hannah war perplex. Sobald sie glaubte, diese Frau einigermaßen begriffen zu haben, drehte diese ihr eine neue Facette zu. Und meistens keine schöne.

»Du hast nicht zufällig etwas dabei, mit dem sich große Schrauben lösen lassen?«, fragte sie erschöpft.

»Aber sicher«, kam Cassies Antwort. »Ich schau mal in meinem Werkzeugkasten nach.«

Hannah verbiss sich eine weitere Runde in diesem Spiel. Sie

hatte überhaupt keine Zeit für solchen Blödsinn. »Na, wie auch immer. Danke für die Auskunft.«

Aber Cassie war noch nicht fertig. »Was willst du eigentlich von mir? Da hinten ist es eh schon so eng, und etwas tun kann ich sowieso nicht, weder für Daniel noch für seine Schwester. Wir sollten mit unseren Kräften haushalten, zumal unsere Wasser- und Lebensmittelvorräte begrenzt sind.«

Sie hatte natürlich recht, so ungern Hannah das auch zugab. Dann ließ sie ihren Blick wieder ziellos durch den Bus wandern, auf der Suche nach etwas, das irgendwie Ähnlichkeit mit einem Schraubenzieher hatte.

»Schon mal mit einer Münze versucht?«, fragte Cassie.

»Hast du eine dabei?«

»Nein.«

»Super.«

Cassie salutierte mit zwei Fingern an der Stirn und vertiefte sich wieder in ihr Buch. Hannah seufzte und sah nach hinten zu Daniel. Sie wäre ihm am liebsten aus dem Weg gegangen, aber sie musste mit ihm reden.

Er saß wieder neben seiner Schwester, und Peggy starb immer noch – und immer noch nicht. Ihre Atmung war flach und obstruiert, die Haut kaltschweißig. Sie lag im Sterben, ganz klar, aber mehr ließ sich nicht sagen, schon gar nicht, wie lange es am Ende wirklich dauern würde. Anfangs hatte Hannah gedacht, länger als eine Stunde könne sie unmöglich durchhalten, aber jetzt, viele Stunden später, war sie weiterhin noch da. Der Tod war eben ein Prozess. Es dauerte so lange, wie es dauerte, und es war schon gar nicht so wie in den Filmen. Die Leute dachten immer, es ginge entweder ganz schnell oder ganz langsam, mit jeder Menge Vorbereitungszeit. Aber allein die Idee, man könne sich auf den Tod »vorbereiten«, war illusorisch.

Selbst schwerste, »mit dem menschlichen Leben nicht mehr vereinbare« Verletzungen brauchten Zeit, bis sie einen umbrachten. Meist begann es mit einem Organversagen. Erst stellte nur eines seinen Dienst ein. Dann ein zweites. Plötzlich hatte man kein Gefühl mehr in den Gliedmaßen, und das Gehirn schaltete höhere Funktionen wie das Bewusstsein ab. Von da an war man nur noch zeitweise ansprechbar. Und verwirrt. Und bedürfnislos. An Essen und Trinken war schon lange nicht mehr zu denken. Die Fähigkeit zu schlucken war ebenfalls weg. Irgendwann hörte das Herz auf zu schlagen, und erst dann, hinter dieser letzten Biegung, ging wirklich alles ganz schnell. Der Tod kam, wenn der Tod so weit war. Und nach Hannahs Erfahrung war er meist ebenso unvorbereitet wie die, zu denen er kam. Ein Schauer überlief Hannah, und sie unterdrückte einen Hustenreiz.

»Du musst jetzt nichts sagen«, bemerkte Daniel, als sie sich näherte.

»Sagen? Was?«

»Lucas hatte recht. Es wäre wirklich besser gewesen. Peggy stirbt, aber das hier … ist noch viel schlimmer.«

Hannah setzte sich neben ihn. »Lucas hat *nicht* recht. Der Tod ist niemals besser. Es ist nur so, dass er unter bestimmten Umständen weniger Schmerzen bedeutet.«

Daniel nickte. »Ich hatte nur gehofft, dass wir noch rechtzeitig abgeholt würden.«

Hannah runzelte die Stirn. Abgeholt? Wozu? Wohin? Damit Peggy doch noch überlebte? Das war von Anfang an höchst unwahrscheinlich.

»Tut mir leid, dass es anders kam«, sagte sie. Billiger Trost.

Daniel richtete seinen Blick auf sie. So blaue Augen, dachte Hannah abermals.

»Ich meinte, vorhin einen Hubschrauber gehört zu haben.«

»Stimmt, das Department sucht wohl nach uns.«

»Glaubst du wirklich, sie bringen uns um, wenn sie uns finden?«

Eindämmung um jeden Preis. Totaler Lockdown.

»Ja«, sagte sie. »Deswegen müssen wir auch hier weg. Und *dafür* müssen wir das Klo ausbauen. Hast du vielleicht etwas Schraubenzieherähnliches? Eine Münze vielleicht?«

Daniel kramte in seiner Tasche und förderte einen alten Penny hervor. So etwas hatte Hannah schon seit Jahren nicht mehr gesehen.

»Mein Glückspenny«, sagte er. »Habe ich von meiner Großmutter. Scheint aber nicht zu wirken.« Er hielt ihr das Geldstück hin. »Also nimm ihn.«

»Danke.«

»Meinst du, das klappt?«, fragte Daniel.

»Keine Ahnung. Aber wir müssen es versuchen. Hier nur rumzusitzen bringt gar nichts.«

»Und was machen wir, wenn wir rauskommen? Was dann?«

Gute Frage. »Wir schnappen uns alles, was irgendwie nützlich sein könnte, und verziehen uns in den Wald. Vielleicht finden wir irgendwo Unterschlupf. Bei Tageslicht machen wir uns auf ins nächste Dorf oder die nächste Stadt. Sobald bekannt wird, dass wir noch leben, können sie uns nicht mehr so leicht aus der Welt schaffen.«

Daniel nickte nachdenklich. »Und wie weit ist es bis ins nächste Dorf?«

»Wenn ich das wüsste«, sagte Hannah. »Vielleicht fünfzig Meilen, vielleicht fünfhundert.«

»Und du meinst, wir halten fünfhundert Meilen durch?«

»Immer noch besser, als hier auf den Tod zu warten.«

Daniel lächelte. »Manchmal erinnerst du mich an Peggy.«

»Ach?«

»Ja. Sie war auch immer sehr viel tougher als sie aussah …« Er sprach nicht weiter. Schon wieder diese Vergangenheitsform.

»Daniel«, sagte Hannah. »Falls wir jemals aus dem Bus rauskommen, kannst du nicht hierbleiben.«

»Ich kann aber auch Peggy nicht allein lassen.«

»Du kannst nichts mehr für sie tun.«

»Es … es ist nicht nur wegen Peggy.«

»Weswegen noch?«

Keine Antwort

»Ich weiß, es ist hart«, sagte Hannah. »Aber irgendwann *musst* du eine Entscheidung fällen.«

Daniel blickte auf seine Schwester und strich ihr eine lose Strähne aus der Stirn. »Das ist mir klar, aber stehst du mir bei, wenn es so weit ist?«

»Wenn du willst.«

»Versprich es.«

Sie seufzte. »Ich verspreche es.«

»Danke.«

Sie blickte ihn an. Gab es da etwas, das er ihr verschwieg?

Rette sie.

Bevor sie nachhaken konnte, hörte sie Lucas' Stimme aus der Toilettenkabine. »Was ist jetzt? Wo bleibt der Schraubenzieher?«

»Schon unterwegs«, rief sie.

Sie sah aber noch, wie sich Daniels Miene verhärtete.

»Ich traue ihm nicht«, sagte Daniel.

»Aber du glaubst nicht wirklich, dass er Ben umgebracht hat, oder?«

Er sah sie an. »Ich weiß nur, dass in der Nacht jemand aufgestanden ist.«

Hannah verzog das Gesicht. Warum war ihr das entgangen? Konnte es sein, dass sie tatsächlich etwas geschlafen hatte?

»Du meinst Lucas?«

»Ich habe denjenigen nicht erkannt. Dazu war es zu dunkel.«

»Wirklich?«

Daniel lächelte traurig. »Ach, ich weiß mittlerweile gar nichts mehr. Aber sieh dich vor.«

Die Befestigungsschrauben aufzukriegen erwies sich als äußerst mühsamer, äußerst langwieriger Prozess, zumal in dieser Wolke aus Desinfektionsmittel und Fäkalien. Aber irgendwann hatten sie die Kloschüssel abmontiert und nahmen, immer abwechselnd, immer mit dem alten Penny, die Verschraubung der Kabine in Angriff. Als sie es geschafft hatten, waren ihre Finger wund und Hannahs Shirt schweißnass. Lucas riss an dem Plastikmodul, und es kam tatsächlich frei und ließ sich nach einigem Hin und Her herausziehen.

Der Moment der Wahrheit, dachte Hannah.

Sie krabbelte in das entstandene Loch, sah einen Unterboden, ebenfalls aus Kunststoff, und eine Entsorgungsöffnung. Hannah zerrte an dem Kunststoffboden, jedoch ohne Erfolg. Dann stand sie auf und trat fest mit dem Absatz dagegen. Der Boden wirkte nicht allzu solide und würde wahrscheinlich in tausend messerscharfe Teile zersplittern, wenn sie ihn eintrat.

Lucas drängte sich an ihr vorbei. »Na, kommst du weiter?«

»Nur noch der Unterboden. Darunter müsste der Toilettentank sein – und theoretisch auch ein Weg nach draußen.«

»Theoretisch?«

»Tut mir leid, ich habe leider gerade keine Konstruktionszeichnung vorliegen. Deshalb theoretisch. Man könnte es auch als Hoffnung bezeichnen. Vorausgesetzt, wir kriegen diesen Unterboden weg, was mir schwierig erscheint.«

Lucas hob das Knie und trat mit maximaler Gewalt zu, einmal, zweimal, dann brach sein Fuß durch, Plastik splitterte, und Lucas verlor fast das Gleichgewicht. Hannah sah mit Entsetzen, wie die spitzen Ränder unter Lucas Hose drangen. Erst dann fiel ihr auf, dass nur Lukas' Prothese betroffen war. Locker zog er sein künstliches Bein wieder heraus.

Er lächelte: »So ein Ding ist zuweilen wirklich nützlich.«

Sie brachen weitere Teile heraus, bis ein rechteckiger Hohlraum sichtbar wurde. Hannah blickte hinein. Da unten war der Tank, und darunter eine Wartungsklappe, die durch die Karosserie nach außen führte. Bingo! Und sie sah sogar Licht, offenbar schloss die Klappe nach dem Unfall nicht mehr richtig. Ein kurzer Tritt würde reichen, sie ganz aufzustoßen.

Damit hatten sie ihren Notausgang. Ein bisschen eng, ein bisschen unbequem und ganz bestimmt nichts für geruchsempfindliche Personen, aber er versprach die Freiheit!

Hannah war ganz benommen vor Erleichterung. Sie wischte sich den Schweiß von der Stirn.

»Leute, wir schaffen das …«

Ein Hustenanfall beendete ihre Ansage. Sie hustete korrekt in die Armbeuge, aber nicht nur deshalb bekam sie kaum noch Luft. Lucas blickte sie an, und sie las die Frage in seinen Augen. Ehe sie antworten konnte, ertönte aus dem Heck des Busses ein Schrei, der jeden alarmieren musste.

»HANNAH!«

Da stand Daniel und sah sie so verstört und kleinmütig an, wie sie es bei einem Phlegmatiker wie ihm nie für möglich gehalten hätte.

»Peggy, sie … sie …«

Hannah nickte. »Ich komme.«

Doch schon von ihrer Position aus hörte sie das Stöhnen. Mit wenigen Schritten war sie bei Peggy, die auf den ersten Blick einen

Krampfanfall zu haben schien. Nur dass sich der Schritt ihrer gebleichten Jeans tiefrot gefärbt hatte.

»Was ist denn hier los? Was hat sie?«

Sie sah Daniel konsterniert an und kniete sich neben Peggy. Woher kam all das viele Blut? Sie tastete Peggys Bauch ab und spürte ganz deutlich eine Bewegung. Etwas rührte sich in Peggy, das nicht warten konnte. *Nein, das kann doch nicht sein, das gibt es nicht.* Hannah zog das Oversized-Sweatshirt hoch. Der Bauch des Mädchens war auffällig rund und gespannt wie eine Trommel. Und unter der Haut ging etwas vor sich. Regelmäßig! Das waren doch nicht etwa Wehen?

Gott steh uns bei.

Peggy lag im Sterben – und gebar gleichzeitig.

»Warum hast du mir nicht gesagt, dass sie …«

Sie konnte nicht weiterreden.

Daniel stand hinter ihr, mit einem kleinen spitzen Springmesser in der Hand.

»Du hast es versprochen«, sagte er. »Rette sie.«

Meg

»Warum versteckt jemand einen Revolver auf dem Dach einer Seilbahn?«, fragte Max.

»Das war garantiert Karl«, sagte Sarah. »Er hatte nicht nur eine Waffe dabei, sondern zwei.«

Meg hatte ihre Zweifel. »Wer schon eine Knarre hat, braucht kein Messer mehr.«

»Vielleicht war ihm ein Revolver zu laut.«

Meg besah sich die Waffe. »Wir waren doch alle völlig ausgeknockt und hätten nicht das Geringste gehört. Außerdem wurden uns vorher alle persönlichen Gegenstände abgenommen. Wie soll er dann einen Revolver *und* ein Messer in die Kabine geschmuggelt haben?«

»Eben«, entgegnete Sarah. »Wahrscheinlich hat er bloß so getan, als sei er bewusstlos.«

»Du willst es nicht kapieren, oder?«, sagte Meg – und verstand es selbst nicht. Ihr fiel das Klebeband unter dem Sitz wieder ein. Dieselbe Art Band, mit der auch der Revolver am Dach befestigt war. Zwischen beidem gab es eine Verbindung, aber welche?

Sean beschäftigte offenbar dasselbe Problem. »Wenn der Tote zur Security gehörte, dann war das vielleicht seine Waffe?«

»Und wie kam sie auf das Dach?«

Achselzucken. »Vielleicht wollte er sie verstecken?«

Oder der Mörder wollte sie verschwinden lassen, dachte Meg. Sie spielte die Situation durch: Der Mörder ersticht Paul, findet den Revolver, gerät in Panik. Was soll er jetzt tun? Er könnte sie hinauswerfen, aber vielleicht braucht er sie noch. In der Kabine selbst gibt es keine Versteckmöglichkeit, deshalb klebt er die Waffe ans Dach. Verrückt oder genial? Aber warum hat er nicht das Gleiche mit dem Messer gemacht oder das Messer weggeworfen? Und woher hatte er das Klebeband?

»Ist er geladen?«

Sarah wieder. Sie unterbrach Meg zuverlässig in dem Moment, als sich eine Antwort abzeichnete.

»Ob er geladen ist, habe ich gefragt.« Die Frau konnte echt nerven. »Ich weiß ja nicht, wie es den anderen geht, aber ich persönlich fühle mich etwas unwohl, wenn du vor mir mit einer scharfen Waffe hantierst.«

»Meinst du, ich erschieße gleich alle?«, fragte Meg.

Sarah verschränkte die Arme. »Darauf möchte ich es lieber nicht ankommen lassen.«

Meg konnte darüber nur noch den Kopf schütteln. »Wie du willst.« Sie schwenkte die Trommel aus. Sechs Patronen im Patronenlager. Der Revolver war vollständig geladen und offensichtlich nicht abgefeuert worden.

Sie ließ die Patronen in ihre hohle Hand gleiten. »Wer will sie an sich nehmen? Ein ungeladener Revolver stellt keine Gefahr mehr dar.«

Sean trat vor. »Ich nehme sie.«

Meg gab ihm die Patronen, und er steckte sie ein.

»Jetzt alle zufrieden?«, fragte Meg.

»Ja. Aber warum darfst du jetzt den Revolver behalten?«, fragte Sarah.

Meg verdrehte die Augen. »Möchtest du ihn lieber haben? Hier, nimm.« Sie hielt ihr die Waffe hin, hielt sie sogar am Lauf. Sarah sah sie kurz an und schüttelte schließlich den Kopf.

»Nein, so war das nicht … Besser, du hast ihn.«

»Bestimmt?«

»Ja.«

Meg wollte den Revolver schon einstecken, als Max auf einmal Bedenken kamen. Er hatte sich wieder gesetzt und klang etwas heiser.

»Warum muss ihn überhaupt jemand haben?«, fragte er. »Warum werfen wir ihn nicht weg wie das Messer?«

Eine berechtigte Frage. Die Existenz des Revolvers würden sie im Retreat erklären müssen.

»Behalten wir ihn lieber«, sagte Sean. »Nur für den Fall.«

»Ja, aber *welchen* Fall?«, sagte Sarah und sah ihn herausfordernd an.

Meg kannte die Antwort – angesichts ihrer Perspektiven. Bevor Hunger und Kälte sie umbrachten, war eine Kugel keine ganz abwegige Alternative.

»Von welchem Fall redest du?«, wiederholte Sarah, erneut in diesem schrillen Ton.

»Für den Fall, dass keine Hilfe kommt«, sagte Meg ungerührt.

»Ich verstehe nicht ...« Aber dann weiteten sich Sarahs Augen. »Du meinst, wir sollen uns erschießen?«

»Uns selbst oder uns gegenseitig, ganz wie du willst.«

Sarah starrte sie entsetzt an. »Nein, niemals.«

»Das mag ja sein«, sagte Meg. »Aber wenn du mich vor die Wahl stellst, entweder langsam zu verhungern oder das Ganze etwas abzukürzen, wüsste ich, was ich zu tun habe.«

»Die Entscheidung über Leben und Tod kommt allein Gott zu«, blaffte Sarah.

Meg lachte. »Ja, genau. Und als Karl aus der Kabine stürzte, war das auch nur die Hand Gottes!«

»Ich habe ihn nicht gestoßen.«

»Und damit sich solche Unfälle nicht wiederholen«, warf Sean ein, »würde ich sagen, behalten wir die Waffe.«

Max in seiner Ecke fing an zu husten. Meg sah ihn an. Obwohl er Wasser getrunken hatte, waren seine Augen rot gerändert und das Gesicht aschfahl. Die Haare klebten ihm an der schweißnassen Stirn, sodass sie fast sicher war, dass er Fieber hatte. Sie mussten für ihn dringend medizinische Hilfe organisieren.

»Es gibt noch eine weitere Möglichkeit«, sagte sie.

Sean sah sie erstaunt an. »Willst du aus der Luke springen, oder was?«

»Nein, aber wir könnten klettern.«

»Was?«

»Die Bergstation ist nur ein paar hundert Meter entfernt.«

»Was nutzt uns das? Sie könnte genauso gut auf dem Mond liegen.«

»Vielleicht kann man sich über das Tragseil nach oben hangeln«, schlug Meg vor.

Alle starrten sie an, ehe Sean sich vor Lachen nicht mehr einkriegte. »Und das meinst du wirklich ernst? Viel Spaß.«

Nach ihrem nächtlichen Gespräch war Meg eigentlich davon ausgegangen, in ihm einen Verbündeten zu haben. Aber jetzt verhielt er sich wieder wie ein ganz normaler Blödmann.

»Wieso nicht? Das müsste doch gehen«, sagte sie. »Es sind nicht einmal zweihundertfünfzig Meter.«

»Ja, aber du spazierst eben nicht bis zur nächsten Straßenecke, sondern hängst mehrere hundert Meter über Grund an einem Stahlkabel – und das in einem Schneesturm.«

Meg konterte seinen spöttischen Blick. »Ich weiß. Aber ich weiß auch, dass ich es schaffen kann.«

»Wirklich? Schon mal ausprobiert?«

»Ich war Trainingsbeste bei den Spezialkräften der Polizei.«

»Und ich habe auf der Grundschule mal einen Pokal im Sackhüpfen gewonnen«, erwiderte Sean. »Was soll das?«

»Warum lässt du sie nicht?«, schaltete sich die bibbernde Sarah ein.

Auch Max, trotz seines Zustands, sagte: »Hältst du das wirklich für machbar?«

»Ja«, erwiderte Meg, obwohl sie sich alles andere als sicher war. »Es ist gefährlich, sicher, aber vielleicht unsere einzige Chance. Wenn ich es nach oben schaffe, kann ich vielleicht Hilfe holen.«

»Jetzt hör mal zu«, sagte Sean mit jenem nachsichtigen Ton, für den sie ihm am liebsten eine geknallt hätte. »Ich weiß, du bist furchtlos und stark wie Wonder Woman, aber du bist bisher nicht einmal halb so weit gegangen.«

»Hast du einen besseren Vorschlag?«, fragte sie. »Abgesehen davon, sich eine Kugel in den Kopf zu schießen?«

Als Antwort huschte etwas über sein Gesicht, das sie nicht einordnen konnte.

»Ja«, sagte er, »habe ich: *Ich* mache es.«

»Nein«, konterte Meg.

»Ich bin kräftiger als du.«

»Aber auch schwerer. Ich bin leichter und beweglicher.«

»Ich habe mehr Ausdauer.«

Meg blieb eisern. »Danke für das Angebot, aber die Antwort ist nein.«

Sein schwaches Lächeln, als er sagte: »Du traust mir nicht, oder?«

»Das habe ich nicht gesagt.«

»Es war auch gar nicht mehr nötig.« Er schüttelte den Kopf. »Du glaubst, sobald ich oben bin, mache ich die Biege und lasse euch hier verrotten. Womöglich habe ich auch den Cop umgebracht. Das denkst du doch, oder?«

»Nein«, entgegnete Meg. »Und hör auf, mir Worte in den Mund zu legen.«

Keiner von beiden gab nach.

»Okay«, sagte Max matt. »Rein logisch betrachtet, gibt es nur zwei Gründe, weswegen wir immer noch hier feststecken. Der eine ist rein technischer Natur. In diesem Fall ist anzunehmen, dass früher oder später Hilfe eintrifft. Es dauert nur seine Zeit.«

»Oder?«, fragte Meg.

»Oder es liegt ein allgemeiner Katastrophenfall vor. Dann wäre auch der Betreiber der Seilbahn betroffen, und es ist niemand mehr da, der sich um kleinere Störungen wie diese kümmern kann. Vielleicht weiß nicht mal jemand von unserer Lage.«

Ein entmutigendes Szenario.

»So oder so …«, fuhr Max fort.

»… sind wir am Arsch«, beendete Sean den Satz.

Bedauerndes Lächeln von Max. »Nein, was ich sagen wollte: Je länger wir hier feststecken, desto wahrscheinlicher wird leider die zweite Annahme.«

»Also sind wir doch am Arsch.«

»Das fasst es im Wesentlichen zusammen.«

Daraufhin starrten sie alle hinaus in den leichten Schneefall und die Ornamente, die er auf der Scheibe hinterließ. Der Himmel über der grauen Kuppel der Bergstation war wie eine endlose Rückprojektion silbriger Wolkenpakete, denen sie in ihrem Sarg aus Stahl und Glas nur machtlos hinterhersehen konnten.

Meg war schließlich diejenige, die das Schweigen brach. »Deswegen sage ich ja: Wie lange wollen wir noch abwarten?«

Carter

Keiner sprach ein Wort. Keiner rührte sich. Selbst die Zeit hätte ihr eigenes Verstreichen am liebsten vertagt.

Unter Jimmy Quinns Reptilienaugen und dem bösen Blick der Gewehrläufe erstarrte alles. Carter schluckte, ein Geräusch, das wohl noch von den Tieren des Waldes zu hören war, so seine Befürchtung.

Miles war der Erste, der seine Sprache wiederfand. »Es redet sich besser, wenn mir jemand keine Knarre an den Kopf hält«, sagte er.

Jimmy Quinn lächelte. »Sie zielen nicht auf deinen Kopf, Miles. Sie schießen dir erst die Eier weg.« Trotzdem hob er die Hand, worauf Thing 1 und Thing 2 die Waffen senkten.

Miles bedankte sich mit einer leichten Verbeugung und ließ ebenfalls seine Pistole sinken.

Carter tat es ihm nach kurzem Zögern gleich.

»Dürfte ich erfahren, worum es überhaupt geht?«, fragte Miles.

Kopfbewegung von Quinn an Thing 1, und Thing 1 stapfte zum Schneemobil und entnahm ihm ein braunes Päckchen, das Carter sofort als die Lieferung vom Vortag identifizierte.

Thing 1 feuerte das Päckchen vor das Tor.

»Hier, dein Plasma«, sagte Quinn.

»Das sehe ich«, antwortete Miles. »Genau die Menge, die du bestellt hast. Ich verstehe nicht, wo das Problem …«

Da hob Thing 1 seine Maschinenpistole und gab einen Feuerstoß auf das Päckchen ab, das sich daraufhin in tausend Teile zerlegte, Pappe und Glas.

Carter und Miles rissen die Arme hoch, um sich vor den herumfliegenden Splittern zu schützen.

»Shit!«, sagte Carter und blickte verwirrt zwischen Miles und Quinn hin und her. »Was soll der Scheiß?«

Quinn trat an die Überreste ihrer Lieferung und kickte sie voller Verachtung zur Seite.

»Hältst du mich eigentlich für blöd, Miles? Meinst du, ich merke nicht, wenn du mir Scheiße verkaufst?«

Carter brach der Schweiß aus. Hatte er nicht immer darauf geachtet, die Flaschen so zu sortieren, dass Quinn keine Placebos erhielt? Oder hatte er irgendwas übersehen, und Quinn hatte deshalb das Fake-Zeug bekommen?

»Nein«, erklärte Miles mit Überzeugung. »So etwas würde ich nie tun.«

»Du lügst.«

»Nein.«

Quinn jedoch war nicht überzeugt und entließ ihn auch nicht aus seinem wütenden Blick. »Ich habe vorhin einen Anruf bekommen, Miles. Von einem meiner Geschäftspartner. Einem *wichtigen* Geschäftspartner, Miles. Und was noch schlimmer ist, einem höchst unzufriedenen Geschäftspartner, Miles. Weißt du, warum, Miles?«

»Nein, woher soll ich das wissen?«, sagte Miles, aber in seiner Stimme schwang etwas mit, das man als Unsicherheit deuten könnte.

»Ich verrate es dir: Weil nämlich seine ganze Familie tot ist, Miles. Und das Plasma, Miles, hatte er von uns, die vereinbarte Menge, auch sonst alles wie immer. Und vierzehn Tage später werden sie alle krank, Frau, Sohn, alle. Und jetzt sind sie tot, Miles. Klar, eine neue Alte ist nicht das Problem. Aber der Sohn, Miles, der Sohn ist unersetzlich. Ich sagte ihm, da muss wohl ein Fehler vorliegen, eine schlechte Charge, kann man nichts machen, soll nicht wieder vorkommen. Aber dann kriege ich noch weitere Anrufe. *Viele* Anrufe, Miles. Und alle berichten von Infektionen. Deshalb frage ich dich: Was verkaufst du uns da für eine Scheiße?«

Carter sah, wie Miles' Adamsapfel arbeitete. »Nein, das würde ich nie tun ...«

Ein weiterer Feuerstoß schnitt ihm das Wort ab. Carter und Miles warfen sich flach auf den Boden, während die Querschläger vom Stahltor durch die Luft sirrten. Als wieder Stille einkehrte, hoben sie vorsichtig den Blick. Das Bedienfeld der Zugangskontrolle hing zerschossen aus seiner Halterung – und das Tor stand sperrangelweit offen.

Quinn jedoch blieb, wo er war, und übertrat diese Grenze nicht, sondern sagte nur: »Jetzt seht ihr, was eure Sicherheit wert ist. Ich könnte euren ganzen Komplex übernehmen, aber ich tue es *nicht*, denn wir hatten eine Vereinbarung. Also raus mit der Sprache, oder muss ich euch wirklich erst die Eier wegballern.«

Mit erhobenen Händen rappelte sich Miles hoch. »Schon gut, schon gut ... Was du gesagt hast, deckt sich mit meinen eigenen Feststellungen. Es hat in der Tat Unregelmäßigkeiten gegeben ...«

Das war's wohl, dachte Carter. Jetzt erzählt er Quinn, dass Jackson Plasma gestohlen und gegen Fake-Präparate ausgetauscht hat.

Miles holte tief Luft, ehe er sagte: »Es betrifft ganz allgemein die Wirksamkeit des Plasmas.«

Carter blickte ihn an. *»Was?«*

»Die Antigenkonzentration ist geringfügig niedriger als bisher«, fuhr Miles fort. »Ich sage mit Absicht ›geringfügig niedriger‹ und nicht ›bedenklich niedrig‹, dennoch lässt sich nicht leugnen, dass mit jeder neuen Extraktion der Wert leicht unter dem zuletzt gemessenen Wert ...«

»Und das bedeutet?«, fragte Quinn.

Miles seufzte. »Das bedeutet, dass das gewonnene Plasma mit

jedem Mal eine weniger ausgeprägte Immunantwort auslöst und insbesondere gegen neue Varianten nicht mehr so wirksam sein könnte wie gewohnt.«

Quinn blieb unbeeindruckt. »Du hast es also vermasselt, Miles.«

Miles nickte. »Ich weiß. Aber ich habe einen Notfallplan.«

»Und ich habe lauter tote Leute in der Leitung, Miles. Leute, die sich auf mich verlassen haben – und die das kaum so hinnehmen werden. Weißt du, was das heißt, Miles? Diese Leute kommen zuallererst zu mir, Miles. Zu mir und meinen Söhnen.«

»Ich weiß, und das bedaure ich sehr.«

»Lauwarme Entschuldigungen nützen mir jetzt nichts. Sag mir, wie du diese Scheiße wieder in Ordnung bringen willst.«

»Wir besorgen uns frische Humanreserven. Unverbrauchtes Material, das noch nie eine Plasmaseparation gesehen hat. Die bestehenden Quellen werden ausgesondert, und wir fangen ganz neu an. Das sollte das Problem in kurzer Zeit beheben, denke ich.«

»Frisches Material?« Quinn musterte ihn misstrauisch. »Du meinst …?« Er warf einen Blick hinunter in den Bergwald. »Whistler aus der freien Wildbahn?«

»Genau.«

Quinn brach in Gelächter aus, dem sich seine Söhne in linkisch-reduzierter Form anschlossen.

»Jetzt bist du wohl vollkommen übergeschnappt, Miles.« Er schüttelte den Kopf. »Na gut, glauben wir das mal. Ich gebe dir einen Tag Zeit. Vierundzwanzig Stunden.«

»Ein bisschen mehr brauche ich schon«, sagte Miles. »Einen Tag für die Beschaffung. Einen weiteren für Präparation und Konservierung.«

»Okay, achtundvierzig Stunden. Aber keine Minute länger. Ich will fangfrisches Plasma. Wenn du das nicht lieferst, bist du tot. Und nicht nur du, ihr alle seid tot.«

»Ich verstehe.«

»Hoffentlich. Beim nächsten Mal wird's unangenehm.«

Quinn zog sich die Skibrille vors Gesicht und bestieg sein Schneemobil, Thing 1 und 2 ebenso. Sie ließen ihre Maschinen aufheulen und jagten in einer Wolke aus pulverisiertem Schnee den Hang hinab.

»In der Tat …«, murmelte Miles. »Was für ein ereignisreicher Morgen.«

Carter starrte ihn nur an. »Verdammt, Miles, warum hast du uns nichts davon gesagt?«

Jäh fuhr Miles herum und drückte ihm seine Pistole an die Stirn. »Carter, ich sage das nur ein einziges Mal: Du stellst mich nicht infrage. Nie wieder. Ohne mich wärst du längst tot.«

Carter riss die Arme hoch und antwortete mit dem behutsamsten Nicken. »Okay, okay, ich entschuldige mich.«

Miles nahm die Pistole weg, räusperte sich und atmete einmal tief durch. »Diese Entwicklung war in gewisser Weise absehbar.«

»Und was machen wir jetzt?«, fragte Carter. »Allein für die Aktion bei der Bergstation benötigen wir einen ganzen Tag.«

Miles schien ihn gar nicht zu hören. »Ist aber kein Beinbruch. Wir brauchen in jedem Fall neue Humanreserven. Quinns Besuch hat die Dringlichkeit einer Erneuerung nur noch einmal unterstrichen.«

»Und was ist mit dem Stromgenerator, den wollten wir doch auch holen?«

»Kleine Planänderung. Wir besorgen zuerst die neuen Humanreserven.«

Ehe Carter widersprechen konnte, hatte sich Miles weggedreht und ging zur Tür. »Wir müssen noch den anderen Bescheid sagen.«

Es stellte sich heraus, dass Caren sie begleiten wollte.

»Ich braucht dafür jede Hilfe, die ihr kriegen könnt.«

Carter rechnete eigentlich damit, dass Miles da nicht mitspielen würde. Weil in diesem Fall nur noch Welland als Stallwache übrig blieb.

Aber Miles nickte und sagte sogar: »Ich habe nichts dagegen. Viele Hände, schnelles Ende. Im Übrigen hätte ich euch längst über die Qualitätseinbußen bei unserem Plasma informieren müssen.«

Caren schürzte skeptisch die Lippen. »Wohl wahr. Aber ich verstehe, warum du es nicht getan hast.« Sie blickte Miles eingehend an. »Und jetzt? Sind wir noch geschützt, Miles? Quinn sagte, soweit ich das mitbekommen habe, was von Leuten, die sich bereits infiziert hätten ...« Sie schloss an den Satz keine Frage an, aber das war auch nicht nötig.

Miles wand sich. »Ehrlich gesagt, ich weiß es auch nicht. Die Impfdosen, die wir zuvor gewonnen haben, sorgen sicherlich noch für eine gewisse Immunität, zumal mit Schutzausrüstung. Aber garantieren kann ich dir das nicht.«

Mit anderen Worten: Aus einer ohnehin riskanten Mission war unversehens ein Selbstmordkommando geworden. Aber Quinn nicht das verlangte Plasma zu geben verbot sich ebenfalls. Quinn kontrollierte den Flugplatz, andere Transportmittel besaßen sie nicht, und es zu Fuß zu versuchen war von Anfang an aussichtslos.

Das Verhältnis zu dieser zwielichtigen Gestalt war immer schon schwierig gewesen, und die gegenwärtige Krise legte die Lebenslüge des Retreats gnadenlos offen. Ihre »Vereinbarungen« mit diesem Verbrecher waren nichts als ein verkapptes Schutzgeld.

Und jetzt mussten sie ihr Leben aufs Spiel setzen, um es bezahlen zu können.

Gelang ihnen das nicht, waren sie tot.

Welland schüttelte so sehr den Kopf, dass seine verschwitzten

Locken in hektische Bewegung gerieten. »Mann, das kannst du nicht von mir verlangen. Ohne ausreichenden Impfschutz fasse ich keinen Whistler an.«

Miles blieb gänzlich unbeeindruckt. »Es geht aber nicht anders, Welland. Die Leichen müssen zwingend verbrannt werden, das ist wichtiger denn je.«

»Aber was ist, wenn ich mich …«

»Halt dich an die Hygienevorschriften, und dir passiert nichts.«

Davon ging auch Carter fest aus. Ihm passierte ja ebenfalls nie etwas. Was war das für eine Welt, in der die abartigsten Typen immer davonkamen, während andere wie seine Schwester … Er mochte den Gedanken nicht zu Ende denken, sonst wäre er daran erstickt.

Miles hingegen war wieder ganz bei sich. »Also, Herrschaften, ich fasse zusammen: Wir gehen in den Wald und suchen uns eine geeignete Gruppe aus. Sie sind nachtaktiv, bei Tag ruhen sie, allerdings kann man sich nicht darauf verlassen. Ich erledige zwei Stück mit dem Betäubungsgewehr. Caren und Carter, an euch wird es sein, den Rest der Bande in die Flucht zu schlagen. Anschließend laden wir die Humanreserven gemeinsam auf den …«

»Würdest du bitte aufhören, sie so zu nennen«, unterbrach ihn Carter. Er hatte genug, er konnte nicht anders.

Caren sah ihn mehr erstaunt als genervt an.

»Carter«, erwiderte Miles mit gefährlicher Gelassenheit, »übertreib es nicht.«

»Wer übertreibt? Ich sage ja nur, dass sie immer noch Menschen sind. Zumindest galt das bis vor Kurzem noch.«

»Mag sein, aber diesen Luxus können wir uns nicht mehr leisten«, entgegnete Miles. »Nicht, wenn wir überleben wollen.«

»Miles hat recht«, sagte Caren. »Letztlich heißt es, sie oder wir. So sehe ich das jedenfalls.«

Was Carter nicht überraschte. Es war die Caren, die er kannte, Caren mit C: eine Frau, die wusste, was sie wollte und das auch genau so durchsetzte, bis zur Skrupellosigkeit.

Er seufzte. »Dann ist es ja gut.«

»Dürfte ich bitte fortfahren?«, sagte Miles.

Carter nickte, obwohl es sich streng genommen nicht um eine Frage handelte. Einer wie Miles machte sich nicht abhängig von Mehrheitsmeinungen.

»Danke schön. Wir laden also die ... betreffenden Personen ... auf den Schlitten und verbringen sie auf die Isolierstation, wo wir umgehend mit der Extraktion beginnen«, erklärte Miles in Carters Richtung. »Die Whistler erhalten dort ausreichend Nahrung und medizinische Versorgung. So gesehen können sie sich sogar glücklich schätzen, dass sie bei uns gelandet sind, statt weiter in der Wildnis ihr Auskommen zu suchen, wo sie nicht besser dran sind als Tiere.«

Und genau das ist die große Frage, dachte Carter. Welches Tier würde wirklich die Gefangenschaft vorziehen?

Als Nächstes wandte sich Miles an Welland: »In der Zwischenzeit siehst du hier nach dem Rechten, Welland. Das heißt, du kümmerst dich in erster Linie darum, dass die Leichen verbrannt werden. Wenn das erledigt ist, verhältst du dich still und wartest, bis wir zurückkommen.«

»Und was, wenn ihr *nicht* zurückkommt?«, jammerte Welland. »Was mache ich, wenn es wieder einen Stromausfall gibt? Oder wenn Quinn und seine Söhne zurückkehren.«

Miles gab Welland seine Pistole. »Dann nimmst du die.«

Welland starrte auf die Pistole in seiner Hand. »Aber ... ich kann mit so etwas nicht umgehen. Außerdem sind sie in der Überzahl.«

Eine Frage, die an Miles' dünnem Lächeln abprallte. »Dafür kriegst du das Ding auch nicht.«

Hannah

Auf einmal hatte sie dieses Messer vor Augen.

»Daniel, hör zu, ich kann das nicht …«

»Es geht nicht um Peggy, es geht nur noch um das Baby.«

Er hielt ihr weiter das Messer hin. »Nur du kannst es retten.«

Eine Feststellung, die sich wie ein Gebirge über sie schob. Hannah blickte zu Peggy hinüber. Ihr aussichtsloser Zustand, der angeschwollene Bauch. *O Gott, nein. Nein! Wer denkt sich so etwas aus?*

»Ich … wirklich nicht. Ich kann nicht.«

»Du studierst Medizin.«

»Ja, aber ich bin weder Geburtshelferin noch Hebamme. Ich habe so etwas noch nie gemacht.«

Er drängte ihr das Messer auf. »Es ist aber sonst niemand da. Du bist die Einzige.« Sein Blick war herzzerreißend. »Bitte, ich will sie nicht beide verlieren.«

Hannah blickte wieder auf Peggy. Sie würde die nächste Viertelstunde nicht überleben. Und wenn das geschah, war auch die Sauerstoffversorgung für das Ungeborene unterbrochen, dann blieb nur noch ein schmales Zeitfenster, es ohne Hirnschaden zur Welt zu bringen. Sie durfte es nicht so weit kommen lassen, sie musste handeln. Jetzt. Sofort.

Aber selbst wenn *es dir gelingt, wie geht es von da an weiter, hast du dir das mal überlegt? Ohne Milch, in der Eiseskälte? Ich brauche wohl nicht zu erwähnen, welche zusätzliche Bürde so ein Neugeborenes darstellt. Denk nach, Hannah. Besser, du lässt sie beide gehen. Es ist nach Lage der Dinge die beste Entscheidung.*

Sie schaute auf Daniel und sah die Verzweiflung in seinem Gesicht.

»Aber das Baby hat praktisch keine Überlebenschance.«

»Meinst du, ich weiß das nicht? Aber versuchen musst du es. Diese kleine Chance hat es verdient.«

Hannah, so ein Eingriff ist Irrsinn!

Ach, Vater, hau ab, verschwinde. Du würdest uns am liebsten alle umbringen, also verpiss dich.

Hannah nahm das Messer und setzte es oberhalb des Schambeins an. Guter Gott, wie soll ich das machen? Ihre Hand zitterte, ihr brach der Schweiß aus. Verdammt, mach schon! Tu es. Sie holte tief Luft, kämpfte dabei gegen den Hustenreiz an. Okay, also los, die Anatomie der Beckenhöhle darf als bekannt vorausgesetzt werden, also konzentriere dich.

Aber einem sterbenden Mädchen den Bauch aufschneiden, ganz ohne Schmerzbekämpfung? Das wird sie nicht überleben. Aber sie stirbt so oder so, und auf diese Weise wird wenigstens das Wesen gerettet, das die relativ längere Überlebenszeit hat.

Sie erhöhte den Druck auf die Messerspitze, bis Blut quoll. Peggy stöhnte, aber nicht laut. Eher ein letzter Seufzer. Hannah drückte die Klinge in das Gewebe und zog entschlossen nach unten. Helles, sauerstoffreiches Blut stieg aus der Wunde auf.

»Daniel«, sagte sie gepresst, »geh nach vorn und zieh den Toten die Unterwäsche aus, wir brauchen dringend so was wie Tücher. Cassie soll dir helfen.«

»Okay. Was ist mit Lucas?«

Sie zögerte. »Wenn es sich irgendwie vermeiden lässt, sag ihm nichts.«

Während Daniel sich nach vorn begab, besah sich Meg ihr Werk. Das Blut wischte sie mit der Hand weg, aber es hörte nicht auf zu fließen. Außerdem fiel ihr ein, dass sie mit derselben Hand soeben noch auf dem Toilettenboden herumgekrochen war. Himmel, das war kein sauberes Arbeiten, von steril ganz zu schweigen. Aber welche Wahl hatte sie?

Sie durfte jetzt nur nicht nachlassen. Haut und Subcutis waren durchtrennt, die nächste Schicht bestand aus Bindegewebe. Die Rektusscheide, richtig? Gelegen zwischen dem linken und rechten Musculus rectus abdominis. Aber dazwischen gab es auch noch Sehnen, wenn sie sich recht erinnerte. Die Dinger für den Waschbrettbauch. O Gott! Hannah drückte fester. Das Messer war scharf, aber alles andere als skalpellscharf, und das Gewebe war hart. Ihr selbst war heiß, und der Schweiß rann ihr nur so von der Stirn. Nur, sie durfte jetzt nicht aufhören, musste es zu Ende bringen, und das möglichst schnell.

»Hier sind die Sachen, die du wolltest!«

Sie blickte über die Schulter. Daniel war wieder da, sogar mit Cassie. Ehrlich gesagt brauchte sie das ganze Zeug gar nicht, aber solange Daniel beschäftigt war …

»Danke«, sagte sie. »Leg sie hierhin.«

»Meine Fresse«, stieß Cassie aus. »Den Splatter-Teil habe ich aber nicht gebucht.«

»Sieh mal an, ich auch nicht«, konterte Hannah, als sie mit den Fingern die Rektusscheide spreizte. Jetzt noch durch das Bauchfell und nachgefühlt – Treffer! Da lag er, der Uterus. Unter normalen Bedingungen müsste sie jetzt unbedingt eine Verletzung der Harnblase vermeiden, aber mit solchen Kleinigkeiten konnte sie sich nicht abgeben. Das Wohlergehen der Mutter spielte keine Rolle mehr, der Fötus war alles.

»Ich bin fast da«, sagte Hannah, als sie vor dieser letzten Barriere stand und abermals von Schwindel und Übelkeit ergriffen wurde. Aber vor dem Cavum uteri lagen drei Schichten, eine äußere (Perimetrium), eine Muskelschicht, (Myometrium) und eine auskleiidende Schleimhaut (Endometrium). Sie durchstieß sie alle drei und nahm in Kauf, dass sie dabei weitere Gefäße verletzte. Jetzt ging es nur noch darum, das Kind zu holen, und wenn ihr das Blut dabei ins Gesicht spritzte.

»Fuck!« Sie streckte eine Hand nach hinten. »Tuch!«

Erschrocken drückte ihr Daniel eine Thermo-Boxershort in die Hand. Hannah wischte sich damit über Augen und Mund, aber den metallischen Geschmack auf der Zunge wurde sie nicht los. Dann blickte sie wieder auf ihr Operationsfeld.

»Ist das …?«, fragte Daniel.

Es war. Vor ihnen lag der Ursprung der Welt, als eingefallene Blase, unter der sich die Umrisse des zusammengerollten Fötus abzeichneten. Sie legte das Messer weg und griff mit beiden Händen hinein, indem sie die Fruchtblase endgültig zerriss.

»Gott steht uns bei«, murmelte Daniel.

Sie wagte kaum zu atmen, als sich ihre Hände um das winzige Wesen schlossen, denn jetzt begann erst der schwierige Teil. Alles zuvor war lediglich Chirurgie unter Notfallbedingungen, aber jetzt war sie für ein Leben verantwortlich, dessen Hauptkennzeichen seine Verletzlichkeit war. So behutsam wie möglich holte sie das Baby aus dem Bauch, hob es in die Höhe. Sie sah Daniel an.

»Es ist ein Mädchen«, sagte sie.

Und legte es in Daniels Hände, der nicht wusste, wie ihm geschah, und es anfasste, als wäre es aus Glas.

»Ich muss noch die Nabelschnur durchtrennen«, sagte Hannah. Sie nahm wieder das Messer und schnitt den zähen Strang durch.

»Müsste das Kind nicht schreien oder so was?«, fragte Cassie.

Sie hatte recht. Hannah blickte auf den Brustkorb des Babys. Atmete es überhaupt?

»Lass mich mal …« Hannah, schnappte sich eine sauberes Paar Boxershorts, befreite das Gesichtchen von Schleim und massierte den Brustkorb mit den Fingerspitzen, bis das Baby einen kleinen Hicks machte und endlich den befreienden Schrei losließ.

»Puh«, sagte Cassie, »das wurde aber auch Zeit.«

»Peggy, sieh doch, dein Baby«, sagte Daniel.

Doch seine Schwester antwortete ihm nicht mehr, und erst jetzt fiel Hannah auf, dass sie den rasselnden Atem schon seit längerer Zeit nicht mehr gehört hatte. Die Hautoberfläche fühlte sich kalt an, und die Augen blickten reglos ins Leere. Sie war tot.

Daniel aber legte ihr das Baby an die Brust und platzierte sogar ihre kalte Hand auf seinem Rücken. »Schau doch mal, wie hübsch sie ist, Peggy. Ich werde sie Eva nennen, wie du gewollt hast. Sean, wenn es ein Junge wird, Eva für ein Mädchen. Aber sie soll auch deinen Namen tragen: Eva Margaret, was meinst du?«

Das Baby antwortete mit lautem Geschrei.

»Ihr ist wahrscheinlich kalt. Wir müssen ihr etwas anziehen«, sagte Hannah.

Daniel holte eine Daunenweste aus dem Haufen von Kleidungsstücken und wickelte das Baby hinein. Hannahs Blick fiel auf Peggy, und es kam ihr plötzlich obszön vor, sie in diesem ausgeweideten Zustand liegen zu lassen wie eine nutzlose Hülle. Gefäß des Lebens, das seiner Bestimmung gerecht geworden war, aber nun nicht mehr gebraucht wurde.

Hannah, was soll die Gefühlsduselei um einen absehbaren Exitus? Solche Schwachheiten können wir uns nicht leisten. Das Mädchen ist tot und Punkt.

Vielleicht. Aber hatte sie deswegen weniger Hochachtung verdient? Sie nahm das letzte warme Kleidungsstück vom Haufen und breitete es über Peggys Unterleib.

Eva schrie nur umso lauter. Durchdringend, fordernd.

»Ob sie Hunger hat?«, fragte Daniel.

Anzunehmen, dachte Hannah. Aber sie hatten keine Milch.

Angestrengt suchte ihr erschöpftes, benebeltes Hirn nach einer Alternative. Was konnte man Neugeborenen geben, wenn man weder Muttermilch noch Babynahrung hatte? Plötzlich meldete sich ihre Erinnerung mit einem Detail, das nie zur Aufbewahrung gedacht, aber irgendwie an ihr hängen geblieben war wie eine Staubfluse an einem Pulli.

»Pedialyte!«, sagte sie.

Cassie sah sie an. »Ist das nicht dieses Zeug, das man Kindern bei Durchfall gibt?«

»Ja, es dient dem Flüssigkeitsausgleich. Enthält jede Menge Salze und Mineralien.«

»Haben wir so etwas?«, fragte Daniel.

»Nein, aber Ben hatte es. Wisst ihr noch, er sagte etwas von Pedialyte, in seinem Koffer?«

»Welcher wiederum im Gepäckraum liegt«, ergänzte Cassie.

»Ich weiß«, sagte Hannah. »Aber wir haben bereits über die Toilette einen Weg nach unten gefunden. Gut möglich, dass wir so auch …« Sie blickte umher.

Lucas. Wo zum Teufel war Lucas?

Cassie war es gleichfalls aufgefallen. »Ich frage mich, wo unser Herr und Meister steckt?«

Zumal ihm nicht entgangen sein dürfte, was sich im hinteren Teil des Busses abspielte. Das Babygeschrei musste er doch gehört haben.

»Ich weiß es auch nicht«, murmelte Hannah.

Sie blickten sich an. Hannah wischte sich das Blut von den Händen, stand auf und ging nach vorne. Cassie folgte.

»Lucas?«, rief Hannah, als sie auf der Toilette nachsah. Keiner da.

Sie spähte in die Öffnung am Boden, die Klappe an der Seite stand offen und ließ einen willkommenen Strom Kaltluft in den Bus.

Sie blickte Cassie an. »Er ist weg.«

Aber da war noch etwas anderes.

»Hörst du das?«, fragte Cassie.

Dasselbe Knattern in der Luft wie am Morgen.

Der Hubschrauber war zurück.

Näher als zuvor, dem Geräusch nach zu urteilen.

Viel näher.

Sie stürzten nach vorn zur Fahrerkabine und blickten durch die Frontscheibe.

Der Hubschrauber schwebte über dem Horizont, schien aber größer zu werden. Auch der Sound der Rotoren steigerte sich zur Orkanstärke.

»Sie wissen, dass wir hier sind«, rief Hannah durch den Lärm.

»Sag bloß, Sherlock!«

Hannah blickte nach oben. Der Helikopter stand jetzt direkt über ihnen. So nah, dass sie sogar den Piloten und eine weitere Gestalt erkennen konnte.

»Sie finden offenbar keinen Landeplatz«, sagte sie. »Der Wald ist zu dicht und die Straße zu schmal.«

»Was machen sie dann da oben?«, fragte Cassie.

Gute Frage. Warum landeten sie nicht woanders und kamen zu Fuß her? Irgendeine Stelle würde sich doch finden, und dass die Studenten den Bus nicht verlassen konnten, wussten sie ja bereits.

Die Antwort war geradezu beleidigend simpel.

Etwas wurde aus dem Hubschrauber herabgelassen.

»Shit!«, murmelte Hannah.

Eine Strickleiter.

»Sie landen nicht. Sie schicken jemanden her.«

Cassie starrte sie mit aufgerissenen Augen an. »Und was machen wir jetzt?«

Eine Gestalt in der grünen Winterkluft des Departments kletterte über die Strickleiter nach unten, auf dem Rücken – wie spielerisch – eine Maschinenpistole.

»Raus hier!«, rief Hannah.

Hals über Köpf stürzten sie nach hinten.

»Daniel!«, schrie Hannah unter einem beginnenden Hustenanfall. »Wir müssen hier weg.«

»Aber das Baby?«

»Raus! Sofort!«

Cassie war die Erste, die sie in die Toilette schob. »Los, mach schon, raus hier.«

Was man Cassie allerdings nicht zweimal zu sagen brauchte. Sie zwängte sich durch die rechteckige Öffnung, vorbei am Entsorgungstank, und kam relativ leicht durch die Außenklappe. Aber sie war auch gertenschlank. Daniel mit dem Baby war eine andere Nummer.

»Jetzt du!«, rief Hannah.

»Aber was ist mit Eva?«

»Reich sie durch die Klappe an Cassie.«

»Nein«, sagte er und schüttelte vehement den Kopf. »Du gehst zuerst, und du nimmst Eva.«

»Daniel, bitte, was soll das?«

»Du bist schneller als ich. Falls jemand zurückbleibt, dann bitte nicht du.«

Sie blickten sich an. Im selben Moment zerbarst die Frontscheibe durch die Salve einer Maschinenwaffe, und nur Sekunden später schwangen sich schwere schwarze Stiefel durch diese Bresche.

»Verdammter Mist!«

Hannah warf sich auf den Boden und robbte auf die Öffnung in der Bordtoilette zu. Am Entsorgungstank wurde es eng, aber sie zog den Bauch ein und war einen Moment später draußen, wo Cassie wartete.

Die frostkalte Luft durchströmte ihre Lunge, nur blieb keine Zeit, dieses belebende Gefühl zu genießen. Sie steckte ihren Kopf gleich wieder durch die Klappe, um von Daniel das Baby in Empfang zu nehmen. Das Baby bewegte sich in ihren Armen, gab aber keinen Laut von sich.

»Komm schon, beeil dich«, zischte sie Daniel zu.

Ungeduldig verfolgte sie seine Bemühungen. Wobei es kam, wie es kommen musste: Cassie und sie oder selbst Lucas, dieser niederträchtige Verräter, mochten in der Lage sein, sich an dem vermaledeiten Tank vorbeizuzwängen, aber er?

»Ich hänge fest«, ächzte Daniel aus dem Innern des Busses.

»Drück dich mit den Händen ab. SCHIEB!«

Und Daniel schob. Schob, bis der Tank genauso ächzte wie er. *Mensch, mach schon!*, dachte Hannah. Der Killer bewegte sich bereits durch den Mittelgang. Es war nur eine Frage der Zeit, bis er kapierte, wohin sie alle verschwunden waren.

»Mach endlich!«

Daniel zappelte in der Engstelle, und es ging weder vor noch zurück.

»Hier, nimm«, sagte Hannah zu Cassie und drückte ihr das Baby in den Arm.

»Nein, ich kann das nicht …«

»Jetzt nimm schon, verdammt.« Cassie hielt das Baby von sich weg, als wäre es eine Bombe.

Dann packte Hannah Daniel an den Fußgelenken und zog mit aller Gewalt, bis irgendetwas hörbar brach. Offenbar hatte sie die Halteschrauben des Tanks abgerissen, denn nicht nur Daniel rutschte plötzlich widerstandslos durch, sondern auch der komplette Inhalt der Bordtoilette, eine bläuliche Suppe aus Desinfektionsmittel und menschlichen Ausscheidungen – Hannah konnte gerade noch ausweichen.

»Shit!« Was in diesem Fall wörtlich zu verstehen war.

Zumindest war Daniel jetzt draußen, auch wenn die Aktion erheblichen Lärm verursachte.

Denn von oben hörte sie eine unbekannte Stimme, die auf Deutsch sagte: »SCHEISSE!«

Hannah rappelte sich hoch. Selbst von ihrer Position aus war bereits das Gesicht des Schützen zu sehen. Er befand sich in der Toilette, kniete fluchend vor den offenen Eingeweiden des Busses, schreckte aber offensichtlich davor zurück, die Verfolgung auf diesem Weg fortzusetzen, und musste wohl oder übel zurück.

Das verschaffte ihnen einen kleinen Zeitvorteil. Hannah blickte zum Wald hinüber. Nur wenige Meter, aber auf dieser Strecke waren sie voll im Sichtfeld sowohl des Schützen als auch des Hubschraubers. Trotzdem, eine andere Chance hatten sie nicht.

»Wir müssen in den Wald«, rief sie.

»Das ist zu weit«, sagte Daniel, der sich gerade erst sortierte.

Auch Cassie starrte sie hilflos an. »Er hat recht. Das schaffen wir nie.«

»HALT! STEHEN BLEIBEN!«

Hannah fuhr herum. Der Schütze befand sich bereits wieder außerhalb des Busses und lief auf sie zu.

Verflucht! Nur weil sie zu lahm waren! Was jetzt? Sie waren unbewaffnet, und es gab keinerlei Deckung. In diesem Moment war die Frustration größer als ihre Angst. Sie waren schon so weit gekommen, und jetzt sollte auf einmal alles vorbei sein? War das das Ende? Das war verdammt noch mal nicht fair.

Plötzlich hörte sie eine weitere Stimme, ebenfalls in diesem seltsamen Idiom: »Okay, Feuer einstellen und alle mal herhören!«

Aus dem finsteren Tann trat eine hochgewachsene Gestalt. Offenbar hatte sie dort auf der Lauer gelegen.

Lucas.

Er stand vollkommen frei im Luftdruck der Rotoren und schien keine Furcht zu kennen. Das Einzige, was an ihm flatterte, waren seine hellblonden Haare.

Jetzt bemerkte ihn auch der Schütze und richtete seine Waffe auf ihn. Lucas hob die Arme, aber eher beschwichtigend als kapitulierend.

»Immer mit der Ruhe, mein Freund«, sagte er. »Lucas Myers, Department für Volksgesundheit. Wir stehen auf derselben Seite.«

»Was haben Sie hier zu suchen?«

»Ich bin hier, um sicherzustellen, dass die Operation geräuschlos über die Bühne geht.« Er tippte an den klotzigen Chronometer am Handgelenk. »Den Bus habt ihr übrigens auch nur meinetwegen gefunden, also … easy, wenn ich bitten darf!«

Der Schütze war sichtlich verunsichert.

»Was labert er da?«, flüsterte Cassie, die das Baby nicht losgelassen hatte.

»Weiß ich auch nicht so genau«, sagte Hannah. Sie verfügte zwar über rudimentäre Deutschkenntnisse, aber was versteht man schon auf die Entfernung und im Sturm der Schraubflügel? »Ich glaube, er versucht ihm beizubringen, dass sie für den gleichen Laden arbeiten.«

»Er spielt mit seinem Leben«, sagte Daniel.

»Immer noch besser als mit unserem«, murmelte Cassie, die auf einmal merkte, wen sie da die ganze Zeit auf dem Arm trug. »Ach, übrigens, könntest du das hier wieder an dich nehmen?«

Daniel strich dem Baby über den Kopf. »Später. Denn du machst das ganz toll.«

»Wieso das denn? Ich habe null Ahnung von so was.«

»Spielt jetzt keine Rolle. Denn wenn Lucas stirbt, sind wir alle tot.« Daniel wuchtete seine Körpermasse hoch.

»He, wo willst du denn hin?«, zischte Hannah.

Er lächelte durch zusammengepresste Lippen. »Abwarten. Es muss halt jeder seinen Teil beitragen.«

Mühsam krabbelte er auf die Karosserie des auf der Seite liegenden und halb im Schnee vergrabenen Busses zu und schob sich auf allen vieren vorwärts. Der Schütze, der von Lucas abgelenkt war, bekam von alledem nichts mit und hatte offenbar auch Kommunikationsprobleme.

»Und das soll ich dir glauben?«, rief der Schütze.

Es war das Erste, das Hannah halbwegs verstand.

»Erkundigen Sie sich beim Professor.«

Der Schütze hielt den Blick starr auf Lucas gerichtet, während Daniel sich weiter über die verschneite Blechhaut des Busses bewegte und dabei sogar das Academy-Logo freilegte. Spätestens jetzt musste der Hubschrauber-Pilot merken, was gespielt wurde. Aber da befand sich Daniel schon auf derselben Höhe wie der Schütze und schaute von oben auf ihn hinunter.

»Mein Befehl lautet, euch alle zu liquidieren«, sagte der Schütze und hob seine Maschinenpistole. »Von Ausnahmen ist mir nichts bekannt. Keine Überlebenden.«

Auch das konnte Hannah im Kopf problemlos übersetzen.

»Nein!«, schrie Lucas.

Im selben Moment warf sich Daniel in die Tiefe und begrub den Schützen unter sich, wobei die Waffe verloren ging.

»Autsch!«, sagte Cassie. »Das tut weh.«

Die beiden wälzten sich im Schnee, aber Daniel hatte das Überraschungsmoment und das höhere Kampfgewicht auf seiner Seite. Bald hatte er den Schützen mit den Knien fixiert und drosch mit nackten Fäusten auf ihn ein, bis dessen Gesicht in Blut schwamm. Er hörte erst auf, als sich der Schütze gar nicht mehr regte.

Dann schnappte er sich die Maschinenpistole und kämpfte sich, ausgepumpt wie er war, auf die Füße. Der Hubschrauber hatte währenddessen seine Position kein bisschen verändert, sondern schwebte immer noch bedrohlich über ihnen. Daniel richtete seine Waffe nach oben und schoss auf ihn. Hannah konnte hören, wie die Kugeln an seiner Panzerung abprallten, worauf der Pilot sich entschloss, den Einsatz abzubrechen und sich in Sicherheit zu bringen. Es dauerte nicht lange, bis die im Sonnenlicht blitzenden Rotoren von den Wolken verschluckt wurden.

Dann wandte sich Daniel wieder dem bewusstlosen Schützen zu.

Nein, dachte Hannah, bitte nicht. Er stellt keine Bedrohung mehr dar, du musst ihn nicht erschießen.

Zu spät. Daniel drückte ab und sandte Feuerstoß um Feuerstoß in den am Boden liegenden Körper, bis sich sowohl die grüne Uniform als auch der weiße Schnee rot färbten. Erst dann ließ er seine Waffe sinken. Hannah schloss resigniert die Augen.

Mit knirschenden Schritten marschierte Lucas auf Daniel zu und sagte: »Danke, mein Freund, du hast mir das Leben gerettet.« Und wollte Daniel die Hand reichen.

Daniel nahm sie nicht, sondern ging einfach weg, setzte sich wortlos in den Schnee und starrte mit einem Ausdruck tiefsten Ekels auf seine Stiefel. Er schien beinahe so, als müsse er gleich kotzen, aber Lucas zuckte nur mit den Schultern und trat an seinen durchsiebten Kollegen.

»Warte mal kurz«, sagte Hannah zu Cassie.

Cassie war nicht einverstanden. »Was? Du kannst mich doch nicht hier allein mit diesem Scheißbaby sitzen lassen.«

Hannah ging direkt auf Lucas zu. Der durchsuchte bereits die Taschen des Schützen. Er sah hoch, als sie vor ihm stand, und präsentierte ihr ein kleines graues Objekt, aus dem verschiedenfarbige Drähte herausschauten.

»Eine Sprengladung«, sagte er. »Du hattest recht. Ihre Absicht lag von Anfang an darin, uns zu beseitigen und die Beweise gleich mit.«

»Sei bloß vorsichtig mit dem Ding«, sagte Hannah.

»Keine Sorge, sie ist nicht scharf. Siehst du, hier?« Lucas deutete auf einen kleinen Knopf. »Damit startet man den Timer. Erst wenn ich *hier* draufdrücke …« Er hielt den Zeigefinger über den Knopf.

»Mann, leg das Scheißding weg!«, schnappte Hannah.

Lächelnd ließ Lucas das kleine graue Objekt in seiner Tasche verschwinden.

Aber Hannah war so schnell nicht zu beruhigen. »Warum bist du abgehauen? Du hast uns im Stich gelassen.«

Lucas tat geradezu beleidigt. »Habe ich gar nicht. Ich wollte mir nur den Laderaum noch einmal ansehen. Als der Helikopter kam, bin ich im Wald in Deckung gegangen.«

»Woher wusstest du, dass der Soldat Deutscher war?«, fragte sie.

»Ich habe ihn reden hören.«

»Und was hast du zu ihm gesagt?«

»Weiß ich nicht mehr. Ich wollte ihn davon abhalten euch umzubringen, das war alles. Wieso fragst du?«

Hannah blickte ihm unbeeindruckt ins Gesicht und sagte auf Deutsch: »Mein Deutsch ist nicht besonders, aber für mich hörte es sich so an, als ob du für das Department arbeitest – für meinen Vater.«

Lucas starrte sie an.

»Hast du verstanden, was ich gesagt habe? Stimmt das?«

»Nein, das stimmt nicht«, antwortete er.

»Wirklich?«

»Ich lüge dich doch nicht an«, sagte Lucas und probierte sein gewinnendes Lächeln. »Übrigens sprichst du hervorragend Deutsch.«

»He, ihr beiden!« Cassie kam auf sie zu, mit Eva auf dem Arm. »Könnte mich jemand bitte von diesem Mühlstein erlösen?«

Lucas wandte sich um und schien seinen Augen nicht zu trauen. »Sag mal, das ist doch nicht etwa … ein Baby?«

Cassie verdrehte die Augen. »Es ist jedenfalls nicht Kermit aus der *Sesamstraße*. Und bevor du fragst: Nein, *meines* ist es auch nicht.«

»Daniels Schwester war hochschwanger«, sagte Hannah. »Ich musste es mit einem Notkaiserschnitt holen.«

Diesmal brauchte Lucas etwas länger, um die Information zu verarbeiten. Allerdings vermochte sie nicht, ihn von seinem generellen Kurs abzubringen. »Euch ist schon klar, dass ein Baby eine unnötige Komplikation darstellt?«

»Sie heißt Eva«, schaltete sich Daniel ein und stand auf. »Und sie ist keine Komplikation, sondern meine Nichte.« Er hob seine Maschinenpistole.

Lucas fixierte ihn mit einem kalten Blick, meinte dann aber: »Na gut, in diesem Fall ist der Zeitfaktor sogar noch wichtiger. Ich habe bereits das Gepäck durchsucht und alles sichergestellt, was wir irgendwie brauchen können. Wir sollten uns in den Wald zurückziehen und zusehen, dass wir möglichst viel Strecke machen. Auf jeden Fall müssen wir aus dieser Gegend raus. Das Department weiß jetzt, dass wir leben, und das bedeutet nichts Gutes. Und dieses …«, seine Geste sagte alles, »dieses Ding da … bremst uns nur noch weiter aus.«

Mit diesen Worten drehte er sich um und marschierte zum Gepäckraum.

Daniel schulterte seine Waffe und nahm Eva wieder an sich. Er wiegte sie in seinen Armen. »Nicht wahr, Eva, dieser Onkel ist wirklich ein Arschloch.«

»Wie rührend«, sagte Cassie. Und an Hannah gewandt: »Was hast du vorhin eigentlich zu Lucas gesagt?«

»Nichts von Belang«, antwortete Hannah, die Lucas nicht aus den Augen ließ. »Ich wollte nur sichergehen, dass zwischen uns keine Missverständnisse aufkommen.«

Meg

Wir alle haben etwas zu verbergen.

Etwas riss sie aus dem Schlaf wie ein bösartiger Rempler, der sie auf ein störendes Detail aufmerksam machte. Denn wer nicht hören will …

Der Cop, hatte Sean gesagt. Der Cop.

Und das war neu. Vorher hatte er Paul/Mark nur als Security-Mitarbeiter bezeichnet, doch ihre Auseinandersetzung brachte es an den Tag: *Womöglich habe ich auch den Cop umgebracht.* Das kann Zufall gewesen sein, ein harmloser Versprecher. Immerhin hatten sie genau über diese Möglichkeit diskutiert: War Paul/Mark früher ebenfalls bei der Polizei gewesen? Nur sie, Meg, konnte diese Frage eigentlich mit Sicherheit beantworten. Aber Sean formulierte es ebenfalls wie eine Tatsache. Kannten die beiden sich vielleicht? Was hatte ihr Sean verschwiegen?

Und noch etwas ließ ihr keine Ruhe. Das schwarze Klebeband unter der Sitzbank. Ihr war dieses Gefühl aus ihrer Zeit bei der Polizei nur zu geläufig. Dieser nagende Zweifel, dass etwas nicht ins Bild passte, auch wenn man noch nicht den Finger darauflegen konnte. Es war der Kern jeder Ermittlung. So auch hier: ein kleines Stück schwarzes Klebeband, das unter der Bank eigentlich nichts verloren hatte. Oder war damit etwas befestigt gewesen, das keiner sehen, das jedoch stets griffbereit sein sollte?

Wie etwa ein Messer.

Das würde erklären, wie das Messer in die Kabine kam.

Sie alle waren vorher durchsucht worden. Ein Messer wäre sofort aufgefallen.

Was aber, wenn jemand mit Insiderwissen, zum Beispiel ein illoyaler Angehöriger des Departments, das Messer *vorher* in der Seilbahn deponiert hatte? Als Szenario zumindest nicht ausgeschlossen.

Es bedeutete zudem, dass die Mordaktion von langer Hand geplant war und nicht ohne Komplizen umgesetzt werden konnte. Der Mörder wusste, dass Paul an Bord war. Offenbar wollte er verhindern, dass Paul lebend das Retreat erreichte. Solange sie alle in Quarantäne waren, gab es keine Möglichkeit, an ihn heranzukommen. Aber wenn der Mörder mit den Abläufen vertraut war, gelangte er vielleicht ohne Narkose in die Kabine, wo er freie Bahn hatte, da alle anderen im Koma lagen.

Aber was war mit dem Revolver? Auch er passte nicht hierhin, aber irgendeinen Zusammenhang musste es geben. Vor allem: Zusammenhang mit wem? Etwa mit Karl? Sie musste sich schon sehr täuschen, wenn er so eine Tat durchziehen konnte. War er jedoch unschuldig, dann hieß das, dass der Killer noch unter ihnen weilte.

Meg setzte sich auf und löste sich aus dem Geflecht der Schlafenden am Boden. Augenblicklich spürte sie den Verlust der wechselseitigen Tierwärme. Schau sie dir an. Sarah, zusammengerollt wie eine Kugel, Sean in Kuschelposition direkt hinter ihr. Fast wie ein Liebespaar.

Man sollte nicht glauben, dass man bei solcher Kälte überhaupt schlafen konnte. Aber Wasser- und Nahrungsmangel machte alle apathisch. Um Energie zu sparen, fuhr der Körper seine Aktivitäten herunter und konzentrierte sich wie im Winterschlaf auf wenige zentrale Funktionen. Aus demselben Grund bewegten sich auch ihre Gedanken träger als sonst.

Sie ruderte mit den Armen, während sie in der Kabine auf und ab ging. Ihre Finger kribbelten, nur langsam kehrte die Wärme zurück. Ihre Füße blieben jedoch trotz Schneeschuhen und dicker Socken wie tiefgefroren. Hin und wieder gab die Gondel knarzende Geräusche von sich, aber wenigstens schwang sie nicht mehr hin und her. Der Sturm war abgeflaut, aber es blieb kalt, wie sie an ihrem dampfenden Atem sah. Ein. Aus. Geisterhafte Wolken. Solange es so blieb, war sie am Leben. Und das, obwohl sie sich nach Lilys Tod mehr tot als lebendig fühlte. Mit einem Fuß in dieser Welt, mit dem anderen im Jenseits.

Sie trat an ein Fenster und schaute hinaus in den Abendhimmel. Die ersten Sterne wie winzige Stecknadeln in einem dunkelpurpurnen Tuch. Einige davon sicher schon erloschen. Existent nur noch als Licht in der Finsternis. Wie würde ihre Welt aussehen, wenn es auf das Ende zuging? Es gab mal eine Zeit, da hätte Meg nichts gegen den Weltuntergang gehabt. Warum sollte diese verkommene Spezies weiterleben, wenn es Lily verwehrt blieb? Warum sollte überhaupt irgendwas weitergehen wie zuvor? Jetzt dachte sie nicht mehr so. Jetzt deprimierte sie eher, wie schnell die Menschheit in die Knie gegangen war.

Zehn Jahre. Länger hatte es nicht gebraucht, um ganze Gesellschaften zu zerstören. Zehn Jahre und ein winziges Virus gebaren Kriege und Aufstände. Und Hass ohne Ende. Sie machten Infizierte zu Parias und »Farmen« zu Einrichtungen der Gesundheitsfürsorge. Im Krieg gegen die immer neuen Mutationen gehorchte man der Not. Und im Krieg mussten Opfer gebracht werden, natürlich. Auch menschliche Opfer. Oder fast menschliche, halbmenschliche.

Sie sind nicht wie wir. Sie sind Whistler. Die Entmenschlichung begann schleichend, verfolgte aber von Anfang an ein klares Ziel: Angst. Angst sollte geschürt werden, denn nur sie machte vergessen, dass die Whistler einst wie wir waren. Ihr Pech, wenn sie sich infiziert hatten. Und noch mehr Pech, wenn sie die Infektion überlebten. Denn dann stürzte man in einen Abgrund, aus dem es kein Entrinnen gab. Und dass wir alle immer nur einen Schritt von diesem Abgrund entfernt sind, macht es nicht besser, im Gegenteil, dachte Meg. Es vergrößert nur unsere Angst, in diesen Abgrund zu blicken. Dorthin, wo schon die anderen sind, die zwar *waren* wie wir, aber nicht mehr *sind* wie wir.

Sie merkte, wie ihr die Tränen kamen. Warum war sie überhaupt noch da? Welchen Sinn hatte es, dieses Spiel noch endlos zu verlängern? Wenn sie sich schon auf einem Himmelfahrtskommando befand, warum nicht ein bisschen Tempo machen? Es musste ja nicht der Himmel sein, die Erde tat es auch, sie brauchte nur die Bodenluke zu öffnen. Ein kurzer atemloser Sturz auf ein eisiges Schneefeld, das war's. Eigentlich leicht, fast zu leicht.

Sie hörte hinter sich eine Bewegung und wandte sich um. Sarah war wach geworden. Max und Sean lagen weiter zusammengerollt in ihren Schneeanzügen.

»Na?«, sagte Meg neutral.

Sarah stand auf und kam zu ihr. Sie rieb sich die Arme und streckte sich. Sie wirkte mitgenommen mit ihren aufgesprungenen Lippen und den dunklen Augenringen. Aber für Schadenfreude bestand kein Anlass. Wie das blühende Leben sah sie, Meg, sicher auch nicht aus.

»So, Ende von Tag zwei«, sagte Sarah.

»Tja.«

»Planst du immer noch deine Hochseilnummer?«

Meg blickte nach draußen. »Ich weiß nicht.«

»Ich meine, du musst nicht, okay? Es bringt vermutlich sowieso nichts.«

Ihre Stimme war anders als zuvor. Meg kannte diesen Ton nur zu gut. Es war der Sound der totalen Kapitulation. Genauso hatte sie sich nach Lilys Tod gefühlt. Vernichtet. Ohne jede Hoffnung.

Mit der Hoffnung war das nämlich so: Man ließ nicht so leicht von ihr. Aber Hoffnung war wie Sand. Je fester man sich an sie klammerte, desto mehr rann sie einem durch die Finger.

Meg wusste längst, wie Menschen an gebrochenem Herzen sterben konnten. Oder wie alte Leute dahinsiechten, auch wenn ihnen äußerlich nichts fehlte. Wir machen uns nämlich nicht klar, dachte sie, wie sehr unsere Existenz an der Hoffnung hängt. Oder einem Ziel im Leben. Oder der Aussicht auf neue, bessere Tage. Wer das nicht mehr hat, bewegt sich nur noch wie irgendein Kinderspielzeug zum Aufziehen. Bis das Federwerk abgelaufen ist.

Das sagte sie Sarah aber nicht. So wenig sie Sarah mochte, so wenig besaß sie in diesem Moment das Herz nachzutreten.

»Immerhin hat es aufgeklart«, bemerkte sie. »Von daher besteht durchaus die Möglichkeit, dass bald Hilfe eintrifft …«

»Ach, lass mal«, entgegnete Sarah. »Das musst du meinetwegen nicht sagen, ich bin kein Kind mehr.«

»Okay.«

»Ich weiß, du kannst mich nicht leiden.«

Meg erwiderte nichts darauf.

»Du hältst mich für eine hysterische Ziege, die letztlich zu nichts zu gebrauchen ist.«

»Ich denke, dass du nur Angst hast«, sagte Meg. »Wie wir alle.«

»Siehst du, *das* meinte ich.«

»Na gut, dann eben nicht«, seufzte Meg. »Ja, es stimmt, ich kann dich nicht leiden. Besser?«

»Ja.«

Schweigen. Beide blickten sie jetzt nach draußen. Bis Sarah das Feuchte in der Nase hochzog.

»Ich habe jemanden umgebracht.«

»Das stimmt wohl«, erwiderte Meg.

»Ich wollte es aber nicht.«

»Sagst *du.*«

»Ich … ich weiß nicht, was ich wollte. Einerseits wollte ich ihn retten, andererseits … wieder nicht. Vielleicht wollte ich ihn eher runterstoßen.«

Meg hingegen wollte jetzt keine umständliche Beichte hören. Sie war keine Priesterin, oder? Und ganz bestimmt nicht der seelische Abfalleimer für eine Betschwester mit Suchthistorie. Andererseits (auch hier gab es ein Andererseits) war Schuld ein hässliches Geschwür, das aufgestochen gehörte, um das Gift abfließen zu lassen.

Sie sagte: »Manchmal tun wir die entsetzlichsten Dinge nur aus Angst oder Zorn. Als Polizistin habe ich so etwas immer wieder erlebt. Auch die meisten Mörder wollen eigentlich niemanden umbringen, sondern können nur nicht mit ihren Gefühlen umgehen und bereuen ihre Tat später.«

Sarah nickte und fummelte wieder an ihrem elenden Kreuz. »Du glaubst nicht an Gott, oder?«

»Nicht so sehr.«

»So wie du dachte ich auch einmal.«

Was Meg ernsthaft bezweifelte. Doch sie wollte Sarah nicht unterbrechen.

»Früher, mit Anfang zwanzig, als ich noch getrunken und Drogen genommen und mich durch die Betten geschlafen habe. Aber das war auch kein Wunder, bei *der* Mutter. Meine Mutter, musst du wissen, bekam mich, als sie selbst noch ein halbes Kind war. Und ich wiederum war vierzehn, als ich zum ersten Mal von zu Hause abhaute, weil sich ihr damaliger Freund an mich ranmachte. Versteh mich nicht falsch, sie hat ihn sofort rausgeschmissen, als sie davon erfuhr, aber sie hat an ihrem Leben auch nie etwas grundsätzlich geändert. Zum Beispiel ihr eigenes Geld verdient. Immer war sie von irgendwelchen Typen abhängig und von daher kein gutes Vorbild für mich.«

Meg nickte. Ihre eigene Mutter war ebenfalls alleinerziehend gewesen, aber sonst das genaue Gegenteil: stark, selbstständig, keinen Tag krank. Sie starb, als Meg achtzehn Jahre alt war. Totgefahren von einem jungen Mann, der dafür gerade einmal zwölf Monate bekam. Für den Unfallfahrer sprach seine Hautfarbe (weiß), seine Herkunft (gehobene Mittelschicht) und die Tatsache, dass er, wie es der Richter formulierte, »sein ganzes Leben noch vor sich« hatte. Als träfe das auf ihre Mutter nicht zu. Als hätte ein weißes Leben per se mehr Wert als das Leben dieser wunderbaren Frau (schwarz), die am Straßenrand zurückgelassen worden war wie Müll.

Sarah redete und redete. »Klar, dass das nicht gut war für mich, aber das war mir egal. Und dann, eines Tages, erwischte ich eine Überdosis und hätte es um ein Haar nicht überlebt. Ich weiß, es klingt kitschig, aber in diesem Moment sah ich dieses strahlende Licht, und eine Stimme sagte zu mir: ›Kehr um! Kehr um!‹«

Meg hätte am liebsten laut losgelacht. Sie tat es nicht und sparte sich auch jeden Hinweis darauf, wie die Neurophysiologie solche Erscheinungen bewertete, nämlich als banale Funktionsstörung des Gehirns.

Und so ging Sarahs Erweckungsgeschichte weiter. »Gesagt, getan. Schon am nächsten Tag ging ich zu meinem ersten Treffen der Anonymen Alkoholiker, ließ Gott in mein Leben und begann meinen langen Weg hin zur Gesundung von Leib und Seele.«

»Schön für dich«, sagte Meg, denn genau das war es. Sucht war eine Krankheit, und nicht jedem gelang es, diesen Teufel auszutreiben.

»Später wurde ich Lehrerin. Du kannst dir vorstellen, wie stolz meine Mutter war. Und noch später kauften wir uns zusammen sogar ein Haus.«

An dieser Stelle wurde Meg nun doch neugierig. »Aber wenn alles so gut lief, warum bist du dann hier?«

Sarahs Gesicht verdüsterte sich. »Wegen der Erkrankung meiner Mutter. Wohlgemerkt, sie ist nicht infiziert, sie hat Krebs. Aber du weißt ja, wie das heutzutage ist. Krankenhausbetten sind schwer zu bekommen, nichts funktioniert.«

Meg wusste es nur zu gut.

»Es sei denn, man hat Geld. Wer die Behandlung bezahlen kann, kriegt alles. Als mich dann die Leute vom Department wegen dieses Freiwilligenprogramms ansprachen, habe ich sofort zugestimmt. Wusstest du, dass sie Freiwilligen eine Prämie zahlen?«

Meg wusste auch das. Es war gar nicht mal so wenig und insofern immer ein Argument. Nur nicht für sie, Meg. Ihr war Geld schon lange egal.

»Hinzu kam, dass sie uns beste Unterbringung und Verpflegung zusicherten, also vom Standard her wie in einem Ferienhotel, mit Fitnessraum, Pool, Sauna … Ich sagte mir, wenn ich mein Leben schon für die Wissenschaft hingebe, kann ich es auch auf einem gewissen Niveau tun.«

»Genau. Nicht mal Gott missgönnt einem Mädchen etwas Me-Time im Spa-Bereich.«

Sarahs Lächeln darauf geriet eher bitter. »Genau. Und wenn ich es nicht schaffe, geht das Geld immerhin an meine Mutter.«

Meg schluckte. Zwar war ihr Sarah in den letzten Minuten kaum sympathischer geworden, aber eines stand fest: Niemand begab sich leichtfertig auf diesen Trip.

»Das ist gut«, sagte Meg.

»Ich weiß nicht«, entgegnete Sarah. »Hast du dir mal den Vertrag durchgelesen? Wenn wir bereits hier in der Seilbahn sterben, kriegt sie gar nichts. Dann war alles umsonst.«

»Aber wir sterben nicht hier«, sagte Meg mit Überzeugung. »Wir kommen hier raus.«

Dann hörte sie hinter sich ein Geräusch. Sean war aufgewacht und rieb sich die Augen. Seine Kapuze war zurückgerutscht und zeigte, wie sehr seine Kopf- und Barthaare in nur zwei Tagen gewachsen waren.

»Dein Wort in Gottes Ohr«, sagte er.

»Wieso? Es stimmt doch. Glaubst du das nicht?«

»Hauptsache, *du* glaubst es.«

Er stand auf, streckte sich und erschauerte zugleich. »Mann, ist das kalt hier. Ich wette, hier sind es mindestens minus fünf Grad.«

»Könnte hinkommen.«

»Wie spät es wohl ist?«, fragte Sarah.

Meg blickte in einen anthrazitfarbenen Himmel, der von langen Wolkenschleiern durchzogen war und das Mondlicht nur zeitweise durchließ.

»Fünf, sechs vielleicht.«

Doch ohne ihre gewohnten Zeitmesser, Armbanduhr und Handy, war das schwer zu sagen.

»Ich muss pissen wie ein Stier«, murmelte Sean. »Sorry, Ladys, wenn ich das so offen sage.«

Er ging zur Bodenluke und öffnete sie eine Handbreit. Meg und Sarah sahen weg, aber Meg bekam noch mit, wie er den Reißverschluss seines Schneeanzugs herunterzog, wodurch abermals das tätowierte Pin-up auf seiner Brust sichtbar wurde. Eigenartig, was kam ihr an dem Mädchen eigentlich so bekannt vor? Und wen sollte es darstellen? Eine verflossene Liebe? Seine Schwester, Tochter gar? Aber spätestens, als er in seinen Schritt griff, wandte sie die Augen endgültig ab.

Aber sofort tauchte das nächste Problem auf. Wasserlassen war suggestiv, erinnerte sie daran, wie dringend sie selber musste.

Na toll. Vor allem, wenn sie nur die Wahl hatte zwischen voll gepissten Winterstiefeln und einem Bächlein auf dem Kabinenboden. Dann war Sean fertig und machte erst seine Hose und anschließend die Klappe wieder zu.

Aber man merkte fast keinen Unterschied. Von irgendwoher zog es immer, und Meg wollte es einfach nicht mehr warm werden. Alle drei waren mittlerweile dazu übergegangen, gegen die Kälte anzutrampeln. Alle außer Max, der ganz still in seiner Ecke lag und sich schon länger nicht gerührt hatte. Aber Meg fiel noch etwas anderes auf.

»Sean«, sagte sie.

»Was ist?«

»Max.«

Er folgte ihrem Blick und sah es ebenfalls.

Kein Atemdunst vor Mund und Nase.

»Ach du Scheiße.« Sean hockte sich neben ihn und schüttelte ihn sacht.

»Was ist los?«, fragte Sarah. »Was hat er?«

Sean ergriff Max' gesundes Handgelenk und fühlte den Puls. Dann schlug er die Kapuze zurück.

Sarah unterdrückte einen Aufschrei, und Meg stockte das Herz. Max' Augen, halb geöffnet, waren bereits milchig. Er war leichenfahl, und die Lippen waren blau.

Mit ernstem Gesicht wandte sich Sean zu ihnen um. Er erübrigte sich fast, aber er sagte es trotzdem: »Er ist tot.«

Carter

Er schaute ihr ins Gesicht. Ein Gesicht voller Schönheit, vollkommen in seinen Proportionen. Nicht vergleichbar mit seiner groben Visage, selbst vor dem Unfall.

Sie war von der Natur in dieser Hinsicht überreich bedacht worden, er nicht. Aber das hatte ihn nie gestört, im Gegenteil, er liebte sie und hätte sich gern für sie geopfert. Nur genützt hatte es nichts, wie man sah. Er war noch da, während sie …

»Carter?«

Im Türrahmen: Caren. Carter fühlte sich ertappt und legte schnell das Foto weg, es war nicht für die Augen von anderen bestimmt. Leider stellte er sich dabei so ungeschickt an, dass es auf den Boden segelte, Caren direkt vor die Füße.

Sie bückte sich, hob es auf und … sah es natürlich an.

»Hübsch. Deine Freundin?«

»Nein, meine Schwester.« Er streckte die Hand danach aus und musste sich schon sehr zusammennehmen, um ihr das Bild nicht aus den perfekt manikürten Fingern zu reißen.

Ihr Blick dabei war leicht missfällig. »Ich dachte, du hättest keine Familie mehr?«

»Habe ich auch nicht. Sie ist tot.«

»O, das tut mir leid.«

»Wieso? Du hast sie nicht umgebracht.« Er schob das Foto in seine Tasche und nahm sich vor, es später wieder in seinem Geheimversteck zu deponieren. Sicher war sicher.

»Das mag sein. Aber deshalb kann es mir doch trotzdem leidtun. Was ist denn geschehen?«

Er wollte ihr schon empfehlen, sich um ihren eigenen Scheiß zu kümmern. Caren hatte bisher nicht das geringste Interesse an seinem Leben gezeigt, und das war auch gut so. Es war das Geheimnis ihrer – halbwegs friedlichen – Koexistenz in den vergangenen drei Jahren. Warum also jetzt damit anfangen?

Carter ahnte natürlich, warum. Weil sie vermutlich alle an diesem Tag sterben würden, deswegen. So etwas kann einem nämlich an die Seele gehen. Todesnähe hat schon so manche Zunge gelöst.

Er schluckte. »Es war auf der Flucht. Wir hatten einen Unfall. Wir waren schon fast in Sicherheit, als …« Er stockte. Plötzlich sah er alles wieder vor sich. Das Blut, das Messer. Aber er ließ sich nicht hinreißen, sondern machte es kurz: »Es hat wohl nicht sollen sein. Sie hat nicht überlebt.«

»Das ist hart.«

Er nickte. »All das liegt schon sehr, sehr lange zurück. Und du?«

»Was ich?«

»Hast du noch Familie?«

»Ich hatte … habe … Vater, Bruder und eine Nichte. Sie wollten in den Norden. Mein Vater hatte dort mal ein Haus gekauft. Angeblich sollte es in dieser Gegend noch sicher sein.« Achselzucken. »Keine Ahnung, ob sie je dort ankamen.«

»Warum bist du nicht mitgegangen?«

»Und sollte mir das hier entgehen lassen?«

Er hob beschwichtigend die Hände. »Stimmt. Geht mich nichts an.«

Sie seufzte. »Aber wenn du es unbedingt hören willst: Ich habe Chorea Huntington. Mir bleiben vielleicht noch fünf bis zehn gute Jahre. Ich dachte mir, wenn ich an dem Versuchsprogramm teilnehme, habe ich wenigstens ein bisschen Kontrolle über mein Ende.«

»Das hört sich nicht gut an.«

»Ist es auch nicht.«

Carter wollte noch etwas sagen, stellte aber fest, dass in diesem Fall keine seiner Mitleidsfloskeln passten.

»Wenn ich dich richtig verstanden habe, wolltest du mich für etwas haben. Was?«

Sie hob eine Braue. »Ein letztes Mal vögeln wäre nett.«

Er starrte sie an, und sie lächelte zurück: »Keine Angst, war nur Scheiß.«

»Eh klar.«

Trotzdem war die gelöste Stimmung schlagartig dahin. Sie sagte: »Was übrigens nichts mit deinem … deinem …« Sie deutete vage auf ihr Gesicht. »Ich meine nur, wir waren in der Vergangenheit ja nicht gerade die dicksten Fuck-Buddies, das kann man nicht behaupten, oder?«

»Nein, waren wir nicht. Und ich verstehe das. Soweit es mich betrifft, auch kein Problem …«

Dabei hatte Carter ernsthaft geglaubt, dass ihm Scham und Bitterkeit über sein zerstörtes Gesicht nichts mehr anhaben konnten. Ein Irrtum, wie sich jetzt zeigte, auch wenn Caren ihm nicht wehtun wollte.

Caren blickte sich vorsichtig um, ehe sie in sein Zimmer schlüpfte und lediglich die Tür anlehnte.

»Okay, Folgendes«, sagte sie und nagelte ihn mit ihrem Blick fest. »Ich traue dir nicht, Carter.«

Zumindest ein vielversprechender Anfang. Im Idealfall musste Carter sie am Ende nicht einmal töten.

»Aber …«, sagte Carter. »Ich hoffe, da kommt noch ein Aber?«

»Aber …«, ergänzte Caren, »Miles und Welland traue ich noch viel weniger …«

»Dann haben wir schon mal eines gemeinsam.«

Ihr Lächeln darauf war nur von kurzer Dauer. »Du hattest nie viel mit Jackson zu tun, oder?«

»Wenn man davon absieht, dass Jackson mit *niemandem* etwas zu tun haben wollte.«

»Ich habe mich ab und zu mit ihm unterhalten.«

»Und?«

»Jackson war Impfgegner, wusstest du das?«

»Wie bitte? Was zum Teufel wollte er dann in diesem Laden?«

»Wie so manch anderer war er nicht ganz freiwillig hier. Wie gesagt, es gibt die Freiwilligen und die Freiwillig-Gezwungenen, hab ich recht?« Wobei Carens Blick keinen Zweifel daran ließ, dass sie sehr wohl wusste, unter welchen Umständen Carter im Retreat gelandet war.

»Schön. Und weiter?«

»Er sagte mir einmal, dass er seine Impfdosen *nicht* nimmt.«

Dass so etwas überhaupt möglich war, lag an Miles. Er hatte einst dafür gesorgt, dass jede und jeder im Retreat den Umgang mit Infusionskanülen beherrschte und sich das Plasma in Eigenregie verabreichen konnte. Dass jemand den lebensrettenden Saft ausschlagen könnte, war für ihn offenbar unvorstellbar.

»Ich fasse es nicht«, sagte Carter. »Und du hast das die ganze Zeit gewusst?«

»Nein. Er verriet es mir kurz vor seinem Verschwinden.«

»Wusstest du, dass er abhauen wollte?«

»Auch nicht. Aber ich hatte den Eindruck, dass er wegwollte. Warum hätte er es mir sonst sagen sollen? Er musste doch damit rechnen, dass ich Miles Bescheid sage.«

»Warum hast du es nicht getan?«

»Es wäre Jacksons Todesurteil gewesen. Das wollte ich nicht auf meinem Gewissen haben.« Sie zögerte und fügte hinzu: »So wie bei Anya.«

Carter starrte sie an. »Du weißt das mit Anya?«

»Nicht direkt. Weißt du, was mit ihr passiert ist?«

Anya. Die blonde, schöne, zornige Anya. Als sie starb, war sie gerade einmal sechsundzwanzig Jahre alt. Sie gehörte zur Originalbesetzung des Retreats, konnte sich aber mit den in ihm herrschenden Gepflogenheiten immer weniger identifizieren. Insbesondere die Praxis, infiziertes Personal als Humanreserve zu nutzen, war für sie inakzeptabel. Endlos hatte sie auf Miles eingeredet. Dass es unethisch sei. Dass sie nicht besser seien als der Professor. Die Einwände waren nicht neu. Eines Nachts wollte sie in einer verzweifelten Aktion die Whistler im Keller befreien, was ihr nicht gelang. Stattdessen infizierte sie sich selber und unternahm einen Fluchtversuch.

Anya war tot. Nach menschlichem Ermessen war sie tot.

Carter erinnerte sich an die Mondnacht noch ganz genau. Er mit dem Gewehr in der Hand. Und die Blutspur im frischen Schnee. Wie schwer auf einmal das Gewehr wog! Aber Miles klopfte ihm auf die Schulter und sagte: *»Gut gemacht. Das ließ sich wohl nicht vermeiden. Und jetzt schaff sie in die Müllverbrennung.«*

Carter hatte immer nur getan, was ihm befohlen wurde. Und was sich angeblich nicht vermeiden ließ. Wie bei Anya. Es war der Preis für seine Rettung durch Miles. Als Carter später jedoch mit dem Schlitten zurückkehrte, um Anyas Leiche, eingepackt in eine spezielle Schutzhülle, zur Verbrennungsanlage zu transportieren, war sie verschwunden. Die Blutspur verlor sich irgendwo im finsteren Tann. Miles war nicht erfreut, als er davon erfuhr, hielt es aber für zu riskant, in dem unübersichtlichen Terrain die Verfolgung aufzunehmen. Seither hatte niemand mehr den Namen Anya erwähnt. Sie war einfach kein Thema mehr.

Carter schüttelte den Kopf. »Nein«, sagte er. »Ich weiß nicht, was mit ihr passiert ist.«

Caren nickte. »Spielt auch keine Rolle. Ich nehme an, Jackson ist mittlerweile ebenfalls tot. Aber der Punkt ist, dass er keinen Grund hatte, Plasma zu stehlen. Er war gegen Plasmagewinnung in jeder Form, er war gegen die Farmen und gegen alles, was damit zusammenhängt.«

Carter schluckte. »Aber manchmal tun Menschen solche Sachen auch aus anderen Gründen. Vielleicht wollte er das Plasma an andere weitergeben.«

»Möglich. Und trotzdem irgendwie unlogisch. Außerdem wissen wir, dass außer mir und Miles noch eine dritte Person Zugang zum Untergeschoss hatte.«

Carters Eingeweide zogen sich zusammen. »Wer?«

»Welland.«

»Welland? Bist du sicher?«

Sie nickte. »Ich habe ihn gesehen.«

»Wann?«

Sie verzog das Gesicht. »Wann wohl? Als ich da unten war natürlich.«

»Und was wolltest *du* da?«, fragte er.

»Nur nachsehen.«

»Was nachsehen?«

»Ob Miles uns auch nicht bescheißt.«

Viel Glück dabei, dachte Carter.

»Wie auch immer«, sagte Caren. »Ich war also da unten im Büro und hörte plötzlich den Aufzug. Ich dachte schon, es wäre Miles. Miles hätte mich umgebracht, wenn er mich erwischt hätte.«

»Und das nicht nur im übertragenen Sinn.«

»Ich versteckte mich unter einem Schreibtisch und hörte Schritte. Jemand kam herein, aber es war nicht Miles, es war Welland.«

»Was wollte er da unten?«

»Weiß ich nicht. Ich konnte auch nur seine untere Hälfte sehen.

Er ging ein paarmal hin und her und dann wieder hinaus. Ich kam unter dem Schreibtisch hervor und sah ihm durch die Tür nach. Er ging zur Isolierstation.«

»*Was?* Nur Miles hat den Zugangscode für diesen Bereich.«

»Das dachte ich auch. Aber Welland war definitiv dort.«

»Ob er etwas für Miles erledigt hat?«

Achselzucken. »Wer weiß? Ich bin jedenfalls gleich zum Aufzug gelaufen und hab mich verdrückt.«

Carter runzelte die Stirn. War es denkbar, dass Miles ausgerechnet Welland das Allerheiligste anvertraut hatte? Wohl kaum. Carter jedenfalls hätte ihm nicht einmal die Aufgabe übertragen, ein Bad einzulassen.

»Sollen wir Miles davon sagen?«

Schwierige Frage. Wenn Miles davon wirklich nichts gewusst hatte, war Welland geliefert – wogegen Carter nichts einzuwenden hatte. Wenn es aber umgekehrt war, wenn Miles nur *ihnen* diese Aktion verschwiegen hatte, dann, ja, dann wusste er auch nicht, was werden sollte. Es waren jedenfalls keine angenehmen Aussichten.

»Behalten wir alles erst mal für uns«, sagte Carter. »Wir können Welland immer noch zur Rede stellen. Später, wenn wir zurückkommen. *Wenn* wir zurückkommen.«

Sie nickte. »Gut. Abgemacht.«

Sie sahen sich an und besiegelten ihren Pakt mit einem ungelenken Lächeln, das beide eher ratlos zurückließ.

»Dann treffen wir uns gleich unten.«

»Okay.«

Sie wandte sich ab, aber etwas musste er noch loswerden. »Caren?«

»Was ist?«

Er schluckte. »Ich hoffe, deine Familie ist in Sicherheit.«

»Danke.«

Schon im nächsten Moment war sie im Korridor verschwunden.

Carter wartete einen Moment und schloss dann die Tür hinter ihr.

Was zum Henker ging hier vor? Jackson als Impfgegner passte ja zu den SMS auf seinem Handy. Aber dass Welland Zugang zur Isolierstation hatte, das stank gewaltig. Zwar war Carter nicht so naiv anzunehmen, dass man mit Miles befreundet sein konnte. Gleichzeitig vertraute er darauf, dass Miles die wichtigen Aufgaben ausschließlich ihm übertrug und nicht diesem Vollpfosten von Welland. Welland war bestenfalls ein Lakai, der die Scherben aufkehren durfte.

Was also hatte Welland da unten getrieben? Vor allem, woher hatte er den Zugangscode? Und was führte diese feige Ratte sonst noch im Schilde? Irgendwie spielte hier jeder ein doppeltes Spiel. Der einzige Unterschied bestand im Level. Nicht jeder wusste offenbar gleich viel über das komplexe Lügengebäude, als das er das Retreat kennengelernt hatte. Nur dass dem Ganzen eine geheime Zielsetzung zugrunde lag, die ihrer aller Existenz im Kern berührte, das kristallisierte sich erst jetzt heraus.

Was dies für ihn persönlich bedeutete, war noch völlig offen.

Aber er hatte lange genug gewartet. Er war in dieser Zeit weit gekommen. Jetzt steuerte alles auf die Entscheidungsschlacht zu.

Er nahm das Foto wieder zur Hand. Auf der Rückseite in verblichener, kaum noch lesbarer Kugelschreiberschrift zwei Namen: *Daniel und Peggy. Invicta Academy.* Wobei er das Bild gar nicht brauchte, er trug ihr Gesicht ja im Herzen. Und falls ihm etwas zustieß, durfte es hier auch keiner finden. Weder Miles noch Quinn noch sonst jemand. So ein Bild war eine Spur, die den Feind womöglich zu *ihr* führte, der Empfängerin seiner Päckchen.

Ihrer Tochter. Seiner Nichte.

Carter holte sein Feuerzeug hervor, hielt die Flamme an eine Ecke des Bildes und sah zu, wie das Feuer das abgewetzte Fotopapier verzehrte.

Das schöne Mädchen mit den braunen Haaren und dem blendenden Lächeln krümmte sich unter der Hitze und starb ein zweites Mal.

Carter ließ seinen Tränen freien Lauf, bis sie die Flammen gelöscht hatten.

Hannah

Die sonderbare kleine Gruppe schleppte sich durch den verschneiten Wald.

Lucas vorneweg, gefolgt von Hannah, Cassie und ganz am Schluss Daniel mit dem Neugeborenen. Er hatte einen Pullover aus dem Gepäckraum zu einer Art Tragetuch umfunktioniert und unter seinen Anorak geschoben, so war das Baby vor der Kälte geschützt. Im Augenblick döste es, eingelullt von der gleichmäßigen Bewegung.

Lucas hatte die insgesamt elf Rucksäcke aus dem Gepäckraum systematisch auf Verwertbares gefilzt und zwei Haufen gebildet: einen für Lebensmittel und einen für Wasser. Es war sogar etwas H-Milch dabei, was notfalls – und dies war ein Notfall – dem Baby zugutekam. Weitere Ausbeute der Inventur: drei Taschenlampen, zwei Einwegfeuerzeuge und jede Menge Mobiltelefone. Leider allesamt entladen, weil die Studenten nicht daran gedacht hatten, ihr Handy auszuschalten, als sie es abgeben mussten. Jeder war davon ausgegangen, dass er es wenige Stunden später zurückbekam. Dass dies nicht der Fall war, war ein Umstand, den auch die Überlebenden gar nicht auf dem Schirm hatten.

Daneben fiel eine Unmenge weiteres Zeug an. Auch hier hatte Lucas gnadenlos ausgesiebt. Hannah hatte Bens Pedialyte entdeckt, immerhin sechs Beutel, mehr als genug für das Baby. Daneben eine Reihe Kreditkarten und etwas Cash, was nützlich sein konnte, wenn sie es tatsächlich in die Zivilisation zurückschafften und nicht, was wahrscheinlicher war, der Kälte und wilden Tieren zum Opfer fielen. Oder vom Department liquidiert wurden. Oder sich gegenseitig umbrachten. Oder, oder, oder.

Der Wald, durch den sie sich bewegten, war finsterster Tann. Dunkel selbst bei Tag. Sogar jetzt, kurz nach Sonnenuntergang, erhellten ihre Taschenlampen nur wenige Meter des nicht vorhandenen Wegs. Sie gingen vorsichtig, platzierten jeden Schritt mit Bedacht, und wussten gleichzeitig, dass sie eigentlich mehr Tempo machen mussten. Sie konnten sich aussuchen, was schlimmer war, das Department oder die Gefahr, auf dem tückischen Untergrund mit dem Fuß umzuknicken, was sie noch langsamer machen würde. Im finsteren Tann existierten weder Weg noch Steg, nur immer neue Hindernisse in Form von unzugänglichem Dickicht, das umgangen, und gefallenen Baumriesen, die überwunden werden mussten.

Eine klare Route ließ sich so nicht halten, und ihre Befürchtung war groß, am Ende nur im Kreis zu laufen. Immer wieder schaute Lucas auf sein Chronometer, entweder um ihn als Kompass zu nutzen oder um zu kalkulieren, welche Strecke sie schon zurückgelegt hatten.

Eine einzige Stunde Fußmarsch unter diesen Bedingungen fühlte sich an wie ein ganzer Tag. Kein Wunder, da sie ja schon geschwächt gestartet waren. Hannah spürte einen Druck auf der Brust und wurde zunehmend kurzatmig. Sie fror unter ihren Zwiebelschichten an Kleidung, gleichzeitig war sie schweißgebadet. Ihr heißer Kopf konnte langsam nicht mehr klar denken.

Zum ersten Mal hatte Hannah das Gefühl, es vielleicht nicht zu schaffen. Doch seltsamerweise hatte der Gedanke nichts Schreckliches mehr, sondern erschien ihr – vage noch – wie eine Erlösung. Auf jeden Fall würde sie sich diese Quälerei nicht mehr ewig antun müssen. Irgendwo in diesem Wald, eher nah als fern, durfte sie ausruhen.

»Können wir nicht mal anhalten?«, fragte Cassie. »Wir brauchen unbedingt einen Platz für die Nacht.«

»Noch nicht«, entgegnete Lucas. »Solange wir Kraft haben, sollten wir zusehen, dass wir weiterkommen.«

»Ich weiß ja nicht, wie es den anderen geht, aber ich habe keine mehr – Kraft, meine ich.«

Lucas ließ das kalt. »Hier können wir sowieso nicht biwakieren, hier ist kein Platz. Wir müssen erst eine geeignete Lichtung finden. Bis dahin wird marschiert.«

»Super«, grummelte Cassie.

Schweigend stolperten sie weiter, und die einzigen Laute waren ihr eigenes Keuchen und das erwachende Gemurmel der nachtaktiven Fauna. Aus der Ferne war der Schrei einer Eule zu hören, und im Unterholz machten sich die Kreaturen der Dunkelheit bereit für den großen Wachwechsel. Obwohl Hannah mittlerweile am ganzen Leib zitterte, setzte sie stur einen Fuß vor den anderen.

Sie war nicht sicher, wie viel Zeit seit ihrem Aufbruch vergangen war, aber sie merkte, dass die Umgebung sich veränderte. Die Bäume rückten voneinander ab, und der Nachthimmel sickerte durch die Baumkronen. Aus diesem Grund erkannte sie auch die kleine Jagdhütte erst nicht, die am Rand einer winzigen Lichtung geschützt unter Bäumen stand.

»Sag mal, das ist doch nicht etwa … ein Haus?«, fragte Daniel.

»Wohl eher ein Hexenhaus«, sagte Cassie.

Damit lag sie nicht ganz falsch. Die altersschwache Behausung wirkte wie der Schauplatz eines Grimmschen Märchens. Hannah wusste, dass es solche Hütten hier gab. Einige stammten von Jägern, andere waren in den Tagen der ersten Viruswelle von Preppern errichtet worden.

So oder so, die Hütte war seit vielen Jahren verlassen, Fensterscheiben waren nicht mehr vorhanden. Das Holz war weitgehend verrottet, aus dem Dach und aus dem schiefen Kamin spross die Vegetation. Es schien, als holte sich der Wald diesen menschlichen Stützpunkt allmählich zurück.

»Sagt mal, kennt ihr aus der Schule auch noch dieses Gedicht: ›Am Felsenbruch im wilden Tann …?‹«

Hannah ergänzte: »›… Liegt tot und öd ein niedrig Haus …‹ Ja, kenn ich.«

Aber wenigstens verfügte das niedrige Haus über Dach und Wände und war insofern als Zuflucht schon mal nicht schlecht.

Sogar Lucas nickte amüsiert.

»In Ordnung so?«

Trotzdem beschlich Hannah eine ungute Vorahnung, als sie die morschen Stufen zur Veranda hochging.

Das lag nicht nur an der Hexenhaus-Atmosphäre. Hannah war unempfänglich für solche Ammenmärchen. Dunkelheit machte ihr keine Angst, und diffuse Bauchschmerzen hatten ihrer Erfahrung nach physiologische Ursachen und waren noch lange kein Hinweis auf paranormale Vorgänge.

Trotzdem stimmte mit dem Haus etwas nicht.

Lucas stand jetzt vor der Tür, die nur noch halb in den Angeln hing. Er drückte sie auf, und die anderen folgten und leuchteten mit ihren Taschenlampen in den nachtschwarzen Raum. Viel Platz war im Innern nicht. Hannah erkannte ein ausgeleiertes Sofa, einen klapprigen Stuhl und mehrere Tische, auf denen Flaschen mit halb heruntergebrannten Kerzen standen. Offenbar hatten sie hier keinen Strom. Zu ihrer Linken befand sich ein Kamin und … Hannah schrie auf.

Von oben starrte sie ein glühendes Augenpaar an.

»Fuck, was ist das?«

Hannah hob ihre Taschenlampe. Über dem Kamin hing der Kopf eines Hirschbocks. Und nicht nur dort. Der Strahl ihrer Taschenlampe brachte immer mehr solcher Trophäen zum Vorschein. Rotwild, Dachse, Kojoten … Ihr drehte sich der Magen um.

»Wenigstens sind wir hier nicht allein«, lautete Lucas' Kommentar.

»Wenigstens sind es keine Schrumpfköpfe«, fügte Daniel hinzu.

»Man freut sich doch immer über ein bisschen Gesellschaft«, sagte Cassie.

Nach dem Wohnzimmer, Schrägstrich Leichenschauhaus für silvane Großfauna besichtigten sie die winzige Küche. Sie bot nicht einmal eine Grundausstattung. Es gab weder Herd noch Kühlschrank, nur ein kleines Zinkbecken für den Abwasch und einen Campingkocher. Hannah drehte den Gashahn auf. Es kam nichts. Lucas suchte in den Küchenschränken. Er fand etliche Konserven, Baked Beans und Dosenfleisch. Wahrscheinlich alle abgelaufen, aber vielleicht noch genießbar. Sie waren kaum in der Position, wählerisch zu sein.

Als Nächstes ging es in die Schlafkammer (das Wort schien angemessen) und eine Art Badekabuff. Die Schlafkammer bot eine Schlafgelegenheit in Form einer verdreckten Matratze und ebensolche Decken, dazu eine leere Kommode. Das Badekabuff war in erster Linie eng. Ein Duschkopf über einer Waschwanne mit Abfluss und das in unmittelbarer Nähe zu einem Klo, das jeder Beschreibung spottete. Ein Waschbecken in Zugtoilettengröße rundete die Einrichtung ab. Auch hier drehte Hannah am Hahn. Es quietschte, und eine bräunliche Flüssigkeit tröpfelte hervor. Sie rümpfte die Nase. Hinter dem Haus befand sich wahrscheinlich ein Wassertank, aber das Wasser stand dort vermutlich seit Jahren. Wer es benutzte, wurde bestimmt nicht sauberer. Waschen vor dem Schlafengehen fiel also aus.

Sie kehrten ins Wohnzimmer zurück.

»Nun ja«, erklärte Lucas, »die Ausstattung ist schlicht, aber zweckmäßig. Und mehr, als wir uns erhoffen durften.«

»Und scheißkalt«, sagte Cassie, die sich die Arme rieb. »Außerdem riecht hier irgendwas, merkt ihr das auch?«

Wie aufs Stichwort fing das Baby an zu schreien. Daniel hatte so ein Gefühl. »Ich glaube, das war Eva.«

Cassie verdrehte die Augen. »Unser kleiner Sonnenschein.«

Unterdessen leuchtete Hannah misstrauisch durch den ganzen Raum. Zumindest im Bereich des Wohnzimmers schien das Dach dicht zu sein. Der Boden indes war hart und starrte vor Dreck, bis auf eine helle Stelle, wo früher vielleicht einmal ein Teppich gewesen war. Aber immer noch besser als die Matratze in der Schlafkammer.

»Okay«, sagte sie. »Erst einmal Licht, damit Daniel sich um das Kind kümmern kann. Da hinten sind Kerzen, Feuerzeuge haben wir auch.«

»Mach ich schon«, sagte Cassie, die sich zuvor eines der Feuerzeuge genommen hatte. Kurz darauf tanzten Schatten über die Wand. Licht hatten sie.

»Als Nächstes müssen wir es hier warm kriegen.« Hannah kniete sich vor den Kamin und leuchtete in den Abzug. Schien nicht verstopft zu sein, und auf dem Rost lagen Asche und verkohlte Scheite.

»Müsste funktionieren. Aber wir brauchen Holz.«

Ein sprödes Krachen ließ sie herumfahren. Lucas hatte soeben den klapprigen Stuhl zertrümmert und trat mit seiner Prothese darauf. »Kleinholz hätten wir schon einmal«, konstatierte er.

Hannah musste lächeln. »Schön. Dann gehe ich jetzt mit Cassie Holz sammeln.«

»Oh, das wusste ich gar nicht«, entgegnete die.

»Ist aber so. Dann kann Lucas schon mal das Feuer in Gang setzen. Und Daniel wechselt bitte die Windel.«

Cassie seufzte. »Prima, das ist ja wie damals bei Grandpa Joe.«

Hannah war plötzlich schwindlig. Sie stand noch aufrecht, aber sie musste sich am Kamin festhalten und atmete extra flach, weil sie sonst einen Hustenanfall bekommen hätte. Außerdem spürte sie einen deutlichen Schmerz in der Brust.

»Alles klar mit dir?«, fragte Cassie.

»Ja«, sagte sie mit einiger Verzögerung. »Gehen wir.«

Sie trat hinaus vor die Hütte. Der Himmel hatte sich verdunkelt, während sie drinnen waren, aber noch hielt sich ein Rest Dämmerung, die vergehende Aura des Tages. Nicht mehr lang und es regierte die Dunkelheit. Eine unbekannte Unruhe ergriff sie. Die Hütte war ihr nicht geheuer. Oder lag das an ihr? Veränderte das Virus bereits ihre Wahrnehmung? Ihre Gedanken bewegten sich träge, aber nicht auf Abwegen. Alles hatte Hand und Fuß. Irgendetwas stimmte hier nicht. Irgendwas, das sie zwar wahrgenommen, aber unbeanstandet hatte passieren lassen, weil ihr Hirn so lahm arbeitete. Was war es bloß? *Ich sehe was, was du nicht siehst.*

»Am Waldrand müssten wir trockenes Holz finden«, sagte sie zu Cassie.

»Richtig. Und ich spreche aus Erfahrung«, entgegnete Cassie. »Das musste ich als Kind auch immer machen. Mein Opa hatte ebenfalls so eine Hütte.«

»Ach wirklich?« Sie gingen über die Lichtung und fingen an, Holz und Reisig aufzusammeln.

»Warst du gern bei ihm?«, fragte Hannah.

»Nein, das nun wirklich nicht. Ich habe den alten Sack gehasst, aber ich hatte sonst keine Großeltern, also musste ich jede Woche hin. Dad lebte längst sein eigenes Leben, aber er meinte, es täte mir gut, wenn ich wüsste, wo ich herkäme.«

»Oh.«

Mit den Taschenlampen suchten sie den Boden ab.

»Tja, so war das bei uns. Schon mit zehn konnte ich schießen. Und ein Reh aus der Decke schlagen, so heißt das nämlich. Und nicht zuletzt Kaninchen ausweiden. Hühnern habe ich den Hals umgedreht und Ziegen die Kehle durchgeschnitten. Damit sie schön ausbluten können und nicht sofort vergammeln.«

»Wow. Klingt ja kindgerecht.«

»War halt ein Opa zum Liebhaben, unser Grandpa Joe.«

Langsam arbeiteten sie sich wieder zurück. Beide hatten die Arme voll rottigem Fallholz, das trocken genug war, um eine Weile zu brennen. Noch einmal blickte Hannah in den finsteren Tann. Dort war alles still. Zu still vielleicht? Oder wurde sie langsam paranoid? Nein. Die nächtliche Hütte zum Beispiel wirkte beinahe idyllisch. Warmes Kerzenlicht im Fenster, der Schein des Kaminfeuers, Rauch aus dem Schornstein, was gab es daran auszusetzen?

Eben. Was?

»Daneben war er ein Apokalyptiker alter Schule«, sagte Cassie. »In seinem Keller lagerten Unmengen an Waffen, Munition und Einmannpackungen für den Tag X. Sein ›Weltuntergangsbunker‹.«

Hannah starrte sie an. »Was hast du gesagt?«

»Weltuntergangsbunker?«

Die Erkenntnis traf sie wie ein unerwarteter Schlag in die Magengrube.

Die nur halb niedergebrannten Kerzen. Der Schornstein, in dem sich eigentlich Vogelnester hätten befinden müssen. Das helle Rechteck auf dem Fußboden, das eben nicht nur ein helles Rechteck war, sondern ein Falltür.

»Die Hütte ist bewohnt«, murmelte sie.

»Was?«

»Und sie hat einen Keller«, sagte Hannah. »Wir haben nicht nachgesehen, ob die Hütte unterkellert ist.«

Sie ließ ihr Brennholz fallen und sprintete zur Tür, stieß sie auf. Daniel war nirgendwo zu sehen, nur Lucas vor dem Kamin.

»Lucas!«

Er wandte sich um.

»Was ist? Was hast du?«

Im selben Moment tat sich unter ihm der Boden auf. Er verlor das Gleichgewicht und kippte direkt in das Kaminfeuer. Ein verdrecktes, nur mit Tierfellen bekleidetes Wesen mit Zottelhaaren brach aus dem Untergrund hervor und ließ einen Kampfschrei hören, der eher ein ohrenbetäubendes Pfeifen war. Gleichzeitig riss es eine Pistole aus seinem Gürtel und begann wahllos herumzuschießen. Hannah duckte sich instinktiv. Lucas jedoch musste sich erst einmal aus dem Kamin retten und bot daher ein leichteres Ziel. Die Schreckgestalt leerte ein weiteres Magazin, sie füllte das ganze Zimmer mit Blei, und diesmal durchschlugen mehrere Kugeln die qualmende Kleidung von Lucas. Hannah sah, wie er von der Wucht der Projektile hin und her geschleudert wurde.

Sie musste etwas tun, schnell. Ihr fiel ein, dass sie ja noch das Messer hatte. Ehe sich der Höhlenmensch umdrehen konnte, stürzte sich Hannah von hinten auf ihn und nahm ihn in die Beinschere. Er stank fürchterlich, trotzdem ließ Hannah nicht von ihm ab, sondern holte mit dem Messer aus und rammte es direkt in seinen Hals.

Blut spritzte wie eine Fontäne, er heulte auf, aber Hannah jagte ihm wieder und wieder die Klinge ins Fleisch. Er hingegen zeigte kaum eine Reaktion, sondern versuchte, sie abzuschütteln. Hannah verlor den Halt, sie rutschte ab und fiel rückwärts auf das Steißbein, was glühende Schmerzpfeile durch ihre Wirbelsäule sandte.

Nun hatte das Wesen freie Bahn. Es fuhr herum, und Hannah starrte einen Moment lang wie gelähmt in das totenbleiche, zahnlose Gesicht mit den glutroten Augen. Was immer diese Kreatur einst gewesen war, ob Jäger oder Prepper, es existierte nicht mehr, sondern war zu einhundert Prozent Whistler geworden. Blut stürzte aus seinen Verletzungen im Hals, der Whistler schien es nicht zu spüren. Vielleicht war dieser Kerl schon wahnsinnig gewesen, bevor das Choler-Virus die letzten intakten Areale seines Hirns zersetzte, aber das war schwer zu sagen.

Jetzt hob er abermals seine Waffe und kam auf Hannah zu. Hannah schob sich mit den Füßen zurück, bis sie an die Wand stieß. Was nun? Hier ging es nicht weiter, und Hilfe war nicht zu erwarten. Lucas war angeschossen, und Daniel und Cassie wollten nur ihre Haut retten und hatten sich versteckt. Sie sah dem Tod ins Auge – als ein Schuss die Luft zerriss.

Auf der Stirn der Kreatur klaffte ein roter Krater.

Mit einem Ausdruck tiefster Verwunderung sank das Wesen auf die Knie, die Pistole fiel ihm aus der Hand. Dann ein zweiter Schuss, der seine Brust explodieren ließ. Der Whistler sah sie verständnislos an, sein malmender Mund suchte nach Worten, die ihm schon lange nicht mehr zu Gebote standen, aber alles, was kam, war Blut. Dann fiel er nach vorn und lag zuckend am Boden. Es dauerte nicht lang, bis auch das endete.

Hannah blickte hoch zu Daniel, der in der Tür zur Schlafkammer stand. Er hatte die Maschinenpistole in der Hand, die er dem Killer des Departments abgenommen hatte.

»Geht's?«, fragte er.

Nein, dachte Hannah, es geht immer weniger. Doch immerhin war sie am Leben, noch jedenfalls. Sie nickte. »Ich danke dir.«

Die Eingangstür knarzte, und Cassie steckte den Kopf herein. »Du hast es erledigt.«

»Ihn«, verbessert sie Hannah. »Und noch mal danke für die Unterstützung.«

Rechts von ihr stöhnte Lucas, und sie kroch zu ihm. Er blutete stark an der Schulter, Haare und Gesicht waren angesengt und teilweise schwarz verfärbt. Mit so vielen Verletzungen auf einmal hatte er keine Chance. Die Schusswunden allein waren gravierend, aber mit diesen Verbrennungen war ein lebensbedrohlicher Schockzustand nur eine Frage der Zeit.

Sein Blick suchte ihr Gesicht.

»Es tut mir alles so leid«, sagte er.

»Ich wüsste nicht, was dir leidtun sollte.«

Seine Stimme war schwach und klang seltsam belegt. *Nebengeräusche*, dachte Hannah, als er sagte: »Du hast es geahnt, richtig? Ich arbeite … für das Department. Hatte Anweisung … euren Transport zu begleiten. Weil … ihr solltet gar nicht ins Retreat. Sondern ganz … woandershin. Ich sollte sicherstellen, dass … alles glatt läuft.«

»Das heißt, du hast uns angelogen?«

»Ich wusste nichts … von dem Unfall. Dass er geplant war, auch der … Fahrer nicht. Er war nur der … zweite Mann. Mit demselben … Auftrag. Trotzdem, der Crash war Absicht.«

Hannah starrte ihn an. Aber wenn der Fahrer nicht schuld war, gab es für ihn keinen Grund, abzuhauen oder den Notausstieg zu blockieren.

»Bist du sicher?«, fragte sie.

Lucas nickte, hustete, Blut rann aus seinen Mundwinkeln. Sie verlor ihn.

Seine Augen weiteten sich. »Die Zeit …«

»Okay.« Hannah nickte, auch wenn sie nichts verstand.

Lucas schüttelte den Kopf, richtete sich halb auf und streifte seinen klobigen Zeitmesser ab, drückt ihn Hannah in die Hand.

»Die Zeit, du musst die Zeit …« Dann sank seine Hand zurück, und mit einem langen Seufzer fiel sein Kopf zurück, und seine Augen wurden starr. Gevatter Tod, du kamst schnell, dachte Hannah. Während ich die Langstrecke gehen muss. Sie setzte sich auf den Boden, besah sich die schwere Uhr und versuchte, aus alledem einen Sinn zu generieren.

Halten wir fest: Der Fahrer wusste nichts und hatte deshalb auch keinen Grund, den Notausstieg zu sabotieren. Das musste bereits vor der Abfahrt geschehen sein. Und mit einem Mal war ihr Unterbewusstsein auch in der Lage, zwei und zwei zusammenzuzählen.

Im Bus hatten sich zwölf Studenten befunden. Aber im Gepäckraum waren nur *elf* Rucksäcke.

Der Fahrer war auch nicht entkommen, sondern war die ganze Zeit unter ihnen gewesen. *Ein Komplize.* Cassie sollte recht behalten.

Langsam wandte sie sich um. Cassie war gerade dabei, einen Blick in das Kellerloch zu werfen. Daniel stand noch immer an derselben Stelle wie vorher und ließ seine Waffe nicht los.

»Daniel«, sagte Hannah. »Wann willst du uns denn endlich die Wahrheit sagen?«

Selbst ein kurzer Augenkontakt verriet ihr, dass er genau wusste, wovon die Rede war.

»Tut mir leid«, sagte er.

Cassie schaute verwirrt zwischen beiden hin und her. »Hab ich hier irgendwas nicht mitgekriegt?«

Daniel seufzte. »Ja. Zum Beispiel, dass ich den Bus gesteuert habe.«

Meg

Sarah bestand auf einem Gebet, Meg hielt so viel Brimborium für überflüssig. Doch um sie, Meg, ging es hier nicht. Vielleicht hätte Max diese letzte Ehrung zu schätzen gewusst. Wobei man kein Genie sein musste, um zu ahnen, was Max am allermeisten zu schätzen gewusst hätte, nämlich noch am Leben zu sein. Nach Megs Erfahrung änderten ein paar Gebete daran gar nichts.

Der Tod war der Horror, ganz gleich, was der Mensch tat. All die Trauerfeiern, Totenreden, Blumengestecke sollten doch nur das Entsetzen bemänteln. Und so etwas wie ein friedliches Ende gab es sowieso nicht. Das Ende war durchsetzt von Angst. Man bekam keine Luft mehr, konnte nicht schlucken, nässte sich ein … Sah so ein Tod in Würde aus?

Niemand ging diesen Schritt freudig oder auch nur freiwillig. Nichts als unfromme Lügen. Aber auch Meg hatte sie von sich gegeben, damals, als ihr kleines Mädchen starb. *Jetzt ruh dich aus, Mami ist ja da, wird immer da sein.* Aber Mami war nicht da, Mami war hier, immer noch. Und dieser Betrug schrie nach Wiedergutmachung.

Während Sarah noch ihre Litanei herunterbetete, trugen Meg und Sean den toten Max zur Bodenluke. Sean berührte Max nacheinander an Lippen und Stirn, *seine* Art Abschied zu nehmen und eine sehr persönliche dazu. Blieb nur noch Meg, die sich fragte, was sie eigentlich tun sollte. Da sie nicht an Gott glaubte, besaß sie auch nichts, worauf sie in solchen Momenten zurückgreifen konnte.

»Tut mir leid«, flüsterte sie und machte einfach nach, was Sean getan hatte.

Doch dann stutzte sie. Bislang gingen sie davon aus, dass Unterkühlung im Zusammenspiel mit einer Infektion die Todesursache gewesen war. Als sie Max aber so nahekam, bemerkte sie etwas Ungewöhnliches: Petechien, stecknadelkopfgroße Einblutungen rund um die Augen. Dazu etwas Weißliches in den Mundwinkeln. Etwa Erbrochenes?

»Amen!«, beendete Sarah ihre Totenfeier und schlug das Kreuzzeichen.

Geplatzte Kapillaren im Umkreis der Augen? Anzeichen für ein Erbrechen? Beides deutete auf eine Strangulation hin.

»Bist du bereit?«, fragte Sean.

Meg sah ihn an. Seine Erwartungshaltung.

War Max also eines nicht ganz so natürlichen Todes gestorben, wie sie glaubten? Hatte vielleicht jemand nachgeholfen, entweder weil er ihm ein langwieriges, qualvolles Ende ersparen wollte oder weil Max einfach eine zu große Belastung darstellte?

»Meg, was ist mir dir?«, drängte Sean. »Können wir?«

Gute Frage: Können wir? Soweit es Meg betraf: klares Nein. Sie konnte nichts von alledem. Aber selbst *wenn* jemand Max umgebracht hatte, welche Rolle spielte das? Er hätte ohnehin nicht überlebt. Und die Chance, dass *sie* überlebten, war auch nicht viel höher. Sie alle schoben das Unvermeidliche nur hinaus, während der Tod ihnen schon mal einen Platz freihielt.

Meg drehte ihren Kopf weg. »Wir können«, sagte sie.

Sie fassten ihn an seinem Schneeanzug und kippten ihn aus der Luke. Er fiel durch die grauen Wolken, wurde rasend schnell kleiner und verschwand in der Dunkelheit. Damit waren schon drei von ihnen diesen Weg gegangen. Bald folgen die restlichen drei, dachte Meg.

»Gott sei seiner Seele gnädig«, murmelte Sarah.

»Und möge der Teufel dich nicht am Hinterausgang erwischen«, setzte Meg hinzu.

Sarah blickte sie an, sagte aber nichts. Meg zuckte die Achseln: »War so ein Spruch von meiner Mutter. Fiel mir gerade ein.«

Dann war sie einen Moment still, um schließlich hinterherzuschicken: »Ach, und noch etwas, das sie immer sagte: ›Schau, wem du traust. Der Teufel hat Engel gelernt.‹«

»Machen wir lieber die Klappe zu«, sagte Sean. »Ehe wir auch noch Flügel kriegen.«

Sie schlossen die Luke und sahen sich mit einem Gefühl der Leere an. Da waren es nur noch drei, dachte Meg. Innerhalb von achtundvierzig Stunden hatte sich ihre Zahl halbiert. Wer würde als Nächster abtreten? Und wodurch? Zur Auswahl standen Kälte, Hunger und ein Gnadentod wie bei Max.

»Wenn es so weitergeht, werden wir die nächsten vierundzwanzig Stunden nicht überleben«, erklärte Meg sachlich. »Morgen früh versuche ich, die Bergstation zu erreichen und Hilfe zu holen. Hat jemand was dagegen?«

Sarah stimmte ihr zu. »Ich glaube, eine andere Möglichkeit haben wir nicht.«

»Tu, was du nicht lassen kannst«, sagte Sean.

»Na gut, dann weiß ich ja Bescheid.«

Sean wandte sich ab und verzog sich in die andere Ecke der Kabine, wo er mit den Händen seine Augen beschirmte und schweigend nach draußen blickte. Es war wohl nicht mehr ganz so kalt, denn der Schnee an der Scheibe rutschte in nassen Placken nach unten und gab dann und wann den Blick auf die Bergstation frei, ein hufeisenförmiger Fremdkörper aus Stahl und Glas, der den Eindruck erweckte, als sei ein Alien-Raumschiff in den Gipfel gekracht.

Sean musste den Kopf verrenken, um auch das Tragseil zu sehen. Als er fertig war, wandte er sich wieder um.

»Also etwas über zweihundert Meter würde ich schätzen, bei abnehmender Neigung, was schon mal gut ist. Dann der Winddruck. Der Sturm mag nachgelassen haben, aber draußen fühlt sich das ganz anders an. Ehe du es dich versiehst, bläst dich so ein Lüftchen glatt aus dieser Welt.« Er hielt seine behandschuhten Hände hoch. »Kommen wir zu den Handschuhen. Diese hier haben Grip, aber nur wenig Feingefühl. Das heißt, du merkst erst mal nicht, wenn du den Halt verlierst. Dazu kommt, dass ein permanenter Klammergriff die Blutzirkulation in den Händen behindert und diese dann irgendwann einfrieren. Tempo ist also alles.«

»Okay«, sagte Meg und sah ihm fest ins Gesicht. »Du machst dir wenigstens Gedanken.«

»*Ich* muss ja nicht da raus«, sagte er und musterte sie eingehend. »Spätestens nach der Hälfte der Strecke sind deine Arme nur noch ein schreiendes Häufchen Wackelpudding! So ein Einsatz ist – physisch wie mental – die reine Folter. Und Fehler werden nicht verziehen.«

»Oh, danke. Das macht Mut.«

»Ich sage ja nur, was auf dich zukommt. Das ist wichtig, sonst schaffst du es nicht.«

»Okay, gebongt.«

Sein Blick lag aber weiter auf ihr, so, als wolle er ihr noch etwas sagen. Aber dann schüttelte er nur den Kopf. »Wenn du dir was in den Kopf gesetzt hast …«

»Das gehört zu meinen positiven Eigenschaften, wusstest du das nicht?«

Sein Lächeln wirkte nicht überzeugt. »Willst du das wirklich machen?«

»Ich habe keine Angst vor dem Sterben.«

Seine blauen Augen blickten tief in sie hinein. »Das hatte ich befürchtet.«

Davor aber schliefen sie noch einmal. Ein kleiner Tod, die Umschreibung passte. Seliges Vergessen. Gedankenlosigkeit. Fühllos, schmerzlos. Alles so leicht wie ein Nichts. Leere. Wie viel Trost lag in der reinen Leere?

Natürlich dauerte der Zustand nicht an. Er konnte nicht andauern. Plötzlich hatte sie Gesichter vor Augen. Lily, ihre Mutter, Paul. Und das Gesicht eines Mädchens mit langen, dunklen Locken. Das Mädchen aus Seans Tattoo. Wer war sie? Und woher kannte sie sie? Ehe sie die Frage beantworten konnte, entschwebte es wieder. Meg wollte es festhalten. Das Mädchen war wichtig. Meg hatte es schon einmal gesehen. Nur wo?

Dann die Eingebung.

Das Foto.

Das Foto, das sie in Pauls Tasche gefunden hatte.

Daniel und Peggy. Invicta Academy.

Es war dasselbe Mädchen.

Aber wenn es dasselbe Mädchen war …

Meg riss die Augen auf. »Er hat mich angelogen.«

Sie fuhr hoch. Von draußen sickerte erstes Silberlicht in die Kabine. Es war noch früh am Tag. Der Gedanke aber war erwacht und streckte seine giftigen Tentakel in jeden Winkel ihres Bewusstseins.

Nein. *Nein, nein, nein.*

Sie sprang hoch, Dampfwolken vor dem Mund. Ihr beschleunigter Atem. Sie trat ans Fenster und blickte hinaus. Nebel strich um die Kabine, und die graue Kuppel der Bergstation war kaum zu erkennen. Da sollte sie hin?

Was für ein Wahnsinn bei diesem Wetter!

Dieser Scheißkerl. Dieser Wahnsinnige.

Plötzlich war auch Sarah wach. Sie gähnte, streckte sich, blickte umher, kapierte nichts.

»Wo ist Sean?«, fragte sie.

Meg sah sie wütend an.

»Nicht mehr da, wie du siehst.«

Carter

Schon beim ersten Schritt in den Wald waren sie geliefert. Im Arsch. Verraten und verkauft.

Sie waren auf Skiern gekommen, im Schneetreiben, Miles, der sich vor den Schlitten gespannt hatte, Carter und Caren. Halb blind hinter ihren Schneebrillen und durchgefroren, als sie am Waldrand ankamen, also dort, wo es auf Skiern nicht weiterging, weil mit Tannennadeln gestreut war. Okay, dass dies kein Spaziergang würde, hatte er gewusst. Zwar fühlten sie sich im Windschatten der Bäume halbwegs geschützt, aber die Dunkelheit und der Geruch des Waldes umfingen sie bereits wie ein böses Omen.

Am Felsenbruch im wilden Tann …, sang es in seinem Kopf. Woher kam *das* denn her?

Miles zog ein scharfes Outdoormesser aus dem Gürtel.

»Wofür brauchst du denn *das*?«, fragte Caren sogleich.

»Für unsere Brotbröckchen.«

»Wie bitte?«

»Schon mal von Hänsel und Gretel gehört?«

»Kindermärchen habe ich schon vor langer, langer Zeit hinter mir gelassen.«

Miles schnitzte mit dem Messer ein großes X in die Rinde einer Kiefer. »Damit wir den Rückweg finden.«

»Gute Idee«, sagte Carter, der nicht auf die Stimmung drücken wollte. In Wahrheit beschlichen ihn ernste Zweifel, ob sie dieses X je brauchen würden. Aber was sollte er sonst auch tun? *Always look on the bright side of …*

»Seid ihr bereit?«, fragte Miles, als er das Betäubungsgewehr hervornahm.

»Bereit«, antwortete Caren.

Carter nickte lediglich. Er war ganz und gar *nicht* bereit, hatte aber keine Wahl.

So zogen sie also los, und mit jedem Schritt wuchs Carters Beklemmung. Die alten Nadelbäume hatten Stämme so breit wie zwei Mann, das Kronendach verschluckte jeden Sonnenstrahl und der Nadelteppich unter ihren Füßen jeden Laut. Nur ab und an drangen noch einzelne Flocken zu ihnen durch. Vor allem wurde der Geruch nach ätherischen Ölen so aggressiv, dass sie kaum Luft bekamen. Bald klang ihr Atem wie ein alter Blasebalg.

Alle paar Meter hielt Miles an und markierte den nächsten Stamm mit einem X. Carter blickte auf die zurückgelegte Strecke. Das letzte X konnte er noch erkennen, dahinter begann unmarkierte Wildnis, so, als hätten die Bäume die Reihen geschlossen und jede Rückkehr unmöglich gemacht. Die ganze Aktion ist zum Scheitern verurteilt, dachte er. Weder wussten sie, wohin sie wollten, noch wie weit es war oder ob sie hier überhaupt fanden, wonach sie suchten … Alles nur Mutmaßungen.

Plötzlich blieb Miles stehen und hob die Hand. Carter wäre beinahe mit ihm zusammengerasselt. Caren trat *ihm* jedenfalls direkt auf die Hacken.

»Hast du was gesehen?«, fragte sie.

»Schhhh«, zischte Miles und ging in die Hocke. Carter und Caren blickten sich an und folgten seinem Beispiel. Carter spähte über Miles Schulter. Er sah gar nichts, nur Bäume. Aber dann bemerkte er es doch: Bewegung im Wald. Was er für einen Baum gehalten hatte, entpuppte sich als eine Art Waldläufer, der größtenteils mit Tierfellen bekleidet war, sich aber offenbar nicht von seiner alten Skihose trennen konnte. Eine Existenz, stecken geblieben zwischen zwei Welten. Und was war das für eine abenteuerliche Pudelmütze? Erst als Carter das gedämpfte Pfeifen hörte, war für ihn wieder alles klar.

Der Whistler war ebenfalls stehen geblieben. Er hob den Kopf, als hätte er etwas gewittert. Eine Sekunde lang sah Carter das fahle Gesicht unter der Mütze, aber schon im nächsten Moment war der Whistler zwischen den Bäumen verschwunden. Miles signalisierte ihnen, weiter vorzurücken. Carter hatte den Whistler zwar aus dem Blick verloren, aber es war offensichtlich, dass der Wald sich lichtete. Hier und da waren schon kleine Ausschnitte von Himmel zu sehen, und der Schnee kehrte zurück. Nicht viel insgesamt, noch überwog das Zwielicht, aber weiter vor ihnen tat sich eine Lichtung auf … mit einer kleinen Siedlung. Willkommen in der Frühzeit des Menschen.

Normalerweise führten Whistler ein Nomadenleben. Als vogelfreie Infektionsträger, die vom Rest der Gesellschaft nicht nur gemieden, sondern sofort weggesperrt wurden, gingen sie anderen Menschen aus dem Weg, wo sie nur konnten. Viele waren außerdem mit dem Choler-Virus behaftet, was sie unberechenbar machte. Solche Leute rotteten sich mit anderen Choler-Desperados zu Banden zusammen, die aber nie Bestand hatten. Urbanen Legenden zufolge gab es in entlegenen Gegenden aber auch ganze Dörfer, die wie in der guten alten Zeit funktionierten – als überhaupt noch alles funktionierte. Das Einzige, was diese Gemeinschaften wollten, war, in Ruhe gelassen zu werden.

Gemessen an ihren Möglichkeiten war auch diese Siedlung weit entwickelt. Es gab Zelte, allesamt aus dem Fachhandel geklaut, und erste einfache Holzhütten. Und ein großes Lagerfeuer in der Mitte. Und eine weitere, offenbar aus Eisenschrott zusammengesetzte Baulichkeit, die Carter jedoch vor ein Rätsel stellte.

Kryptisch vor allem der Schriftzug an der Seitenwand, der kundtat: INVICTA.

Aber da traf ihn auch schon die Erkenntnis. *Nein.*

Vorsichtig, einen Fuß nach dem anderen, schlich er weiter. Von hinten hörte er Miles' halblaute Warnung: »Miles, sieh dich vor.«

Und dann blieb sein Fuß an irgendwas hängen, und über ihm schlug ein komplexes Geläut aus Glas und Metall an. Der Klang hallte durch den ganzen Wald.

»Shit.«

Carter sah nach oben. An den Ästen über ihm hingen Flaschen und Dosen und überhaupt alles, was Krach machte. Ein Blick nach unten bestätigte seine Vermutung. Zwischen zwei Baumstämmen war ein Bindfaden gespannt. Der hatte den Mechanismus ausgelöst. Das war eine Alarmanlage, Blödmann, mit einem simplen Stolperdraht, und er, Carter, war direkt hineingelatscht.

Plötzlich tauchten von überallher Gestalten mit Kapuzen auf. Irgendetwas zischte an ihm vorbei, ganz knapp. Ein Stein, abgeschossen von einer Schleuder. Und gleich noch einer. Und aus dem Augenwinkel sah er, wie jemand eine Armbrust auf ihn richtete.

»Rückzug!«, bellte Miles und rannte bereits.

Es war etwas, das man Carter nicht zweimal sagen musste. Auch er wollte flüchten. Aber da erwischte ihn etwas am Kopf, direkt über dem Ohr, und er taumelte getroffen, fiel auf die Knie. Er fasste sich an die Stelle. Seine Finger waren rot, und es tat höllisch weh. Alles vor seinen Augen verschwamm.

Eine Hand packte ihm am Arm. »Los, steh auf.«

Caren zerrte ihn hoch. Er schwankte, aber er riss sich zusammen.

»Geht schon. Ich bin okay.«

Sie nickte, und gemeinsam rannten sie hinter Miles her, der

schon am weitesten war. Erste Überlebensregel: Wisse, wann du abhauen musst, und dreh dich um Gottes willen nicht um. Weitere Regel, nicht weniger wichtig: Sei niemals der Letzte. Eine Regel, gegen die Carter hiermit mustergültig verstieß. Caren war viel schneller und fitter als er. Es war absehbar, wann er unrettbar zurückliegen würde

Aber dann landete etwas von oben auf Carens Rücken, das sie zu Boden riss. *Ein Whistler.* Sie schrie auf vor Panik und Schmerzen. Das ungleiche Paar wälzte sich auf dem Waldboden, ein Knäuel aus Armen und Beinen, das es Carter unmöglich machte, Freund und Feind auseinanderzuhalten. Einmal waren ihre blonden Haare obenauf, ein andermal das fahle Weiß dieser Kreatur. Caren wehrte sich mit allem, was sie hatte, und drosch auf die furchterregende Fratze ein, bis der Whistler sein charakteristisches Pfeifen von sich gab.

»Schieß!«, brüllte Caren.

Carter zog seine Pistole, wagte aber nicht abzudrücken, aus Angst, Caren zu treffen. Das nutzte der Whistler, um Caren an den Haaren nach hinten zu ziehen und seine Klauen durch ihr Gesicht. Abermals brachte sich Carter in Schussposition, abermals drückte er nicht ab. Bis der Whistler ihm das Gesicht zuwandte. Ein Weibchen, das war ein Weibchen, war das zu glauben? Wieder zögerte er, selbst als der Whistler sein Maul aufriss und die scharfen gelben Zähne bleckte – was für Carter aussah wie ein Lächeln. Lächeln worüber? Was gab es da zu lächeln? Aber Carter war einfach zu langsam. Er begriff es erst, als das Whistler-Weibchen ein gehöriges Stück aus Carens Hals biss.

»Neiiin!«

Plötzlich zischte etwas durch die Luft. Der Whistler zuckte hoch, erstarrte. Dann noch ein Zischen, und der Whistler kippte zur Seite und sackte über Caren zusammen. Carter blickte in die Richtung, aus der das Zischen kam, und sah Miles mit dem Betäubungsgewehr. Er hatte sie also doch nicht hängen lassen.

»Beim nächsten Mal«, sagte er zu Carter, »schieß lieber gleich. Doch wenigstens gehen wir dadurch nicht ganz mit leeren Händen nach Hause.«

Er trat vor, stieß das Whistler-Weibchen mit dem Fuß von Caren weg.

Und hatte die scheinbar betäubte Beute im selben Moment am Bein. Der Whistler schnellte hoch und fletschte seine Zähne. Damit hatte Miles nicht gerechnet.

Diesmal fackelte Carter nicht lange und schoss dem Whistler zweimal in den Kopf. Erst dann war Ruhe.

Miles befreite sein Bein aus der Umklammerung des toten Whistlers, blickte zu Carter hinüber und sagte: »Schon besser.« Dann lud er sich mit bemerkenswerter Leichtigkeit Caren auf die Schulter und meinte: »Gehen wir.«

Den Wald verließen sie dennoch nicht als Sieger. Im Laufschritt rannten sie die markierte Strecke zurück, und immer wieder warf Carter einen ängstlichen Blick zurück, obwohl er ziemlich sicher war, dass auch die Whistler an einer Fortsetzung des Kampfs nicht interessiert waren. Caren ging es gar nicht gut. Sie verlor immer wieder das Bewusstsein, außerdem bekamen sie die Blutung am Hals nicht gestoppt. Miles hellblauer Schneeanzug färbte sich rot.

Schließlich erreichten sie wieder offenes Gelände. Völlig ausgepumpt, stützte sich Carter auf die Knie, und Miles konnte endlich Caren ablegen. Doch auf dem Schnee wurde sofort wieder sichtbar, wie schwer Carens Verletzung war. Miles packte sie deshalb sofort auf den Schlitten und zurrte sie fest.

Carter war sprachlos. »Miles, sie wurde gebissen. Hast du das nicht mitgekriegt?«

»Doch, natürlich«, sagte Miles und zog den letzten Knoten fest.

»Ich habe alles gesehen. Deshalb ist es ja so wichtig, dass sie nicht noch mehr Blut verliert.«

»Aber sie ist *infiziert*!«

Was Miles nicht zu beeindrucken schien. »Na und? Willst du sie hier liegen lassen?«

»Das nicht, aber …«

»Sie kommt mit«, sagte Miles mit seinem Eisblick. »Sie ist alles, was wir haben.«

Gemeinsam zogen sie den Schlitten auf den Berg, was schon mit einer Caren darauf mehr als mühsam war. Wie hatten sie nur glauben können, gleich zwei Whistler auf diese Weise zu bewegen?

Andauernd glitten sie auf dem vereisten Hang aus, und der Wind blies ihnen ins Gesicht, als mache er sich einen Spaß daraus, sie nicht hochkommen zu lassen. Und hinter ihnen auf dem Schlitten stöhnte Caren, dass Carter jede Hoffnung verlor. Sie verblutet, dachte er, sie geht langsam zugrunde – wie sie alle. Vielleicht sollte es so sein, dass sie an diesem verdammten Berghang scheiterten. Welche Ironie! Nach allem, was er unternommen hatte, um hierher zu gelangen. Und jetzt? Krepierte er jämmerlich im Schnee und endete im Bauch von Wildtieren.

Zum Glück kam hinter einer großen Schneewehe doch noch das Retreat in Sicht. Okay, also nicht heute, nicht an diesem verdammten Tag. Wie Miles rammte er mit letzter Kraft seine Stöcke in den Schnee und gab noch einmal alles, bis sie vor dem Elektrozaun waren und Caren durch das zerstörte Tor schoben. Am Hauseingang tippte Miles den Zugangscode ein, und die Tür ging auf. Dankbar stolperten sie in die Eingangshalle, gerade als der Aufzug sein »Ping« von sich gab und Welland heraustrat.

Entgeistert blickte er sie an. »Verdammt! Was ist denn mit euch passiert?«

»Ein Hinterhalt«, sagte Miles knapp.

»Fuck!« Dann fiel sein Blick auf Caren. »Und sie, ist sie tot? Ich sage euch gleich, die Verbrennungsanlage schafft heute keinen weiteren Toten mehr. Ich habe gerade den letzten hingebracht.«

»Dein Mitgefühl kennt wohl keine Grenzen«, entgegnete Carter.

»Sie hat viel Blut verloren«, erklärte Miles. »Aber sie wird überleben. Wir müssen sie verbinden und geben ihr ein Antibiotikum, damit sich die Bisswunde nicht auch noch entzündet.«

»Moment, habe ich das richtig gehört?« Welland riss die Augen auf. »Sie wurde gebissen? Doch nicht von einem Whistler? Dann ist sie infiziert.« Er wich zurück. »Und so was schleppt ihr hier an?«

»Sie kommt in die Isolation«, sagte Miles.

In diesem Moment riss ihm Welland die Pistole aus dem Gürtel und zielte mit zitternden Händen auf ihn. »Nein, du bringst sie raus, sofort!«

»Das meinst du nicht ernst, oder?«, rief Carter.

»Welland, hör mal kurz zu«, sagte Miles in seinem verdächtig ruhigen Ton. »Der einzige Grund, warum du noch lebst, sind deine unschätzbaren Dienste als unser Energieminister. Bislang sah ich keinen Grund, dich zu töten.«

»Klar, geht ja auch nicht. Denn *ich* habe jetzt die Pistole.«

»Und warum ist sie nicht einmal entsichert?«, fragte Carter.

Unsicher blickte Welland auf das fremde Ding in seiner Hand. Mehr brauchte Carter nicht, um ihm einen Schlag ins Gesicht zu versetzen. Welland torkelte nach hinten und bekam Carters Knie in die Weichteile. Er knickte ein und ließ dabei die Pistole fallen. Carter schnappte sie sich und drückte den Lauf an Wellands Kopf, wobei er demonstrativ den Sicherungshebel umlegte.

»Eigentlich benötige ich keinen Grund mehr, um dir eine Kugel in den Kopf zu jagen. Aber es ist schön, wenn man einen hat.«

»Lass ihn«, sagte Miles und trug Caren zum Aufzug. »Wir haben keine Zeit für so einen Blödsinn. Außerdem brauchen wir ihn vorläufig noch. Das genügt mir.«

Der Drang, abzudrücken, war wie ein Juckreiz.

»Du hast gehört, was er gesagt hat«, winselte Welland.

»Ja, hab ich«, sagte Carter und sicherte die Waffe wieder. »Er sagte *vorläufig*.«

Sie brachten Caren in Isolationsraum 4. Ihr Hals war bandagiert, sie erhielt Antibiotika über eine Infusion und ein Sedativum. Der Blutverlust war am Ende doch nicht lebensbedrohlich, und bei guter Pflege würde sie sich bald erholen. Falls man nicht auf dem Standpunkt stand, dass sie tot besser dran gewesen wäre.

Carter lehnte am Sicherheitsfenster und konnte förmlich zusehen, wie ihre Körpertemperatur stieg. Bei einer direkten Infektion ging es immer schnell. Selbst in ihrem sedierten Zustand wurde bei jedem Huster ihr ganz Körper durchgeschüttelt. In den nächsten vierundzwanzig Stunden waren Husten und Luftnot normal. Anschließend kam die Phase der Granataugen, kam Fieber, Delirium, und wenn sie *das* alles überlebte, dann, vielleicht …

Hinter sich hörte er Geräusche. Miles betrat die Isolation mit weiterem Verbandsmaterial.

»Wie geht es ihr?«, fragte er Carter.

»Wie soll es ihr schon gehen?«

»Immerhin ist sie am Leben … und wir sind mal wieder davongekommen. Wie konnte das bloß passieren?«

Carter druckste herum. »Ich hätte nicht schießen können, ohne sie zu treffen. Was sollte ich tun?«

»Das meine ich nicht. Ich meine, wie man es fertigbringt, so einen primitiven Stolperdraht zu übersehen.«

In Carters Erinnerung stellte sich die Sache ganz anders dar.

Wie er den Stolperdraht nicht sehen konnte? Weil er etwas anderes gesehen hatte. Eine Blechwand mit der Aufschrift INVICTA. Wer rechnet mit so etwas?

»Weiß ich auch nicht«, sagte er kleinlaut. »Ich war wohl abgelenkt.«

Miles schnalzte ungeduldig mit der Zunge. »Und das kommt dabei heraus.«

Carter wich der Last der Verantwortung nicht aus. Aber sie drückte ihn. »Ich weiß. Es ist meine Schuld. Ich habe alles verbockt.«

Es folgte ein längeres Schweigen. »Nicht ganz«, sagte Miles.

»Wie meinst du das?«

»Unsere vornehmste Aufgabe besteht jetzt darin, frische Humanreserven an den Start zu bringen …« Miles wandte sich dem Isolationsraum zu. »Und solange Caren überlebt, haben wir ja, was wir brauchen.«

Carter starrte ihn an. »War das dein eigentlicher Plan? *Sollte* sich einer von uns infizieren?«

»Aber nein«, antwortete Miles kalt lächelnd. »Das war höchstens Plan B.«

»Du gehst wirklich über Leichen, oder?«

»Hast du einen besseren Vorschlag?«

Carter sah wieder zu Caren hinüber. Caren mit C. Er ballte die Fäuste und schüttelte langsam den Kopf.

Miles nickte, als sei der Fall für ihn abgeschlossen. »Um J. Robert Oppenheimer zu zitieren: ›Jetzt sind wir alle Hurensöhne.‹ Ich werde später noch den Antikörper-Status kontrollieren. Wenn wir Glück haben, kann die erste Extraktion nach achtundvierzig Stunden stattfinden. Damit liegen wir im Zeitplan. Alles wie vereinbart.«

Hannah

»Tu das Gewehr weg, Daniel.«

Daniel schaute auf seine Waffe, als hätte er ihre Existenz ganz vergessen. »Glaubst du, ich schieße auf dich?«

»Ich weiß nicht, was ich glauben soll«, entgegnete Hannah. »Ich weiß nichts über dich. Ist dein echter Name überhaupt Daniel?«

Seufzend legte er die Maschinenpistole auf das Sofa. »Zufrieden?«

»Noch lange nicht«, erwiderte Hannah schroff. »Warum hast du den Bus überhaupt entführt? Und was ist mit dem echten Fahrer passiert? Was hast du dir dabei gedacht?«

Daniel sah sie trotzig an. »*Gedacht* habe ich mir im Wesentlichen Folgendes: Dass ich nicht tatenlos zusehen werde, wie meine Schwester und ich in der Academy verrecken, nur weil wir keinen reichen Daddy haben, der uns da rausholt.«

»Stimmt, das ist auch ungerecht.«

»Meinst du auch, nicht wahr?«, sagte er mit einem schwachen Lächeln. »Von mir aus kannst du noch so lange über deinen lieblosen Vater lamentieren, es ändert nichts daran, dass du dein ganzes Leben lang all die Privilegien hattest, die man für Geld so kriegt, Bildung eingeschlossen. Und du …«, sagte er an Cassie gewandt, »spiel meinetwegen weiter die Ausgestoßene. Aber du hast keine Ahnung, wie es sich anfühlt, wenn man wirklich nicht dazugehört, weil man arm ist und nur Klamotten aus der Kleiderkammer trägt und selbst für das Schulessen Beihilfe beantragen muss.«

»Aber wenn die Welt doch so ungerecht ist, Oliver Twist«, versetzte Cassie, »dann frage ich mich, wie ihr beide auf der Academy gelandet seid. Ganz so ausgestoßen wart ihr wohl am Ende nicht.«

»Ja, weil Peggy Grips hatte und nicht nur reiche Eltern«, sagte Daniel. »Sie hatte ein Stipendium. Und sie war nicht nur überdurchschnittlich intelligent, sie sah auch noch gut aus. Es war ihr Ticket in ein besseres Leben.«

»Und du?«

»Ich nicht. Ich hatte weder das eine noch das andere. Ich habe mich zwar ebenfalls an der Academy beworben, aber nur für einen Job. Die suchen ja immer Leute: Küche, Hausmeisterdienste, solche Sachen. Ist auch kein Wunder, wenn man sich ansieht, was sie zahlen und wie sie einen behandeln. Aber egal. Dadurch war ich jedenfalls ein Teil der Academy und konnte weiter auf Peggy achtgeben.«

»Und weil du so gut achtgegeben hast, hatte sie plötzlich einen Braten in der Röhre, alles klar«, sagte Cassie.

Hannah sah, wie Daniel um Fassung rang. Unter Jungs wären spätestens jetzt die Fäuste geflogen. Aber Mädchen wie Cassie wussten natürlich, dass sie in dieser Hinsicht nichts zu befürchten hatten. Sie kamen mit allem durch.

»Warum hältst du nicht mal die Klappe und lässt ihn reden?«, sagte sie deshalb zu ihr.

Cassie hob ihre Hände in Unschuld. »Aber bitte gern. Ich meine, es soll ja guttun, sich diesen ganzen Psychomüll von der Seele zu reden. Aber ehrlich, wen interessiert's? Im Augenblick geht es einzig ums Überleben, alles andere ist zweitrangig.« Sie war an der Falltür angelangt und machte sich daran, den Keller zu inspizieren. »Mal sehen, was der Waldschrat da unten alles gebunkert hat.«

Hannah wandte sich wieder an Daniel. »Seit wann wusstest du, dass Peggy schwanger ist?«

»Das war, als in der Academy die ersten Krankheitsfälle auftraten. Sie war besorgt um das Baby. Sie hatte mir von der ganzen Sache nichts gesagt, aus Angst, ich würde sie zu einer Abtreibung drängen. Und dann war es zu spät. Sie war im achten Monat, und ich hatte nichts gemerkt.«

»Und der Kindsvater?«

»Den wollte sie nicht verraten, weil sie wusste, dass ich ihn umbringen würde. Erwartungsgemäß wollte der Kerl mit alledem auch nichts mehr zu tun haben.« Er schüttelte resigniert den Kopf. »Man muss sich das vorstellen: Peggy hätte die ganze Welt offen gestanden, aber sie wollte unbedingt dieses Kind. Also, was tun? Ich versprach ihr, sie und ihr Baby zumindest rechtzeitig in Sicherheit zu bringen.«

»Aber ihr wart nicht auf der Evakuierungsliste.«

»Richtig. Personal sowieso nicht. Die Plätze waren begrenzt, ein negativer Test bedeutete noch gar nichts. Angeblich wurde nach dem Zufallsprinzip ausgewählt, aber wir merkten bald, dass nur solche Studenten auf die Liste kamen, die zufällig auch die vollen Studiengebühren zahlten, das heißt, die von einflussreichen Eltern. Stipendiaten und solche mit weniger Geld kamen auf dem Campus unter Quarantäne.«

»So wie Peggy.«

Er nickte. »Ich musste eine Alternative finden. Das Virus war eindeutig auf dem Vormarsch. Es erkrankten sogar Studenten, die bereits einen Listenplatz sicher hatten. Ich wusste das, weil ich in der Putzkolonne der Krankenstation war. Aber dabei fiel mir auf, dass ihre Namen nie von der Liste gestrichen wurden. Ich dachte mir gleich, dass dies vielleicht der Ausweg war, nach dem ich gesucht hatte. Wenige Tage vor dem letzten Transport wurde ein Mädchen eingeliefert, das ebenfalls auf der Evakuierungsliste stand. Das war meine Chance. Ich stahl ihre Kennkarte und gab sie Peggy. Ich vertraute darauf, dass sie das Foto wohl nicht besonders genau ansehen würden, und so war es. Peggy gelangte unbehelligt in den Bus, und ich hatte mein Versprechen erfüllt.«

Hannah runzelte die Stirn. »Und wie kommt man ans Steuer von solch einem Bus? Du bist doch gefahren, oder?«

»Das war ebenfalls nicht schwer. Als alles abfahrbereit war, sah ich den Fahrer aufs Klo gehen. Was hatte ich zu verlieren? Ich ging ihm nach, knallte seinen Kopf gegen das Waschbecken, bis er bewusstlos war, und schloss ihn in einer Kabine ein. Ich nahm mir seine Cap, seine Jacke und die Wagenschlüssel und war im Prinzip klar, um mit meinem neuen Job zu starten. Okay, meine langen Haare musste ich unter der Cap verstecken, die Jacke konnte ich mir nur über den Arm hängen, weil zu klein, aber sonst? Die Leute nehmen unsereinen ja gar nicht wahr. Also Augen zu und durch. Ich war eben der neue Fahrer, na und? Gib Gummi, Kutscher!«

Und so, dachte Hannah, scheiterte die ausgeklügelte Seuchenkontrolle ihres Vaters an der schwachen Blase eines Busfahrers.

»Und was hattest du vor, wenn du am Retreat ankommst?«, fragte sie. »Oder wenn sie im Retreat dahinterkamen, dass Peggy eigentlich nicht da sein dürfte?«

»Dann wäre es zu spät, daran etwas zu ändern. Um mich hatte ich keine Angst. Ich schlage mich immer irgendwie durch.«

»Aber es kam anders. Du hast einen Unfall gebaut.«

Er schüttelte den Kopf. »Das war nicht meine Schuld. Ja, diese Bergstraßen sind schwierig, erst recht bei Schnee. Ich bin deshalb extrem vorsichtig gefahren, ich wollte, dass alle heil das Retreat erreichen. Doch in einer unübersichtlichen Kurve kommt mir plötzlicher einer entgegen, der auch noch aufblendet. Ich hupe ihn an …«

Hannah erinnerte sich an den Ton.

»… aber es passiert nichts, keine Reaktion. Ich versuche noch auszuweichen, aber da rollen wir schon den Abhang runter. Ich werde aus meinem Sitz geschleudert und bin eine Zeit lang bewusstlos. Als ich wieder zu mir komme, ist mein erster Gedanke: Peggy. Ich sehe mich im Bus um, und da liegt sie. Ich wusste sofort: Das ist ernst. Deshalb habe ich um Hilfe gerufen, woraufhin du auftauchtest.« Er blickte Hannah an. »Du dachtest wohl, ich wäre ebenfalls ein Student, und dem wollte ich nicht widersprechen. Es machte für mich alles einfacher.«

Hannah schwieg und sah ihn nur weiter an. Er schien die Wahrheit zu sagen, aber Wahrheit war ein dehnbarer Begriff. Vielleicht hatte Cassie recht, als sie sagte, dass es auf Wahrheit, die ganze, die reine, die unverfälschte Wahrheit gar nicht mehr ankam.

»Und das ist alles?«, fragte sie.

»Das ist alles«, sagte er.

Es war natürlich nicht alles. Da war etwas, irgendwas an seiner Geschichte, das ihr nicht gefiel …

In selben Moment tauchte Cassies Kopf aus der Versenkung auf. »He, Leute, hier unten ist etwas, das müsst ihr euch angucken!«

Meg

»Wie weg?« Sarah starrte sie an. »Kapier ich nicht.«

Meg, voller Adrenalin, marschierte in der Kabine auf und ab. »Er hat mich angelogen. Er hat mich eiskalt verladen, der Dreckskerl.«

Eingeschüchtert blinzelte Sarah sie an. »Aber das ist doch ziemlich mutig von ihm, oder? Jetzt musst du nicht mehr gehen.«

Nein, dachte Meg, Sarah versteht wieder mal gar nichts. Denn es ging um das Mädchen, das Mädchen mit den dunklen Haaren. Sie blieb stehen und suchte in ihrer Tasche nach dem zerknitterten Foto, das sie bei Paul gefunden hatte.

Daniel und Peggy. Invicta Academy.

Abermals betrachtete sie das Bild, konzentrierte sich diesmal jedoch auf den jungen Mann, fügte ihm Jahre hinzu, schmolz überschüssige Kilos ab, schickte ihn zum Friseur. Was sich nicht änderte und niemals ändern würde: seine Augen, dieses frappante Blau.

Am Ende gab es keinen Zweifel mehr: Sean war eigentlich Daniel. Daniel war Sean.

Und Paul hatte diese Aufnahme bei sich. Was nur bedeuten konnte, dass er Seans wahre Identität kannte. Oder zumindest wusste, dass Sean in dieser Seilbahn sein würde. Paul suchte offenbar nach ihm. Aber warum? Sean hatte gesagt, dass er sich für den Tod eines geliebten Menschen rächen wollte. War das Mädchen dieser Mensch? War er ihretwegen hier? Hielt sich der Schuldige etwa im Retreat auf?

Und wenn ich die Mörder finde, werden sie dafür bezahlen.

Falls Sean wusste, dass Paul hinter ihm her war, wäre das ein ziemlich gutes Motiv für einen Mord. Vor allem, wenn man Karl die Schuld in die Schuhe schieben konnte. Und welche Rolle spielte Max in diesem Szenario? Hatte Max etwas gemerkt? Oder war er nur ganz allgemein eine Belastung, der man sich entledigen wollte?

Sean hatte ihren Platz auf dem Seil nicht deshalb eingenommen, weil er um ihr Leben besorgt war, sondern weil er sich auf einer Mission befand, einem Rachefeldzug.

Und war ein Mann, der lügen, betrügen und töten konnte, um sein Ziel zu erreichen, auch jemand, der Hilfe holte?

Sarah starrte sie immer noch verständnislos an. »Was ist los? Was hast du denn?«

»Ich muss ihn aufhalten«, sagte Meg laut.

»Wovon redest du? Wenn Sean es nach oben geschafft hat, müssen wir doch nur noch abwarten, und alles wird gut.«

Meg schüttelte den Kopf. »Du kapierst es einfach nicht.«

Meg sah die verzweifelte Hoffnung in ihren Augen. Diese Frau klammerte sich an einen Strohhalm, und Meg war dabei, ihr diesen Strohhalm wegzunehmen.

»Ich glaube nicht, dass Sean Hilfe organisiert.«

»Aber wieso nicht?«

»Er hat Paul umgebracht.«

»Paul? Wer ist Paul?«

»Der Mann von der Security. Paul war sein wirklicher Name, und er war Polizist.«

»Aber woher weißt du das alles?«

»Ich kannte ihn persönlich. Ich habe ihn wiedererkannt.«

»Und du hast nichts gesagt?«

»Ich war der Meinung, es sei nicht wichtig.«

Sarahs Misstrauen war geweckt. »Weil du dachtest, wir würden *dich* verdächtigen?«

Meg seufzte. »Hör doch erst mal zu. Ich glaube, Paul war wegen Sean hier. Ich habe dieses Bild in seiner Hosentasche gefunden.«

Meg hielt ihr das Foto hin. Sarah wollte es erst nicht nehmen, sagte dann aber: »Wer sind diese Leute?«

Meg deutete auf das Mädchen. »Hast du das Tattoo auf seiner Brust bemerkt?«

»Nicht so richtig.«

»Es ist dasselbe Mädchen wie auf dem Bild.«

»Woher willst du das wissen?«

»Schau dir doch mal den jungen Mann an, Sarah. Schau *genau* hin. Kommt er dir nicht bekannt vor?«

Sarah starrte auf das Foto, schüttelte aber den Kopf und sagte: »Das könnte jeder sein.«

»Es ist aber nicht jeder, es ist Sean, und du weißt es.«

»Nein.«

Meg widerstand der Versuchung, diese Frau zu schütteln, bis sie Vernunft annahm. »Sarah, Sean ist ein kaltblütiger Killer. Von ihm ist keine Hilfe zu erwarten. Warum auch?«

»Aber er kann uns doch nicht einfach im Stich lassen, das ist unterlassene Hilfeleistung. Wenn das rauskommt!«

Ja, wenn. Meg blickte aus dem Fenster. Sean hatte nicht das geringste Interesse daran, die Aufmerksamkeit auf diese Seilbahn zu lenken.

Es war frustrierend, und Meg hätte ihre Wut gerne an etwas ausgelassen – wenn es nicht klüger wäre, Kraft zu sparen.

Und gleich der nächste Schlag, als sie feststellte, dass sich ihre Hosentasche so merkwürdig leicht anfühlte. Panisch tastete sie sich ab. Die Tasche war leer.

Sean hatte den Revolver mitgenommen.

Auf all das gab es nur eine Antwort.

»Ich muss ihm nach.«

Carter

An diesem Abend bereitete Miles das Abendessen zu. Carter war der Appetit vergangen. Welland murmelte etwas von einer Nahrungsmittelunverträglichkeit. Aber Miles bestand darauf, und Carter hielt es für keine gute Idee, ihm zu widersprechen, egal wobei.

Geschäftig schüttete Miles die Nudeln in kochendes Salzwasser und verrührte passierte Tomaten zu einer Soße. Glücklicherweise funktionierte der Herd mit Gas, denn der gesamte Wohnbereich war immer noch ohne Strom, und überall brannten Kerzen. Carter saß Miles an der gigantische Kochinsel direkt gegenüber, was keine Stimmung aufkommen ließ. Das Ganze wirkte wie die Karikatur eines romantischen Dinners.

»Ich hoffe, ihr mögt Spaghetti bolognese«, sagte Miles. »Leider nur mit Soja-Geschnetzeltem, etwas anderes war nicht da.«

»Lecker«, sagte Carter.

»Von Sojaprotein kriege ich Blähungen«, grummelte Welland und griff nach seiner Cola. Er hatte nach den »Strapazen« des Tages noch nicht geduscht, und Carter fielen seine schmutzigen Fingernägel auf. Carter wurde schlecht bei der Vorstellung, *woher* dieser Dreck rührte, und kippte deshalb gleich die doppelte Menge Bier.

»Nun? Alles erledigt?«, fragte Miles so beiläufig, als hätte Welland nur mal kurz durchwischen sollen, dabei hatte er die Leichen ihrer Freunde beseitigt. Auch die Tatsache, dass sich die verbliebene Tischgesellschaft keine zwei Stunden zuvor noch gegenseitig mit Waffen bedroht hatte, schien wie ausgelöscht.

»Ja, alle weg«, murmelte Welland. »Aber so viele auf einmal tut der Anlage nicht gut.«

»Das ist mir klar«, antwortete Miles und schaufelte Berge von Pasta in tiefe Teller. »Aus diesem Grund ist es umso wichtiger, dass wir uns morgen den Generator von der Bergstation holen.«

»Schon morgen?«, fragte Carter.

»Die Sache duldet keinen Aufschub.«

»Aber was ist ...?« Er wagte den Namen kaum auszusprechen. »Was ist mit Caren?«

Miles trug die vollen Teller auf. Es roch köstlich, aber Carter bekam trotzdem nichts runter.

»Parmesan dazu?« Miles reichte ihm die Packung.

»Nein danke«, sagte Carter und hielt sich lieber an das Bier.

Ohne abzuwarten, begann Welland, sich das Essen reinzuschaufeln.

Endlich saß auch Miles und erhob sein Glas zu einem Toast. »Auf die Überlebenden.«

Widerstrebend folgte Carter seinem Beispiel. Welland hatte noch den Mund voller Nudeln und umfasste halbherzig seine Dose Cola.

Miles sah jedem von ihnen forschend ins Gesicht, was Carter im Flackerschein der Kerzen fatal an Hannibal Lecter erinnerte. Solche Typen konnten dir mit leichter Hand die Schädelkalotte knacken, aber sie benutzten ein Austernmesser und empfahlen dazu einen schönen Chianti.

Was ihn an Nate erinnerte. Carter hatte sein grausiges Ende weitgehend verdrängt, bis jetzt. Ein Freund war gestorben, na und? Wer mit Überleben beschäftigt war, konnte sich Trauer nicht leisten. Das Leben, das eigene zumal, schätzte man nach wie vor hoch ein. Aber immer öfter war es auch im Angebot.

Miles setzte sein Glas ab. »Was den Bereich Materialwirtschaft und Beschaffung angeht, da kann man nach Abschluss der Aktion meiner Meinung nach nur bedingt von einem Erfolg sprechen. Ich gebe aber zu bedenken, dass wir noch ein Ass im Ärmel haben.«

»Können wir sie wenigstens beim Namen nennen?«, sagte Carter und stach mit der Gabel in eine Nudel. »Sie heißt Caren.«

»Natürlich. Und sobald Caren wieder ganz gesund ist …«

»Keiner wird je wieder gesund, Mann«, sagte Welland. »Entweder du kratzt ab oder du wirst zum Whistler.«

»Oder zur Humanreserve«, ergänzte Carter bitter. Er konnte nicht anders.

Miles knallte seine Gabel auf den Teller. »Hat jemand von euch vielleicht ein Problem damit?«

Ja, dachte Carter, aber was wäre die Alternative? »Spielt das eine Rolle?«

Welland jedenfalls schüttelte den Kopf. »Besser sie als ich, Mann.«

»Genau«, sagte Miles. »Und falls wir nicht genügend Plasmaquellen für Quinn auftreiben können, sind wir sowieso alle tot.«

Carter beschäftigte noch etwas anderes. »Glaubst du wirklich, dass du bereits nach achtundvierzig Stunden voll wirksames Plasma erhältst? Normalerweise dauert das drei bis vier Tage.«

»Ist mir bewusst. Falls dem so sein sollte, muss ich Quinn noch etwas vertrösten. Und aus diesem Grund sind eine störungsfreie Energieversorgung und eine funktionierende Sicherheitstechnik von eminenter Wichtigkeit.«

Carter sah ihn an. »Das heißt, wir brechen schon morgen früh zur Bergstation auf?«

»Nicht wir, du.«

Carters Eingeweide zogen sich zusammen. Er schüttelte den Kopf. »Nein, das mache ich nicht.«

»Ich muss hierbleiben, um Caren zu überwachen«, erklärte Miles. »Und Welland hat mit der Stromversorgung genug zu tun.«

»Und mit meinem Asthma …«, hob Welland an.

»Scheiß auf dein Asthma«, versetzte Carter.

»Hey, Asthma ist eine schwere Lungenkrankheit, für die ich nichts kann«, entgegnete Welland beleidigt.

»Du hast kein Asthma. Du läufst zwar manchmal mit diesen Inhalationsdingern rum, aber da kommt nur Luft raus.«

Da konnte Welland nicht zurückstehen. »Ach wirklich? Und was ist mir dir? Du dürftest nicht einmal hier sein. Nur weil Miles dich oben auf dem Berg aufgelesen hat, mit deiner gefriergetrockneten Fresse, hast du noch nicht das Recht, hier eine dicke Lippe zu riskieren. Wo kommst du eigentlich her? Du sagst, du kannst dich nicht erinnern, aber ich wette, Carter ist nicht mal dein richtiger Name.«

»Schluss jetzt, das reicht!« Miles schlug so hart mit der Faust auf den Tisch, dass sein Besteck erzitterte. Dasselbe galt für das von Carter und Welland.

»Leute, diese Streitigkeiten müssen aufhören«, fuhr Miles fort, wieder die Ruhe selbst. »Wenn wir leben wollen, müssen wir zusammenarbeiten, daran führt kein Weg vorbei. Habt ihr das verstanden?«

Gemurmeltes Einverständnis wie bei gescholtenen Schulkindern.

Aber Miles war noch nicht fertig. »Carter, ich zähle auf dich. Du bist der Einzige, der uns diesen Generator holen kann. Ich würde dich nicht darum bitten, wenn es anders ginge. Aber dies ist ein Notfall.«

Bullshit, dachte Carter. Miles *bat* nicht, er befahl. Er befahl, was immer er für nötig hielt. Leider war Miles auch der Einzige, der verstand, warum Carter sich lieber mit einem Schaschlikspieß die Augen herausgepickt hätte, als noch einmal zu dieser vermaledeiten Bergstation zurückzukehren.

»Ich weiß«, seufzte Carter.

Welland hatte sein Mahl beendet und schob den Stuhl zurück. »Ich bin pappsatt. Ich lege mich etwas aufs Ohr. Morgen wird ein langer Tag.«

Genau, dachte Carter. Wenn man komplett nutzlos ist, kann einem die Zeit schon lang werden. Aber er hielt sich zurück und schaute auf seinen eigenen Teller, der fast unberührt vor ihm stand. Jetzt bekam er erst recht nichts mehr runter. Welland erhob sich umständlich, und auch Dexter, der bis jetzt auf seinem Hundestuhl gedöst hatte, sprang schwanzwedelnd auf.

»Ich gehe mal mit dem Hund raus«, sagte Carter, froh über die Ablenkung.

»Wie du meinst«, entgegnete Miles, der seelenruhig seinen Wein genoss.

Carter nahm Dexter hoch und trug ihn über die Wendeltreppe nach unten. Er rümpfte die Nase. »Du stinkst, Bursche. Du bräuchtest mal wieder ein Bad.« Dexter hechelte ihm hocherfreut ins Gesicht. Carter hielt die Luft an und setzte ihn bei der ersten Gelegenheit ab. »Hast du wieder Wolfsscheiße gefressen?«

Zustimmendes Bellen, als Dexter zur Tür lief. Carter schnappte sich die dicke Daunenjacke und die Stiefel und zog sich beides an. Abends ging er gern noch einmal mit dem Hund übers Gelände. Sie gingen nie weit, denn gefährlicher als Wolfsscheiße waren für Dexter die Wölfe selbst, die so einen kleinen Hund bei Antreffen zum Nachtisch verdrückt hätten. Doch die kleine Runde verschaffte Carter ein eigentümliches Gefühl von Normalität.

Als er und seine Schwester noch klein waren, hatten seine Großeltern auch so einen Hund gehabt. Eine echte Promenadenmischung oder »Heinz 57«, wie sein Großvater immer sagte.

Das Tier hieß Bruno und war schon älter, ein bisschen schwerhörig und konnte geradezu atemberaubend pupsen. Trotzdem hatte Carter den Hund ins Herz geschlossen, liebte dessen Treue und seine lebensfrohe Art. Und das umso mehr, als Carter für die meisten nur das kleine, dumme Dickerchen war, gar nicht so weit entfernt von Typen wie Welland – was, wenn er ehrlich war, auch der tiefere Grund für seine Abneigung ihm gegenüber war. Doch Bruno interessierte das alles nicht. Ihn störten weder Carters Akne noch seine Wampe noch die krisseligen Haare, ganz wie bei Dexter. Dexter schrak niemals vor Entsetzen zurück, weder vor seinem kaputten Gesicht noch vor dem Zwielicht in seinem Herzen. Nichts auf der Welt war so schlicht und rein wie die Liebe eines Hundes, deshalb sah ihm der Mensch nach, wenn er schlecht roch oder am Intimbereich schnüffelte.

Sobald er die Tür aufstieß, schoss Dexter hinaus in den zertrampelten Schnee. Es fielen nur noch vereinzelte Flocken, und auch der Wind blies nicht mehr so schneidend wie zuvor. Bis zum Morgen war das Sturmtief sicher abgezogen. Carter holte seine Taschenlampe hervor und stapfte Dexter hinterher.

Da Quinn den Elektrozaun lahmgelegt hatte, funktionierten auch die Flutlichter nicht mehr, und das etwa einen halben Hektar große Areal lag in tiefer Dunkelheit. Im Sommer, wenn der Schnee weitgehend geschmolzen war, hatten sie hier gerne gegrillt. Caren lag den ganzen Tag in der Sonne, Julia und Nate spielten Frisbee, Welland stöhnte über die Hitze, und zum Sundowner am Abend spendierte Miles eine Runde Pimm's. Was Jackson trieb, wusste zwar niemand so genau, aber bestimmt genoss auch er den schönen Tag irgendwo … keine Ahnung.

Es hatte keine Zukunft, natürlich nicht, dazu war es zu unbeschwert. Aber zumindest für ein paar Stunden konnte jeder so tun, als seien die alten Zeiten zurückgekehrt.

Carter folgte Dexter auf die Rückseite des Retreats, wo es einen zweiten Ausgang gab. Vom Sicherheitszaun aus konnte man schon den Wald sehen. Irgendwo dort befand sich auch die Verbrennungsanlage. Warum sie sich nicht auf dem Gelände befand, war Carter schleierhaft. Vielleicht, weil sie erst später hinzugekommen war, vielleicht, um die Geruchsbelästigung zu minimieren. Immerhin wurden dort Leichen verbrannt, allein der Gedanke war nicht jedermanns Sache. Wir werden nur ungern an den Tod erinnert, selbst wenn er uns täglich ganz nah kommt.

Die Verbrennung war ein Muss, nur so ließ sich die Infektkette zuverlässig unterbrechen. Wenn man die Seuchentoten nur begrub, bestand die Gefahr, dass sie von Prädatoren wie Wolf, Kojote oder Bär ausgebuddelt wurden, die abseits der modernen Zivilisation weiterhin als Nahrungsquelle dienten. Zwar führte der Verzehr von infiziertem Fleisch nicht unweigerlich zur Erkrankung, doch es kam vor. Das Virus war schlau, es nutzte jedes Medium zur Verbreitung, Blut und andere Körperflüssigkeiten ebenso wie die Umgebungsluft. Es war gewissermaßen der Elon Musk unter den pathogenen Keimen.

Auch Dexter grub mit Vorliebe übel riechenden Kram aus. Wie jetzt wieder, Carter hörte es genau. Irgendwas hatte er entdeckt. Carter stampfte mit dem Fuß auf und wedelte mit der Taschenlampe. Er sah ihn gar nicht mehr. Vor allem im Schnee war sein weiß-braun gefleckter Freund ein Meister der Tarnung.

Im Schein der Taschenlampe: ein Stück Zaun und der Wald dahinter. Gerade noch erkennbar: das Dach der Verbrennungsanlage. Dort, wo der Weg von Anya endete und von Nate und von Julia … Was blieb von einem, der verbrannt wurde? Was wurde aus Fleisch, Haut und Knochen und all den anderen Elementen des Lebens? Antwort: nichts. Oder so gut wie nichts. Asche. Staub.

Und jetzt waren sie nur noch drei: er selbst und Welland und

Miles. Er zusammen mit einem erbärmlichem Loser und einem Psychopathen. Carter fragte sich erneut, ob einer der beiden Julia erstochen hatte. Miles war es zuzutrauen, aber Miles tat nichts ohne triftigen Grund. Und Carter fand keinen. Dazu kam – angeblich, musste man immer sagen –, dass Miles zur Tatzeit in einem Isolationsraum eingesperrt war. Blieben also Welland oder Caren. Aber Caren konnte er nicht mehr fragen. Und Welland? Er war sicher dazu fähig, wenn er damit seinen Arsch retten konnte. Vorausgesetzt, es war nicht allzu anstrengend und fand außerhalb der Mahlzeiten statt.

Die Frage nach dem Warum blieb dadurch aber weiterhin unbeantwortet. Warum sollte jemand Julia töten? Und warum beschäftigte ihn das Ganze eigentlich so? Er selbst hatte schon gemordet, fremdes Leben ausgelöscht. Aus Gründen, die mal gut, mal weniger gut waren, doch einen Grund gab es immer. Beunruhigend fand er dagegen *sinnlose* Morde.

Aber damit nicht genug. Selbst mit Caren auf der Ersatzbank war ihre Plasmaquelle nahezu versiegt. Erst hatten sie nur noch drei, dann zwei – und momentan? Humanreserve 03 stand kurz vor dem Ende. Das bedeutete, die Ausbeute reichte haarscharf für sie drei und Quinn. Fehlbestände fielen jetzt sofort auf. Und Miles passte auf wie ein Schießhund. Von nun an würde Carter keine Päckchen mehr schicken können. Natürlich wusste er auch vorher nicht, ob seine Sendungen wirklich ankamen. Oder so eingesetzt wurden, wie sie sollten. Aber mehr als Päckchen schicken konnte er nicht tun.

Das Hundegekläff weiter voraus ließ ihn zusammenfahren, und fast hätte er die Taschenlampe fallen lassen. Plötzlich kam der Hund zu ihm angerannt, verdreckt und voller Kiefernnadeln. Doch er hielt gar nicht mehr an, sondern jagte den ganzen Zaun entlang. Was zum Teufel sollte das denn?

Carter seufzte und lief ihm im Laufschritt hinterher, so gut das auf dem rutschigen Schnee möglich war. Er leuchtete mit der Taschenlampe in die Richtung, aus welcher der Lärm zu stammen schien. Dexter hatte offenbar etwas gestellt, das so breit war, dass er ständig hin und her sprang und in einem fort kläffte. Ein kleiner Hund nur, aber das gesträubte Fell und die kleinen gefletschten Zähne ließen keinen Zweifel, dass da etwas war.

Whistler. Eine ganze Gruppe, nur wenige Meter hinter dem Zaun. Shit.

Carter zählte zwölf. In ihrer üblichen Kluft aus Tierhäuten und geklauter Menschenkleidung, die Kapuzen tief ins Gesicht gezogen. Fahle Gesichter, die man eher erahnte als sah. Und sie waren bewaffnet. Carter sah Armbrüste und angespitzte Stöcke, Speere konnte man es nicht nennen. Sie verhielten sich absolut ruhig, bewegten sich nicht, sodass er sie förmlich atmen hörte. Sie standen nur da, starrten wortlos auf das Retreat – und atmeten. Dieses lang gezogene Pfeifen war wie Wind, der in unruhigen Nächten ums Haus blies.

Carter spürte, wie sich auch bei ihm die Nackenhaare aufstellten. Was zum Teufel wollte dieses Gesindel hier? So nah kamen Whistler normalerweise nie, und es waren auch noch nie so viele gewesen. Früher verirrten sich höchstens armselige Einzelgänger an den Zaun, auf der Suche nach etwas Essbarem, einem Unterschlupf. Die 10 000 Volt auf dem Draht lehrten sie bald, die Finger davon zu lassen.

Aber der Zaun funktionierte nicht mehr, und das Tor stand weit offen. Trotzdem wahrten die Whistler Abstand, vielleicht, weil sie wussten, dass ihre bloße Präsenz eine Gefahr darstellte. Oder war dies die Antwort auf die Revierverletzung am Nachmittag? Eine Warnung?

Zwei Dinge an ihrem Auftauchen waren neu. Erstens: Sie waren offenbar weit besser organisiert, als Carter und die anderen für möglich hielten. Und zweitens: Sie waren stinksauer.

Einer von ihnen, der Größte, trat vor. Unter der abgerissenen Kapuze erkannte Carter nur einen zottigen Bart. Instinktiv griff er nach seiner Pistole, doch fast zeitgleich hoben gleich drei Whistler im Hintergrund ihre Armbrust. Okay, das ließ er lieber. Carter zeigte ihnen seine leere Schusshand. Die Armbrüste blieben oben.

Der Anführer hielt etwas in die Höhe, worauf sich Dexter wimmernd hinter Carters Bein verkroch. Dann ging er direkt auf das Tor zu. Shit, gleich würde er auf dem Gelände sein. Carter hatte zwar eine Schusswaffe, aber die Whistler waren in der Überzahl und hoch motiviert.

Plötzlich blieb der Anführer stehen, nur Zentimeter vor der Grundstücksgrenze. Carter hielt den Atem an. Er spürte den Blick unter der dunklen Kapuze auf sich. Dann warf der Whistler jenen ominösen Gegenstand in den Schnee, drehte sich um und ging. Auch die Armbrustgarde entspannte sich wieder. Kurz darauf waren alle über das Schneefeld am Hang verschwunden.

Carter atmete tief durch. Noch mal gut gegangen. Als er sicher war, dass sie nicht zurückkamen, begab er sich zum offenen Tor und holte sich, was der Anführer dort hingeworfen hatte.

Er runzelte die Stirn. Seltsam. Nur ein Haufen Lanyards mit anhängender Mitarbeiterkarte. Die Bänder waren abgewetzt und schmutzig, aber eindeutig das Modell aus dem Retreat. Aus einer Zeit, in der es solche Leute noch gab: Krankenschwestern, Putzfrauen, Ärzte. Alle längst tot. Asche. Staub.

Aber wie waren die Whistler an die Bänder gekommen? Sie hätten doch zusammen mit ihren infizierten Trägern eingeäschert werden sollen. Und warum hatten sie die Whistler hier präsentiert? Carter ging die Karten durch, starrte auf Namen und Gesichter, die ihm nichts sagten. Bis auf …

Ein Gesicht, das er kannte. Nur zu gut kannte. Jedoch mit einem unbekannten Namen.

Noch während er auf die Karte starrte, kroch ihm ein eisiger Schauer über den Rücken. Schnell steckte er die Karte in die Tasche.

Allmählich fügte sich alles zusammen.

Er hatte doch gewusst, dass einer von ihnen log.

Jetzt wusste er auch, warum.

Hannah

Sie folgten Cassie über die altersschwachen Stufen nach unten. Daniel bildete die Nachhut.

Der Kellerraum war eher ein schmaler Stollen. Am hinteren Ende erkannte Hannah einen Schlafsack, eine Kerosinlampe und allerlei Campingutensilien. An den Seitenwänden waren improvisierte Regale voller Konserven, Wasser in Plastikflaschen, Medikamente. Den verbleibenden Platz an der Wand beanspruchte Kriegsgerät aller Art.

Rechts von ihnen hingen etliche Bowiemesser und zwei Armbrüste, links befand sich ein Waffenständer mit drei Schrotflinten, einem halb automatischen Sturmgewehr und einer Pistole. Darunter Schachteln mit der entsprechenden Munition.

»Begreift ihr jetzt, was ich meinte?«, grinste Cassie. »Grandpa Joe hätte sich hier wie zu Hause gefühlt.«

»Wer ist Grandpa Joe?«, fragte Daniel.

»Das willst du nicht wissen«, sagte Hannah.

Sie sah sich weiter um. Positiv war erst einmal, dass sie ihre Essensvorräte aufstocken konnten. Gleichwohl quälte sie der Verdacht, dass Daniel ihr womöglich nicht die ganze Wahrheit gesagt hatte. Die Sache mit der Schwester und dem gekaperten Bus hatte er zwar zugegeben, aber die Geschichte klang so abenteuerlich, dass da noch mehr sein musste. Bloß was?

»So gemütlich es hier unten ist«, sagte Daniel. »Ich kann Eva nicht so lange allein lassen.«

Über die ächzende Treppe stieg er wieder nach oben.

»Ich dachte mir, dass wir uns hier unten verstecken könnten«, sagte Cassie. »Es ist alles da, was wir brauchen. Etwas zu essen, Waffen. Hier unten findet uns niemand.«

Hannah schüttelte den Kopf. »Wenn *wir* den Bunker gefunden haben, dann findet ihn mein Vater erst recht. Wir sollten mitnehmen, was wir benötigen, und beim ersten Tageslicht aufbrechen.«

Cassie schien aber entschlossen. »Das wäre das Dümmste, was wir machen können.«

»Im Gegenteil, es ist das einzig Richtige.«

Statt zu streiten (wonach es aussah), gab Cassie aber plötzlich nach. »Na gut, wie du meinst.« Dann nahm sie sich eine Schrotflinte von der Wand.

»Sei bloß vorsichtig mit diesem Ding«, sagte Hannah.

»Oh, Grandpa Joe hat mir damals alles über Schusswaffen beigebracht. Schusswaffen und Messer.«

Messer, dachte Hannah. *Messer ist das Stichwort.*

Die Schnittwunde an Bens Hals konnte unmöglich von einer Glasscherbe verursacht sein. Eine derart saubere Inzision stammte von einer hauchdünnen Schneide.

Das Springmesser, das immer noch im Hals des Whistlers steckte, hatte so eine.

Das Springmesser, das *Daniel* ihr gegeben hatte.

»Bin gleich wieder da«, sagte sie zu Cassie und verließ den Keller.

Daniel kniete vor dem Feuer. Er hatte eine Schublade der Kommode zum Babybett umfunktioniert, redete beruhigend auf das Kind ein und zupfte unentwegt an dem aus Daunenjacken behelfsmäßig zusammengestellten Bettzeug.

Schweigend verfolgte Hannah sein Tun und fragte dann rundheraus: »Warum hast du Ben umgebracht?«

»Wie bitte?« Daniel fuhr herum und starrte sie an. »Das hat er wohl ganz allein getan.«

»Nein«, entgegnete Hannah. »Die Wunde am Hals passt nicht dazu. Und du warst der Einzige mit einem Messer.«

Sie sah, wie sich etwas in seinem Gesicht veränderte. »Es war nicht mein Messer.«

»Woher hattest du es dann?«

»Gefunden«, antwortete er. »Als ich Ben in der Toilette liegen sah, entdeckte ich das Messer auf dem Boden. Ich habe es einfach eingesteckt, ich weiß nicht, warum. Vielleicht, weil man so etwas immer brauchen kann.«

Hannah forschte in seiner Miene nach der Lüge. »Warum sollte ich dir glauben? Du hast uns schon über deine Identität getäuscht.«

Daniel seufzte. »Das habe ich allein für Peggy getan.«

»Du hast in der Küche gearbeitet, du hattest Zugang zu Messern.«

»Nein, ich war in der Spülküche. Ich könnte nicht mal ein Stück Fleisch klein schneiden, geschweige denn jemandem die Kehle aufschlitzen.«

Doch es gibt jemanden, der sich genau damit gebrüstet hat, dachte Hannah.

Hühnern habe ich den Hals umgedreht und Ziegen die Kehle durchgeschnitten. Damit sie schön ausbluten …

»Cassie«, murmelte sie.

»Du hast mich gerufen?«

Hannah drehte sich um. Hinter ihr stand Cassie. Jetzt hatte sie das Sturmgewehr in der Hand.

Hannah versuchte, sich nichts anmerken zu lassen. »Ich sehe, du hast dich umentschieden?«

»Ja, die Schrotflinte war mir zu lahm. Die Halbautomatik eignet sich für meine Zwecke besser.«

Hannah nickte. »Gut. Denn vielleicht werden wir uns verteidigen müssen.«

Von Cassie nur ein unzugängliches Lächeln. »Gib dir keine Mühe. Ich habe dich gehört.«

»Ich habe nur laut gedacht.«

»Nein, du hattest dir dein Urteil schon gebildet.«

»Das stimmt nicht.«

»Also los: Frag mich.«

Hannah schluckte. »Cassie, das bringt nichts.«

»Frag mich.«

Ihre Blicke trafen sich. »Hast du Ben umgebracht?«, fragte Hannah schließlich.

»Na endlich. Der Kandidat hat hundert Punkte.«

»Und warum?«

Cassies Lächeln versiegte. »Weil er nur noch eine Belastung war und sowieso gestorben wäre. Ich habe lediglich etwas nachgeholfen.«

»Wirklich?«

Cassie seufzte. »Eigentlich wollte ich nur aufs Klo. Ben war schon nicht mehr bei Bewusstsein. Er hatte versucht, sich mit einer Glasscherbe die Pulsadern aufzuschneiden und eine ziemliche Sauerei angerichtet. Ich habe die Sache gewissermaßen zu Ende gebracht.«

»Und das Messer dazu hast du an Bord geschmuggelt?«

»Kleines Geburtstagsgeschenk von Grandpa Joe ... Ich habe mich sehr geärgert, als ich merkte, dass ich es verloren habe.«

»Und was jetzt? Willst du bei uns auch nur ein bisschen nachhelfen?«

»Lass mal. Das brauchst du uns nicht zu erklären«, schaltete sich auf einmal Daniel ein. »Ich verstehe auch so, warum du Ben beseitigt hast. Es war vermutlich das einzig Richtige. Kein Grund, sich über so was in die Haare zu kriegen.«

Doch Cassie schüttelte den Kopf. »Sorry, wenn ich dich enttäuschen muss, aber du hast gar nichts verstanden. Soll ich es dir erklären? Okay, dann pass auf. Das Department sucht nach vier Überlebenden. So weit, so gut. Zusammen mit diesem Waldschrat seid ihr genau: vier. Wenn sie nun in einer abgebrannten Waldhütte vier Leichen finden, was denken sie da wohl? Sie denken: Job erledigt, keine weiteren Maßnahmen erforderlich. Während *ich* mich unbehelligt aus dem Staub machen kann.« Sie zuckte die Achseln. »So gesehen, bin ich praktisch gezwungen, euch umzulegen. Es geht ums Überleben, weiter nichts.«

»Cassie«, sagte Hannah leise. »Bitte tu das nicht. Es passt nicht zu dir.«

Cassies Augen wurden zu zwei schmalen Schlitzen. »Du hast keine Ahnung, was zu mir passt und was nicht. Grandpa Joe gab mir eine goldene Regel mit auf den Weg: ›Du gehörst entweder zu den Guten oder zu den Überlebenden.‹ Und die Erde ist voll der guten Kerle.«

Sie richtete das Gewehr auf Hannah. Im selben Moment meldete sich das Baby und fing an zu schreien. Für den Bruchteil einer Sekunde zuckte ihr Blick in Richtung des Geschreis, das reichte Hannah. Sie warf sich gegen die Küchentür und landete in der Küche auf dem Boden, während die Projektile aus Cassies Gewehr die Bodendielen zerfetzten. Sie hörte Cassie fluchen. »Fuck!«

»Bitte, Cassie. Hör auf!«

Das war Daniels Stimme, Hannah sah ihn im Augenwinkel. Er war aufgesprungen und drückte das behelfsmäßige Bett schützend an seine Brust. Damit lenkte er Cassies Aufmerksamkeit zwangsläufig auf sich.

»Warte.« Daniel klang verzweifelt. »Bring *mich* um, wenn du willst, aber tu dem Baby nichts. Nimm es an dich.«

Aber das war nichts für Cassie. »Sorry, aber wenn so ein Ding keine Belastung ist …«

»In diesem Fall …« Daniel warf ihr die Schublade zu. »Fang!«

Cassie feuerte, und die Schublade zerlegte sich noch in der Luft. Hannah schrie auf und merkte zu spät, dass die Schublade leer war. Offenbar hatte Daniel während Cassies Vortrag das Baby hinters Sofa gelegt.

Und der Weg zu seiner eigenen Waffe war nicht weit. Während Cassie Schwierigkeiten hatte, sich neu zu orientieren, drückte er bereits ab. Die Kugeln trafen sie im Bauch, Cassie taumelte rückwärts gegen die Wand und sank dort langsam zu Boden. Mit weit aufgerissenen Augen und einem überraschten Ausdruck im Gesicht ließ sie das Gewehr fallen.

Unterdessen rappelte sich Hannah hoch und kam mit weichen Knien wieder aus der Küche hervor. Daniel war an Cassie herangetreten, die stark blutete, aber noch am Leben war.

Er sah sie eine ganze Weile an, ehe er sagte: »Weißt du, mein Großvater hat mir ebenfalls das Schießen beigebracht. Aber dazu auch noch etwas anderes. Ich fasse es mal zusammen: ›Wenn die Erde voll der toten guten Kerle ist … dann ist die Hölle voll von abartigen Bitches wie du.‹«

Und mit diesen Worten schoss er ihr ins Gesicht.

Meg

Meg verfolgte, was sich in Sarahs Gesicht abspielte. Wie Angst und Verzweiflung einander abwechselten, aber nie zur Entschlossenheit wurden, immer nur zur Realitätsverweigerung.

»Komm mit mir«, sagte Meg. »Wir schaffen das auch zusammen, du musst es nur wollen.«

Sarah schüttelte den Kopf. »Nein, ich kann nicht. Ich falle spätestens nach der Hälfte der Strecke runter.«

»So weit ist es gar nicht.«

»Ich bin schon als Kind immer vom Klettergerüst gefallen.« Tränen standen Sarah in den Augen, und ihre Stimme versagte. »Ich falle runter, und dann bin ich tot.«

»Du bist tot, wenn du hierbleibst, Sarah. Es kommt niemand, der dich rettet.«

Sarah umklammerte ihr Kruzifix. »Dann ist es eben Gottes Wille.«

»Quatsch!«, entgegnete Meg wütend. »Es ist allein *dein* Wille.«

»Ich kann das nicht«, wiederholte sie. »Respektiere das bitte. Ich will es so.« Sie sah aus dem Fenster. »Geh du. Wenn du es schaffst, kannst du ja Hilfe holen.«

»Ich kann dich nicht hier zurücklassen.«

»Doch, das kannst du.«

Einen Moment lang starrten sie sich an.

»Ich muss jetzt los. Ich kann nicht anders.«

Sarah nickte. »Ich weiß.«

»Ich kann nicht weiter hier rumsitzen und auf den Tod warten.«

»Und ich kann nicht da raus, wo ich nur sterbe.«

Shit. Meg war unschlüssig. Aber dann ging sie auf die andere zu und umarmte sie etwas verlegen.

Nach einem kurzen Moment der Erstarrung merkte sie, wie Sarah nachgab. »Tut mir leid.«

»Mir auch.«

Sie ließen von sich ab, und Meg blickte zur Rettungsluke hoch. »Auf geht's!«

Sie stieg auf die Sitzbank. So ein Wahnsinn, dachte sie. Nach Tagen des Nahrungs- und Flüssigkeitsmangels wollte sie sich an einem Stahlseil über einen mehrere hundert Meter breiten Abgrund hangeln und das bei Minustemperaturen? Sie musste verrückt sein. Und aus irgendeiner übersehenen Ecke ihre Ichs schallte es zurück: *Genau. Was sonst? Also mach schon.*

Sie langte nach oben, um die Luke zu öffnen. Diesmal lag kein Neuschnee darauf, und es ging vergleichsweise leicht. Aber sofort spürte sie den eisigen Atem der Berge im Gesicht, sogar ein paar Schneeflocken waren dabei. Sie zitterte vor Kälte, und ihre Knie gaben nach. Trotzdem musste sie jetzt in diese feindliche Umgebung, auf Sean konnte sie nicht zählen. Er war ein Mörder, wahrscheinlich mit mehr als einem Menschen auf dem Gewissen. So einer holte keine Hilfe. Nein, es war wie immer im Leben: Rettung kam nur aus ihr selbst.

»Sarah«, rief sie nach unten in die Kabine. »Jemand muss mich abstützen.«

»Okay.«

Sarah schob ihren Hintern an, aber Meg rutschte trotzdem immer wieder zurück.

»Kann ich mich auf deine Schultern stellen?«

»Sicher.«

Sarah ging in die Knie, und Meg stellte sich auf sie. Beim Versuch, sich aufzurichten, knickte Sarah jedoch sofort ein. Stimmt, dachte Meg, Sarah ist wirklich zu zierlich, und die Hungerkur der vergangenen Tage macht es nicht besser. Aber dann fasste Sarah eine der Haltestangen und unternahm einen letzten Versuch. Sie hob Meg zumindest so weit an, dass sie mit dem Oberkörper durch die Luke gelangte. Wie eine gestrandete Robbe schaukelte sie sich weiter vor und zog schließlich die Beine nach.

Schwer atmend lag sie auf dem Dach und merkte erst jetzt, was für ein heftiger Wind hier oben wehte. Der Sturm mochte nachgelassen haben, aber es fühlte sich an, als könnte sie die nächste Bö vom Dach fegen und wie ein Schneeflöckchen zur Erde segeln lassen. Wie war das erst, wenn sie aufstand? Denn sie musste aufstehen, allein um den Haltearm zu erreichen, der die Kabine mit dem Seil verband. Danach ging es kletternd über den Haltearm nach oben, bis sie – vielleicht – die Hand nach dem Tragseil ausstrecken konnte.

Sean hatte recht. Es war Wahnsinn. So etwas war nur für Selbstmörder attraktiv.

War es Sean denn gelungen? Oder lag er unten tot im Schnee?

Meg ging davon aus, dass er es geschafft hatte. Und wenn dieser Bastard das konnte, dann sie erst recht.

»Alles okay da oben?«, rief Sarah durch die Luke.

Nein, nichts ist okay, dachte Sarah. *Vor allem mache ich mir vor Angst gleich in die Hose.* Damit hatte sie nicht gerechnet. Sie war davon ausgegangen, sie hieße den Tod willkommen. Aber um sie ging es gar nicht so sehr. Das Leben eines anderen hing plötzlich von ihr ab. Jemand, den sie nicht einmal mochte, aber der ebenfalls noch ein Weilchen leben wollte. *Scheiße, wo sollte das enden?*

»Gut, dann mache ich die Luke wieder zu.«

»Bist du sicher?«

»Ja.«

Meg ruckelte sich etwas zurück. Anschließend langte sie mit einem Arm über die Luke, bis sie an der Kante Halt fand.

»Viel Glück«, rief Sarah. »Gott behüte dich.«

Meg wuchtete die Luke hoch, bis sie mit einem schwerem Rums zufiel, dass die ganze Kabine schwankte. Meg presste sich an das Dach, ihr Magen spielte plötzlich verrückt, und vor ihren Augen drehte sich alles. Sie war nicht schwindelfrei, brauchte unbedingt etwas, an dem sie sich festhalten konnte – in mehr als einer Hinsicht. *Erst einmal tief durchatmen. Ruhig. Konzentrier dich. Eins nach dem anderen.*

Vorsichtig hob sie den Kopf, blinzelte gegen den eisigen Wind an. Verdammt, allein dieser Haltearm war größer als sie. An der Seite war aber eine Leiter angebracht, offenbar für Techniker und Rettungskräfte. *Rettungskräfte*, guter Witz! Als Erstes musste sie also dieses Monstrum erreichen, dann über die Leiter nach oben zum Seil. Oben angekommen, musste sie ihre Füße in das Seil einhängen und sich Zug um Zug zur Bergstation hangeln. Zum Glück war das Seil in diesem Abschnitt relativ flach, weiter unten hätte man diese Methode nicht anwenden können.

Aber hier oben – zumindest theoretisch – machbar, sagte sie sich. Und »Geht nicht« gab es für sie nicht.

Sie schlängelte sich auf den Haltearm zu, bekam die unterste Sprosse der Leiter zu fassen. Daran zog sie sich hoch, bis sie kniete. Abermals erfasste sie dieses mächtige Schwindelgefühl. Sie schloss die Augen, zählte bis fünf. Mit wackligen Knien stand sie auf und stellte ihren Fuß auf die unterste Sprosse. Der Wind zerrte an ihr, sie hielt dagegen. *Jetzt nur nicht nach unten sehen. Tu so, als wäre das ein Übungsturm. Wie bei den Spezialkräften der Polizei. Hinderniskurs. Nächste Station: Hangeln. Hangeln ist horizontales Tauklimmen. Du warst besser als die Jungs. Du kannst es also, hast es schon einmal gemacht.*

Meg setzte ihren Fuß auf die zweite Sprosse, die dritte. Ihr Atem kam stoßweise, ihr Herz hämmerte. Trotzdem ein Schwächegefühl in den Beinen. Der Hunger forderte seinen Tribut. Aber auch: Angst. Sie war schon Marathon gelaufen. Dasselbe Gefühl, weniger physisch als mental. Sie biss die Zähne zusammen und erklomm die letzten drei Sprossen. Sie war jetzt ganz oben, das Dach der Gondel ganz weit unten. Und rechts das dicke Stahlseil.

Der Wind zerrte mit unverminderter Stärke an ihr, und die Gondel unter ihr gab ihr metallisches Ächzen von sich. Sie spürte, wie die Kälte in sie eindrang. Sie durfte jetzt nicht stehen bleiben, musste weiter, sich bewegen, der Wind wurde auch nicht müde. Sie sah nach unten – und schwankte. Unter ihr fast nur Weiß, die Spitzen der Kiefern fielen nicht ins Gewicht. Vor allem in der Höhe. Eine solche Höhe war irreal, absurd. Male ein Kreuzchen auf die Postkarte: *Hier bin ich. Top of the world, Ma.*

Meg griff nach dem Stahlseil. Es war so dick, dass ihre Hände, zumal in den Handschuhen, gerade einmal herumpassten, was die Sache noch gefährlicher machte. Allerdings – ohne Handschuhe wären ihre Finger binnen Sekunden ohne jedes Gefühl. Also erst einmal sicheren Halt finden und dann die Beine nach oben bringen.

Es gelang ihr bloß nicht. Ihr ganzer Körper war wie eingefroren. Sie war an ihre Grenzen gestoßen. Bis hierher und nicht weiter. Und jede Sekunde, die sie wartete, verringerte die Chance, dass es doch noch klappte. Die Kälte war einfach schneller, und die Zeit erledigte den Rest.

Jetzt beweg dich endlich. Tu was.

Doch ihre Füße weigerten sich. Klebten förmlich an der obersten Sprosse.

Abermals geriet die Gondel in Bewegung. Meg spürte, wie

wenig von der Vibration in ihren Fingern ankam. Sie musste etwas unternehmen, bevor sie gar keinen Halt mehr hatte.

Denk nach. Überleg dir was. Irgendwas, womit du diese Lähmung überwindest, sonst ist deine Reise hier zu Ende.

»Du kannst es, Mami.«

Sie blickte hinunter. *Lily.* Unten am Fuß der Leiter stand ihre Tochter und sah hoch. Sie trug ihr hübsches gelbes Sommerkleidchen und hatte Schneeflocken in den Haaren. Natürlich. Meg erinnerte sich. Das Lied aus dem alten Disney-Film: *Die Kälte, sie ist nun ein Teil von mir.* Aber das war normal, oder? Lily war tot.

»Lily?«

»Du kannst es, Mami. Es ist wie auf dem Klettergerüst.«

Ihr kleines Mädchen lächelte sie an. Ein Geist. Eine Erscheinung. Erste Anzeichen einer verminderten Hirnleistung durch Nahrungsmangel und Unterkühlung. Durchaus möglich. Sie wurde langsam, und was sie eh schon war: wahnsinnig. Meg kämpfte gegen ihre Tränen an.

»Ich habe Angst.«

»Ich weiß, Mami. Aber das ist okay.«

»Ich hätte nie gedacht, dass ich mal Angst vor dem Sterben haben würde.«

»Hast du auch nicht. Du hast nur Angst zu versagen.«

Wollte sie vor ihrer Tochter wirklich dieses Bild abgeben? Lily hatte nie so viel Theater gemacht. Was immer auf sie zukam, Lily hatte es akzeptiert.

»Wie gern wäre ich jetzt bei dir, Schatz.«

»Ich weiß, Mami. Aber das geht jetzt noch nicht.«

»Lily?«

Doch sie war fort. Der Wind, der Wind, das himmlische Kind. Meg schniefte eine Träne fort und blickte hoch zur Bergstation.

Du kannst es.

Noch einmal ergriff sie das Stahlseil und versuchte, ihr Bein darüber zu werfen. Der Fuß glitt ab. Shit. Zumindest fand sie schnell ihre Ausgangsstellung wieder. Also auf ein Neues und diesmal mit mehr Schwung. Sie fasste nach, keilte den linken Fuß in den Winkel der obersten Sprosse und machte ihr rechtes Bein lang, länger, noch länger – bis ihre Ferse sich über dem Seil einhakte. Geschafft. Dann das Gleiche mit dem anderen Fuß, was wesentlich leichter ging. Am Ende hatte sie ihre Position völlig verändert – und klammerte sich ans nackte Leben. Was *ihr* Leben einschloss, aber nicht nur.

Jetzt begann der schwierige Teil, sie musste vorwärtskommen. Meg schob ihre Hände vor, die sich durch die dicken Handschuhe seltsam wattig anfühlten. Zog die Knie an, zog das Seil durch die verschränkten Füße, zog, zog, zog, während eisige Böen an ihr rüttelten, als wollten sie sie abschütteln. Ihre Armmuskeln schmerzten, doch um dem Wind zu widerstehen, musste sie ihr Tempo sogar noch erhöhen. Tempo und Rhythmus waren das Einzige, was half. Wer innehielt, war Fallobst. *Also tanz den Schultershimmy, Bitch*, dachte sie, der Hysterie nah. *Kopf nach vorn, und dreh dich, dreh dich, tanz den Schultershimmy.*

Die Hände griffen aus, die Füße zogen nach. Hand, Fuß, Hand, Fuß. Schneller. Die Gondel war mittlerweile zurückgefallen, lag abgeschlagen in einem anderen Dasein. *Stimmt doch, wenn du ganz oben bist, wird die Luft dünn. Unter dir nichts als Eisluft und Schnee.* Der Schnee sah weich aus, war aber hart wie Beton. Wer abstürzte, hatte nicht einmal Zeit sich zu wundern, wie hart.

Jetzt mach dich nicht verrückt, Meg, sagte sie sich. Konzentriere dich auf Hand, Fuß, Hand, Fuß. In diesem Rhythmus. Wenn du den Rhythmus einmal hast, geht es leichter. Wie ging noch mal der Song für die Reanimation? Genau: *Stayin' alive, stayin' alive, ah, ah, ah, ah … stayin' aliiiiiiive! Also halt dich dran, ah, ah, ah, ah …*

So zog sie sich vorwärts. *Stayin' alive, stayin' alive …* Ihre Muskeln brannten, aber das war nun ein Teil von ihr. Sing für mich, Barry, nicht nachlassen, der Song geht nie zu Ende. *Ah, ah, ah, ah …*

Irgendwann lag die halbe Strecke hinter ihr. Aber das kam davon, weil sie den Kopf nicht vorne ließ! Warum musste sie sich umdrehen? Plötzlich hing ein Fuß in der Luft. Und dann der andere. Ihr Herz explodierte, Adrenalin schoss hindurch. Sie wollte schreien, aber es kam nichts. Dazu die Zugbelastung im Schultergelenk, der Schmerz. Jetzt nur nicht loslassen. Aber was brachte das? Sie hing nur noch an fünfzig Prozent ihrer Extremitäten, und der Wind hatte eine viel größere Angriffsfläche. Sie musste ihre Füße wieder auf das Seil kriegen. Und das mit ihren brennenden, ausgeleierten Armen! Sie war auch nicht sicher, ob ihre Bauchmuskeln so viel Gewicht noch nach oben hebeln konnten.

Du kannst es, Mami. Wie auf dem Klettergerüst.

Sie schwang. Fuck, nicht hoch genug. Und wieder der Wind. Nur dass er diesmal von hinten kam. Rückenwind! Das konnte sie nutzen. Sie hatte nur noch einen Versuch, ehe die Arme sicher ihren Dienst versagten. Abermals warf sie die Beine nach oben, wütend fast, ein Zentimeter Stiefel auf dem Seil musste reichen. Es reichte, mit letzter Kraft rutschte der Stiefel über den verdrillten Stahl. Noch mal gut gegangen. Der zweite Stiefel ein Kinderspiel. Sie war wieder im Geschäft.

Doch die Aktion hatte ihre letzten Energiereserven verbraucht. Trotzdem musste sie weiter. *Stayin' alive, stayin' alive …* Nicht anhalten, wie sehr die Arme auch schrien. Sie hätte geheult, hätte sie noch die Kraft gehabt. Wie viel leichter wäre es, einfach loszulassen, sich fallen zu lassen, um endlich bei Lily zu sein.

Nein! Aufgeben war keine Option. Sie war nicht der Mensch, der aufgab. Außerdem war sie mit Sean noch nicht fertig. Sie wollte verflucht sein, wenn er davonkam.

Also weiter. Immerhin blies der Wind nicht mehr so heftig, weiße Wolken hatten das schattenhafte Grau abgelöst. Dann rückten mächtige Stahlträger in ihr Sichtfeld. Unversehens befand sie sich unter einem grauen Vordach. Die Bergstation! Sie hatte es geschafft – fast.

Sie legte den Kopf in den Nacken, um zu sehen, was ihr noch bevorstand. Doch gleich das nächste Problem. Nur wenige Meter vor ihr lagen langen Rollenbatterien, die sie nicht überwinden konnte. Irgendwo dahinter wurden die Kabinen vom Förderseil gelöst. Was nun? Sie würde springen müssen, aber es war fraglich, ob sie von ihrer Position aus auf der Betonplattform landete oder nicht vielmehr auf dem Hang, und die Höhe war beträchtlich. Was, wenn sie sich dabei ein Bein brach? Ihre Rettungsmission war dann beendet und sie selbst ein Fall für die Bergwacht – falls es so etwas überhaupt noch gab.

Kurz darauf stieß ihr Kopf gegen Metall. Hier ging es nicht weiter. Wenn sie springen wollte, musst sie sich – am Seil – um einhundertachtzig Grad drehen. Nur so konnte sie hoffen, die Plattform nicht zu verfehlen.

Meg umfasste das Seil fester und ließ ihre Füße herab. Sofort war der Schmerz wieder da, denn abermals hing ihr ganzes Gewicht an den Armen. Sie versuchte, sich auszurichten. Ihre Muskeln kreischten. Und ein Blick nach unten sagte ihr, dass es knapp werden könnte. Einfach fallen lassen, ging nicht, dann stürzte sie geradewegs in die Tiefe.

Sie musste ein Momentum herstellen, das sie nach vorn brachte – und erst danach springen, anders ging es nicht. Mist! Sie spannte die Bauchmuskeln an und schwang vor und zurück.

Stayin' alive, stayin' alive. Höher, Mami, höher. Noch ein letztes Mal, dann hatte sie hoffentlich die nötige Beschleunigung. *Now or never, Barry.*

Mit aller Kraft schleuderte sie ihre Beine nach vorn und – jawoll – schlug haarscharf an der Kante auf. Allerdings knickte sie dabei mit dem Fuß um und schlug voll aufs Gesicht. Egal, es hätte schlimmer kommen können. Zumindest hatte sie wieder festen Boden unter den Füßen. *Terra firma!*

Einen Augenblick lag sie, schwer atmend, nur da und fragte sich, ob sie vor Dankbarkeit den Beton küssen sollte. Stattdessen wälzte sie sich auf den Rücken und starrte an die Decke. Eine Decke, von Menschen konstruiert, kein Himmel! Ein Zittern lief durch ihren Körper und hörte gar nicht mehr auf. Sie fing an zu lachen, vor Kälte, vor Erschöpfung, aus purem, nicht enden wollendem Glück. War das crazy – oder war das crazy? Ein Himmelfahrtskommando, und die Erde hatte sie wieder.

Aber wie ging es jetzt weiter?

Meg setzte sich auf und besah sich ihre neue Umgebung.

Das Terminal der Bergstation war ein großes Hufeisen. Direkt über ihr die große Umlenkscheibe für das Förderseil. Aber das Förderseil war gerissen, ihre Litzen gesplissen. Da der Antrieb der Bahn in der Talstation lag, vermutete Meg, dass das Zerstörungswerk im Wesentlichen hier oben stattgefunden hatte. Offenbar hatte irgendetwas das Seil blockiert, während der Motor weiterlief. Das Resultat war ein Totalversagen des Seils, wie Techniker gesagt hätten. Die Frage nur: aufgrund eines Schadens oder absichtlich?

Meg sah nirgendwo einen Kontrollraum, aber der konnte auch abseits des Fahrgastbereichs liegen. Und es war totenstill. Kein Maschinenlärm, keine Stimmen, keine beleuchteten Werbe- oder Anzeigetafeln. Ein Ort ohne Menschen.

Meg hatte zwar kein Begrüßungskomitee erwartet, aber die

Leere war unnatürlich, bedrückend. Sie stand auf. Die Beine wollten sie erst nicht tragen, fühlten sich an wie Wackelpudding. Überdies brauchte sie einen Moment, bis sich das Schwindelgefühl gelegt hatte. Dann spürte sie auch den umgeknickten Fuß. Immerhin, der Schmerz zeigte ihr, dass sie noch am Leben war. Vorerst.

Langsam humpelte sie vorwärts. Die Gummisohlen ihrer Stiefel quietschen auf dem grau gestrichenen Boden. Vor ihr ein Hinweisschild mit einem Pfeil nach links, der den Weg wies: *Café und Aussichtsterrasse*. Darunter ein Pfeil nach rechts: *Zu den Toiletten*.

Dass es spezielle Räume für menschliche Bedürfnisse geben sollte, dass jemand *daran* gedacht hatte, erschien ihr wie ein irrealer Luxus. Doch die Zeit, in der sie sich in ihre Stiefel erleichtern musste, war definitiv vorbei. Sofort meldete sich ihre Blase. Und Luxus war auch das Café. Ob sie darin etwas zu essen fand? Natürlich war sie nicht deswegen hier, aber die Versuchung war übermächtig – und ergab zudem Sinn. Ohne ausreichende Nahrungs- und Flüssigkeitszufuhr hielt sie nicht mehr lange durch. Und ohne Klopapier auch nicht.

Als Erstes steuerte sie die Toiletten an. Ein dunkler Korridor, wo ihre Stiefel widerhallten und das unangenehme Gefühl von Leere verstärkten. Aus irgendeinem Grund suchte sie nach den vertrauten Zeichen. Schließlich entdeckte sie eine Tür mit einem verblichenen D und ging hinein. Links die Waschbecken, rechts drei Toilettenkabinen. Die Waschbecken waren beschädigt und verdreckt, die Wasserhähne rostig. Und warum nur drei Klos? Das reichte doch nie. Immer dasselbe.

Mit dem Absatz stieß sie die Tür zur ersten Kabine auf und wurde nicht enttäuscht. Sauberkeit stand wohl schon damals nicht auf der Prioritätenliste. Auf Klo Nummer zwei derselbe Befund. Wer *machte* so etwas? Blieb noch das dritte Klo. Wobei Meg auf den Märcheneffekt hoffte. Nach zwei Versagern musste das dritte aus reinem Gold sein.

Sie kickte gegen die Tür, aber die Tür stieß auf Widerstand. Sie trat stärker, die Tür sprang auf – und gab ihr Geheimnis preis. In Form eines Toten.

»Fuck!« Meg fuhr zurück.

Der Tote war weiblich und mit der grünen Winteruniform des Departments bekleidet. Der Frau war aus nächster Distanz in den Kopf geschossen worden, die blonden Haare waren blutverklebt, der Hinterkopf praktisch abgesprengt. Was sich in diesem Kopf einmal befunden hatte, verteilte sich als eklige Masse auf dem Boden.

Meg stürzte an eines der Waschbecken und hätte am liebsten gekotzt. Zwar hatte sie schon Schlimmeres gesehen, aber das milderte den Effekt keineswegs. Ihr Magen krampfte, sie würgte, aber es kam nur Galle, die ihr den Rachen und den Nasengang verätzte. Sie brauchte eine Weile, bis sie wieder normal atmen konnte, dann spuckte sie aus und drehte den Hahn auf. Es kam ein dünnes Rinnsal. Sie spritzte sich etwas davon in den Mund. Es schmeckte abgestanden, aber okay.

Als das erledigt war, wandte sie sich erneut der Toten zu. Ein einzelner Kopfschuss, wie bei einer Hinrichtung. Meg sah die letzten Sekunden im Leben dieser Frau förmlich vor sich. Sie war wohl vor dem Schützen geflohen, hatte sich auf dem Damenklo eingeschlossen, sich klein gemacht, in der Hoffnung, nicht gefunden zu werden. Eine trügerische Hoffnung. Irgendwann flog die Tür auf … und: *Bang!*

Könnte Sean das getan haben? Meg untersuchte die Leiche. Die Gliedmaßen waren etwas steif, aber nicht völlig unbeweglich. Die Totenstarre ließ offenbar nach. Dazu kam, Hände und Hals wiesen violette Totenflecke auf, eine Folge der grotesken Auffindesituation. Die Frau war seit zirka achtundvierzig Stunden tot, vielleicht auch schon länger, in der Bergstation war es kalt. Das rückte den Todeszeitpunkt in die Nähe des Stromausfalls – und schloss Sean somit als Täter aus. Was Meg aber nicht im Mindesten beruhigte. Irgendwas war hier oberfaul.

Sie verließ die Damentoilette und humpelte in Richtung Café. Auf dem Weg entdeckte sie einen weiteren, kürzeren Korridor, den sie beim ersten Mal übersehen hatte. Zwei Türen. Auf einer stand: *Betriebsleitung, Zutritt verboten*. Na bitte, der Kontrollraum. Meg überlegte, ob sie sich den genauer ansehen sollte. Beim Näherkommen bemerkte sie, dass das Schloss aufgeschlossen worden war, sie brauchte nur zu drücken.

Am Steuerpult saßen zusammengesunken zwei Angestellte. Viel zu steuern hatten sie dem Anschein nach zu Lebzeiten zwar nicht gehabt, dennoch war alles im Raum systematisch zerstört worden. Herausgerissene Kabel, zerschlagene Computermonitore. Und die beiden Angestellten waren auf eine ähnlich geschäftsmäßige Art eliminiert worden wie die Frau auf der Toilette, nur von hinten.

Meg versuchte, ihre letzten Minuten zu rekonstruieren. Die Stationsleitung musste noch Zeit gehabt haben, die Abfahrt der Kabine, ihrer Kabine, freizugeben. Aber kurz darauf war es passiert. Der Kontrollraum wurde gestürmt, die Fahrt der Kabine unterbrochen und deren Passagiere ihrem Schicksal überlassen. Allerdings nur zeitweilig. Irgendwie musste es einem Angestellten gelungen sein, den Befehl zur Weiterfahrt zu geben, wodurch das Förderseil gerissen war. Erst da hatten die Saboteure sozusagen ganze Arbeit geleistet, denn so etwas ließ sich kurzfristig nicht mehr reparieren.

Die große Frage war nun, warum. Worin bestand die Absicht?

Ganz offensichtlich sollten die Passagiere in der Kabine das Retreat nicht erreichen. Aber vielleicht war die Sabotage der Seilbahn auch nur Teil einer viel größeren Aktion, vielleicht war die Seilbahn nur die letzte Transportmöglichkeit von mehreren. Vielleicht bestand das Ziel ja darin, das Retreat komplett von der Außenwelt abzuschneiden.

Ganz gleich, wer die Station überfallen hatte: Wenn das Department annahm, dass sich im Retreat etwas ereignet hatte, das sie nicht hinnehmen konnten – ein Angriff? Ein Ausbruch der Seuche? –, ließen sie das Rollgitter runter. Dann kam keiner mehr rein oder raus. Und scheiß auf die paar Leute in der Seilbahn, sie waren ohnehin nur Versuchskaninchen und wussten, worauf sie sich einließen. Wer wollte für solche Leute sein Leben riskieren?

Es ergab einen Sinn. Und trotzdem blieben Fragen offen. Was genau war hier geschehen? Warum mussten alle auf der Bergstation sterben? Aber Spekulationen waren müßig. Fest stand nur eines: Wer immer das getan hatte, war bewaffnet und äußerst gefährlich. Und dass Sean sich hier irgendwo aufhielt, war ebenfalls nicht ausgeschlossen. Und auch der war bewaffnet und gefährlich.

Meg sah sich weiter im Kontrollraum um. Die beiden toten Angestellten konnten ihr nichts mehr sagen, aber die Schubladen unter dem Steuerpult vielleicht umso mehr. Sie zog die oberste auf. Nichts darin als Stifte, Post-its, Büroklammern und eine Tupperdose mit einem halb gegessenen Sandwich. Ihr lief das Wasser im Mund zusammen, und sie griff sofort zu. Zwar war der Käse schon trocken und das Brot hatte die Konsistenz von Wellpappe, aber für Meg war es trotzdem ein Festmahl. Als sie den letzten Bissen verdrückt hatte, wollte sie auch die zweite Schublade untersuchen, nur war diese abgeschlossen. Sie runzelte die Stirn. Nach ihrer Erfahrung enthielten abgeschlossene Schubladen eines von vier Dingen: Pornos, private Unterlagen, Bargeld … oder Waffen.

Sie bückte sich und klopfte einen der Toten ab – und wurde in einer Seitentasche fündig. Sie zog ihren Handschuh aus und fasste mit bloßen Händen nach. Der Tote fühlte sich ausgesprochen kalt an, kalt und steif. Bis ihre Finger an etwas stießen, das darüber hinaus auch scharfkantig war: ein Schlüsselbund.

Sie zog ihn aus der Tasche. Es war ein Schlüsselring mit fünf Schlüsseln verschiedener Größe. Vier davon waren mit Anhängern gekennzeichnet: *Generator*, *Betrieb*, *Werkstatt*, *Schnee 1*. Einer war kleiner und unbeschriftet. Könnte passen. Meg probierte ihn aus, und es klappte auf Anhieb. Die Schublade ging auf, und ihr Verdacht bestätigte sich. Innen lag ein kleiner Revolver. Meg überprüfte die Trommel. Voll geladen. Womöglich war die Besatzung des Kontrollraums auch für die Sicherheit zuständig gewesen.

Sie steckte den Revolver ein, verließ den Kontrollraum und ging auf eine Flügeltür zu. *Café und Aussichtsterrasse* stand noch immer darauf, obwohl der Tourismus hier oben seit mindestens zehn Jahren eingestellt war und Luxus-Chalets und präparierte Pisten sich selbst überlassen wurden. Entlegene Stationen wie diese waren die Ersten, die damals dran glauben mussten. Bis sie vom Department neue Aufgaben zugewiesen bekamen.

Allerdings beschränkte man sich auf die reine Funktion, das Drumherum durfte ruhig weiter verfallen, wie an der abgeblätterten Farbe, dem rissigen Boden und dem modrigen Geruch zu merken war. Aber war das alles? Oder barg der alte Kasten noch andere Geheimnisse?

Trotz der Eiseskälte schwitzte Meg in ihrem Schneeanzug. Sie zog den Revolver und spähte durch das Fensterband über der Flügeltür, aber die Scheibe war einfach zu schmutzig. Mehr als ein paar lieblos aufeinandergestapelte Tische und Stühle konnte sie nicht erkennen.

Den Revolver im Anschlag, drückte sie eine Tür auf und betrat den Raum dahinter.

An seinem fernen Ende war ein halbkreisförmiges Panoramafenster, das weit über den Abhang hinausragte. Offenbar sollte bei den Gästen die Illusion erzeugt werden, über den Wolken zu schweben und die Welt läge ihnen zu Füßen. Eine geradezu göttliche Perspektive. Nur war die entsprechende Welt in der Zwischenzeit zum Teufel gegangen, und der verdammte Himmel war das Letzte, das Meg jetzt sehen wollte.

Und der grandiose Ausblick war auch nicht das, was Megs Herz jetzt schneller schlagen ließ.

Auf einem Stuhl am Fenster saß ein einzelner Mann, der die Füße auf den Tisch gelegt hatte und in aller Ruhe ein Bier genoss.

Meg humpelte langsam näher. Doch der Mann schien sie erwartet zu haben, denn schon auf halbem Weg grüßte er sie mit erhobener Bierflasche: »Schön, dass du mir Gesellschaft leisten willst.«

»Aber immer.«

»Nein, im Ernst: Ich freue mich, dass du nicht tot bist.«

»Ich wünschte, ich könnte dasselbe von dir sagen.«

»Das ist aber jetzt nicht nett.«

»Tja, Betrüger und Mörder können von mir auch keine Nettigkeiten erwarten.«

Meg griff in die Tasche und warf das zerknitterte Foto auf den Tisch.

»Ich weiß, wer du bist. Daniel.«

Sean nahm das Foto und besah es sich kurz.

»Wer ist sie eigentlich?«, fragte Meg. »Deine Freundin?«

Sean schüttelte den Kopf. »Nein, meine Schwester. Sie hieß Peggy.« Er legte das Foto weg. »Ich habe das Selfie an unserem ersten Tag in der Academy gemacht, das war vor zehn Jahren. Damals hatten wir wirklich noch das ganze Leben vor uns.« Er lachte bitter auf. »Leider kam es anders.«

»Warum hast du den Polizisten getötet?«

»Was willst du hören, eine Beichte?«

»Ich hätte gern einen guten Grund, dir nicht hier und jetzt eine Kugel in den Kopf zu jagen.«

Sean führte die Flasche an den Mund und nahm einen tiefen Schluck. »Habe ich dir doch schon gesagt. Ich wollte den Mann finden, der Peggy auf dem Gewissen hat. Und ihm das geben, was er verdient.« Er schaute auf das Etikett und verzog das Gesicht. »Kaum zu glauben das Jüngste Gericht ist nah, und alles, was sie haben, ist warmes Estrella.« Er sah sie an. »Willst du auch eins?«

Ehe Meg reagieren konnte, warf er die Flasche nach ihr.

Sie duckte sich, und die Flasche zischte vorbei. Glas zerschellte auf dem Boden. Meg hatte plötzlich ihr Ziel verloren und musste ihre Waffe neu ausrichten, aber sie war zu langsam. Sean hatte bereits seine Pistole in der Hand.

Und lud sie durch. »Tut mir wirklich leid, Meg. Aber auch du wirst mich nicht aufhalten.«

Carter

Er war schon früh abmarschbereit. Schneeanzug, Stiefel, Skimaske und -brille, Kompass und ein Rucksack mit Werkzeug, alles mehrfach gecheckt. Dazu ein Schlitten, den er erst mühsam den Berg hinaufziehen musste, um ihn später, beladen mit dem Generator, wieder hinunterzuziehen. Ach, richtig, eine geladene Pistole hatte er auch dabei. Nur für den Fall.

»Du weißt, was du zu tun hast?«, fragte Miles.

Carter nickte. Sie waren den Ablauf mehrmals durchgegangen.

»Den Generator von Netz trennen, dabei möglichst nichts kaputt machen. Falls noch Kanister mit Kraftstoff da sind, mitnehmen. Dasselbe gilt für Starterbatterien, sofern sie brauchbar erscheinen.«

»Das wär's im Wesentlichen«, sagte Miles. »Noch was?«

»Nein, das kommt hin«, brummte Welland.

Carter fixierte ihn mit demonstrativer Gelassenheit. »Wow. Aber könntest du den technischen Teil für mich noch einmal wiederholen. Die vielen Einzelheiten waren für mich als Laie etwas schwer zu verstehen, und du bist doch Experte.«

»Hey, ich war nicht für die Bergstation zuständig«, wehrte sich Welland. »Im Prinzip müsste da alles so sein wie überall.« Er hielt sich den Bauch. »Außerdem muss ich dringend auf Klo«, sagte er.

Und weg war er. Carter schnaubte. »Keine Ahnung, wann es so weit sein wird. Aber irgendwann fängt sich dieses faule Schwein von mir eine Kugel.«

»Aber nicht heute«, erwiderte Miles gut gelaunt. »Wir brauchen ihn noch.«

»Tatsächlich? Wozu?«

Miles sah ihn fragend an. »Alles in Ordnung?«

Nein, dachte Carter. Aber das musste warten.

»In *bester* Ordnung«, antwortete Carter.

»Carter, ich weiß, dass du das nicht machen willst. Und ich weiß auch, warum …«

»Ich sagte, es ist alles in bester Ordnung. Und ich muss langsam los. Den Kampf mit meinen Dämonen aufnehmen. Die bösen Geister exorzieren. Ist doch so, oder?«

»Ich fürchte, es ist so«, entgegnete Miles. »Alles ein Riesenhaufen Scheiße.« Sein stählerner Blick nahm Carter geradezu ins Gebet. »Aber denk daran: Wenn du mich enttäuschst, sind die Dämonen dein geringstes Problem.«

Hannah

Sie hockten vor dem niedergebrannten Feuer. Sie hatten alles, was sie irgendwie brauchen konnten, aus dem Bunker geholt und anschließend die Leichen nach unten verfrachtet. Problem gelöst. Aus den Augen, aus dem Sinn. Und nur einen Meter weiter schlummerte Eva warm und friedlich auf einem Lager, das aus den Klamotten von Toten bestand.

»Glaubst du, wir kommen durch?«, fragte Daniel.

Sie hustete und hielt sich schnell die Hand vor den Mund. »Du vielleicht. Ich nicht.«

»Bist du infiziert?«

»Ja.«

»Dann bin ich es sehr wahrscheinlich auch.«

»Das ist nicht sicher. Bisher zeigst du keinerlei Symptome. Je nach Virenstamm sind die Leute mal mehr, mal weniger empfänglich für eine Infektion.« Sie blickte zu Eva hinüber. »Und Kleinkinder kriegen es ohnehin selten.«

»Es geht mir nicht um mich«, sagte Daniel. »Ich will nur Eva in Sicherheit bringen. Nachdem ich schon Peggy nicht retten konnte …«

Er griff in seine Tasche und holte ein Foto hervor. Es zeigte Daniel und seine Schwester zu einer Zeit, als Peggy noch lebendig und schön war, nicht aufgeschnitten und ausgeweidet wie ein Tier. Hannah musste schlucken.

»Es ist vom Tag unserer Ankunft in der Academy. Alles war damals wie neu. Unser ganzes Leben lag vor uns. Jetzt ist Eva alles, was mir geblieben ist. Aber wenigstens daraus will ich etwas machen.«

Im letzten Schein des Feuers war nur eine Hälfte von seinem Gesicht zu sehen. Aber Hannah schien es, als würden die Schatten der anderen Seite immer größer.

Sie war zu einer Entscheidung gekommen. »Daniel, sobald es hell ist, geht ihr ohne mich weiter.«

Sein Kopf drehte sich nur halb zu ihr. »Willst du damit sagen, dass du dich für eine Belastung hältst?«

»So was in der Art.«

»Bist du sicher?«

Nein, dachte sie. Sie wollte doch auch leben. Aber die Infektion verlief immer gleich, und Wunder geschahen nicht. Zwar gab es allerlei lebensverlängernde Maßnahmen, aber was für ein Leben war das? Sie wollte nicht als Whistler enden.

»Ja, bin ich.«

Die Glut im Kamin knackte.

»Bist du nicht zornig auf ihn?«, fragte Daniel.

»Auf wen?«

»Deinen Vater. Wenn er dich geliebt hätte, wäre ihm sicher etwas eingefallen, womit er dich hätte retten können.«

»Gerettet werden die Leute von der Wissenschaft, nicht von Luft und Liebe – das war sein Motto.«

»Das beantwortet aber meine Frage nicht.«

»Ich weiß. Es bedeutet wohl, dass ich von ihm nichts anderes erwarte. Aber du hast recht, ich war mal ziemlich wütend auf ihn. Aber dann wurde mir klar, dass es nichts bringt. Nur verschwendete Energie. Denn es hat ihn nicht im Mindesten berührt. Gefühle, auch heftige, negative, prallen an ihm ab. Und du kannst auf Dauer keinen hassen, dem du völlig gleichgültig bist.«

»Bemerkenswerte Persönlichkeit.«

»Kann man so sagen. Und so brillant in allem, was er tut. Wenn irgendwer das Virus besiegen kann, dann er.«

»Aber um welchen Preis?«

Ihr Lächeln darauf war zynisch. »Um *jeden*, was sonst?«

»Und einfache Menschen zählen *gar* nicht?«

»Nicht für ihn.«

Daniel blickte sie an. »Nichts für ungut, Hannah. Aber sollte er mir einmal begegnen, werde ich ihn töten.«

»Dann soll es wohl so sein.«

Sie starrten in die dunkler werdende Glut, und keiner von ihnen hatte die Energie, Holz nachzulegen.

»Wie lange wird es noch dauern, bis die Sonne aufgeht?«, fragte Daniel.

»Keine Ahnung.« Hannah blickte zum Fenster. Es war weiterhin dunkel, aber durch die Bäume sickerte bereits erstes Grau ein. Die Nacht war so gut wie vorüber. Plötzlich fiel ihr ein, dass sie ja noch Lucas' Uhr hatte. Sie zog sie hervor.

Doch die Uhr zeigte drei Minuten nach elf an. War wohl stehen geblieben. Aber warum hatte Lucas dann dauernd auf sie geschaut? Sie runzelte die Stirn.

Die Zeit. Seine letzten Worte, auf Deutsch.

Was wollte er ihr damit sagen? Dass es Zeit wurde, dass er endlich abtrat, wie sie in jenem Moment dachte. Das ergab keinen Sinn. Und warum hatte er ihr die Uhr überhaupt aufgedrängt? Sie besah sich das Protzstück genauer. Das Gehäuse war ungewöhnlich dick. Zu dick? Gab es so etwas wie zu dick bei Herrenuhren? Sie fuhr mit dem Finger am Gehäuse entlang und entdeckte an der Seite einen versenkten Drücker. Sie presste darauf mit einem Fingernagel, worauf das Gehäuse aufsprang und einen kleinen Hohlraum freilegte, in dem eine Art Schaltkreis untergebracht war, der rot blinkte.

Hannah sank das Herz in die Magengrube. Konnte das wahr sein?

»Ich glaube, das ist ein Tracker«, sagte sie matt.

Nur dank dieser Funktion hatte das Department sie überhaupt aufspüren können. Lucas hatte nicht einmal etwas tun müssen. Vielleicht war die Sendeleistung während des Schneesturms etwas reduziert, aber eigentlich wussten sie von dem Moment an, in dem der Bus vom Parkplatz rollte, auf den Meter genau, wo sie waren, denn der Spion reiste ja immer mit.

»Lucas war einer von *denen*?«, fragte Daniel.

»Ja. Das sagte er jedenfalls dem Helikopter-Schützen.«

»Also wissen sie auch, wo wir sind.«

Und mit einem permanenten Positionssignal mussten sie nicht einmal warten, bis es Tag war. Eine Nachtaktion war in mancherlei Hinsicht sogar von Vorteil.

Sie stand auf und ging zum Fenster. Draußen schien alles ruhig, und doch hatte sie den Eindruck, dass sich im umliegenden Wald etwas tat. Eine schemenhafte Aktivität zwischen den Bäumen, die sie veranlasste, sich weiter aus dem verrotteten Fensterrahmen zu lehnen …

Plötzlich flammte ihr blendend weißes Licht ins Gesicht und warf sie förmlich zurück. Die Luft vibrierte vor elektrischer Ladung, als mächtige Suchscheinwerfer ihre gebieterischen Arme ausstreckten und die Nacht zum Tage machten – und damit jede Bewegung unmöglich. In der gleißenden Aura erkannte Hannah schwer bewaffnete Männer in Schutzanzügen.

Das Baby fing sofort an zu weinen, und Daniel starrte sie mit schreckgeweiteten Augen an. »Sie haben uns gefunden!«

»HANNAH!«, schallte es von draußen in hundertfacher Verstärkung.

Sie hatten an alles gedacht, auch an ein Megafon.

Hannah drehte sich wieder zum Fenster. Eine einzelne Gestalt, umstrahlt von kaltweißem Licht, trat in die Mitte der Lichtung.

Sie trug die typische grüne Winteruniform des Departments, aber Hannah ließ sich nicht täuschen.

Es war ihr Vater, der Professor. Und er wollte wohl reden, deshalb das Megafon.

»Hannah, ich weiß, dass du da drin bist. Du und mindestens vier weitere Personen, von denen mindestens eine infiziert sein könnte. Deswegen ist es wichtig, dass ihr euch helfen lasst.«

Daniel trat neben sie, er hatte das Sturmgewehr in der Hand.

»Was sollen wir jetzt tun?«

»Wir kommen gegen sie nicht an«, sagte Hannah, obwohl sie kaum noch klar denken konnte. Das Virus war in ihrem Kopf angelangt. »Und wer weiß, wie viele von denen noch im Wald sind. Eine Schießerei bringt nur Eva in Gefahr.«

»Also ergeben wir uns?«

»Nein.«

Ihr war nämlich etwas eingefallen. »Lucas hat doch dem Helikopter-Killer eine Sprengladung abgenommen. Sie müsste noch in seiner Tasche sein.«

Daniel nickte. »Okay, ich schau mal nach.« Er lief zur Falltür und polterte die Treppe hinunter.

Hannah behielt weiter die Lichtung im Auge. Sie zählte mindestens ein halbes Dutzend Department-Agenten. Offensichtlich waren auch sie zu Fuß hier, ihre Fahrzeuge nutzten ihnen im finsteren Tann nichts. Gut.

»Vater?«, rief sie gegen das gleißende Licht.

»Ja?«

»Sag deinen Freunden, sie sollen ihre Waffen weglegen.«

»Hannah. Einer deiner Freunde hat einen Agenten des Departments getötet. So wie die Dinge stehen, macht dich das zur Mittäterin.«

»Und was ist mit deinem Vorhaben, uns alle in dem Bus umkommen zu lassen? Wurde das vom Department genehmigt? Wusste die Academy davon?«

»Hannah, du bist verwirrt. Wir wollten euch doch nur in Sicherheit bringen.«

Daniel kehrte zurück. Er hatte tatsächlich die kleine graue Höllenmaschine dabei.

»Was nun?«, fragte er.

Hannah nahm die Sprengladung an sich. »Ich gehe raus und rede mit ihm.«

Daniels Miene sprach Bände. »Bist du verrückt? Er wird dich töten.«

Sie nickte. »Vielleicht. Aber zuerst lässt er mich reden, ich kenne ihn.«

»Wieso sollte er?«

»Du musst wissen, mein Vater hält sich für ein Ehrenmann.«

Daniel schnaubte verächtlich.

Hannah sah ihm in die Augen. »Ich kann nicht versprechen, dass er dich verschont, aber Eva wird er nichts tun. Er bringt keine Säuglinge um.«

»Bist du sicher?«

Nicht zu einhundert Prozent, dachte sie. Aber mehr als diese Hoffnung hatte sie nicht.

»Soweit ich das beurteilen kann …«

Daniel blickte zu Eva hinüber, die immer noch schrie. Er ging zu ihr, um sie zu beruhigen, und sagte: »Okay, hoffen wir's.«

Hannah legte ihre Hände an den Mund und rief: »Ich komme jetzt raus. Aber ich habe eine Sprengladung dabei, die euch bekannt sein dürfte. Es ist dieselbe wie die, mit der euer Agent den Bus in die Luft jagen wollte. Sollte irgendwer schießen, geht das Ding hoch. An eurer Stelle würde ich nicht darauf vertrauen, dass ihr das überlebt.«

Sie sah den Schock im Gesicht ihres Vaters.

»Hannah, das ist wirklich nicht nötig.«

»Ich fürchte doch.«

Sie stieß die Tür auf und blinzelte benommen gegen einen Wall aus Licht. Sie zitterte in der Kälte, gleichzeitig war die Hand, die die Sprengladung umklammerte, schweißnass.

Mit alptraumhafter Langsamkeit stieg sie die Verandatreppe hinab, sie musste sich sogar am Geländer festhalten. Krank, dachte sie, ich bin richtig krank. Nur noch ein bisschen. Ein bisschen länger, ein paar Schritte. Hustend ging sie auf ihren Vater zu, wobei sie die Sprengladung wie eine Trophäe in die Luft hielt.

Ihr Vater setzte das Megafon ab und sah sie, die Hände in den Hosentaschen, näher kommen. »Du siehst mir aber nicht gesund aus«, bemerkte er.

»Stimmt, ich bin infiziert.«

Er nickte. »Und jetzt leg den Explosivstoff weg, Hannah. Lass dir helfen. Ich kann dich und deine Freunde in ein Therapiezentrum bringen. Wir haben dort viele neuartige Medikamente.«

»Um als deine Laborratten zu enden?«, konterte sie. »Nein danke.«

»Hannah, entweder *das* oder … du kennst die Alternative.«

Sie blitzte ihn aus fiebrigen Augen an. »Hör mir doch mal zu, Vater. Hör mir nur ein einziges Mal zu. Es gibt nur noch mich und eine andere Person … und ein Baby.«

Er sah sie entgeistert an. »Ein Baby?«

»Eine Studentin im Bus war schwanger. Sie hat ein Kind geboren, bevor sie starb. Der Mann in der Hütte ist ihr Bruder. Versprich mir, dass du das Baby verschonst.«

Er seufzte. »Also, wenn sonst nichts dagegen spricht …«

»Ohne Wenn und Aber. Versprich es.«

Er blickte sie aus den kalten grauen Augen an, die ihnen gemeinsam waren. »Dem Säugling wird nichts geschehen. Du hast mein Wort.«

Hannah nickte. Mehr als das ließ sich nicht erreichen. Um Daniels Leben zu bitten oder ihr eigenes, war sinnlos. Sie beide waren nur eine weitere Humanreserve in diesem Krieg – und absolut entbehrlich. Sie legte die Sprengladung vorsichtig in den Schnee. Ihr Vater ergriff sie und steckte sie ein.

Abermals bekam sie einen Hustenanfall, und vor ihren Augen verschwamm alles.

Sie sah aber noch den betrübten Blick ihres Vaters. Er streckte sogar den Arm nach ihr aus.

»Komm zu mir, Hannah. Denn du bist immer noch meine Tochter.«

Hannah zögerte. Bis sie merkte, zum ersten Mal in vielen Jahren, dass sie genau das wollte. Einfach nur in den Arm genommen werden. Unsicher setzte sie Fuß vor Fuß, bis sie gegen ihn fiel und er die Arme um sie schloss.

»Ich sterbe«, flüsterte sie.

»Ich weiß.«

Tränen quollen aus ihren Augen. »Ich will nicht sterben.«

»Ich weiß.«

Dann spürte sie etwas unter ihrem Rippenbogen. Sie blickte hoch. »Vat…«

Ein gedämpfter Knall und ein heißer Strahl, der ihr durch die Seite schoss. Ihre Beine gaben nach. Aber das war auch kein Wunder, denn sie spürte sie gar nicht mehr. Sie entglitt der Umarmung ihres Vaters und fiel rücklings auf den gefrorenen Boden.

Die kleine Pistole noch in der Hand, sah er von oben auf sie hinunter. »Aber wir alle müssen mal sterben, Hannah.«

Sie wollte etwas sagen, aber es gelang ihr nicht, ihr Mund war voller Blut. So lag sie nur da, mit dem brennenden Schmerz in ihrer Seite, und atmete schwer. *Nebengeräusche*, dachte sie, als von überall schwere Stiefel durch den Schnee knirschten.

»Was geschieht jetzt mit ihr?«, fragte jemand.

Darauf die Stimme ihres Vaters: »Lasst sie liegen. Die Tiere werden sie noch früh genug finden. Und nichts übrig lassen als knöchernes Material.«

»Und die anderen?«

»Mitnehmen.«

»Lebendig?«

»Ja. Ich habe es meiner Tochter versprochen. Im Übrigen könnten sie noch von Nutzen sein.«

Aus der Distanz hörte Hannah Geschrei. Schüsse fielen. Hannah bekam alles mit. Irgendwann glaubte sie in dem Durcheinander Daniels Stimme zu hören: »Okay, okay, ich komme raus. Wenn ihr dem Baby nichts tut.«

Aber irgendwann waren die Stimmen verhallt und auch die knirschenden Schritte nicht mehr da. Unfähig, sich zu rühren starrte sie in das Auge des Himmels zwischen den Baumkronen, sah es erst heller werden, dann hell, und ein neuer Tag war geboren. Ihr letzter.

Sie spürte keine Kälte mehr.

Sie spürte gar nichts.

Alles war angenehm fühllos.

Aber *etwas* war da …

Hannah registrierte eine fremde Gegenwart.

Vielleicht der Tod, der ihr von nun an nicht mehr von der Seite weichen sollte.

Du kannst mich ruhig holen, dachte Hannah. *Ich bin bereit.*

Tatsächlich hörte sie Schritte.

Ein Schatten fiel auf ihr Gesicht.

Und dann … dieses Pfeifen.

Meg

Meg starrte in den auf sie gerichteten Lauf. »Ich bin nicht gekommen, um dich von irgendwas abzuhalten. Ich will nur Hilfe holen, für Sarah.«

»Das ist ja gerade das Problem. Unsere Ziele decken sich nicht.«

»Wieso? Wir könnten doch zusammenarbeiten.«

Langsam, unter Vermeidung jeder missverständlichen Bewegung, legte sie ihren Revolver auf den Tisch und trat zurück.

Mit klopfendem Herzen wartete sie, was nun passieren würde. Sean deutete mit dem Kopf auf den Revolver. »Wo hast du denn den her?«

»Von einem Toten im Kontrollraum.«

»Clever.«

Sean blickte sie eine gefühlte Ewigkeit an, sicherte seine Pistole und legte sie großmütig neben ihren Revolver. Er stand auf. »Erst einmal brauche ich noch ein Bier.«

Er ging zum Tresen. Meg schielte auf die beiden Handfeuerwaffen und vermutete einen Test. Konnte sie sich eine davon schnappen, reichte die Zeit? Oder hatte Sean noch eine weitere in petto? Und die alles überragende Frage natürlich: Wollte sie überhaupt auf ihn schießen?

Sean machte den Kühlschrank auf und sah sie über die Schulter an. »Auch was?«

Grinsend nahm er zwei Flaschen aus dem Kühlschrank, hebelte die Kronkorken aneinander auf, wie Männer das taten, und hielt ihr eine hin.

Meg nahm die Flasche und trank einen tiefen Zug. Wie Sean

gesagt hatte: warmes Estrella und nicht mehr das allerfrischeste. Im Vergleich zu dem Schmelzwasser aus dem Stiefel dennoch ein unfassbarer Genuss.

»Wie heißt du denn jetzt eigentlich?«, fragte Meg. »Sean oder Daniel?«

Seine gute Laune bekam einen Riss. »Daniel? Das war in einem anderen Leben. Seitdem ist viel Blut den Fluss heruntergeflossen.«

Eine Antwort, die ihn für Meg gleich sympathischer machte. »Was ist mit deiner Schwester passiert?«

Sean setzte sich wieder. »Schon mal von der Invicta Academy gehört?«

Meg runzelte die Stirn. Entfernt. Aber Genaueres wusste sie nicht.

»Exklusives College in den Bergen«, sagte Sean. »Vor zehn Jahren ist einmal in einem Schneesturm ein Bus voller Studenten verunglückt. Keine Überlebenden. Unter den Toten war auch die Tochter von Professor Grant, dem berühmten Virologen und wissenschaftlichen Leiter des Departments.«

Meg nickte. »Jetzt erinnere ich mich. Es war auch in den Nachrichten. Angeblich hatte nur der Fahrer überlebt. Er wurde später zu einer Gefängnisstrafe verurteilt.«

Sean trank ausgiebig von seinem Estrella. »Richtig. Der Fahrer war *ich*.«

Meg starrte ihn an. »Du?«

»Das heißt, eigentlich sollte jemand anderes den Bus fahren. Aber den hatte ich vorher bewusstlos geschlagen und in der Toilette eingesperrt.«

»Warum?«

»Lange Geschichte. Am Ende ging es aber nur darum, meine Schwester in Sicherheit zu bringen. Sonst hätten wir in der Academy bleiben müssen, zusammen mit den anderen Aussätzigen.«

»Verstehe ich nicht.«

»Auf dem College grassierte das Virus. Das durfte natürlich niemand erfahren. Die zahlenden Studenten wurden sofort evakuiert. Ich selbst arbeitete in der Küche, und meine Schwester war auch nur da, weil sie ein Stipendium hatte. Wir beide waren natürlich *nicht* auf der Evakuierungsliste.«

»Ach herrje. Und deine Schwester starb ebenfalls bei dem Unfall.«

Er schüttelte den Kopf. »Nicht sofort. Sechs Studenten überlebten den Crash, darunter meine Schwester, Peggy. Aber sie war schwer verletzt. Und dann entdeckten wir, dass einer der Überlebenden infiziert war.«

»Wie das? Es wurden doch nur diejenigen evakuiert, die einen Negativtest vorweisen konnten.«

Er bedachte sie mit einem zynischen Grinsen. »Sollte man meinen. Aber für Geld kriegt man so manches, sogar ein Ticket raus aus dem Lockdown. Jedenfalls konnten reiche Eltern ihren infizierten Nachwuchs freikaufen. Dachten sie zumindest.«

»Wie meinst du das?«

»Das Department ging zum Schein auf ihre Wünsche ein: Die Kids durften das College verlassen, alle waren zufrieden. Die Sache hatte nur einen Haken: Der Bus durfte nie am Retreat eintreffen. Also inszenierte man einen Unfall.«

»Aber Grants Tochter war ebenfalls an Bord. Ich kann mir nicht vorstellen, dass er sie absichtlich in den Tod schickte.«

Sean nickte. »Für einen wie Grant ist niemand unersetzlich. Das Problem war nur, Hannah kam dahinter und …« Er konnte kaum weiterreden. »Und versuchte, uns zu retten. Auch Peggy.«

»Aber es gelang ihr nicht?«

Er schüttelte den Kopf. »Nur Peggys Baby.«

Meg starrte ihn ungläubig an. »Peggy war schwanger?«

Er nickte. »Ein kleines Mädchen.«

»Und was wurde aus dem Kind?«

»Wir – Hannah, das Baby und ich – hätten es auch beinahe geschafft. Wir hatten den Unfall überstanden und waren auf dem besten Weg an einen Ort, an dem wir sicher waren. Aber dann spürten sie uns doch auf, Professor Grant und seine Konsorten vom Department. Er erschoss Hannah und nahm das Baby mit.«

»Aber dich ließen sie am Leben?«

»Na klar, denn sie brauchten einen Sündenbock. Der Assi aus der Spülküche, der Busfahrer sein wollte. Der all die hoffnungsvollen Talente umbrachte, die das Department retten wollte. Perfekte Geschichte.«

»Aber sie hätten dich umbringen *und* eine solche Geschichte erzählen können? Warum haben sie das nicht gemacht?«, fragte Meg.

»Das hat mit unseren Medien zu tun. Es ist viel besser, wenn das Böse ein Gesicht hat, das man öffentlich vorführen kann. Und das sich schuldig bekennt, ganz wichtig.«

Meg sah Sean an. Deshalb also kamen ihr die beiden auf dem Foto so bekannt vor: der dicke Junge und das schöne Mädchen. Ihr Bild war damals in allen Zeitungen gewesen und im Fernsehen sowieso. Die ganze Tragödie lag zwar schon zehn Jahre zurück, aber das Hirn ist ein Messie. Es kann einfach nichts wegwerfen.

»Warum hast du den Leuten nicht die Wahrheit gesagt?«

Sean seufzte. »Weil ich schuld *war*. Ich saß am Steuer, nicht der andere Fahrer. Abgesehen davon hatten sie Eva. Sie versprachen, es würde ihr an nichts fehlen, und dass ich sogar regelmäßige Updates über ihren weiteren Lebensweg kriegen sollte, wie sie es nannten. Voraussetzung war nur, dass ich mitspiele. Daran hielten sie sich sogar …« Er schüttete mehr Bier in sich hinein. »Während ich nur warten konnte …«

»Warten worauf?«

»Auf den Tag der Abrechnung.«

Er sagte das, als sei es das Normalste der Welt.

»Aber wie wolltest du das aus dem Gefängnis heraus bewerkstelligen?«

Ein wegwerfendes Lächeln. »Die Leute denken immer, im Knast ist man von allem abgeschnitten. In Wirklichkeit hat man sogar Zugang zu Dingen, die draußen völlig unbekannt sind. Ich meine, die Häftlinge sind keine Chorknaben, sie kennen sich aus in der Welt. Zum Beispiel gehörten nicht wenige zu Rem, ihr Wissen war für mich unschätzbar. Von ihnen erfuhr ich, wie man in das Retreat reinkommt.« Pause. »Und sogar, wo Eva sich aufhält.«

»Wie ist dir das gelungen?«

»Egal, wo du bist, es gibt immer jemanden, der über exklusives Wissen verfügt. Er kann schwarz sein oder weiß oder sogar eine Frau … Das Prinzip ist immer dasselbe: Irgendwer kontrolliert die Show. Jemand mit echter Macht. Und wenn man *den* kennt …«

»Und was musstest du für diese Information tun?«

Seine Miene verdüsterte sich. »Das möchtest du nicht wissen.«

»Vielleicht doch.«

»Sicher? Du willst wissen, wie viele Schwänze ich gelutscht habe? Wie viele arme Schweine abgestochen? Nur um mir die Bosse gewogen zu machen? Im Ernst, *das* willst du hören?«

Meg musste schlucken. »Es tut mir so leid für dich.«

Sean trank. »Ach was, spar dir dein Mitleid. Ich habe getan, was nötig war – und erhalten, was ich wollte. Und dann bekam ich sogar noch einen Freifahrtschein aus dem Knast, weil ich mich als Freiwilliger für das Versuchsprogramm gemeldet habe. Es durfte natürlich nicht irgendein Versuchsprogramm sein, sondern nur das im Retreat, bei dem großen Professor Grant.«

»Angenommen, du hättest ihn getötet – was dann?«

»Dann wollte ich Eva finden. Sie ist mittlerweile zehn Jahre alt. Ich finde, sie sollte wissen, wer ihre Mutter war. Ihre Familie kennenlernen.«

Meg nippte an ihrem Bier. Ob Sean wirklich so hehre Ziele verfolgte, schien ihr fraglich, aber auch unwichtig. Ihr brannten noch andere Fragen auf der Zunge. »Was war eigentlich mit Paul? Warum hast du ihn umgebracht?«

»Paul?«

»Der Polizist in der Seilbahn. Er hieß Paul.«

»Woher weißt du das?«

»Ich hatte mal eine Beziehung mit ihm.«

Sean brach in Lachen aus. »Mann, das glaube ich nicht. Schätze, wir alle haben so unsere kleinen Geheimnisse.« Er prostete ihr zu. »Mein Beileid.«

»Sag so etwas nicht, wenn du es nicht meinst. Soweit es mich betrifft, war es kein großer Verlust. Ich hatte ihn seit fünf Jahren nicht gesehen. Trotzdem hatte er es nicht verdient, auf diese Weise zu sterben.«

»Letztlich hieß es, er oder ich.«

»Und bei Karl?«

»Das war nicht beabsichtigt.«

»Trotzdem hast du ihn absichtlich belastet.«

»Das wollte ich nicht. Die ganze Sache ist nicht so gelaufen wie geplant.«

»Und wie *war* es geplant?«

Sean seufzte. »Ich hatte einen Tipp bekommen, dass ein Polizist an Bord sein sollte. Irgendwie hatte sich herumgesprochen, dass ich hinter dem Professor her war.«

»Wie spricht sich so etwas herum?«

Achselzucken. »Mit Dieben fängt man Diebe, wie es so schön heißt. Ich habe beinahe mit so etwas gerechnet.«

»Also hast du ein Messer an Bord geschmuggelt, um Paul zu beseitigen?«

»Nein. Das Messer *war* schon an Bord. Solche Sachen muss man vorbereiten. Zumal ich ja wusste, dass wir ein Betäubungsmittel erhalten und gefilzt werden. Und ob ich mir im Retreat eine Waffe beschaffen könnte, hielt ich für unwahrscheinlich. Nein, aber man kann sich Leute gewogen machen, sagte ich doch. Für Drogen tun manche alles, selbst bei den Jungs vom Department. Man muss sie ja nicht selber nehmen. Jedenfalls habe ich das Frühstück mit dem Betäubungsmittel ins Klo gekippt und nur so getan, als wäre ich hinüber. Später, in der Seilbahn, habe ich jeden von euch durchsucht, und nur bei Paul fand ich eine Pistole. Die Pistole hat ihn verraten.«

»Paul war bewaffnet?«

»Du sagst es.«

»Und gleichzeitig betäubt?«

Kurzes Zögern. »Ja. Sollte wohl besonders realistisch sein. Oder er hat die letzte Info nicht gekriegt.«

Megs Hals schnürte sich zusammen. »Und aus diesem Grund hast du ihn im Schlaf erstochen?«

Sean sah sie an wie ertappt. »Er hätte mich bei der ersten Gelegenheit erschossen.«

»Und so kam es gar nicht erst dazu.« Meg rang um Fassung. »Und später hast du die Pistole versteckt und Karl das Messer zugeschoben?«

»Zum Überlegen blieb nicht viel Zeit. Ich musste ein blutiges Messer und eine Pistole loswerden. Mein erster Gedanke war, alles aus der Kabine zu werfen, aber dann dachte ich, dass eine Knarre vielleicht noch nützlich sein könnte. So klebte ich sie aufs Dach – mit demselben Klebeband, mit dem zuvor das Messer unterm Sitz befestigt war. Ich hatte vor, sie mir später wieder hervorzuholen.

Bei dem Messer kam mir der Stromausfall dazwischen. Ich

wollte es gerade aus der Luke werfen, als die Seilbahn stehen blieb. Alles schaukelte, die Luke knallte zu, und die Leute wurden auf einmal wach. Da blieb nicht viel Zeit, und ich steckte es Karl in die Tasche, er saß ja direkt neben mir.«

Allmählich gewann Meg ein Bild von einem Vorgang, den nur aberwitzig finden konnte, wer nicht verstand, wozu Verlust und Besessenheit führen konnten.

»Und die ganze Zeit hattest du auch den Schlüssel zur Dachluke, richtig?«

»Sicher.«

»Und Karl war sozusagen nur ein Kollateralschaden.« Kopfschüttelnd blickte sie ihn an. »Ebenso wie Max.«

Er senkte den Blick. »Ach, Max. Er war doch so gut wie tot, Meg.«

»Deswegen muss man nicht selber Hand anlegen.«

»Er war eine Belastung für alle.«

Meg wurde nicht schlau aus Sean. Aber je länger er redete, desto mehr hatte sie diesen ekelhaften Geschmack im Mund. »Und alles nur, um einen einzigen Mann zu töten?«

Sean blickte sie düster an. »Ich hatte gehofft, dass wenigstens du mich verstehst.«

»Ich? Warum?«

»Du hast deine Tochter verloren. Angenommen, du wüsstest, dass ein einziger Mensch an ihrem Tod schuld wäre, und du hättest die Möglichkeit, ihm die Quittung dafür zu geben – was würdest du tun? Du würdest doch alles genauso machen.«

Meg lag die passende Antwort schon auf der Zunge, aber dann stellte sie fest, dass es so einfach nicht war. Einmal, nach Lilys Tod, war sie zufällig der Ärztin begegnet, die Lily hatte sterben lassen. Es war auf dem Parkplatz eines Supermarkts gewesen und schon spät, der Parkplatz fast leer. Die Frau stieg gerade in ihr Auto, als Meg sie sah. Sie lief auf sie zu, getrieben von etwas, das sich lange aufgestaut hatte. Einmal die Angst in den Augen dieser Schlampe sehen, bevor sie ihr den dummen Schädel einschlug: *Da! Das ist für Lily!*

Dass es nicht dazu kam, lag einzig daran, dass sie in diesem Moment ein Kollege erkannte, der ebenfalls auf den letzten Drücker noch etwas einkaufen wollte – und ihren Namen rief. Ihre Rachegedanken fielen im selben Moment in sich zusammen, und die Normalität hatte sie wieder. Meg ging zurück zu ihrem Auto und beglückwünschte sich für ihre Besonnenheit. Doch es war nicht ihr Gewissen, das sie stoppte, sondern einzig und allein die Anwesenheit eines Zeugen.

»Ich verstehe ja den Wunsch nach Vergeltung«, sagte sie. »Aber das alles ändert weder etwas an meiner Trauer noch macht es meine Tochter wieder lebendig.«

»Es geht nicht um Trauer. Es geht um Gerechtigkeit. Gerechtigkeit für Peggy und all die anderen, die Grant auf dem Gewissen hat.«

»Und das um jeden Preis?«

»Alles hat seinen Preis. Genauso, wie es immer jemanden gibt, der die Macht hat. Du musst nur entscheiden, welchen Preis *du* dafür zahlen willst.«

»Hättest du jemals Hilfe geholt?«

Sean verdrehte die Augen. »Welche Hilfe? Woher denn? Schau dich doch um, Meg. Hier ist nichts. Die Station wurde komplett zerstört, du hast die Leichen gesehen.«

Sie nickte. »Ich dachte erst, du hättest sie erschossen. Aber sie sind schon länger tot.«

»Ich nehme an, es war derselbe, der auch die Seilbahn außer Kraft gesetzt hat.«

»Glaubst du, er ist noch hier?«

Sean schüttelte den Kopf. »Ich habe mich umgeschaut. Hier ist niemand. Alles verlassen.« Er blickte sie eindringlich an. »Meg, kapier doch: Es gibt keine Hilfe. Jemand wollte verhindern, dass wir je hier ankommen. Das müsste dir zu denken geben.«

Meg sah aus dem Panoramafenster. Zweihundert Meter unter ihr hing, wie an einem hauchdünnen Faden, ihre Kabine. »Sarah ist noch da drin.«

»Selber schuld.«

»Ich kann sie nicht im Stich lassen«, sagte Meg. »Hätte ich eine Kletterausrüstung, könnte ich zurück und sie abseilen.«

»Du gibst dir aber eine Menge Mühe – dafür, dass du sie nicht leiden kannst.«

»Dasselbe würde ich auch für dich tun«, sagte sie und schmiegte sich an ihn. »Sean, bitte, hilf mir. Danach kannst du umbringen, wen du willst, ich mache sogar mit. Nur dieses eine Mal will ich nicht versagen.«

Sean trank aus. »Du bist ein viel besserer Mensch als ich.«

»Ist das so?«

Sie sah, wie er mit sich rang.

»Fuck!«, brüllte er und schleuderte die leere Bierflasche gegen die Panoramascheibe, der dies aber nichts ausmachte. Die Flasche prallte unspektakulär ab und fiel zu Boden. »So viel zu großen Gesten«, sagte er seufzend.

Er sah Meg an. »Auf der Rückseite steht noch ein Schneemobil. Damit wollte ich zum Retreat fahren. Und wo einer draufpasst, da passen auch zwei drauf.«

»Danke«, sagte Meg.

Sean erhob sich. »Trotzdem solltest du dich vielleicht fragen, *wen* du eigentlich retten willst. Weißt du das überhaupt?«

Ihre Erleichterung war wieder dahin. »Sarah natürlich.«

Seine blauen Augen waren geradezu bohrend. »Na gut. Dann halten wir das mal so fest. Aber vergiss es auch nicht.«

Carter

Zu Fuß brauchte man drei Stunden für die Strecke. Die Bergstation lag nicht so weit entfernt, aber das abschüssige Terrain war tückisch. Früher kam man leicht mit dem Schneemobil hin, aber Schneemobile gab es schon lange nicht mehr.

Keuchend und schweißgebadet schleppte Carter den Schlitten bergan. Immer wieder schlug er hin, fluchte laut. Es schneite kaum noch, aber ein zäher Nebel waberte um den Gipfel, sodass Carter zeitweise nicht mehr wusste, wo er war.

Aber es hatte auch niemand behauptet, dass die Route einfach war. Das grenzenlose Weiß und die lang gezogenen, gleichförmigen Bergrücken erschwerten die Orientierung zusätzlich. Felsspalten und Rinnen stellten eine permanente Gefahr dar. Zuweilen tat sich nur wenige Meter vor ihm ein Abgrund auf, der anscheinend direkt in die Unterwelt führte.

Auf halber Strecke legte Carter eine Pause ein, um wieder zu Atem zu kommen und den müden Beinen eine Erholung zu gönnen. In dieser Höhe war die Luft schon ziemlich dünn, und er merkte genau, wie Herz und Lunge arbeiten mussten, um dem Organismus ausreichend Sauerstoff zu verschaffen. Seine Phantom-Nase und die freiliegenden Schleimhäute litten besonders unter der kalten Luft. Er wickelte seine untere Gesichtshälfte wieder in den Schal und setzte seinen Weg fort, bis er auf einen Kamm gelangte, von dem aus die graue Kuppel der Bergstation immerhin zu sehen war.

Es gab einmal eine Zeit, da beförderte die Seilbahn täglich viele tausend Touristen in die höher gelegenen und höherpreisigen Skiresorts.

Aber dort war seit über zehn Jahren alles dicht, während die Orte im Tal weiter existierten. Man fragte nur nicht, wie. Armut und Verfall bestimmten das Straßenbild, viele Gebäude waren durch Brandstiftung und Vandalismus unbewohnbar, und das Einzige, das boomte, war die Kriminalität. Zumindest die Seilbahn lief neuerdings wieder, wenn auch nicht regelmäßig, denn sie war gewissermaßen die Lebensader für das Retreat – und das einzig sichere Transportmittel für den Nachschub an Rekruten.

Die zugehörige Seilbahnstation hatte man einst kühn in den Felsen gesprengt. Weithin sichtbar der gläserne Bug des gewölbten Panoramafensters auf dem Besucherdeck, wo sich auch das Café und der Bahnsteig befanden. Darunter, in einem kleinen Maschinenraum, stand für den unwahrscheinlichen Fall eines Blackouts ein Generator bereit. Carter war sicher, dass er dort auch Reservekanister mit Kraftstoff und Ersatzbatterien finden würde.

Carter ackerte sich weiter über die Geröllhalde zum Seiteneingang der Station. Dabei fiel sein Blick auf eine windschiefe Baracke und ein ausgebranntes Schneemobil. Carter schluckte, und er schwitzte stark. Aber irgendetwas trieb ihn weiter. Und nicht nur, weil Miles ihn sonst umbringen würde.

Die Automatiktüren im Eingangsbereich standen dauerhaft offen, weil Holzkeile sie am Schließen hinderten. Carter stellte den Schlitten an die Wand und spähte ins Foyer. Alles war dunkel, aber so weit er blicken konnte, hatte Schnee den Weg tief ins Innere gefunden, wo auch der Ticketschalter und der Wartebereich mit den fest installierten Schalensitzen war. Dahinter führte ein Gang in die Station hinein. Es roch muffig.

Wie hieß es so schön? Du musst dich deinen Dämonen stellen! Aber, ehrlich, leck mich am Arsch.

Mehr gab es dazu nicht zu sagen.

Schon der nächste Schritt kostete ihn die größte Überwindung.

Meg

Sean ging voraus, Meg folgte ihm. Sie hatte ihm den Revolver zurückgegeben und behielt auch ihre eigene Waffe schussbereit in der Hand. Sie wussten nicht, was sie erwartete. Sie trauten sich ja nicht einmal gegenseitig. *Wen willst du eigentlich retten?* Danke, Professor Freud. Leider gab es im Moment einfach keine Alternative zu Sean. Er war alles, was sie hatte.

Sean stieß einen Notausgang auf und trat wieder hinaus in die Kälte. Zwar war es im Innern der Seilbahnstation nicht gerade muckelig warm, aber der scharfe Wind auf dem Gipfel war noch einmal etwas ganz anderes. Etwas, das dir den Atem nahm, das an dir riss, dich an den Klamotten packte wie ein Rausschmeißer, um dich ohne viel Federlesens vom Berg zu schmeißen.

In diesem Augenblick wünschte sich Meg Fußgewichte, wie Kampfsportler sie hatten, nur um nicht wegzufliegen. Da sie die aber nicht hatte, benutzte sie Sean als menschlichen Schutzschild.

Zum Glück war es hinter einer Ecke des grauen Kastens ruhiger. Sie hob den Kopf und stellte fest, dass Sean zumindest in einem die Wahrheit gesagt hatte. Vor einer Baracke mit der Aufschrift *Werkstatt* stand ein verwittertes Schneemobil mit einem rot-weißen Farbschema. Da gingen sie hin.

»Es ist sogar noch Benzin drin«, sagte Sean.

»Woher weißt du das?«

»Hab nachgesehen.«

»Warum bist du dann noch hier?«

»Finde den Fehler.«

Meg brauchte nicht lange. »Kein Zündschlüssel?«

Sie blickte zur Werkstattbaracke hinüber. »Schon mal dort nachgesehen?«

»Nein, ich dachte, ich genehmige mir erst ein Bier und warte auf die Frau, die mir das Nächstliegende vorschlägt.«

»Tun Männer das nicht immer?«, erwiderte Meg. »Könnte vielleicht nicht schaden, ein zweites Mal nachzusehen.«

Sie drückte die schwergängige Tür auf und ging hinein.

Die sogenannte Werkstatt war im Grunde nur eine bessere Rumpelkammer. Meg sah auch sofort, was aus Schneemobil 2 und 3 geworden war. Sie lagen ausgeschlachtet auf der langen Werkbank. Vielleicht lieferten sie noch Ersatzteile für das funktionierende Fahrzeug, vielleicht sollten die Teile auch nur verscherbelt werden. Auf jeden Fall war es ein Monument des Niedergangs.

Meg blickte sich weiter um. An der Wand hingen eine Reihe Blaumänner und schmutzige Skijacken in Sicherheitsfarben. Und jede Menge Werkzeug. Sie klopfte die Taschen ab. Nichts drin. Rechts von ihr zwei hohe Schränke. Meg öffnete sie und fand zwei Paar Skier mit Stöcken.

»Kannst du Ski fahren?«, fragte sie Sean.

»Nicht besonders. Und du?«

»Auch nicht. Aber eine kurze Strecke ginge schon.«

»Solange es bergab geht …«

»Versteht sich.« Sie wandte sich wieder den Schränken zu. Sean stützte sich auf die Werkbank, sah sie an. »Du gibst auch nie auf, oder?«

»Das stimmt nicht. Ich war mal fast so weit. Aber aufgeben ist einfach keine Option. Man kann immer etwas tun.«

Sie öffnete Schrank Nummer zwei.

»Gib dir keine Mühe. Da ist er ebenfalls nicht.«

Innen ein beschriftetes Schlüsselbrett: *Generator*, *Lager*, *Schnee*

2, Schnee 3. Am Haken mit der Aufschrift *Schnee 1* hing kein Schlüssel.

Meg brauchte einen Moment, bis sie kapierte. Natürlich, *Schnee 1*! Wie hatte sie das vergessen können?

»Ich hab's«, sagte sie.

»Was?«

Sie suchte in ihrer Hosentasche. »Hier. Diesen Schlüsselbund hatte einer der Toten im Kontrollraum bei sich. Hab mich schon gefragt, was das sein soll, *Schnee 1.*«

»Sag bloß, du hast den Zündschlüssel.«

»Tja.«

Aber ihr Grinsen verging ihr, als sie sich umdrehte und in den Lauf einer Pistole starrte.

»Ich wusste doch, dass mit dir zu rechnen ist«, sagte er und deutete mit dem Kopf auf den Revolver in ihrer Hand. »So, und jetzt leg dein Schießeisen schön langsam auf die Werkbank.«

Meg zögerte.

»Bitte«, sagte Sean scheißfreundlich.

Widerstrebend gehorchte sie.

Sean streckte die Hand aus. »Und jetzt bitte noch den Schlüssel.«

»Du hattest nie vor, mich mitzunehmen, nicht wahr?«, sagte Meg. »Alles nur ein Trick, um mich in Sicherheit zu wiegen.«

»So ähnlich.«

»Und jetzt willst du mich umbringen.«

»Nein, keine Angst: Du rückst den Schlüssel raus. Ich fessle dich, damit du mir nicht dazwischenfunkst. Und später hole ich dich wieder ab.«

»Falls du nicht selber getötet wirst«, sagte Meg, die dieses Szenario bereits durchspielte. »Vielleicht ist der Professor schon längst tot, hast du daran mal gedacht? Dann war alles umsonst.«

»Kann sein. Aber ich habe es meiner toten Schwester geschworen, und deshalb wird es auch so gemacht. Und jetzt gib mir den Schlüssel.«

Sie gab noch nicht auf. »Aber wozu willst du mich noch fesseln? Mit dem Schneemobil bist du mir sowieso immer voraus. Bitte!«

Sean seufzte. »Ich würde dir gern zustimmen, aber wie du selber sagtest: Du gibst einfach nicht auf. Und wer weiß, was du dir dann wieder einfallen lässt.«

Meg sah ihn an und schämte sich nicht einmal für ihre Tränen. »Du hast recht«, sagte sie leise und mit hängenden Schultern, denn an ihrer Niederlage gab es nichts mehr zu deuteln. *»Sogar verdammt recht.«*

In diesem Moment stieß sie mit dem Fuß die Werkbank um, sodass Sean kurz das Gleichgewicht verlor. Der Revolver aber fiel ihr dabei direkt vor die Füße. Meg schnappte ihn sich und rannte durch die Tür nach draußen, wo das Schneemobil stand. Doch sie sollte es nicht mehr erreichen. Hinter ihr krachte ein Schuss, und etwas Brennendes schlug ihr gegen die Schulter, worauf sie der Länge nach auf den gefrorenen Boden stürzte. Verdammt, was war das?

Sean trat aus der Tür. Dem brennenden Schmerz zum Trotz rollte sich Meg auf den Rücken und schoss. Nah an seinem Kopf splitterte Holz, aber mehr war nicht passiert.

Es reichte aber, Sean in die Baracke zurückzutreiben. Er fluchte.

Meg rappelte sich hoch und humpelte über den Hang zu einem kleinen Nadelgehölz, wo ein breiter Baumstamm bessere Deckung bot. Von dort aus konnte sie beobachten, wie die Tür aufging, ohne dass Sean selbst in die Schusslinie geriet. Er war eben auch nicht dumm.

»Meg«, rief er jetzt. »Mach keinen Unsinn. Wir müssen nicht auch noch aufeinander schießen.«

»Von mir aus«, rief sie zurück. »Dann überlass mir das Schneemobil.«

»Ich habe eine bessere Idee. Ich nehme es, und wir beide kommen heil aus der Sache raus.«

»Vergiss es.«

»Aber warum? Du kannst Sarah nicht retten. Und selbst wenn, deine Tochter ist tot.«

Meg spürte Wut in sich aufsteigen. »Sean, fick dich! Meinst du wirklich, dass es dir deine Schwester zurückbringt, wenn du jetzt losziehst und einen Mann umbringst?«

»Ganz und gar nicht. Aber ihr widerfährt endlich Gerechtigkeit. Er muss für das, was er getan hat, bezahlen.«

»Und was, wenn dich andere Leute daran hindern wollen? Willst du die auch umbringen? Wie viele müssen für deine Art Gerechtigkeit noch sterben?«

Schweigen. Meg umklammerte ihren Revolver, sie hatte vor Kälte kein Gefühl mehr in den Fingern. Unterdessen pochte ihre Schulterwunde umso stärker. Wie viel Blut sie wohl schon verloren hatte?

»Meg«, sagte Sean beinahe bedauernd, »ein Schritt in Richtung Schneemobil, und ich muss dich erschießen.«

»Dasselbe gilt auch für dich, Sean.«

Von Sean kam ein bitteres Lachen. »Also ein Patt?«

»Sieht so aus.«

Wieder Schweigen.

»Und wie lösen wir das jetzt auf?«

Meg sah zur Werkstatt, dann zum Schneemobil.

Es gab zwei Möglichkeiten: Entweder einer ergatterte das Schneemobil. Oder keiner.

Sie hatte ihre Entscheidung getroffen. Sie stand auf, positionierte sich halb schräg hinter dem Baumstamm, zielte. Und gab in schneller Folge zwei Schüsse ab.

Die zweite Kugel fand ihren Weg ins Ziel, den Tank des Schneemobils, der mit einem ohrenbetäubenden Knall und in einem

Feuerball explodierte. Der Luftdruck warf Meg zurück, und selbst die Hitze und einzelne Metallsplitter waren auf den unbedeckten Körperpartien noch zu spüren. Nur Sekundenbruchteile später schleuderte sie eine zweite Explosion ganz zu Boden.

Der Rest war eine Folge der Schwerkraft. Sie rollte den Abhang hinab auf die Basaltkante zu, und egal, wie sehr sie dagegen ankämpfte, nichts konnte diesen Horrortrip stoppen. Erst ganz am Schluss – ihre Füße rutschten bereits über den Abgrund – bekam sie einen winzigen Vorsprung zu fassen.

Halleluja! Einen Moment lang lag sie nur da, ohne wirklichen Kontakt zur Erde, aber am Leben. Vorsichtig, um ihr Glück nicht herauszufordern, arbeitete sie sich wieder auf halbwegs trittfesten Grund vor. Dort schaute sie zurück. Nur wenige Meter hinter ihr fiel der Berg senkrecht ab. Danach war nichts als der Himmel, auch wenn die untergehende Sonne die Berge jetzt in ein versöhnliches Licht tauchte. Sogar das Dach einer havarierten Seilbahngondel, nur wenige hundert Meter unter ihr, leuchtete in den letzten Strahlen noch einmal kurz auf. Im selben Moment meinte Meg, ein schwarzes Pünktchen zu sehen, das aus der Gondel ins Unsichtbare fiel. *Sarah?*

Meg verspürte einen kurzen Stich, der jedoch schnell von Erleichterung abgelöst wurde, dass sie noch am Leben war. Und das wollte sie auch erst einmal bleiben. Ihr Revolver lag halb verschüttet im Schnee, den brauchte sie als Allererstes. Sie riss ihn an sich und stand auf, mühsam, auf wackligen Knien und trotz der Schmerzen, die stärker geworden waren. Der Wind griff sie sofort an, aber sie war bereit.

Und es war auch höchste Zeit, denn von oben, durch Rauch und Hitze der Explosion, näherte sich Sean und wirkte mit seinem geschwärzten und schmerzverzerrten Gesicht völlig verändert. Wie ein Zombie, der am langen Arm gerade noch die Pistole halten konnte, bewegte er sich auf sie zu und blieb ein paar Meter vor ihn stehen.

Aus rot geränderten Augen sah er sie an und brachte mühsam hervor: »Warum? Warum hast du uns die letzte Möglichkeit genommen, von hier wegzukommen?«

»Einer musste dich aufhalten. Du hättest sonst wahllos Leute erschossen.«

»Was kümmert dich das?«

»Weil …« Der Wind und die Schmerzen machten ihr das Reden schwer. »Weil jemand sich kümmern *muss*. Denn wenn uns nichts mehr kümmert, wenn andere Leute, andere Schicksale uns ganz egal sind, was sind wir dann noch? Was ist dann aus uns geworden?«

Sean schüttelte den Kopf. »Also doch. Ich wusste doch gleich, dass du einer von diesen Gutmenschen bist, die ich nicht ausstehen kann.«

Sie musterten sich, als wollten sie noch einmal von vorn anfangen. Allerdings in einer Welt, in der sie nie mehr zusammenkommen würden. Weil der eine nur töten wollte – und die andere nichts als sterben. So gesehen konnte es vielleicht nicht anders enden als ich einem Kugelhagel.

»Dir ist klar, dass du verblutest, wenn die Schusswunde nicht versorgt wird«, sagte Sean.

Meg nickte. »Und du bist auch nicht in der besten Verfassung. Du wirst an Hunger und Kälte verrecken, ehe du auch nur in die Nähe des Retreats kommst.«

»Dann sieht es wohl so aus, als wären wir beide im Arsch.«

»Es sieht nicht nur so aus, es ist Tatsache.«

Ihr Blicke trafen sich. »Meg, ich will dich nicht erschießen«, sagte er.

»Ich weiß«, sagte sie und hob ihren Revolver. »Ich wünschte, es wäre umgekehrt auch so.«

Sean feuerte. Einmal, zweimal, dreimal. Meg spürte noch, wie die Kugeln in sie eindrangen wie glühende Eruptionen. Sie lächelte, als die Wucht der Projektile sie kurz anhob, ehe sie nach hinten geschleudert wurde und fiel und fiel.

Eine Hand fing sie auf.

Sie wandte sich um. Neben ihr war Lily, doch sie trug nicht mehr ihr gelbes Sommerkleidchen, sondern ein glitzerndes Gewand aus weißen Schneeflocken.

»Keine Angst, Mami. Ich fange dich auf.«

Meg drückte die Hand ihrer Tochter. »Ich weiß, Schatz. Und jetzt lasse ich dich auch nie mehr los.«

Sie umarmten sich, während der Dunst an ihnen vorbeirauschte. Die Welt löste sich auf in Weiß.

Meg vergrub ihr Gesicht in den goldenen Locken ihrer Tochter.

»Tut mir leid, dass ich so lange gebraucht habe«, flüsterte sie. »Aber ich wurde aufgehalten.«

Carter

Carters schwere Stiefel wirbelten den zerbröselten Beton auf, als er den Korridor entlangging. Aus der Toilettenanlage wehte ihn ein derart übler Gestank an, dass er die Luft anhalten musste.

Vor ihm wies ein verblichenes Schild den Weg zu *Café und Aussichtsterrasse*, rechts zweigte ein kürzerer Korridor mit zwei Türen ab. Auf einer stand *Betriebsleitung, Zutritt verboten.*

Carter zögerte, dies war der Kontrollraum. Dann trat er ein.

Innen ein Bild der Zerstörung. Herausgerissene Leitungen, demolierte Computer. Und noch immer saßen die Leichen von zwei Angestellten an ihrem Steuerpult. Nicht dass allzu viel von ihnen übrig gewesen wäre. Leere Augenhöhlen starrten ins Nichts, lippenlose Münder setzten an zu einem Schrei, der einfach nicht kam, denn sie waren schon sehr, sehr lange tot. Ihre Haare klebten an gelblichen Schädeln, Knochenfinger ragten tatenlos aus den grünen Ärmeln der Department-Uniform, und es schien sie überhaupt nicht zu stören, dass sie so gar nichts mehr zu bestimmen hatten. Nicht einmal über ihre Todesursache konnten sie eine Aussage treffen, das taten die forensischen Spuren viel besser: Jeder von den beiden trug genau zwei ausgefranste Einschusslöcher im Rücken seines Dienstoveralls.

Miles war ein brutaler, äußerst effizienter Vollstrecker.

Bei Ausbruch der Seuche war er sofort hergekommen, um jeden Verkehr mit dem Retreat zu unterbinden. Die diensthabende Mannschaft hatte keine Ahnung, ein Schneesturm hatte die Verbindung zur Talstation gestört. Miles beschädigte sie endgültig. Anschließend blockierte er den Antrieb der Seilbahn und überließ die, die sich gerade auf der Bergfahrt befanden, ihrem Schicksal.

Jedoch war er ein paar Tage später noch einmal zurückgekehrt … und hatte Carter das Leben gerettet.

Er fand ihn, stark unterkühlt und halb verhungert, in der Nähe der Station. Rätselhaft war Carter seine Motivation. Warum hatte Miles das getan? Miles selbst hatte dazu lediglich gesagt: »Nun ja, trotz deines Zustands sahst du für mich aus wie der typische Überlebende. Und solche Leute kann man immer brauchen.«

Es dauerte Wochen, bis seine Erfrierungen verheilt waren, Wochen, die er in der Isolation im Untergeschoss verbrachte. Mit seinen medizinischen Kenntnissen konnte Miles ihm zwar das Leben retten, aber Carters Gesicht wiederherstellen, das konnte er nicht.

Eine Zeit lang trug Carter deswegen eine OP-Maske, so war zumindest seine zerstörte Nase nicht zu sehen. Aber mit der Zeit gewöhnten sich die anderen im Retreat an seinen Anblick – und er ebenfalls.

Carter schenkte den Toten im Kontrollraum einen letzten Blick und verließ dann den Raum. Draußen auf dem Gang folgte er den Pfeilen und stieß irgendwann die Doppeltür zum Café und zur Aussichtsterrasse auf.

Das Bergpanorama war allerdings längst nicht mehr so eindrucksvoll wie früher, dazu war die Scheibe zu dreckig. Geplatzte Bierflaschen im toten Kühlschrank verbreiteten ein hefiges Aroma. Carter bahnte sich einen Weg durch die übereinandergestapelten Tische und Stühle und stand schließlich vor dem spektakulär schmutzigen Fenster.

Etwa zweihundert Meter unterhalb der Station hing immer noch eine Kabine. Wie eine einsame Christbaumkugel vor dem großen Whiteout des Himmels. Verrostet und von eisigen Winden geprügelt, eigentlich nicht mehr als eine tote Hülle, ein Kadaver von Kabine. Und doch weigerte sie sich loszulassen. Diese Kabine war wie er, Carter. Eine echte Überlebende.

Hinter ihm plötzlich ein knirschendes Geräusch.

Die Sohle eines Stiefels auf Glas.

Langsam wandte er sich um …

»Na, kehrst du an den Tatort zurück, Sean?«

Carter

Sie sah noch genauso aus, wie er sie in Erinnerung hatte. Die wilden schwarzen Haare, das Gesicht blutverschmiert, aber zu allem entschlossen. Und noch mehr Blut auf ihrem blauen Schneeanzug, dessen synthetisches Material an verschiedenen Stellen Einschusslöcher auswies.

»Eigentlich wollte ich dich gar nicht töten.«

Meg zuckte die Achseln. *»Falls es dich beruhigt: Einer von uns beiden musste dran glauben. Es ging nicht anders.«*

»Ja.«

»Und wenn, dann lieber ich, würde ich sagen.«

»Du warst eine von den Guten.«

»Aber eben keine typische Überlebende.«

»Du wolltest mich aufhalten. Und ich musste ihn finden.«

»Hast du doch auch. Und jetzt?«

»Jetzt werde ich ihn töten.«

»Und dann? Wo soll das enden?«

»Es endet, wenn er tot ist.«

Ihr trauriges Lächeln darauf. *»Das redest du dir die ganze Zeit ein, Sean.«*

Dann zerstob sie vor seinen Augen und war von dem Betonstaub auf dem Fußboden nicht mehr zu unterscheiden. Der einzige Ort, an dem sie weiterexistierte, war seine Erinnerung, wo auch alle die anderen waren: Peggy, Hannah, Lucas, Anya … wer nennt ihre Namen? Je länger er nachdachte, desto länger wurde auch diese Liste. Man konnte es wirklich nicht anders sagen: Leichen pflasterten seinen Weg.

Doch als Meg in den Abgrund stürzte, befiel ihn zum ersten Mal der Zweifel. Zugegeben, dieser Schwächeanfall währte nur kurz, sein Überlebensinstinkt war einfach zu stark und sein Vergeltungsdrang erst recht. Er musste beenden, was er begonnen hatte, er war schon zu weit gekommen. Und der Weg zur Hölle ist eben eine Einbahnstraße, ein Zurück gibt es nicht.

Als Erstes ging er in die Werkstatt zurück, dort war es zwar nicht wärmer, aber wenigstens nicht so windig. Denn die Kälte infiltrierte bereits seinen Schneeanzug. Wenn er die nächsten vierundzwanzig Stunden überstehen wollte, brauchte er zusätzliche Schichten an Kleidung. Da drängten sich die schmuddeligen Skijacken aus der Werkstatt förmlich auf, und die, die er schließlich anzog, hatte einen Namensaufnäher: *P. Carter.*

Miles sollte ihn später einmal fragen, wofür das »P« stand.

Er wusste es auch nicht, überspielte die Situation. »Ist doch egal«, sagte er. »Die meisten Leute nennen mich nur Carter.«

Ein neuer Name, ein neues Leben. Was unverändert blieb, war sein Bedürfnis nach Rache.

Es verleitete ihn jedoch nie zu vorschnellen Aktionen. Carter hatte in der Haft Geduld gelernt, das wirkte sich nun vorteilhaft aus. Zunächst musste er wieder zu Kräften kommen und vor allem lernen, mit seinem neuen Gesicht zu leben. Zeit, die er dafür benutzte, das Retreat bis in den letzten Winkel auszukundschaften und sich daneben nützlich zu machen, Miles' Vertrauen zu gewinnen.

Das klappte auch so weit.

Und zahlte sich aus. Irgendwann offenbarte ihm Miles die Wahrheit über Isolationsraum 13.

Das war Pech für gewisse Leute, doch Carter bot es eine einzigartige Gelegenheit.

Wofür sonst hatte er dreizehn Jahre gewartet? Und jetzt, durch reinen Zufall, wurde ihm der Schuldige quasi auf dem Silbertablett geliefert – in Isolationsraum 13.

Es wurde Zeit, den Sack zuzumachen.

DER TEUFEL HAT ENGEL GELERNT

1

Die Dämmerung brach schon herein, als Carter – mit dem Generator, einer Starterbatterie und zwei vollen Benzinkanistern auf dem Schlitten – das Retreat erreichte.

Er war völlig durchgeschwitzt und spürte einen Druck auf der Brust, vermutlich infolge der Anstrengung in großer Höhe. Tatsächlich rang er auf den letzten hundert Metern ständig nach Luft, und seine Beine zitterten derart, dass jeder Schritt eine Herausforderung war. Als wäre dies alles nicht schon schwer genug, kündigten die wirbelnden Flocken im böig auffrischenden Wind den nächsten Schneesturm an.

Als Carter sich dem Tor näherte, knackte etwas unter seinem Stiefel. Er sah nach unten. Das alte Hängeschild hatte sich offenbar endgültig aus seiner Halterung gelöst und lag halb begraben im Schnee. Carter bückte sich und hob es auf.

THE RETREAT

Eigentum von DRIFT

(Department of Research into Infection

and Future Transmission)

Carter starrte auf das verwitterte Ding. Dann holte er aus und schleuderte es weit von sich. Solche Akronyme konnte er noch nie leiden.

Er schleppte sich und den Schlitten weiter zum Eingang, wo er den Zugangscode in das Tastenfeld hackte. Es tat sich nichts. Er versuchte es erneut. Die Tür ging nicht auf. Mit den Zähnen riss er sich die Handschuhe von den Fingern und gab den kompletten Zugangscode noch einmal und in aller Deutlichkeit ein. Das Ergebnis war dasselbe wie zuvor. *Was sollte dieser Scheiß?* Carter richtete seine ganze Wut auf das kleine Terminal, als stecke eine persönliche Absicht dahinter. Oder schon wieder ein Stromausfall? Aber ein Stromausfall *öffnete* normalerweise die Türen – es sei denn, Welland hatte mal wieder Mist gebaut, für Carter immer der noch wahrscheinlichste Grund. Entnervt hämmerte er gegen die Tür.

»Hey! Welland! Miles! Die scheiß Schließanlage funktioniert nicht. Kann mir mal jemand aufmachen?«

Er wartete. Nichts. Aber es handelte sich um eine massive Tür, und vielleicht waren sie im Keller oder sonst wo. Carter fluchte und trat gegen die Tür. Fuck! Er ging ein paar Schritte zurück und blickte umher. Er war müde und hatte Hunger, er wollte endlich ins Warme. Jetzt zeigte sich, wie sicher das Retreat immer noch war. Der Ort war eine Festung, es gab keinen anderen Weg hinein oder hinaus.

Wütend stapfte Carter zur Vorderseite, wo die blaue Lagune des Pools durch die breite Glasfront schimmerte. Unmittelbar darüber war der Wohnbereich mit der gebogenen Panoramascheibe. Er legte den Kopf in den Nacken. Was drinnen vorging, konnte er nicht wirklich sehen, aber täuschte er sich, oder war dort das Licht an? Sah ganz so aus. Was bedeutete, dass die Stromversorgung wieder funktionierte oder Welland den Generator doch zum Laufen gebracht hatte. So oder so, wenn der Strom wieder an war, warum ließ sich der Eingang nicht öffnen?

Carter kehrte um und starrte auf die verschlossene Tür. Am Ende gab es nur eine mögliche Erklärung: Jemand hatte den Zugangscode geändert. Abermals trommelte er gegen die Tür, stieß dagegen, brüllte, lauter und länger als beim ersten Mal. Innen nicht die geringste Reaktion.

»So eine Scheiße!«, fluchte er.

Schließlich zog er seine Pistole und feuerte mehrmals auf das Tastenfeld. Die Kunststoffverkleidung zersplitterte, Kontakte sprühten Funken. Carter rempelte gegen die Tür – und wundersam ging sie auf. Na also, warum nicht gleich so? Die Pistole im Anschlag, drang Carter weiter vor. Die Eingangshalle war leer. Alles totenstill. Mit dem Fuß kickte er hinter sich die Tür zu. Wenn er mit seiner Vermutung falschlag, war ihm Miles' Zorn gewiss. Der würde Carter für die zerschossene Zugangskontrolle bluten lassen. Doch so weit würde es nicht kommen, denn irgendetwas war hier vorgefallen, Carter hatte ein Gespür dafür. Und sein Gespür sagte eindeutig: Achtung, hier stimmt etwas ganz gehörig nicht.

Er riss sich Skibrille und -maske vom Gesicht, entledigte sich seiner Stiefel und stieg aus seinem Schneeanzug – alles, ohne die Pistole auch nur eine Sekunde aus der Hand zu legen. Auf Strümpfen schlich er die Wendeltreppe hoch und wagte dabei kaum zu atmen. Oben angekommen, scannte er mit gestreckter Waffe die Umgebung – und wurde fündig. Sein Herz machte einen Satz. Fuck!

Mitten im Wohnzimmer lag eine übergewichtige Gestalt in ihrem Blut. T-Shirt, Bequem-Jeans, krause Locken: Das konnte nur Welland sein.

Dem Anschein nach hatte jemand ein ganzes Magazin verschossen. Gott allein wusste, wie oft er in den vergangenen Wochen diesen Moment herbeigesehnt hatte, doch jetzt, im Angesicht der Wirklichkeit, empfand er Mitleid. Und war gleichzeitig verwirrt. Nur einer konnte so ein Blutbad angerichtet haben – aber warum?

Hatte Miles entdeckt, dass Welland im Labor gewesen war? Selbst dann war so ein Overkill kaum gerechtfertigt, selbst bei einem Psychopathen wie Miles. Oder war, umgekehrt, Welland auf Miles losgegangen, und Miles hatte sich nur verteidigt? Dagegen sprachen die zahlreichen Schusswunden im Rücken. Und überhaupt, warum hatte er Welland einfach im Wohnzimmer liegen lassen? Das sah Miles gar nicht ähnlich. Miles hasste jede Form von Unordnung.

Carter runzelte die Stirn. Bis jetzt war ihm absolut rätselhaft, wie es zu solch einem Showdown kommen konnte. Und noch etwas anderes war mysteriös: Dexter war nicht da. Wo steckte der kleine Kerl? Carter hatte kein gutes Gefühl.

Er wandte sich um und tappte lautlos wieder ins Erdgeschoss. Er überlegte, ob er im Spa-Bereich nachsehen sollte, aber seine Erfahrung sagte ihm, dass er Miles eher im Keller finden würde.

Carter ging zum Aufzug, drückte aber noch nicht gleich den Knopf. Wollte er das wirklich durchziehen? Vielleicht war es besser sich abzusetzen, solange noch Zeit war. Die Frage war nur, wohin? Von Quinn war keine Hilfe zu erwarten, und um sich durch die whistlerverseuchten Wälder zu schlagen, musste man lebensmüde sein. Entweder die Whistler erwischten einen oder irgendeine Bestie.

Letztlich gab es nur eine Möglichkeit.

Aber so weit war er noch nicht.

Carter ließ den Aufzug kommen. Die Türen öffneten sich sofort, als hätten sie auf ihn gewartet. Er trat ein, zückte die Codekarte aus der Geheimtasche seiner Jeans und hielt sie an das Lesegerät. Der Aufzug glitt geräuschlos nach unten. Sein Herz raste, als die Türen wieder aufgingen.

Das Untergeschoss empfing ihn mit dem gewohnten kalten Licht. Bislang alles normal. Offenbar war der Strom wirklich wieder da. Wohlfühlatmosphäre war hier unten allerdings nie beabsichtigt.

Misstrauisch arbeitete er sich weiter voran, schaute in jeden

Raum, an dem er vorbeikam. Leer, leer, leer. Erst ganz hinten, dort, wo der Gang einen Knick machte, drang ein animalisches Grunzen an sein Ohr, bei dem sich ihm der Magen umdrehte. Es drang aus der Isolationsstation, deren Tür immer noch offen stand.

Carters Hand krampfte sich um den Griff seiner Pistole, während er sich Zentimeter um Zentimeter vorwärtsbewegte. Das Einzige, das noch irgendein Geräusch verursachte, war sein wild pochendes Herz. Auf Höhe des Eingangs sah er, dass sämtliche Isolationsräume offen waren. Verdammt, war etwa auch das interne Sicherheitssystem ausgefallen? Hatte Welland deswegen sterben müssen? Hatte er die Anlage manipuliert?

Er schlich weiter. Die gutturalen Laute wurden lauter – und ließen sich kaum noch missdeuten. Carter sah, dass Isolationsraum 3 nicht mehr belegt war. Mit einer bösen Vorahnung ging er weiter zu Raum 4, um sich Gewissheit zu verschaffen.

Caren lag auf dem Bett. Sie war sediert und bekam wohl gar nicht mit, dass jemand ihr den grauen Overall bis zu den Knien heruntergezogen hatte. Humanreserve 03 lag auf ihr, und auch er hatte seinen Overall weitgehend abgestreift. Carter sah, wie der weiße Hintern von 03 frenetische Stoßbewegungen vollführte.

Carter fackelte nicht lange, überlegte nicht einmal. Er riss 03 an seinen fettigen Haaren von Caren herunter und schleuderte ihn auf den Boden. 03 brüllte in ohnmächtiger Wut. Aber Carter war noch nicht fertig mit ihm. Er hob seine Pistole und schoss ihm zwischen die Beine. 03 heulte auf und hielt sich die blutige Masse, die einmal sein Geschlechtsteil gewesen war.

»Ich sehe, du stehst auf brutalen Sex. Gut so? Reicht das, du kranker Bastard? Oder willst du noch mehr?« Carter zielte erneut und schoss ihm erst durch die linke Kniescheibe, dann durch die rechte.

Die Schreie von 03 hatten nichts Menschliches mehr, als er sich vor ihm auf dem Boden wand. Da Carter zusammen mit der Kniescheibe auch die Ausläufer der großen Beinarterie getroffen hatte, würde der Whistler unter Schmerzen verbluten. Gut so. Carter hatte nichts daran auszusetzen.

Ihn interessierte ohnehin nur Caren. Als Erstes nahm er die Decke vom Fußende des Betts und bedeckte damit ihre Blöße. Zumindest ihre Augen schienen auf diese Geste zu reagieren. Aber ihr Atem kam bereits stoßweise, und ihre Haut war leichenblass.

Carter streichelte ihr über die Haare. »Keine Angst, ich kümmere mich um dich.«

Was letztlich nur bedeuten konnte, dass ihnen keine einzige Humanreserve mehr blieb. Und ohne Humanreserve kein Plasma, weder für sie selbst noch für Quinn und Konsorten.

Was würde jetzt aus ihnen werden?

Beinahe zärtlich legte sich der Lauf seiner Pistole an Carens Kopf. Dann drückte er ab.

Anschließend trat er 03 noch einmal in den Unterleib und verließ den Isolationsraum.

Somit war nur noch ein Raum übrig: Nummer 13.

Carter hatte Isolationsraum 13 noch nie von innen gesehen. Es war auch das einzige Zimmer, das keine Glastür hatte, sondern eine passgenaue Personenschleuse ohne Türgriff, die beinahe mit der umgebenden Wand verschmolz. Wer nicht wusste, dass sich dahinter der ominöse Raum 13 befand, lief erst einmal daran vorbei. Dasselbe galt für die elektronische Zugangskontrolle, auch sie war nahezu unsichtbar, und nur Miles besaß den Code, der zudem regelmäßig geändert wurde.

Der Bewohner von Raum 13 war weder infektiös noch gefährlich und trotzdem von großem Wert. Denn es handelte sich um jenes bedenkenlose Genie, das sich einst vorgenommen hatte, die Welt von dem Virus zu erlösen, indem es die Opfer ausradierte. Darunter auch seine eigene Tochter und Carters Schwester, um nur zwei Beispiele zu nennen. Ein Mann der Tat, der gleichermaßen verabscheut wie verehrt wurde: Professor Stephen Grant.

Angeblich war er ja tot.

Doch Carter wusste es besser.

Und jetzt stand die Tür zu Raum 13 offen. Carter zögerte nicht, einzutreten. Innen ein großes Doppelbett. Rechts davon eine kleine Nasszelle. Links ein Bücherregal mit Schreibtisch, der von einer Leselampe erhellt wurde. Am Schreibtisch eine Gestalt, die sich Carter nur als Silhouette darstellte, allein in dem blanken Schädel fing sich etwas Licht.

Carter richtete seine Pistole aus, zielte mit beiden Händen.

»Und jetzt umdrehen, Grant. Du sollst sehen, wer dich erschießt.«

Langsam drehte sich der Bürostuhl in seine Richtung.

Carter starrte auf den Mann, der ihm präsentiert wurde. Er trug einen frischen blauen Overall, einen kahl rasierten Schädel und hatte ebenfalls eine Pistole in der Hand.

»Na so was«, grinste Welland. »Da bist du ja.«

2

Carter bekam den Mund nicht zu. »Du bist gar nicht tot.«

»Gut beobachtet.«

»Aber …« Er hatte ihn doch im Wohnzimmer liegen sehen. »Was hast du mit deinen Haaren gemacht?«

Welland strich sich über die nagelneue Glatze. »Hab dich voll verarscht, oder?«, gluckste er. »Mann, was hätte ich darum gegeben, dein dummes Gesicht zu sehen. Aber das war Miles, bemerkt?«

»Miles?«

»Kein Geringerer. Musste ihn allerdings mit ein paar Kissen auspolstern. Außerdem trägt er jetzt meine alte Frisur. Sieht aber nicht schlecht aus, oder?«

»Aber warum hast du das getan?«

Achselzucken. »Dachte, es wäre vielleicht ganz lustig. Kleiner Bonus für dich. *Miles and more* sozusagen.«

»Dann hast du auch den Zugangscode geändert?«

»Na klar. Wobei ich natürlich damit rechnen musste, dass du trotzdem reinkommst. Du bist wirklich lästig, weißt du das? Du gibst einfach nicht auf, das gefällt mir an dir. Echt, Mann, selbst mit deiner kaputten Fresse kommst du immer wieder. Wie ein scheiß Freddy Krueger für Arme.«

Carter begriff immer noch nicht, was genau gespielt wurde. »Warum hast du Miles getötet?«, fragte er.

»Warum nicht? Ich habe lange genug gewartet.«

»Aber weswegen?«

Welland schüttelte den Kopf. »Du schnallst es immer noch nicht, oder?«

Carter wollte sich keine Blöße geben und redete einfach weiter. »Soweit *ich* verstanden habe, bist du ein kleiner Pisser, der gerne den großen Max macht. Du hast allen erzählt, du wärst der technische Leiter, aber in Wirklichkeit putzt du nur die Klos.«

Welland verging das selbstgefällige Grinsen. »Und woher weißt du das so genau?«

»Ich habe deinen alten Hausausweis gefunden. Damals hießt du noch Barry Coombes. Offenbar hast du versucht, den Ausweis verschwinden zu lassen.«

Welland nickte nachdenklich, aber sein Grinsen kehrte bald zurück. »Stimmt, witzige Geschichte. Ich hatte den Job nur wenige Tage vor dem Ausbruch der Seuche angetreten. Aber sie hatten keine Arbeitskleidung in meiner Größe, deshalb lieh ich mir einen Overall von einem Techniker, einem gewissen Welland. Netter Kerl übrigens, bevor ihm ein Whistler die Gurgel rausriss. Damals gaben sie für jeden Arbeitsbereich verschiedenfarbige Overalls aus. Die armen Rekruten-Schweine trugen Blau, Krankenschwestern Grün, Ärzte Weiß, Reinigungskräfte Grau und Techniker Grün. Als das Retreat dann sein Armageddon erlebte, versteckte ich mich in einem Technikraum. Miles fand mich dort, hielte mir eine Knarre an den Kopf und fragte, ob ich den Laden wieder zum Laufen bringen könnte. Was sollte ich darauf sagen? Ich bejahte – und brachte mir in Rekordzeit alles selber bei. Eine ganz schöne Leistung, das musst du zugeben.«

»Und deinen Namen hast du gleich mit geändert?«

»Ich mochte den Namen Barry noch nie. *Barry!*«

Carter blickte ihn länger an. So einfach ging das also. Einmal den falschen Overall getragen – und schon war man jemand anderes. Allerdings wusste er aus eigener Erfahrung, dass hinter dem schlausten Plan oft nur die Macht des Zufalls stand. Glück musste der Mensch haben. Glück und noch mal Glück.

»Deswegen hast du es auch nicht geschafft, die Stromversorgung wiederherzustellen«, sagte der. »Du hattest einfach zu wenig Ahnung von komplexen Systemsteuerungen.«

»Wie gesagt, ich lernte schnell, aber eigentlich habe ich die Leute die ganze Zeit verarscht.«

Jetzt ergab auch Julias Tod einen Sinn.

»Hast du deswegen Julia umgebracht? Hat sie dich hier unten überrascht, als der Strom ausfiel? Hat sie gemerkt, dass du nur ein Aufschneider bist?«

»Ja, das tat mir leid«, sagte Welland. »Denn eigentlich mochte ich sie. Geile Titten.«

Carter runzelte die Stirn. »Trotzdem war kein Blut an deinen Sachen.«

»Was ist schon ein Overall? Ich zum Beispiel hatte unten immer noch einen zweiten gebunkert, man weiß ja nie. Ich warf Julias Leiche in den Pool, wischte das Blut weg und zog mich einfach um. Den schmutzigen Overall versteckte ich hinter dem Stromgenerator. Gleichzeitig überlegte ich, wie ich dir die Schuld an ihrem Tod zuschieben konnte. Was in dem Chaos danach gar nicht mehr nötig war, wie wir wissen.«

»Und das Messer?«

»Miles wollte mir keine Schusswaffe anvertrauen. In seinen Augen war ich dafür wohl zu erbärmlich. Also trug ich wenigstens ein Messer bei mir.« Carter setzte sein schlaues Gesicht auf. »Mann, ich kann dir nicht sagen, wie oft ich euch alle schon abmurksen wollte, während ihr schlieft. Leider hat Miles einen leichten Schlaf, da war mir das Risiko zu hoch.«

»Außerdem waren immer die Türen abgeschlossen.«

»Und ihr meint, das hätte mich abgehalten? Witzig!«

»Was willst du damit sagen?«

»Mag sein, ich bin nur jemand von der Putztruppe. Aber ich

habe Augen im Kopf und, wie gesagt: Ich lerne schnell. Dreyfuss – das war damals der echte technische Leiter – hatte ein komplettes Verzeichnis der werksseitig eingestellten Öffnungscodes. Und zwar für jedes einzelne Schloss im Haus. Das war eigentlich unzulässig, aber der Mann war, wie wir alle wissen, dem Alkohol zugeneigt und hatte ein beschissenes Gedächtnis. Nach seinem Tod nahm ich die Liste an mich und kam somit in jedes Zimmer rein«, sagte Welland augenzwinkernd. »Und glaub mir, diese Gelegenheit nutzte ich reichlich.«

Carter schluckte. »Ich nehme an, so kamst du auch in die Isolationsräume.«

Welland schien überrascht. »Wie, du weißt davon?«

»Caren hat dich da unten gesehen.«

»Dieses kleine durchtriebene Biest: Caren mit C. Na ja, damit ist es jetzt wohl vorbei.«

»Sie ist tot.«

»Scheiße, Mann, und das mit dem geilen Arsch.«

Carters Abscheu vor diesem Mann wuchs nur noch weiter. »Dein Mitgefühl ehrt dich.«

Doch das verfing bei Welland nicht. »Hey, glaub ja nicht, du wärst etwas Besseres. Ich kenne dich, Carter. Ich weiß alles über dich. Ist dir überhaupt klar, was dein Problem ist? Du bist unfassbar dämlich. Allein die Idee der ›Geheimverstecke‹ für deinen persönlichen Kram. Wie geheim waren die wohl? Oder auch Miles: Ist dir bekannt, dass er in seiner aktiven Zeit als Arzt über zwanzig Leute ins Jenseits befördert hat? Die Zeitungsartikel darüber hat er sogar aufbewahrt. Oder dein Spezi Nate. Stand auf kleine Mädchen. Und ich meine *verdammt* kleine Mädchen. Hab seine Fotosammlung gesehen. Und so weiter und so weiter. Julia, die Hübsche, hat sich geritzt. Caren hatte Essstörungen gehabt und Abführmittel geschluckt wie Smarties. Und Jackson plante mit seinen Rem-Freunden bereits die Entführung des Professors …«

Welland genoss Carters Verwirrung in vollen Zügen. »Tja, und was den Herrn Professor angeht, unser Jahrhundertgenie, das angeblich spurlos verschwunden ist und vermutlich nicht mehr lebt: Es ist hier im Retreat. Und wir beide, Carter, gehören zu den wenigen Leuten, die Kenntnis davon haben.«

Welland streckte die Arme aus, als machte sie dieses Wissen zu Brüdern.

»Hey, nicht so bescheiden, Mann«, sagte er. »Du warst doch auch an Raum 13 interessiert, oder irre ich mich? Sicher, deine Motive sind ungleich ehrenwerter als meine, das muss ich zugeben. Vergeltung für das arme Schwesterlein …« Er pfiff anerkennend.

»Woher weißt du von Peggy?«

»Ich sagte doch, dass ich mir alles selber erarbeiten musste. Natürlich habe ich das Foto gefunden. Und dann dein Tattoo … Zwischen beidem eine Verbindung herzustellen war nicht sonderlich schwer. Außerdem redest du im Schlaf.« Er gluckste. »Doch, so etwas ist nachvollziehbar. Es zeigt, dass du ein Herz hast. Okay, dein gutes Herz müsste man mit den zahlreichen Leuten verrechnen, die du auf deinem Weg umgelegt hast. Trotzdem, nichts geht über echte Bruderliebe. Wenn das hier ein Film wäre, wäre dir die Sympathie des ganzen Kinos sicher. Alle lieben den Antihelden, vor allem, wenn man aussieht wie Brad Pitt. Bei dir sehe ich da schwarz, du gehörst eher ins Zombiefach. Ich wüsste niemanden, der dir nicht am liebsten die kranke Fresse wegballern würde.«

Die Vorstellung schien ihn zu erheitern, und Carter kam nicht umhin, sein Bild von Welland zu aktualisieren. Er hatte ihn immer für einen nutzlosen, verfressenen Fatty gehalten. Dass dieser Kerl völlig wahnsinnig war, änderte alles.

»Das heißt, wir beide sind hinter dem Professor her?«, fragte er.

»Tataaa!«

»Und wo steckt er?«

»Gut formuliert. Dort, wo er sich versteckt hat. Er spielt Verstecken mit uns.«

»Lass den Quatsch«, sagte Carter. »Was hast du mit ihm gemacht?«

»Nichts, das ist ja der Witz. Aber ein Witz auf unsere Kosten.«

Carter konnte sich nur mühsam beherrschen. Doch er musste ruhig bleiben. »Was willst du damit sagen?«

Welland seufzte. »Ich will damit sagen, dass er nicht hier ist. In diesem Raum war überhaupt noch niemand. Hier, siehst du das?« Er nahm eine Schreibkladde, die auf dem Tisch lag, und blies den Staub vom Umschlagdeckel. »Raum 13 ist seit Jahren unbewohnt.«

Carter trat an das Bett, strich über die penibel gefaltete Decke und wirbelte ebenfalls nur Staub auf. In seinem Magen tat sich ein riesiges Loch auf.

»Unbewohnt, die ganze Zeit?«

»Ja. Miles hat uns angelogen. Wer hätte das gedacht?«

Carter musste die Nachricht erst verdauen. »Aber er hat doch immer Mahlzeiten in den Keller getragen.«

»Wo er sie vermutlich ins Klo gekippt hat. Nichts leichter als das.«

Carter hatte auf einmal weiche Knie. »Aber Grant war hier, im Retreat, bevor das Virus an diesen Ort kam. Ich weiß es genau.«

Welland zuckte nur die Achseln. »Kann schon sein. Ich für mein Teil habe ihn nie gesehen. Wahrscheinlich ist er längst tot.«

»Und warum hielt Miles an dem Märchen fest, er wäre noch hier? Ich meine, er hat auch vor uns dauernd mit Grant angegeben.«

»Weil es ihm prima ins Konzept passte«, sagte Welland, als verstünde sich dieser Dreh von selbst. »Der Professor war seine Lebensversicherung für den Tag X. Eine Menge Leute wollten den Kerl in die Finger kriegen – aus mindestens ebenso vielen Gründen. Er konnte nicht riskieren, dass jemand von uns ihm seinen schönen Plan versaut.«

Aus Miles' Sicht durchaus verständlich.

»Und was wolltest *du* mit dem Professor?«, fragte Carter weiter.

»Er sollte mein Ticket in die Freiheit werden. Raus aus diesem durchgeknallten Drecksladen. Ich hatte nämlich Jacksons Handy gefunden und wusste, was er und seine Freunde von Rem vorhatten. Also machte ich ihm einen Vorschlag, unter Freunden sozusagen. Er kam gerade von seinem Frühsport. Ich fragte, ob wir nicht einen Deal zu unser beider Vorteil machen könnten.«

»Aber er ging nicht darauf ein?«

»Ach, Blödsinn«, sagte Welland fast beleidigt. »Er griff mich an. Und ich musste mich wehren, klar. Es war reine Selbstverteidigung.«

Allmählich begann sich der Nebel zu lichten. »Also hast du Jackson getötet?«

»Es ging um Leben und Tod. Was hättest du an meiner Stelle getan?«

»Schon klar. Ich kenne das.«

»Die Leiche entsorgte ich im Wald«, fuhr Welland fort. »Um alles Weitere würden sich die Tiere kümmern. Oder die Whistler.«

»Das Problem ist nur, er war gar nicht tot.«

»Wie? Er lebt?«

»Das nun auch wieder nicht. Ich habe ihn erschossen.«

Sogar das schien Welland zu amüsieren. »Siehst du? Wir beide haben einiges gemeinsam.«

»Wir haben nicht das Geringste gemeinsam«, sagte Carter, dem die naheliegende Lüge einfach nicht über die Lippen gehen wollte.

Aber da war noch etwas, das ihn an Wellands Geschichte störte. Er kam bloß nicht drauf.

»Nachdem Jackson beseitigt war, blieb dir nichts weiter übrig, als mit den Rems direkt zu verhandeln, richtig?«

»Genau«, entgegnete Welland. »Ihr bekommt den Professor und ich freien Abzug plus einen hübschen Batzen Cash.«

Der letzte ausgehende Anruf auf Jacksons Handy wurde also von Welland getätigt.

»Aber warum hast du das Telefon wieder im Abfluss der Dusche versteckt, das wäre nicht nötig gewesen.«

»Es war bei Weitem der sicherste Ort. Nur ich wusste, dass es dort lag, und falls es doch gefunden wurde, war ich es nicht gewesen, sondern Jackson. Perfekt.«

Der kleine Pisser hatte wirklich an alles gedacht.

»Und wie wolltest du an den Professor herankommen?«, fragte Carter.

Welland rückte verschwörerisch näher. »Ihr dachtet ja immer, ich wäre total unfähig, weil ich diese blöden Stromausfälle nicht in den Griff kriege. Die Wahrheit ist, es war beabsichtigt. Ohne Spannung auf der Leitung gingen die Automatiktüren auf, und das brauchte ich. Denn ausgerechnet für Raum 13 hatte ich keinen Master-Code.«

Carter dachte darüber nach. »Aber selbst bei Stromausfall blieb Raum 13 geschlossen, hier wurde dann auf Batteriebetrieb umgeschaltet. Es war die einzige Tür im Retreat, die so etwas besaß, und Miles checkte die Funktion täglich.«

Welland schüttelte seinen Glatzkopf. »Stimmt, das habe ich auch gemerkt. Aber Glück für mich: Der Ausbruch der Humanreserven sorgte für so viel Chaos, dass sich plötzlich andere Möglichkeiten boten. Dass Caren sich infizierte, war nur noch das Sahnehäubchen. Ich wusste ja, wann du zur Bergstation musstest, und hatte freie Bahn.«

»Du hast Miles gezwungen, den Code herauszurücken, und ihn dann erschossen?«

»Du hast es erfasst, Schlaumeier.«

»Nur dass Raum 13 gar keinen Professor enthielt.« Carter konnte sich ein schadenfrohes Grinsen nicht verkneifen. »Worüber die Rems nicht allzu happy sein werden, das kann ich dir versprechen.«

Wellands Miene zog sich zusammen wie bei einem quengelnden Kleinkind. »Ich hätte wissen müssen, dass etwas faul ist, als Miles mir so bereitwillig den Code sagte. Schade, dass ich ihn schon umgelegt habe. Denn dafür hätte er tausend Tode verdient – und von mir auch bekommen.«

Carter hingegen war längst einen Schritt weiter. Zwar verabscheute er Welland, aber vorerst musste er sich seiner Haut wehren, und das ging nun mal nur *mit* diesem Irren.

»Wann werden die Rems hier sein, Welland?«

»Keine Ahnung. Aber der Schneesturm dürfte sie etwas aufgehalten haben.«

»Welland, bitte, nicht wieder diese schwammigen Auskünfte, mit denen niemand etwas anfangen kann.«

»Ich rechne jeden Moment mit ihnen.«

»Shit. Wir müssen von hier verschwinden.«

Welland hob die Brauen. »Wir?«

»Du hast richtig gehört«, sagte Carter ruhig. »Ich schlage vor, wir begraben erst mal unsere Animositäten und konzentrieren uns aufs Überleben.«

Irgendwie kam der Ernst der Lage auch bei Welland an. »Stimmt, da könntest du recht haben.«

Worauf sie sich ansahen und in perfekter Synchronisation die Waffen senkten.

»Okay, erstes und drängendstes Problem: der Elektrozaun. Er funktioniert nicht mehr.«

»Aber das Gebäude ist doch sicher?«, sagte Welland.

»Nicht wirklich. Ich habe die Zugangskontrolle kaputtgeschossen.«

»Verdammt, warum tust du so etwas? Jetzt können die Rems einfach hier hereinspazieren.«

»Es sei denn, wir halten sie auf.«

»Und wenn wir hier unten bleiben?«, schlug Welland vor. »Hier unten können sie uns nichts.«

»Fragt sich nur, wie lange. Wie lange braucht man, um die Aufzugssteuerung auszuschalten?«

»Woher soll ich das wissen? Ich gehöre zur Putztruppe.«

Carter seufzte schwer. »Gehen wir.«

Welland hingegen war noch nicht überzeugt. »Ich weiß nicht.«

»Wie du willst. Dann bleib hier unten und hol dir einen runter, während ich meinen Arsch rette.«

Er ging zur Tür.

»Warte.« Carter wandte sich um. Einen Moment lang starrte Welland nur auf seine Waffe, dann steckte er sie in seinen Gürtel. »Ich komme immer noch nicht darüber hinweg, dass ich damit schon Menschen getötet habe. Also, nicht solche wie dich, Carter.«

3

Sie rannten durch den Korridor der Isolierstation Richtung Aufzug, vorbei an den verwaisten Labor- und Büroräumen. Carter schlug auf den Knopf mit der Null. Oben angekommen, machten sie sich schießbereit. Denn Carter hatte fremde Geräusche gehört. Noch weit entfernt zwar, die sich aber schnell näherten. Sie konnten es fast nicht glauben: ein Helikopter.

»Keine Minute zu früh«, sagte Welland.

»Shit.« Carter rannte die Wendeltreppe zum Wohnbereich hoch, Welland versuchte keuchend mitzuhalten. Im Panoramafenster: noch nichts, nur der riesige graue Himmel und schneebedeckte Berge. Aber das Knattern der Rotoren war schon überlaut und direkt über ihnen. Carter trat näher an die Scheibe und starrte angestrengt hinaus. Dann hob er den Blick.

Das hätte er sich sparen können, denn der graue Rumpf sank direkt in sein Gesichtsfeld wie ein großer dicker Vogel. Der Pilot hob wie grüßend die Hand.

»Hey« rief Welland. »Der winkt uns zu. Vielleicht ...«

»Runter auf den Boden!«, brüllte Carter.

Im selben Moment spie der Helikopter Feuer, und die große Panoramascheibe zerbarst in eine Million Scherben, die wie ein Tsunami aus Glas auf sie niedergingen.

»Auch das noch!« Carter hielt schützend die Hände über seinen Kopf und spürte trotzdem an vielen Stellen, wie rasiermesserscharfe Splitter seine Haut aufgeschlitzt hatten.

»Fuck, fuck, fuck«, heulte Welland.

»Raus hier! Lauf! Lauf!«, schrie Carter.

Und hechtete, ohne auf Welland zu warten, zur Treppe. Der Helikopter feuerte unentwegt und war so nahe, dass sich ihr ehemaliges Wohnzimmer mit dem Geruch der Treibladungen füllte. Bei jedem Schritt knirschte Glas unter Carters Socken und drang ihm in die Fußsohle, sodass er auf der Wendeltreppe fast auf seinem eigenen Blut ausgerutscht wäre.

Offenbar hatte auch Welland sich aufgerafft und rumpelte hinter ihm die Stufen hinunter. »Und jetzt? Was machen wir jetzt?«, jammerte er, als sie endlich in der Eingangshalle anlangten.

Carter wandte sich um. Wellands kahler Schädel war gespickt mit Glas. Er sah aus wie ein Dämon aus *Hellraiser* – mit Body-Art-Effekten.

»Hauen wir ab«, sagte Carter.

»Aber da draußen werden wir nicht überleben.«

»Hier drinnen aber auch nicht.«

Carter schnappte sich seine Stiefel und zwängte seine malträtierten Füße hinein. Der Anblick des Helikopters ließ ihn nicht los. Der Pilot trug eine grüne Kampfmontur. Alles nicht gut. Er schluckte. Fraglich, ob sie so viel Feuerkraft entkommen konnten. Vor allem: Was sagte das über die Angreifer?

»Das sind keine Rems, Welland«, erklärte er, als er nach seiner Daunenjacke griff. Für den Schneeanzug war keine Zeit mehr.

»Was?«, rief Welland in einer Mischung aus Konfusion und Panik.

»Jackson war kein Rem. Oder zumindest so flexibel, dass er zugleich als V-Mann für das Department tätig war. Die Typen da draußen sind jedenfalls eindeutig Department.«

»DRIFT?«

»Erraten.«

Was wiederum bedeutete, dass sie nicht zum Reden gekommen waren. Im Gegenteil, die Helikopter-Mannschaft hatte wohl den klaren Auftrag, den Professor zu befreien und alle anderen im Retreat zu liquidieren. Carter warf Welland eine Daunenjacke zu.

»Bleib immer nah an der Hauswand. Wir verschwinden über die Rückseite und versuchen, in den Wald zu gelangen. Und bete zu Gott, dass sie uns dort nicht finden.«

Carter riss die Tür auf. Zu spät. Der Hubschrauber war auf der Freifläche vor dem Elektrozaun gelandet, und während die Triebwerke mit einem tiefen Jaulen erstarben, liefen bereits drei Mann in voller Kampfausrüstung und mit Sturmgewehren auf das Gebäude zu. *Verdammt!*

Carter sah auf seine kümmerliche Kleinwaffe. Gegen die anrückende Feuerkraft hätte es genauso gut eine Wasserpistole sein können. Damit konnten sie sich den Weg nicht freischießen, sie wären schon nach wenigen Metern tot.

»Wir sind geliefert«, bemerkte Welland scharfsichtig.

Ausnahmsweise widersprach ihm Carter nicht.

Er stand kurz davor, sich zu ergeben, als er aus der Entfernung das wespenartige Motorengeräusch von Schneemobilen hörte. Das konnten nur Jimmy Quinn und seine Söhne sein, die den Helikopter gesehen und ihre Schlüsse gezogen hatten. So viel Staatsmacht auf ihrem Territorium war nie willkommen. Sie sahen sicher schon ihre Felle wegschwimmen.

Die Schneemobile rasten auf den Helikopter zu und attackierten ihn ohne Vorwarnung mit einem Hagel aus Blei. Zwei Department-Kämpfer fielen sofort um, der dritte hatte noch Zeit zurückzuschießen und traf einen der Quinn-Söhne. Er stürzte in den Schnee, während sein Fahrzeug ungesteuert im Kreis fuhr und ihn niederwalzte, gerade als er wieder aufstehen wollte. Ein weiterer Feuerstoß erledigte ihn ganz und färbte den Schnee unter ihm rot.

Carter und Welland lagen noch dort, wo sie sich in den Schnee geworfen hatten, und wagten nicht, den Kopf zu heben, denn aus dem Helikopter sprangen jetzt weitere Männer. Quinn jedoch war nicht zu bremsen und deckte sie mit allem ein, was er hatte. Tatsächlich traf er einen Department-Mann im Rücken. Thing 2 trennte sich von seinem Schneemobil und ballerte einem zweiten den Kopf weg. Sein Triumphgeheul war allerdings nur von kurzer Dauer, da die Bordwaffe des Helikopters in das Geschehen eingriff und ihn geradezu zerlegte. Als er in den Schnee sank, erwarteten ihn seine dampfenden Eingeweide bereits.

Dennoch wurde den Piloten der Boden offenbar zu heiß. Sie wollten kein weiteres Risiko eingehen und zogen die Maschine hoch. Quinn hingegen ließ nicht locker und schoss wie ein Wahnsinniger. Funkenschlagend zirpten seine Kugeln gegen die Rotoren, und ihr Knattern hatte die ersten Aussetzer. Der fette graue Vogel kippte nach vorn, schlingerte in der Luft, und danach, mit einem ohrenbetäubenden Kreischen, kamen die Schraubflügel zum Stehen. Der Helikopter fing an, sich immer schneller um sich selbst zu drehen. Bis er auf nacktem Fels aufschlug und explodierte.

Carter drückte sein Gesicht in den Schnee und hielt sich die Arme über den Kopf, um sich vor der Hitze und den herumfliegenden Trümmerteilen zu schützen. Erst als er der Meinung war, dass seine Augen nicht sekundenschnell schmelzen würden, riskierte er einen Blick.

Auf dem Schlachtfeld stand nur noch ein Mann. Er war nicht der mehr Jüngste, sein Schneeanzug war rot besprenkelt, aber die fellbesetzte Kapuze saß, ebenso wie seine Schneebrille, die orangefarbenen Insektenaugen glich. Jimmy Quinn.

Unbeeindruckt, die Maschinenpistole in der Hand, durchmaß er die Stätte der Zerstörung, während schwarzer, ätzender Rauch die Luft erfüllte.

»Shit«, murmelte Carter, dem erst jetzt klar wurde, dass sich das kleine Zeitfenster zur Flucht soeben schloss.

Quinn marschierte durch das Tor und zog die Kapuze zurück. »Und jetzt, wenn ich bitten darf, rückt eure Waffen raus.«

Ohne dass sie eine Wahl gehabt hätten, warfen Carter und Welland ihr ohnehin unterdimensioniertes Schießzeug in den Schnee.

Quinn nickte. »Wo habt ihr denn Miles gelassen?«

»Er ist tot«, sagte Welland kleinlaut.

»Gut. Das erspart mir die Mühe, ihn umzulegen.«

Carter wollte reden. »Mr Quinn …«, begann er.

»Halt deine verdammte Fresse!«

Das war eindeutig, und Carter verstummte sofort.

Quinn sah sie unversöhnlich an. »Wir hatten eine Abmachung. Ihr liefert mir Plasma, und dafür könnt ihr hier in Frieden leben.«

»Ich weiß …«

»Aber nach Frieden sieht mir das nicht gerade aus.«

Carter schüttelte den Kopf. »Nein …«

»Und das ist allein eure Schuld. Ihr habt das Department hergelockt, direkt vor meine Haustür. Und jetzt sind auch meine Söhne tot.«

»Das tut mir so leid«, rief Carter verzweifelt. »Aber wenn du uns noch eine Chance gibst …«

»Ihr wollt *noch* eine Chance?« Quinn fuchtelte erregt mit seiner Waffe. »Dann betet um eure Wiedergeburt.«

Da zerriss ein scharfer Knall die eisige Luft, und seine Stirn platzte auf. Mit verwirrtem Blick sank er auf die Knie und fiel bäuchlings in den Schnee.

Eine rußgeschwärzte, schwer verbrannte Gestalt tauchte hinter Quinns hingestrecktem Körper auf, der Helikopterpilot.

»Guter Gott, was kommt noch alles?«, klagte Welland. »Der Kerl sieht aus wie ein Spanferkel vom Grill.«

Weder Carter noch Welland hatten mit so etwas gerechnet. Und auch nicht damit, dass der Pilot nun die Waffe gegen sich selbst richtete. Und abdrückte. Worauf außer einem trockenen Klicken nichts geschah und er deshalb noch einmal abdrückte. Dann sah er Carter an, aus einem Gesicht, das sicher schlimmer zugerichtet war als sein eigenes.

»Erschieß ihn«, sagte Carter daraufhin zu Welland.

»Was?«

»Tu einmal in deinem Leben etwas Nützliches. *Erschieß ihn.*«

Welland rappelte sich hoch und griff nach seinem Revolver. Er nahm Maß und schoss. Die Kugel traf den Piloten in die Brust. Er schwankte, fiel aber nicht.

»Noch einmal.«

Der zweite Schuss warf ihn endlich um. Der Pilot zuckte nur kurz und lag dann reglos da.

Welland schniefte. »Das war aber brutal, Mann.«

Carter nickte. »So kann man es sagen.« Dann steckte er sich seine eigene Pistole wieder unter den Gürtel.

Eine ganze Weile starrten sie wortlos auf den Schauplatz des Gemetzels. Ein Dutzend toter Männer lag dort, alle auf ihrem eigenen roten Teppich, und über ihnen hing der Geruch von Kordit und überhitztem Metall, der Carters Schleimhäute anschwellen ließ. Aus dem abgeschossenen Helikopter wallte eine hässliche schwarze Rauchwolke. Das war das Motoröl, und es besaß genug Energie, um den halben Abhang ergrünen zu lassen. Die Luft flirrte über den Brandherden. Nach dem Dröhnen des Helikopters und dem unausgesetzten Schusswechsel war die Stille kaum zu ertragen.

»Und was machen wir jetzt?«, fragte Welland.

Carter holte mehrmals tief Luft und versuchte, nachzudenken. »Als Erstes müssen wir die Leichen entfernen, sie locken nur Raubtiere an. Ich schätze, die Verbrennungsanlage muss mal wieder Überstunden machen.«

Welland kratzte sich verlegen den kahlen Schädel. »Was ich noch sagen wollte …«

»Was wolltest du sagen?«, fragte Carter.

»Die Anlage funktioniert nicht.«

»Und das erzählst du mir *jetzt*?«

»Nicht nur ich sage das, auch Dreyfuss. Das Ding ist eine komplette Fehlkonstruktion.«

Carter versuchte, sich nichts anmerken zu lassen. »Aber sie hat mal funktioniert, oder?«

Carter sah, wie es in Welland arbeitete. »Nun ja, kommt drauf an, was man unter funktionieren versteht. Richtig funktioniert hat sie eigentlich nie. Ich meine, sie stieß eine Menge Rauch aus, aber von Einäscherung konnte keine Rede sein.«

»Was?«, rief Carter, der nun doch die Beherrschung verlor. »Und was zum Teufel hast du mit all den Leichen gemacht?«

»Im Wald hinter der Verbrennungsanlage abgelegt. Das ging, denn keiner von euch kam nur in die Nähe, auch nicht Miles. Nicht einmal er wollte sich die Finger schmutzig machen. Ich dachte, dass sie von Tieren gefressen werden oder mit der Zeit von selbst verrotten.«

Einen Moment lang meinte Carter, sich verhört zu haben. »Wie bitte? Vom Tag der Revolte an hast du infizierte Leichen einfach in den Wald gekippt?«

»Mehr oder weniger, ja.«

Das erklärte auch die Mitarbeiterkarten an den Lanyards. Die Whistler müssen sie gefunden haben. Wollten sie *darauf* bei ihrem Besuch hinweisen? Dass in freier Natur noch Leichen herumlagen, die eine Gefahr für *alle* darstellten? Wollten sie die Leute im Retreat nur warnen?

»Noch nie von der Infektionskette gehört?«, fragte er Welland.

Welland verdrehte die Augen. »Was sollte denn schon passieren?

Ein Bär oder ein Wolf frisst sie. Später kommt irgendein Waldläufer, erlegt den Bären, isst das Fleisch und stirbt daran. Wen kümmert's?«

»Oder er verkauft das Wildfleisch an Quinn«, sagte Carter. »Und *wir* kaufen es von Quinn, Welland, das ist schon vorgekommen.«

Achselzucken von Welland. »Ist mir klar. Deswegen bin ich ja auch Vegetarier geworden.« Seine unfrohe Miene bestätigte es. »Obwohl, von dem Sojazeugs krieg ich echt Blähungen.«

Carter starrte ihn fassungslos an und verlor die letzte Geduld mit diesem verachtenswerten Individuum.

»Was ist los, was hast du?«, fragte Welland.

Carter schüttelte den Kopf. »Ich denke, wir sollten uns langsam mit der Tatsache auseinandersetzen, dass nur noch wir beide übrig sind und irgendwie miteinander klarkommen müssen – auf unbestimmte Zeit.«

»Stimmt, das sollten wir.«

Dann Schweigen. Sie sahen sich an und griffen fast zeitgleich zu ihrer Waffe.

Diesmal war aber Welland Erster, und Carter hatte das Nachsehen.

»So wie ich das sehe, ist dieser Ort zu klein für uns beide«, sagte Welland.

»Sieht so aus.«

»Und noch etwas, bevor ich dich töte. Ich finde, du bist so was von hässlich, Mann, dafür gibt es keine Beschreibung.«

»Danke.«

Wellands Zeigefinger krümmte sich um den Abzug, und Carter schloss die Augen. Dann drückte Welland ab.

Doch es passierte: nichts. Carter machte die Augen wieder auf.

Wieder und wieder riss Welland am Abzug, aber mehr als ein hektisches Klicken kam nicht.

»Scheiße …«

Carter grinste. »Das hat man davon, wenn man Munition verschwendet. Nach meiner Schätzung hast du Miles viermal in den Rücken geschossen und deine letzten beiden Patronen für den verbrannten Piloten verbraucht.«

Wellands Unterlippe begann zu zittern, als er sich die Konsequenz dieser schlichten Arithmetik vor Augen führte. »Bitte! Erschieß mich nicht. Wir können doch zusammenarbeiten. Ich kann dir von Nutzen sein.«

Carter dachte nach. »Das könntest du wirklich. Nur hast du eines nicht bedacht«, sagte er, als er den Lauf seiner Pistole auf Welland richtete. »Ich mag dich nicht. *Echt* nicht!«

Das Projektil traf Welland frontal und trat unter Mitnahme eines Großteils seiner Hirnmasse am Hinterkopf wieder aus. Der hirnlose Rest von Welland schlug dumpf auf dem Boden auf.

Carter atmete erleichtert auf. Das, was soeben hier zum Ende gekommen war, hatte ihm seit vollen drei Jahren in den Fingern gejuckt. Und selbst inmitten von Tod und Zerstörung ... fühlte es sich gut an.

Er ließ seinen Blick über das blutgetränkte Areal streifen. Was für ein schmutziges Bild der Tod immer abgab. Keine Chance, ohne Verbrennungsanlage so viele Leichen zu entsorgen. Aber sie liegen zu lassen war wie eine Einladung an Wölfe, Bären – und Whistler. Den Generator bekam er notfalls selber zum Laufen, und vielleicht funktionierte irgendwann sogar der Elektrozaun wieder. Aber das zerschossene Fenster stellte ein Risiko dar, mit dem er nicht leben wollte. Ganz abgesehen davon, dass das Department die Niederlage nicht auf sich beruhen lassen und weitere Hubschrauber schicken würde. Von Quinns Kumpanen ganz zu schweigen. Es gab einfach zu viel zu verteilen.

Nein, er konnte unmöglich hierbleiben. Aber wohin sollte er gehen?

Eine Möglichkeit: die Bergstation.

Sie bot alles, was er brauchte. Schutz vor den Unbilden des Hochgebirges und funktionierende Einrichtungen, vor allem, wenn er den Generator wieder mitnahm. Carter war sicher, dort eine ganze Weile aushalten zu können. Und noch etwas: Er verfügte jetzt über Quinns Schneemobile, war also beweglich. Mit ihnen kam er nicht nur zur Bergstation, sondern womöglich noch viel weiter. Carter hatte von kleinen Siedlungen in den Bergen gehört, die von dem Virus bisher übersehen worden waren. Chancen gab es immer, man musste nur nach ihnen Ausschau halten. Glück und absolute Rücksichtslosigkeit hatten ihn stets weitergebracht. Wer konnte sagen, wohin ihn sein Weg noch führte? Vielleicht sogar zurück zu Eva.

»Schön war's hier im Retreat, meinst du nicht auch?«, sagte Carter zum toten Welland. »Aber alles hat mal ein Ende. Nichts bleibt, wie es ist. Also auf zu neuen Ufern. Und das geht am besten im Alleingang.«

Er gluckste. Dann hörte er ein Geräusch. Hundegebell. Kaum hatte er sich umgedreht, schoss ihm aus dem Gebäude ein weißbraunes Bündel entgegen.

»Dexter!«, lachte Carter. »Ich dachte schon, du wärst weggelaufen. Hast du dich drinnen versteckt? Braver Hund. Komm her.«

Der kleine Kerl sprang ihm in die Arme und schlabberte sein Gesicht ab. Carter lachte, unentschieden zwischen Rührung und Widerwillen. »Mann, du stinkst wieder aus dem Maul! Trotzdem bist du weit und breit der Einzige, den ich noch gut riechen kann.«

Dexter antwortete mit wildem Schwanzwedeln und jauchzender Ranschmeiße. »Okay, okay, ist ja gut«, sagte Carter und setzte ihn auf dem Boden ab. »Holen wir lieber unser Zeug.«

Dexter winselte und lief weiter ins Freie, wobei er Carter erwartungsvoll anblickte. Carter hob die Brauen. »Echt jetzt, du willst Gassi gehen?«

Dexter lief zum Zaun und wieder zurück, jaulte abermals.

Carter schüttelte den Kopf. »Na gut, gehen wir eine Runde.«

Dexter bellte und rannte zur Seite des Gebäudes, Carter stolperte müde hinterher. Noch immer hing Pulverdampf in der Luft und der Geruch von Hitze und Tod. Aber es war nicht mehr so kalt wie vorher. Carter hatte sogar den Eindruck, dass sich der Schnee unter seinen Stiefeln weicher anfühlte. Kam nach dem Sturm der Wetterwechsel?

Er bog um die Ecke und hielt nach Dexter Ausschau, konnte ihn aber nirgendwo sehen.

Er rief: »Dexter?«

Keine Antwort. Aber die Spuren des Hundes führten zum Zaun, wo sie unvermittelt endeten. Seltsam. Erst als er in die Hocke ging, sah er die Lücke. Sie war nicht groß, aber für so einen kleinen Hund kein Problem. Verdammt. Dexter hatte wohl schon früher das Gelände auf diesem Weg verlassen. Das sollte er nicht.

Abermals rief Carter nach ihm und vernahm ein Bellen aus dem vor ihm liegenden Waldstück. Er verdrehte die Augen. »Na gut. Wenn du nicht zu mir kommst, komme ich halt zu dir. Das willst du doch wohl.«

Er stand auf und ging durch das Tor auf das Außengelände. Dort, in dem kleinen, nach Harz riechenden Nadelgehölz war es gleich viel dunkler. Schwer atmend folgte er dem verwilderten Pfad, von wo aus das graue rechteckige Gebäude mit dem hohen Schornstein bereits zu sehen war. Ein unheimlicher Anblick, diese Verbrennungsanlage.

So nah wie jetzt war er ihr noch nie gekommen. Es stimmte schon, was Welland gesagt hatte: Normalerweise verirrte sich niemand hierhin. Warum auch? Das Retreat samt Außenanlagen war weitläufig und der Ort, wo sie die Leichen verbrannten, bestimmt kein ansprechendes Ausflugsziel.

Umso mehr, als Welland die Leichen gar nicht verbrannt hatte!

Carter blieb stehen. Er hatte plötzlich kein gutes Gefühl mehr. Was vielleicht auch an dem Geruch lag, den er jetzt wahrnahm. Faulig, dabei leicht süßlich. Verwesungsgeruch eben. Er hörte ein Rascheln im Unterholz, und keine Sekunde später schoss ihm der Hund entgegen.

Carter lachte, aber der Lacher ging in einen Hustenanfall über. Schuld waren diese ätherischen Öle von den Nadelbäumen in der Luft, davon bekam er immer einen kratzigen Hals. »Dexter, wenn du so weitermachst, kriege ich noch einen Herzinfarkt.«

Dexter bellte und ließ etwas fallen, das er im Maul getragen hatte.

»Hast du mir etwas mitgebracht?«

Carter wollte auf ihn zugehen, aber Dexter nahm seinen Fund sofort wieder ins Maul. Was mochte das sein? Wahrscheinlich irgendein vollgeschissener Ast oder ein totes Tier.

Carter gefiel das nicht. »Wenn du glaubst, ich spiele jetzt mit dir, hast du dich getäuscht. Aus! Dexter, aus!«

Dexter sah ihn betrübt an, gab aber schnaubend seinen Schatz her. Carter bückte sich danach … und fuhr angewidert zurück. »Nein, nicht … Sag, dass das nicht wahr ist.«

Es war eine menschliche Hand, weitgehend skelettiert, aber noch hafteten ihr Gewebereste an.

Ehe Carter die Hand an sich nehmen konnte, schnappte sie sich Dexter erneut und lief damit zurück ins Unterholz. *Verdammt, das war doch kein Spiel!* Carter setzte dem Hund nach, so gut das in dem Dickicht ging. Mittlerweile schwitzte er stark unter seiner Daunenjacke und bekam auch nur noch schwer Luft. Vielleicht hätte er sein Training im Gym nicht so vernachlässigen sollen. So wie Caren trainieren sollen, Caren mit C. Vielleicht hätte er überhaupt gesünder leben sollen. *Hätte, hätte. Bedeutet natürlich gar nichts. Bedeutet einen Scheiß. Du weißt doch, Carter, der Teufel hat Engel gelernt.*

Er brach durch dichtes Gestrüpp auf eine Lichtung vor, und dort stand sie, die Verbrennungsanlage, ein grauer Quader aus Stahlblech. Dexter war längst weiter, rannte an der Rückwand entlang und war im nächsten Moment um die Ecke verschwunden. Carter hielt kurz an und folgte ihm widerwillig.

Hinter der Verbrennungsanlage wurde der Boden abschüssig und endete in einer natürlichen Senke. Hier war der faulige Geruch nicht mehr zu ignorieren und intensivierte sich mit jedem Meter. Dexter aber schien begeistert zu sein. Hechelnd blickte er zurück zu Carter und jagte erregt den Hang hinunter.

Carter hingegen zog sich den Kragen seiner Daunenjacke über die Nase und hätte am liebsten gekotzt. Mit schweren Beinen schleppte er sich an den Rand des Abhangs und sah hinunter.

Unten war ein Massengrab. Zwar hatte man versucht, das Ganze mit Tannenzweigen notdürftig zu tarnen, aber dass dort viele Leichen übereinanderlagen, ließ sich nicht verbergen. Einige wie Nate und Julia erkannte er sogar wieder. Von anderen war nichts geblieben als nackte Schädel und vergilbte Knochen, die jedoch immer noch in ihren alten Sachen steckten.

Hier also war sie Welland losgeworden.

»Im Wald hinter der Verbrennungsanlage abgelegt.«

Was hatte er sich dabei gedacht? Nie von den sechs Gliedern der Infektkette gehört? Selbst Carter wusste, wie ansteckend Leichen sein konnten, und dieser Schwachkopf hatte hier – wie viele? – davon *abgelegt*? Ein Dutzend bestimmt. Wusste jemand, wie lange sie infektiös blieben? Oder wie lange es dauerte, bis so eine Schädelstätte keine Virenschleuder mehr war?

Als Carter so in den Abgrund blickte, zuckte Julias Arm. Carter wich in Panik zurück und konnte gerade noch einen Aufschrei unterdrücken. Des Rätsels Lösung: Dexter. Er hatte einen Fuß ergattert und kam wieder an die Oberfläche, wo er sich mit gutem Appetit über das Knochenmaterial hermachte.

Carters Magen revoltierte. »Gott, Dexter! Dass du Mundgeruch hast, glaube ich sofort …«

Dann traf ihn der Gedanke wie ein Hammerschlag.

Er fasste sich ans Gesicht. Dachte daran, wie oft ihn Dexter mit seiner rauen, stinkigen Zunge abgeschleckt hatte. Geradezu gebadet hatte mit seinem Speichel.

Er blickte hinab in die Grube voller Leichen. *Infizierter* Leichen.

Von da aus war es nur noch ein kleiner Schritt bis zu seinem Husten, seiner Kurzatmigkeit, seinem übermäßigen Schwitzen.

»Fuck.«

Carter bekam weiche Knie und musste sich erst einmal setzen.

Im nächsten Moment brach er in Lachen aus. Er lachte, bis sein Zwerchfell wehtat und er keine Luft mehr bekam. Er wischte sich über die schweißige Stirn. Wie heiß ihm auf einmal war! Und das war kein Witz. Denn erstens kommt es anders, und zweitens als man denkt … Und was kommt drittens? Delirium oder Granatauge? Such dir was aus.

Er blickte zu seinem besten Freund hinüber, der gerade an kleinen Zehen knabberte.

»Wer hätte gedacht, dass einmal auf meinem Grabstein steht: ›Totgeschlabbert von einer Töle mit Fußfetisch.‹«

Worauf Dexter kurz aufblickte, die rosa Zunge heraushängen ließ und mit dem Schwanz wedelte.

»Recht hast du, mein Freund«, sagte Carter. »Kümmere dich nicht darum. Könnte schlimmer sein.«

Mühsam erhob er sich von der gefrorenen Erde.

»Feierabend für heute. Gehen wir nach Hause.«

Vier Tage später

Carter stand an der äußersten Kante der Felsenklippe.

Hier, in Gipfelnähe, wehte ein rauer Wind, gleichzeitig war sein Körper schweißgebadet. Der Husten hatte sich verschlimmert, ein hartnäckiges, trockenes Bellen, das seine Schleimhäute zerrieb, aber keinerlei Entlastung brachte. Mittlerweile waren seine Gedanken so fiebrig wie sein Körper. Und immer wieder ergriff ihn ein grenzenloser Zorn, der alles zu verschlingen drohte.

An diesem Morgen hatte er Dexter erschossen. Er wollte ihn nicht allein zurücklassen.

Es wurde Zeit, ein Ende zu machen.

Carter hatte andere Methoden in Betracht gezogen, aber nichts erschien ihm passender, als hierhin zurückzukehren. Ein allerletztes Mal, ehe er sich den anderen anschloss.

Er schaute hinab auf die zusammengedrückte Kabine der Seilbahn, ein Schrotthaufen. Er dachte auch an den Bus. Von den Mitreisenden lebte keiner mehr. Alle tot.

War es das wert?

Vielleicht. Vielleicht aber auch nicht. Die Frage nach dem Sinn könnte man von jedem Lebenden verlangen. Was habe ich erreicht? Was habe ich aus dem winzigen, mir zugedachten Zeitkontingent gemacht? Habe ich irgendwas Bleibendes hinterlassen, ganz gleich, ob gut oder schlecht? Oder nur Spuren im Schnee, die vom nächsten Neuschnee wieder ausgelöscht werden?

Am Ende folgt doch nur ein Tag auf den anderen. Manche sind gut, andere schlecht. Natürlich, es gibt die Extreme. Momente höchsten Glücks und Zeiten unerträglichen Leids. Jede Aktion bewirkt eine Gegenaktion. Hier der glückliche Zufall, da die Pechsträhne. Der Silberstreif am Horizont setzt die dunklen Gewitterwolken quasi voraus. Der Teufel hat Engel gelernt.

Carter wandte sich ab, sodass er nun mit dem Rücken zum Abgrund stand. Nicht weit von ihm hatte sich eine Gruppe abgerissener Gestalten versammelt. Geister oder Whistler, Carter war sich nicht sicher. Er hatte überhaupt jede Gewissheit verloren. Vergangenheit und Gegenwart flossen ineinander, die Toten waren von den Lebenden nicht mehr zu trennen. Peggy war da, aber auch andere, die er kannte: Meg, Hannah, Lucas, Miles.

Aus dem zerlumpten Haufen trat eine hochgewachsene Gestalt hervor, angetan mit einer Art Kutte aus Tierfellen. Es war derselbe Mann, der die Lanyards mit den Namensschildern vor den Elektrozaun gelegt hatte. Jetzt zog er seine Kapuze zurück und enthüllte sein abgezehrtes Gesicht mit den blutroten Augen. Typisch Whistler eben. Und Carter erkannte ihn sogleich.

Grant. Grant, der Dirigent des Todes. Er gab ihm den Einsatz mit ausgestreckter Knochenhand, wie nur der Tod selbst es vermochte. *Komm mit uns. Sing mit uns.*

Aber dafür hatte Carter nur ein verächtliches Lächeln übrig. Und hob die Hand – zur einzigen Geste, die er wirklich beherrschte: einem Stinkefinger. Dann trat er einen kleinen Schritt zurück.

Noch im Fallen sah er, dass die Whistler gar nicht da waren.

Aber da befand er sich schon im eisigen Luftstrom über der Tiefe. Alles rauschte nur so an ihm vorbei. Erinnerungen, Gesichter, sein früheres Leben. Oder besser: seine früheren Leben – Mehrzahl. Wie lange, war nicht mehr wichtig. Eine Millisekunde entsprach einer Ewigkeit. Die Zeit war ähnlich aufgehoben wie die Schwerkraft.

Als Carter unten aufschlug, spürte er nichts von der immensen

Zerstörung. Hörte weder Knochen splittern noch Organe zerplatzen. Sein Hirn hatte den Betrieb so gut wie eingestellt.

Carter hatte den Geltungsbereich der Lebenden verlassen. Danke für alles und auf Wiedersehen.

Er lag in einer frischen weißen Schneewehe, Arme und Beine auf eine Weise abgespreizt, die auf eine unnatürliche Beweglichkeit schließen ließ: der perfekte Schneeengel. Was auf seiner Retina an azurnen Lichtstrahlen auftraf (was für ein Himmel!), wurde nicht mehr verarbeitet. Der Sturm war endgültig vorbei.

Und als sich die erste Krähe neben ihm niederließ und probeweise in sein Auge hackte, zuckte es nicht einmal.

In der Nacht kamen größere Räuber, und am Morgen war von ihm nicht mehr übrig als eine zerfetzte Karkasse.

Eine Woche später erlegte ein Jäger einen streunenden Wolf. Ein entkräftetes, abgemagertes Tier, aber sein Fleisch war trotzdem willkommen. Alles, womit er seine Familie ernähren konnte, war willkommen.

Bald darauf erkrankte der Jäger schwer und starb. Dasselbe geschah mit seiner Familie. Und allen, die sie kannten.

Die Krähen fielen tot vom Himmel.

3500 Meilen weiter

»Verstehst du, warum du hier bist?«

Sie nickte. »Hier kommen die Kinder hin, deren Eltern tot oder auf einer Farm sind.«

»Farm sagen wir aber nicht.«

Sie zuckte die Achseln und fummelte an dem massiven Silbermedaillon, das sie um den Hals trug. »Von mir aus.«

Der Mann sah sie eindringlich und nicht gerade wohlwollend an. »Genauer: Verstehst du, warum du hier vor mir sitzt?«

»Ich vermute, es hat mit meinen Testergebnissen zu tun.«

»Exakt.« Er warf einen kurzen Blick auf das kleine Tablet vor ihm auf dem Schreibtisch. »Deshalb sag mir doch noch einmal, wie lange du deine erkrankten Eltern gepflegt hast.«

»Ungefähr eine Woche.«

»Und du bist ungeimpft?«

Ihr ganzes Gesicht spannte sich an. »Hören Sie, Sie haben meine Daten. Sie wissen doch längst alles. Und auch, dass Jugendliche unter sechzehn Jahren nicht bevorzugt geimpft werden.«

Er wischte auf dem Bildschirm nach unten. »Deine Immunantwort ist jedenfalls bemerkenswert.« Er sah sie an. »Wir würden dich gern für ein paar weiterführende Tests hierbehalten.«

»Als Versuchskaninchen?«

»Du bekämst dein eigenes Zimmer mit speziellen Entertainment-Angeboten und täglich wechselnden Wahl-Menüs, ist das nichts? Andere junge Leute können von so etwas nur träumen.«

»Lieber nicht.«

Sein Lächeln darauf war kaum noch messbar. »Du scheinst der Ansicht zu sein, dass du eine Wahl hast.«

»Ja, habe ich.«

»Wirklich?«

Sie hielt ihr Medaillon hoch. Den Kindern hatte man erlaubt, einen (nochmals: einen) persönlichen Gegenstand mit ins Heim zu bringen. »Das hier hat mal meiner Mutter gehört. Zugegeben, sie war nur meine Stiefmutter, aber es ist alles, was ich von ihr noch besitze.«

»Schön, wenn man wenigstens noch ein Bild hat …«

»Es ist kein Bild.« Sie klappte das Medaillon auf und holte eine winzige Ampulle mit einer roten Flüssigkeit heraus. »Es ist ihr Blut.« Dem Mann hinterm Schreibtisch verrutschten sämtliche Gesichtszüge. »Ihr *infiziertes* Blut.«

Mit einer kurzen Bewegung deutete sie an, was jetzt im Bereich des Möglichen war. Dass er nämlich den Inhalt der Ampulle ins Gesicht kriegen könnte.

Der Mann schrak zurück, als hätte sie eine Bombe in der Hand.

Sie gluckste. »Haben Sie Angst, dass Ihr kostbarer Impfstoff Sie doch nicht schützt?«

Sein Adamsapfel arbeitete unkontrolliert. »Steck das weg, sofort.«

»Nein. Vorher ziehst du dich aus und legst deine Sachen ordentlich auf den Tisch.«

Eine kurze angedeutete Bewegung half ihm dabei. Er knöpfte sein Hemd auf.

»Was hast du vor?«, fragte er.

»Das darfst du gerne erfahren. Ich fessle dich mit deinem eigenen Gürtel, ziehe mir deine kleidsame grüne Arbeitsuniform an, leihe mir deine Autoschlüssel und deinen Zugangspass und verschwinde von hier.«

Er setzte seine höhnische Grimasse auf, als er sagte: »Viel Glück dabei.«

»Danke. Und jetzt zieh dich aus.«

Der Wachhabende am Tor sah das Auto kaum an, als sich das Tor öffnete. Zum Glück hatte sie bei ihrem Vater beizeiten das Fahren gelernt. Das zahlte sich nun aus. Doch ihr Glück würde nicht ewig anhalten, das tat Glück nie. Schon bald würde sie überall auf der Fahndungsliste stehen, und das halbe Department wäre hinter ihr her.

Vorerst aber gab sie Gas. Ihr blieb nicht viel Zeit. Sie wollte zurück zu ihrem alten Haus, dort lagen haufenweise Plasma und andere Medikamente versteckt. Ihre Mutter hatte nie erklärt, woher das ganze Zeug kam, aber sie war dankbar dafür. Es war bares Geld wert.

Ihr Plan war, das Auto so bald wie möglich gegen die alte Enduro ihres Vaters auszutauschen, so war sie nicht auf Straßen angewiesen, sondern kam auch offroad voran. Dabei wusste sie noch gar nicht, wohin sie eigentlich wollte. Vielleicht in die Wälder, dort konnte man ungestört kampieren. Vielleicht fand sie aber auch ein verlassenes Farmhaus, dann hatte sie zumindest ein Dach über dem Kopf. Wie auch immer, sie würde schon klarkommen, das hatte sie noch immer geschafft.

Ihre Eltern waren nämlich nicht nur lieb und nett gewesen, sie konnten auch streng sein. Streng bis zur Lieb- und Nettlosigkeit. In erster Linie hatten sie sie zur Härte erzogen. Härte zu sich selbst, versteht sich.

Oder war das ein Erbteil ihrer biologischen Mutter?

Eva lächelte, als ihre hellblauen Augen die Zukunft in den Blick nahmen. Sie war ein Survivor.

Danksagung

Die Idee für *Survivor* kam mir im Herbst 2019. Ich schlug die Idee meiner Agentin vor: als dreiteiligen Locked-Room-Krimi vor dem Hintergrund einer postapokalyptischen Horrorstory. Damals war Corona noch kein Thema und die Vorstellung einer globalen Pandemie weitgehend Science-Fiction.

Anderthalb Jahre später, im Frühjahr 2021, machte ich mich an die Arbeit, aber die Welt war inzwischen eine völlig andere. Viele bedrückende Aspekte der Story waren längst Wirklichkeit geworden, und ich fragte mich, ob die Leute noch irgendwas mit einem Virus lesen wollten, so entrückt von unserem Alltagsgeschehen die Geschichte im Ganzen auch war.

Ich hätte größtes Verständnis dafür gehabt, wenn der Verlag abgewinkt hätte.

Umso mehr bin ich meinen beiden Verlagen Penguin Michael Joseph und Ballantine verbunden. Und natürlich meiner Agentin Maddy sowie meinen großartigen Lektoren Max und Anne für ihre Unterstützung. Sie alle hätten versuchen können, mir die Story auszureden, doch das taten sie nicht – was ich ihnen hoch anrechne. Hut ab für Anne und ihre spontane Reaktion auf die erste Fassung. Diese bestand aus genau diesen Worten: »*Wow. Holy f**ck!*«

Spätestens da wusste ich, dass nichts mehr schiefgehen kann.

Denn ich *musste* diese Geschichte schreiben. Sie bot mir ein schöpferisches Spielfeld wie noch keine andere und befasste sich mit Fragen, die mich schon seit vielen Jahren beschäftigen. Dabei geht es hauptsächlich um Verlust und wie wir im Angesicht der Katastrophe unsere Hoffnung und Menschlichkeit bewahren.

(So, der ernste Teil wäre damit abgehakt.)

Wie immer danke ich meinem Mann Neil für die technische Hilfe und die allererste Lektüre. Und natürlich meiner Tochter Betty für das, was sie ist: nämlich so ziemlich alles, von witzig bis sauer bis unheimlich nett, *das* vor allem. Es gibt keine zwei Menschen, mit denen ich lieber in einer Seilbahn stecken bliebe.

Auf praktischer Ebene geht mein Dank an Claire Hall vom Busunternehmen JG Coaches in Heathfield. Ohne sie hätte ich viele Details nicht gewusst. Besonders danke ich Nathan Petty, der mich ausführlich in die Besonderheiten der Fahrzeugtechnik eingeweiht hat. Einiges davon findet sich in der Geschichte wieder. Manche Autoren reisen bis ans Ende der Welt für ein bisschen Lokalkolorit, ich schaue mich auf Bustoiletten um.

Dank auch an meine Redakteure und Korrektoren, die Anschluss- und Tippfehler ausgemerzt haben. Des Weiteren an die Mitarbeiter im Marketing und Buchdesign, die immer alles daransetzen, damit mein Buch und ich möglichst gut aussehen.

Und nicht zuletzt ein Dank an alle in der Agentur Madeline Milburn. Ihr seid klasse. Namentlich Liane und Valentina, die sich um die Vermarktung der Auslandsrechte und Organisation von Lesereisen gekümmert haben. Und danke, Hannah, für den ganzen TV-Kram.

Danke an euch, ihr befreundeten Autoren, für das Lachen und die guten Gespräche, besonders, wenn ich mich mal wieder in Rage rede. Jeder braucht einen *safe space*, wo man einfach einmal loslassen kann.

Großer Dank gebührt nicht zuletzt dir, liebe Leserin und lieber Leser, dass du bei der Stange geblieben bist, selbst wenn es zwischen zwei Romanen mal wieder länger gedauert hat. Ich hoffe nur, es hat sich gelohnt.

Ich mag mich eigentlich nicht wiederholen. Deswegen hatte

ich auch schon viele Jobs in meinem Leben. Beim Schreiben ist es nicht anders. Jedes neue Buch ist ein Abschied von denen, die ich zuvor schrieb. Die Vergangene fällt zurück, etwas Neues beginnt – und es sollte nach Möglichkeit etwas *ganz* Neues sein. Das ist auch die eigentliche Freude beim Schreiben. Es kann dich überallhin versetzen: in die Vergangenheit, in die Gegenwart, in die Zukunft. Du erschaffst komplette Welten in deinem Kopf und spielst mit ihnen. Es ist ein bisschen wie Gott spielen, allerdings ohne so unerwünschte Begleiterscheinungen wie Weltuntergang und Strafgericht, eher die Heimversion mit Tee und Plätzchen.

Wobei mir einfällt, dass ich jetzt eine Tasse Tee gut vertragen könnte.

Und mit diesen Worten empfehle ich mich. Es war mir wie immer ein Vergnügen. 2024 sehen wir uns wieder.

Ich denke da an Alaska …

Die Autorin

C. J. Tudor wuchs in Nottingham auf, wo sie auch heute mit ihrem Lebensgefährten und ihrer Tochter lebt. Ihr erster Thriller »Der Kreidemann« sorgte international für Furore und wurde in 40 Länder verkauft. Auch ihre nachfolgenden Thriller, alle im Goldmann Verlag erschienen, waren große SPIEGEL-Bestsellererfolge.

C. J. Tudor im Goldmann Verlag:

Der Kreidemann. Thriller
Lieblingskind. Thriller
Schneewittchen schläft. Thriller
Das Gotteshaus. Thriller

(e auch als E-Book erhältlich)